铜陵优秀传统文化荟萃

千年铜都

铜陵市人大常委会教育科学文化卫生工作委员会 主编

U0747168

安徽师范大学出版社
ANHUI NORMAL UNIVERSITY PRESS

· 芜湖 ·

图书在版编目(CIP)数据

千年铜都/铜陵市人大常委会教育科学文化卫生工作委员会主编.— 芜湖：安徽师范大学出版
社，2024.10
ISBN 978-7-5676-6512-5

Ⅰ.①千⋯ Ⅱ.①铜⋯ Ⅲ.①区域经济发展—概况—铜陵 Ⅳ.①F127.543

中国国家版本馆CIP数据核字(2024)第057120号

千年铜都

铜陵市人大常委会教学科学文化卫生工作委员会 ◎ 主编

责任编辑：房国贵
责任校对：翟自成
装帧设计：张德宝
责任印制：桑国磊
出版发行：安徽师范大学出版社
　　　　　芜湖市北京中路2号安徽师范大学赭山校区　　　邮政编码：241000
网　　　址：http://www.ahnupress.com
发 行 部：0553-3883578　5910327　5910310(传真)
印　　刷：安徽联众印刷有限公司
版　　次：2024年10月第1版
印　　次：2024年10月第1次印刷
规　　格：787 mm × 1092 mm　1/16
印　　张：23.5　　　　插页：4
字　　数：396千字
书　　号：978-7-5676-6512-5
定　　价：98.80元

凡发现图书有质量问题,请与我社联系(联系电话0553-5910315)

淮海战役五前委铜雕塑

博物馆外立面铜装饰

九华山旃檀林铜屋面

写真铜艺之"独立瘦蓬笑晚秋"

写真铜艺之"根基"

写真铜艺之"金檀花"

写真铜艺之"百年好合"

鹊 岸

古迹陈公园遗址

螺丝山景区

滨江生态公园

澜 溪

铜陵东部新城(部分)

浮山（国家级森林公园和地质公园）

铜陵市主城区

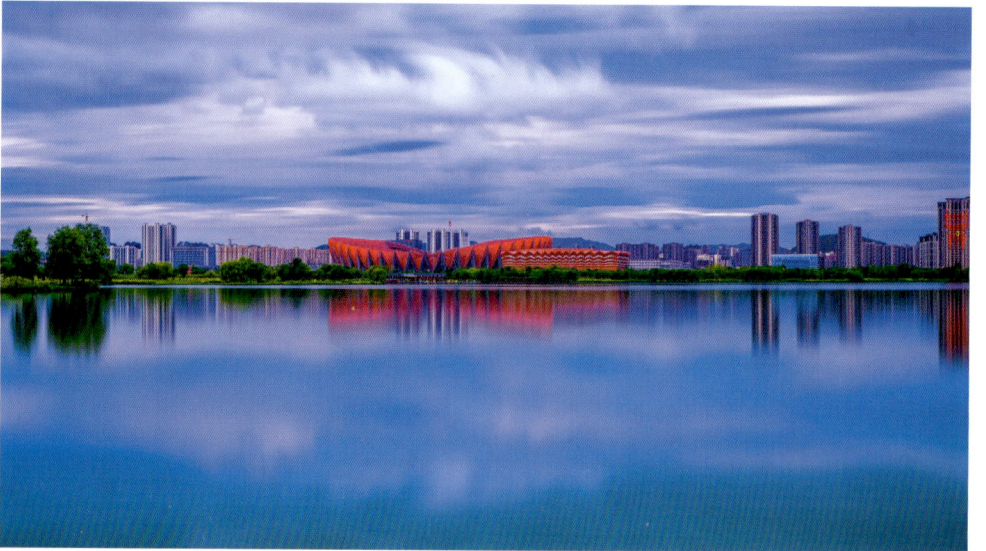
铜陵西湖湿地公园

国礼方鼎（2008年奥运会北京奥组委定制国礼）

东瓶西镜（上海世博会安徽馆展品、安徽省首届工艺美术珍品）

春秋鉴（现存北京奥林匹克公园）

铜陵博物馆

铜官府铜艺文化产业园文化创意股份公司

铜官金府

《千年铜都》编委会

序　言

任达文

五松山，在铜陵人心目中是与铜官山"双峰并峙"的"诗山"和"文峰"。如果说铜官山是铜陵作为有着3500多年青铜文化历史和发达铜工业的"铜都标志"，五松山则是铜陵作为行政区划几经变迁而留下的"乡愁"，更是诗仙李白亲自命名的"诗城坐标"。加上枞阳县名人辈出的"桐城派文化"，基于铜陵在地域历史文化中所具有的广度、深度与丰厚内涵，我们可以用"铜都""诗城""文乡"对五松山乃至整个铜陵加以形象概括。五松山作为一个准确的地理性概念已经较难确定，但与五松山相关联的历史文化名人及遗迹遗存仍然种类繁多，值得深入发掘。铜陵风光秀美、区位优越、得天独厚、人杰地灵。作为铜陵这座城市的文化记忆和重要文脉发源地，铜陵"一江两岸"众多的名胜古迹与历史人文，当下仍然具有整理发掘传承的迫切性和重要性。

近年来，在铜陵市人大常委会的坚强领导下，教育科学文化卫生工作委员会坚持以习近平新时代中国特色社会主义思想为指导，紧扣工作职责定位，认真履行宪法、法律赋予的监督职责，结合教育、科技、文化、卫生工作特点，认真研究，积极谋划，拓展监督内容，突出监督实效，努力探索新形势下持续发掘传承铜陵地域特色文化的方法、路径、举措，创建"一委一品"，为加快建设 现代化幸福铜陵作出积极贡献。

铜陵市人大教育科学文化卫生工作委员会先后围绕发掘弘扬五松山历史文化、羊山矶历史文化，《铜陵市工业遗产保护与利用条例》贯彻实施，铜文化创意产业发展，非物质文化遗产保护等开展了一系列专题调研活动，通过听取审议专项工作报告、开展执法检查等多种形式，发挥教科文卫工作委员会的职能作用。推动《铜陵市非物质文化遗产保护条例》进入实质性阶段，全力支持相关部门将建设长江国家文化公园铜陵示范区等地域特色文化工作纳入年度重点工作内容，完善相关工作意见建议，持续发掘传承铜陵地域文化特色，推动

"一江两岸"文化融合，做深做好品牌创建工作，形成一批有一定影响的调研成果。多篇调研成果受到市委、市政府主要领导及分管领导高度重视，并批示相关部门认真办理。例如：

五松山历史文化 高度重视五松山文化所蕴藏的历史文化价值，追寻铜陵历史，丰富和发展五松山文化内涵，提出将五松山文化元素进一步融入未来城市发展规划和基础设施建设中，使之成为铜陵一张靓丽的历史文化名片，这对于了解历史、宣传铜陵、提升城市知名度和影响力都具有十分重要的意义。

铜陵长江"双子桥"文化 深入挖掘羊山矶历史文化特质，提出将羊山矶观江景区规划保护同正在建设中的G3公铁大桥同规划同建设，早日建成羊山矶观江景区，做足做活铜陵长江"双子桥"文化旅游观光文章，更好地体现历史文化传承和铜陵地方文化特色，使之成为铜陵乃至整个长江沿线人们竞相追逐的网红打卡地和展示铜陵城市形象的新亮点。

工业遗产保护与利用 铜陵的发展史是一部工业史，做好工业遗产保护与利用意义重大。立足铜陵市工业遗产特点和生态风貌环境建设，将工业遗产保护纳入城市经济社会发展规划和城乡建设规划，坚持在保护中利用、在利用中保护，使工业遗产保护充分融入城市建设，展现城市独特风貌，实现经济和社会效益的双丰收。

铜文化创意发展 立足铜产业基础、资源禀赋和市场需求，围绕铜建筑装饰、铜雕塑、铜生活用品和铜创意产品的设计与开发，打造产业集群，延伸开发铜文化产业链，推动产业结构调整和资源型城市转型，集聚发展新业态，聚力铜文化新品牌、城市新名片，为把铜陵打造成"世界铜艺之都"提供文化支撑，助力铜陵铜艺文化企业创新发展，实现文化强市目标。

"非遗"保护立法 以创制铜陵中长期非遗保护发展规划为突破口，积极探索非物质文化遗产保护的新途径、新举措、新方法，加快推动铜陵非遗保护传承地方立法，着力构建科学化、社会化、立体化保护格局，在非遗文创、文旅融合、非遗工坊等方面，推进全市非遗保护工作向纵深发展，进一步彰显中国古铜都风采。2023年11月，铜陵白姜种植系统被联合国粮食及农业组织正式认定为全球重要农业文化遗产。这也是安徽首个全球重要农业文化遗产。

习近平总书记指出："对文化建设来说，守正才能不迷失自我、不迷失方向，创新才能把握时代、引领时代。守正，守的是马克思主义在意识形态领域指导地位的根本制度，守的是'两个结合'的根本要求，守的是中国共产党的文化领导权和中华民族的文化主体性。创新，创的是新思路、新话语、新机制、新形式，要在马克思主义指导下真正做到古为今用、洋为中用、辩证取舍、推陈出新，实现传统与现代的有机衔接。""推动中华文明创造性转化和创新性发展，激活其生命力，把跨越时空、超越国度、富有永恒魅力、具有当代价值的文化精神弘扬起来，让收藏在博物馆里的文物、陈列在广阔大地上的遗产、书写在古籍里的文字都活起来。"

《千年铜都》一书由铜陵市人大教育科学文化卫生工作委员会同市文旅局、市文联、铜陵市学习办、义安区档案馆、铜陵铜官府文化创意股份公司组织策划，谷金琳、朱光中撰稿，孙长江等统筹，历时数年，几易其稿，以馆藏经典书籍、家谱史志等为第一手资料，认真考证、精心注疏，最终形成今天面向广大读者的这部作品。我们希望通过这部作品的正式出版，能够带动铜陵地域优秀传统文化的创造性转化和创新性发展，坚定文化自信、坚持守正创新，为深入学习贯彻习近平文化思想，建设繁荣兴盛的文化强省贡献铜陵力量。

目　　录

千年集镇（县治）

青铜故里

文物纷呈

名士墨客

五松文化

熔旧铸新

前言：千年铜都，熠熠生辉

铜都矿冶三千年　师姑墩遗址地处铜陵市义安区钟鸣镇东部，原铜陵县钟鸣镇周桥村大冲周自然村境内，属于长江中下游三大古铜矿遗址之一。遗址现存面积约7500平方米，与黄浒河直线距离2000米。从2010年3月至8月，安徽省文物考古研究所对该遗址进行抢救性发掘，发掘面积近1300平方米，发现有陶器及一批与青铜有关的器物和铜冶炼原料等。初步推断师姑墩遗址为西周中晚期到春秋时期。遗址的地层之下，又意外发现陶器等遗存。据推测，这些遗存时间可至商代初期甚至更早。商代地层的上一地层出现了铜炼渣。著名考古学家李伯谦认为，这很可能是我国考古学界第一次在长江南岸用科学的方法发现的商周时期铸铜痕迹。

出席2016年中国（铜陵）青铜文化论坛的时任北京大学中国考古研究中心主任徐天进教授谈及在钟鸣镇发现的师姑墩遗址时说过，这个遗址可以确定包含夏、商、西周、东周四个时期，其中和冶铜有关的遗物可以确定是西周的；另外有线索表明夏代有可能在这里进行过铜开采和冶炼，但还没有百分之百确定。希望在今后对遗址再次发掘，如果能确认，将把铜陵的铜采冶时间往前推1000年左右。

贞观建置铜官冶　唐贞观年间，析南陵工山、安定、凤台、丰资、归化五乡置义安县（约632），又废义安为铜官冶（约633）。义安县改为铜官冶，体现着冶金业的历史发展水平。宣州铜官冶的建置早于宣州梅根、宛陵二监约一个世纪。铜官冶是唐朝命名的全国唯一的冶炼铜或铸造金属器物的基地。铜官冶的建置，显示出唐朝对于宣州冶金业的重视，这对后来的社会经济发展产生了深刻影响。

铜官冶中心应当在铜官山北麓与五松山南麓之间，现已发现两处古冶炼遗址：一是罗家村古冶炼遗址。20世纪80年代在铜陵市郊区罗家村，发现一处汉唐时期的古铜矿冶炼遗址，分布面积约3000平方米。其炼渣堆积厚度平均达2米。遗址南侧遗存的8块巨型炼渣，其中一块厚度1.5米、直径1.8米、重约6600

千克。1987年11月，中国科学院著名矿冶考古专家华觉明教授来铜陵考察见到罗家村大炼渣后，连声惊叹"中国之最，世界奇观"。1998年5月，罗家村古冶炼遗址被安徽省人民政府批准为省重点文物保护单位。二是露采新村冶炼遗址。该遗址位于铜陵市铜官区宝山路露采棚户区改造安置小区内。2009年4月，露采棚户区改造工程中，发现有大量铜炼渣、陶瓷片等汉唐时期遗物。2009年6月开始启动发掘工作，经过两个多月的考古发掘，发现很多的珍贵遗物。2009年8月2日，国内多位知名考古专家在露采新村冶炼遗址考古发掘现场，面对汉唐时期冶炼土坯炉及石砌炉残片、特大型炼渣、陶瓷器具、石锤、古井等大量遗物，不住地发出赞叹声："太珍贵，太难得了！"

唐代诗人李白曾以"铜井炎炉歆九天，赫如铸鼎荆山前。陶公矍铄呵赤电，回禄睢盱扬紫烟"等诗句，描绘铜官冶当时的矿冶场面，塑造了冶炼工人英雄形象。李白《与南陵常赞府游五松山》诗题注"山在南陵铜井西五里，有古精舍"、《答杜秀才五松见赠》诗题注"五松山在南陵铜坑西五六里"和《纪南陵题五松山》诗题注"山名，铜坑村五里"，其中"铜井""铜坑""铜坑村"即位于今铜官山麓罗家村古冶炼遗址和露采新村冶炼遗址周边。

五松文化炫斑斓 李白于天宝十三年（754）经秋浦至铜官冶，由县丞常建陪同游览五松山，为"五松山"命名。李白《与南陵常赞府游五松山》："我来五松下，置酒穷跻攀。征古绝遗老，因名五松山。五松何清幽，胜境美沃洲……龙堂若可憩，吾欲归精修。"李白诗云："我爱铜官乐，千年未拟还。要须回舞袖，拂尽五松山。"

李白热爱铜官冶五松山，歌颂炼铜工人，尊重荀媪，是铜陵文化教育的先贤和倡导者。盛唐以来，铜官五松，名高天下；骚人墨客，纷至沓来。铜陵逐步形成"五松文化"，其核心"青铜发端，李白倡扬。披荆斩棘，水滴石穿。陶公矍铄，荀媪供餐。五松风貌，薪火相传"。还有"樊知古与六百丈""陈翥与《桐谱》""佘翘与《量江记》""铜陵非物质文化遗产名录"等，都能证明铜陵优秀传统文化——五松文化的灿烂辉煌。

"五松何清幽，胜境美沃洲。""五松"象征着青山上苍松林立，劲拔挺秀。从此，"铜官""五松"就成为铜陵的"美名"。后来，以"五松"命名的居多。据清代李青岩纂修的《铜陵县志》记载："云逵，承先世之志，独力捐建五松书院，积屋之数若干，而门序正位讲艺之堂，栖士之舍皆足，积器之数若干……

何其慷慨而好义也。"1940年，铜陵县置五松镇。1949年春，铜陵县有县立五松小学。1949年8月19日，铜陵县设五松镇。1960年，铜陵市郊有新庙公社五松大队。1975年，铜陵市有五松西村和五松东村。1990年，铜陵市有五松村。1995年，铜陵市有五松山村。2000年，铜陵市有五松社区。20世纪70年代后期，铜陵市有"五松山剧院""五松山宾馆"。1988年12月，铜陵市诗词学会创办《五松山诗词》期刊。后来，《铜陵日报》设"五松论坛"专栏，适时发表评说。铜陵市三中早在20世纪90年代就成立"五松山文学社"，办《五松山》杂志，组织文学爱好者参加交流实践活动，促进学生语文水平的提高。2006年5月27日，三中"五松山文化碑廊"揭幕，还修建"五松山亭"，缅怀诗仙李白。2008年，《铜陵文艺》改名为《五松山文学》。当时的五松茶林场就出产"野雀舌"茶叶，为历史名茶。五松隧道是铜陵市区内首条隧道。

熔旧铸新创辉煌。虎踞龙盘今胜昔，天翻地覆慨而慷。中华人民共和国成立后，铜陵地区发生了翻天覆地的变化。

铜矿山开发 1950年年初，中央有色金属会议正式决定恢复铜官山铜矿建设。1952年6月，铜官山铜矿正式出矿。1953年5月1日，第一冶炼厂正式投产。20世纪50年代末，井边（枞阳县）铜矿、铜山（贵池县）铜矿相继投产。1966年7月，狮子山铜矿投产。1971年1月，凤凰山铜矿投产。1975年5月，金口岭铜矿投产。1980年1月，第二冶炼厂正式投产。1981年8月18日，安庆铜矿开始生产。2008年，冬瓜山铜矿实现自投产以来第一次完成公司下达的铜料任务。

铜产业创新 1980年，铜陵市委、市政府实施开发铜资源，做大铜文章，延长铜产业链，以铜兴市战略。经过40多年发展，铜陵市铜产业不断壮大，新中国第一个铜工业基地建于铜陵，第一炉铜水、第一块铜锭出自铜陵。目前，铜都是全国八大有色金属工业基地之一，拥有11家上市公司，工业化率达60.3%。

铜文化传承 弘扬优秀传统文化，建设富强美丽国家。坚持古为今用、推陈出新，用中华民族创造的精神财富以文化人、以文育人。传承和弘扬传统文化的思想精华，对传统文化进行创造性转化、创新性发展。如通过"弘扬五松文化""青铜文化交流会""青铜文明与科技考古国际学术研讨会""中国（铜陵）青铜文化论坛""中国（铜陵）青铜文化博览会""中国（铜陵）国际铜雕艺术展""安徽省民俗文化节"等展示铜文化传承盛况。

铜工业之最 铜官五松,名高天下;革新创造,誉满寰球。铜工业是铜陵传统产业,亦是主导产业。改革开放时期,铜陵市铜工业跻身于国际市场。铜陵有色金属集团公司率先与日本三井金属矿业株式会社和波兰鲁波铜业公司结成友好企业,同美国、瑞士、日本等20多个国家和地区的专家和客商洽谈,进出口贸易额日益上升。

源远流长

铜陵地区位于古扬州之东境。南唐保大九年（951）置铜陵县。自夏禹治水划分九州开始，迄今铜陵矿冶有数千年历史。本辑翔实叙述铜陵建置沿革大致情况。

一、建置沿革

《尚书·禹贡》:"禹敷土,随山刊木,奠高山大川。""淮海惟扬州","厥贡惟金三品,瑶、琨、筱簜、齿、革、羽、毛、惟木"。《周礼·夏官司马下》:"东南曰扬州。"《尔雅·释地》:"江南曰扬州。"扬州,古九州之一。夏、商、西周时铜陵乃古扬州之东境。

据载,前585年,周太王之子泰伯、仲雍为使其弟季历能继王位,南奔而建吴国,又称勾吴、工吴。初都蕃离(今江苏无锡市东南)。其地有今江苏、上海大部及安徽、浙江两省的部分地区。据《左传·昭公五年》记载,楚子以诸侯及东夷伐吴,"吴人败诸鹊岸"。鹊岸即今安徽省铜陵市义安区北鹊头山至芜湖市繁昌区东北三山沿江地带。铜陵属吴。越,又称于越。相传始祖为夏少康庶子无余,建都会稽(今浙江绍兴)。疆土包括今江苏省北部运河以东、江苏省南部、安徽省南部、江西省东部和浙江省北部。春秋末年常与吴战,于前473年攻灭吴国。铜陵属越。楚,西周时都丹阳(今湖北秭归东南),后迁都郢(今湖北江陵县西北)。春秋时楚兼并小国,疆域西北到武关(今陕西丹凤东南),东到绍关(今安徽含山北),北到今河南南阳,南到湖南洞庭。前278年楚迁都陈(今河南淮阳),前241年又迁都寿春(今安徽寿县)。铜陵属楚。

秦国推行郡县制,分全境为三十六郡,鄣郡乃其中之一。鄣郡,治故鄣县(今浙江吉安西北),辖境约今江苏省长江以南,安徽省水阳江流域以东,江苏省茅山、浙江省天目山以西和安徽、浙江两省的新安江流域。铜陵属鄣郡。

西汉武帝元狩二年(前121),改鄣郡置丹阳郡,治宛陵县(今安徽宣城)。辖境相当今安徽省长江以南、江苏省茅山及浙江省天目山以西和新安江南武强溪以北地区。辖县十七:宛陵、於潜、江乘、春谷、秣陵、故鄣、句容、泾、丹阳、石城、胡孰、陵阳、芜湖、黟、溧阳、歙、宣城。春谷县,治今芜湖市繁昌区西北;陵阳县,治今安徽省石台县东北广阳镇。汉代铜陵属丹阳郡春谷、陵阳二县。

三国吴赤乌间(238—250)分陵阳、石城二县置临城县,治今安徽省青阳县南，属丹阳郡。铜陵属丹阳郡春谷、临城二县。

西晋太康二年（281）分丹阳郡置宣城郡，治宛陵县（今安徽宣城）。辖境相当今安徽省长江以东的宣城、广德、宁国、太平、石台等地。铜陵属宣城郡春谷、临城二县。

东晋咸和初（326）侨置淮南郡于于湖（今安徽当涂南），晋末分于湖、芜湖二县。辖境相当今安徽省省当涂、繁昌、南陵、铜陵等地。东晋元帝时（317—322）置定陵县，治今安徽省铜陵市东，属淮南郡。铜陵属淮南郡定陵、宣城郡临城二县。

宋、齐、梁、陈是继东晋以后先后在南方建立的四个封建割据王朝。宋、齐、梁、陈均建都建康（今江苏南京）。梁普通六年（525）置南陵郡，治南陵县（今安徽池州西南）。辖境约今安徽省池州市区、青阳县及铜陵市义安区部分地方，属扬州。宋、齐时期，铜陵属淮南郡定陵、宣城郡临城二县；梁、陈时期，铜陵属南陵郡定陵、临城二县。

隋开皇九年（589）改置宣州。《隋书·地理志》载："宣城、泾"，"并所管石城、临城、定陵、故治、南陵五县入焉"。铜陵属宣州南陵县。

《新唐书·地理志》载："池州，上。武德四年以宣州之秋浦、南陵二县置，贞观元年州废，县还隶宣州。永泰元年复析宣州之秋浦、青阳，饶州之至德置。"铜陵先后属池州南陵县、宣州宣城郡南陵县。《新唐书·地理志》对"南陵"作注曰："望。武德四年隶池州，州废来属（宣州宣城郡）。后析置义安县，又废义安为铜官冶。利国山有铜、有铁，凤凰山有银……有鹊头镇兵。"唐贞观元年至十三年（627—639），析南陵工山、安定、凤台、丰资、归化五乡置义安县（今安徽省铜陵市义安区顺安镇），属宣城郡；又废义安为铜官冶。铜陵先后为宣城郡义安县、宣州铜官冶。

五代十国时期，吴国都城广陵（今江苏省扬州市西北蜀岗），统治今江苏、安徽、江西、湖北四省，灭于南唐，铜陵隶吴国江都府。南唐都城金陵（今江苏省南京市清凉山），治今江苏、安徽淮河以南和福建、江西、湖南及湖北东部，灭于北宋。南唐保大九年（951）置铜陵县。铜陵县隶南唐江宁府。

北宋天禧四年（1020）分江南路置江南东路，简称江东路，治江宁府（治今江苏南京），领江宁府及宣、歙、江、池、饶、信、太平七州。南宋建炎四年（1130），与江南西路合并为江南路。绍兴元年（1131）复分江南路置江南东路。

铜陵属江南东路池州。

元至元十四年（1277）升池州置池州路，治贵池县（今安徽池州）。辖境相当今安徽省青阳、石台、东至、铜陵等地。

明凤阳、庐州、安庆、池州、宁国、徽州六府和滁、和、广德三州直隶南京。铜陵属池州府。

清顺治二年（1645）改明南直隶置江南省，治江宁府（今江苏南京）。康熙六年（1667）分为江苏、安徽两省。乾隆二十五年（1760）安徽布政使司由江宁府移驻安庆府。全省领安庆、庐州、凤阳、颍州，徽州、宁国、池州、太平八府，广德、滁州、和州、泗州、六安五直隶州及无为、寿、宿、亳四属州，51县。铜陵属安徽省池州府。1912年后，撤销府州，直辖60县。铜陵隶安徽省。1914年6月，以清末徽宁池太广道区域置芜湖道，治芜湖县（今安徽省芜湖市），属安徽省，辖芜湖、繁昌、当涂、贵池、铜陵、石埭、东流、秋浦、青阳等23县。1927年芜湖道废。1928年铜陵直属安徽省。1932年7月，安徽省政府划全省为10区，铜陵属第八区；10月后，省政府重划10个行政专员督察区，第二行政专员督察区领铜陵。1938年4月，国民政府在屯溪镇（今黄山市屯溪区）设立皖南行区（1938年4月15日至1945年11月15日）分辖第二、第八、第九、第十专区所属的22个县；7月，日军占据安庆，第二专区辖县跨长江南北两岸，管辖不便，遂将第二专区裁撤，铜陵改属第八专区。1945年11月后，又恢复十专区时期，铜陵属第八行政督察区。

1949年4月21日至4月23日，铜陵、繁昌、贵池、东流、至德、南陵、太平、青阳8县先后解放。1949年4月将安徽省北部地区设置为皖北行署区（省级），行政公署驻合肥市；1949年5月将安徽省南部地区设置为皖南行署区（省级），行政公署先驻屯溪市、后迁芜湖市，1951年再迁合肥市，与皖北行署合署办公。1949年5月13日铜陵县（大通市）属皖南行署池州专区。

1950年5月，设铜官山办事处，隶皖南行署；1952年隶安徽省。1953年12月，铜官山区人民政府成立，隶属铜陵县人民政府领导。

1956年10月，经当时的政务院批准，成立铜官山市，属省辖市。1958年9月，经国务院批准，撤销铜陵县建制，市、县合并，改名铜陵市，属省直辖。1959年4月，经国务院批准，保留铜陵市建制，仍属省直辖；恢复铜陵县建制，属安庆专区。

1964年7月，经国务院批准，铜陵市改为铜陵特区，实行政企合一，属省直辖市。

1971年3月，铜陵特区接管贵池县铜山镇（面积34.4平方公里）。1974年11月，铜陵县划归铜陵市管辖。1979年2月，怀宁县月山公社3个生产大队（面积13.7平方公里）划归铜陵市安庆铜矿管辖。1980年12月，普济圩农场（面积136平方公里）划归铜陵市领导。1989年11月，安徽省人民政府决定普济圩农场管辖的太阳、东风、马洼、中垄（灰河）、五洲5个行政村和无为县新建乡的东元行政村设立灰河乡（面积15.2平方公里），隶属铜陵市郊区管辖。2002年1月，铜陵县西湖镇（面积45.3平方米）整建制划转铜陵市狮子山区。2004年11月，经安徽省人民政府批准，将铜陵县大通镇和新建乡整建制合并，重新设立大通镇（面积70.7平方公里），从铜陵县划归铜陵市郊区管理。

1971年12月，经国务院批准，改铜陵特区为铜陵市，属省直辖市。

2006年年底，铜陵市辖铜官山区、狮子山区、郊区、铜陵县，代管普济圩农场，总面积1113平方公里。

2015年12月，经国务院批准，枞阳县由安庆市划入铜陵市管辖，同时撤销铜陵县建制，设立义安区仍属铜陵市。

目前，铜陵辖一县三区（枞阳县、铜官区、义安区和郊区），位于安徽省中南部、长江下游，在东经117°04′~118°09′、北纬30°38′~31°09′之间，南北最长约56公里，东西最宽约103.9公里。截至2023年末，铜都常住人口130.1万人，常住人口城镇化率为67.2%。

二、铜陵历代区划隶属摘录

纪年	朝代	区划隶属
前2070—前1600	夏	铜陵属扬州东境
前1600—前1046	商	铜陵属扬州东境
前1046—前771	西周	铜陵属扬州东境
前771—前476	春秋	铜陵先后属吴尧越
前475—前221	战国	铜陵属楚
前221—前206	秦	铜陵属鄣郡
前206—220	汉	铜陵属丹阳郡春谷、陵阳二县
220—280	三国	铜陵属丹阳郡春谷、临城二县
265—317	西晋	铜陵属宣城郡春谷、临城二县
317—420	东晋	铜陵属淮南郡定陵、宣城郡临城二县
420—479	南朝宋	铜陵属淮南郡定陵、宣城郡临城二县
479—502	南朝齐	铜陵属淮南郡定陵、宣城郡临城二县
502—557	南朝梁	铜陵属南陵郡定陵、临城二县
557—589	南朝陈	铜陵属南陵郡定陵、临城二县
581—618	隋	铜陵属宣州南陵县
618—907	唐	铜陵先后属池州南陵县、宣州宣城郡南陵县

千年铜都

纪年	朝代	区划隶属
902—937	五代十国吴	铜陵隶吴国江都府
937—975	五代十国南唐	铜陵县隶南唐江宁府
960—1279	宋	铜陵县属江南东路池州
1206—1368	元	铜陵县属池州路
1368—1644	明	铜陵县属池州府
1616—1911	清	铜陵县属安徽省池州府
1912		铜陵县隶安徽省
1914		铜陵县属安徽省芜湖道
1928		铜陵县隶安徽省
1949	中华人民共和国 1949 年 10 月 1 日成立	铜陵县(大通市)属皖南行署区池州专区
1950		铜官山办事处隶皖南行署区
1952		铜官山办事处隶安徽省
1953		铜官山区政府属铜陵县人民政府领导
1956		铜官山市属省辖市
1958		铜陵市隶安徽省
1974 年 11 月		铜陵县划归铜陵市管辖
2006 年年底		铜陵市辖铜官山区、狮子山区、郊区、铜陵县
2015 年 12 月		经国务院批准,撤铜陵县建制,改设义安区,属铜陵市;同时,枞阳县改属铜陵市

三、西汉丹阳郡暨辖县情况摘录

郡县名称	基本情况
丹阳郡	西汉元狩二年(前121)改鄣郡置。治宛陵县(今安徽宣城)。辖境相当今安徽长江以南、江苏大茅山及浙江天目山脉以西和新安江支流武强溪以北地区。东汉建安二十五年(220),孙权移治建业(今江苏南京)。有铜官。县十七
宛陵县	西汉初置,治今安徽宣城。汉为丹阳郡治。西汉曾置铜官于此
於潜县	西汉置,治今浙江临安西於潜镇,属丹阳郡
江乘县	秦置,治今江苏句容北。属会稽郡。西汉属丹阳郡
春毂县	西汉置,治今安徽繁昌西北。属丹阳郡
秣陵县	秦始皇三十七年(前210)置,治今江苏南京江宁区南秣陵镇。属会稽郡。西汉属丹阳郡
故鄣县	西汉改秦鄣县置,治今浙江安吉西北。属丹阳郡
句容县	西汉元朔元年(前128)置,治今江苏句容市华阳镇。属丹阳郡
泾县	西汉置泾县,以泾水(青弋江)为名,治今上坊,属丹阳郡(泾县,今县名。在安徽南部、青弋江中游。属宣城市。县人民政府驻泾川镇)
丹阳县	秦置,治今安徽当涂东北苏皖界上小丹阳镇。以境内多赤柳得名。属会稽郡。因汉以后属丹阳郡,又称小丹阳
石城县	西汉置,治今安徽当涂东北。属丹阳郡。三国吴置,治今湖北省钟祥市。属江夏郡。三国末废。西晋复置,并移治今池州贵池区西南秋浦。属宣城郡。隋开皇九年废入南陵县
胡孰县	西汉置,治今江苏南京江宁区东南湖熟镇。属丹阳郡。
陵阳县	西汉置,治今安徽石台广阳镇,属丹阳郡(广阳镇在安徽省黄山市黄山区西北部、太平湖北岸。广阳乡人民政府驻地。广阳古镇淹没于太平湖,建新村于西北高地,仍用原名,也称新村)

郡县名称	基本情况
芜湖县	西汉置芜湖县,以"地卑蓄水,而生芜藻"得名,治今县西北,属丹阳郡。三国吴黄武初移治今芜湖市
黟县	在安徽省南部、黄山西麓。属黄山市。县人民政府驻碧阳镇。秦置黟县,以黟山为名,属会稽郡。西汉属丹阳郡(碧阳镇,在安徽省黟县南部。县人民政府驻地。镇区沿彰水两岸分布。为皖南古镇之一,历为县治。有南朝梁始建的古水利工程黄沟等古迹)
溧阳县	西汉置,治溧阳旧县(今江苏溧阳市西北),属丹阳郡。东汉迁固城(今属高淳),三国吴废。西晋太康元年(280)复置
歙县	秦置歙县,属会稽郡。汉属丹阳郡。治今县中部徽城镇。《旧唐书·地理志》:"县南有歙浦,因为名。"隋开皇中为歙州治。北宋宣和三年(1121)为徽州治。元为徽州路治。明、清为徽州府治(歙县在安徽省南部、新安江中游。属黄山市。县人民政府驻徽城镇)
宣城县	西汉置,治今安徽南陵东弋江镇。属丹阳郡。东汉废。西晋太康二年(281)复置。隋废(隋大业初约[606年]改宛陵县置,治今安徽宣城市区。为宣州治)

锦绣山河

维山挺秀，维川瀹灵。清淑郁蒸，人文蔚聚。峦层嶂叠，宝气烛天。五松风貌，铜官盛名。本辑主要叙述铜陵「鹊岸」「江河」「湖泊」等形态状况。

一、鹊岸 鹊洲 鹊江 鹊头山

　　《左传》原名《左氏春秋》，相传春秋左丘明所撰。《左传》以《春秋》为本，记叙了春秋时期自鲁隐公元年（前722）至鲁哀公二十七年（前468）共二百五十多年间各诸侯国的政治、军事、经济、外交等方面情况，为中国古代一部史学和文学名著。《左传·昭公五年》记载："冬十月，楚子以诸侯及东夷伐吴，以报棘、栎、麻之役。薳射以繁扬之师会于夏汭，越大夫常寿过率师会楚子于琐。闻吴师出，薳启强帅师从之，遂不设备，吴人败诸鹊岸。楚子以驲至于罗汭。"

　　鹊岸　古地名。今安徽铜陵、无为、繁昌间长江江岸，因江中鹊洲得名。《左传·昭公五年》（前537）：楚子以诸侯及东夷伐吴，"吴人败诸鹊岸"，即此。自鹊头至鹊尾沿江鹊岸线长约70公里，其中铜陵段约35公里。清代贡生邑人潘浩然《游鹊岸》："清江何盘纡，游子思容与。阅世渺尘沙，兵戈笑吴楚。"

　　鹊洲　在今安徽铜陵至繁昌段长江中。鹊头为铜陵北鹊头山，鹊尾为繁昌东北三山。西对无为，为江流险要之处。《大清一统志》载：南朝宋泰始二年（466）陶亮屯军鹊洲，既而刘胡合兵十万军鹊尾，即此。清《铜陵县志》载：铜陵鹊江中有曹韩洲（即铜陵洲）、白沙洲、信府洲、小湖洲、紫沙洲、钱家洲、丁家洲。曹韩洲在县西南十里（今属老洲），昔传罗隐有"曹韩沙嘴圆，铜陵出状元"之谶。后人于水涸之际，视沙嘴圆形，邑必有登第者。明弘治二年（1489），铜陵教谕杨泰《铜陵八景·曹韩沙谶》："沙涌曹韩嘴若圆，状元有兆出来年。管教策向墀前对，拱听胪从天上传。梦感主司曾有应，歌谣城市岂无缘。铜官文运时当转，寄语江神为斡旋。"清顺治七年（1650）铜陵教谕彭文炜《铜陵八景·曹韩沙谶》："闻说淘金务净沙，方圆妙会各成家。工夫不数恒河细，拣择惟虞一粒差。火候告成丹鼎就，巽风团聚孕灵嘉。应知谶（纬）[讳]无虚兆，伫看长安一日花。"

　　白沙洲在县西十里（今属老洲镇）。清代廪生邑人袁垲《泊白沙洲》："风尘嗟遍历，飘泊白沙洲。何似人僵卧，江天雪满丘。"

小湖洲，旧志小芜洲，在县西北十五里（今属胥坝乡）。清顺治二年（1645）铜陵知县蒋应仔，关心百姓疾苦，撰碑文《题小湖洲碑记》："铜邑船差，患切剥肤，本县疚心之痛，然派之客船镇埠，犹是抑末之意。古云：有司者治之耳。若夫芦洲，苍苍宛在，洲民十室一苇之舫，供输乎国课，而遽等于贱丈夫观。毋论蒌苴之旋，蔑以自存，名实亦大不相符也。磬铎之呼，允宜嘉石，俾垂勒于永永云尔。门人章之盛刻石。"

紫沙洲在县北三十里（今属胥坝乡）。明成化年间（1465—1487）举进士、南京兵部尚书陶琰《紫沙洲》"风歇日东下，相将向水隈。门随江岸转，市趋晚舟开。岁事惟收菽，人家却放梅。穷途多异景，长夜且衔杯。"

丁家洲在县东北十五里（今属西联乡），据《续资治通鉴》，南宋德祐元年（1275），元兵南下，"贾似道以精锐七万余人尽属孙虎臣，军于池州之下流丁家洲"，即此。南宋著名诗人杨万里《从丁家洲避风行小港出荻港大江》："蓼岸藤湾隔尽人，犬（大）江小汊绕成轮。围蔬放荻不争地，种柳坚堤非买春。匏瓠放教俱上屋，渔樵相倚自成邻。夜来更下西风雪，荞麦梢头万玉尘。荻蓠潇洒织来新，茅屋横斜画不真。干地种禾那用水，湿芦经火自成薪。岛居莫笑三百里，菜肥活它千万人。白浪打天风动地，何曾惊着一微尘。芦挥麈尾话清秋，柳弄腰支舞绿洲。引得江风颠入骨，戏抛波浪过于楼。十程拟作一程快，一日翻成十日留。未到大江愁未到，大江到了更添愁。"明成化十九年（1483）池州府推官李宗泗《阻风宿丁家洲》："三朝淫雨两朝风，夜泊芦花小港中。似案远山浑碍月，如船高浪欲平空。霜侵杨柳萧疏绿，水岸芙蕖寂寞红。人倚蓬窗秋满眼，酒怀诗兴两争雄。"清代邑人廪生张丰《夜泊丁家洲》："薄暮风涛争，停桡古渡边。时平销敌警，明月伴闲眠。"

鹊江　《大清一统志》对"鹊洲"的诠释："盖自铜陵鹊头山为鹊头，至三山为鹊尾，故江曰鹊江，岸曰鹊岸。"鹊洲在鹊江之中。《宋书·邓琬传》载："刘胡率轻舸四百，由鹊头内路，欲攻钱溪。"今日鹊江已成为铜陵黄金水道。

鹊头山　《江南通志》："鹊头山在铜陵县北十里，与大江之西岸鹊尾渚相对，江中则鹊州也，即春秋时鹊岸。"鹊头山坐落于五松镇马冲村（新沟）江浒，海拔约41米。在那蜿蜒起伏、连绵不断的十里长山衬托下，巍然屹立在波翻浪卷的大江边，拱峙江关，以其险要的地理位置而成为鹊岸"天堑"。《宋书·武二王传》："义宣二月十一日率众十万发自江津，舳舻数百里。"沈庆之《与南郡王义宣书》："义宣至浔阳，与臧质西下。至鹊头，闻所遣徐遗宝败。"

南朝时在今义安区北鹊头山置"鹊头戍"，驻守戍兵。梁承圣元年（552）王僧辩讨侯景，遣侯瑱袭鹊头戍，即此。《梁书·王僧辩传》载："僧辩于是发自江州，直指建业，乃先命南兖州刺史侯瑱率锐卒轻舸袭南陵鹊头等戍，至即克之。"《陈书·周文育传》载："高祖（武帝陈霸先）之讨侯景，文育与杜僧明为前军"，"高祖军至白茅湾，命文育与杜僧明常为军锋，平南陵、鹊头诸城。"铜陵鹊头戍同当涂采石戍、望江大雷戍是安徽省境内沿江的重要古戍。鹊头山顶置烽火台最早见于南宋。南宋绍兴元年（1131），宋高宗赵构定都临安，曾在沿江设置烽火台，池州之鹊头山烽火台就是其中之一。

唐武德七年（624），赵郡王孝恭攻辅公祏鹊头镇，拔之。唐天宝十四年（755），李白诗《江上答崔宣城》："树绕芦洲月，山鸣鹊镇钟。"《元和郡县图志》载："鹊头镇，在县西一百一十里，即春秋时楚伐吴，败于鹊岸是也。沿河八十里，有鹊尾洲，吴时屯兵处。"《新唐书·地理志》载："南陵，望"，"有鹊头镇兵"。《安徽通志》："唐初，兵之戍边者，大曰军，小曰守捉，曰城，曰镇，而总之者曰道。"《宋史·李汉琼传》载，北宋开宝七年（974）九月，王师征江南，李汉琼领行营骑军，"自蕲春攻峡口寨，斩首数千级，获楼船数百艘，沿流拔池州，破铜陵，取当涂，作浮梁于牛渚以济大军"。

铜陵是长江南岸重要的产铜基地，作为通江门户的鹊头山（城洑渡），其经济、交通地位显著提高，成为古代兵家必争之地。春秋时期吴楚"鹊之战"即发生于此。自春秋至清顺治年间，有史可稽的发生于鹊头山一带的大规模战争达25次之多。

明吴与弼《十里长山》云："群岗联络接铜陵，何代流传十里名。隔岸翠屏相应好，片帆归咏正秋清。""归心日日数邮程，楚水吴山次第吟。安乐有窝时在眼，只怜无计答升平。"

1976年，铜陵市考古工作者在鹊头山遗址发掘出一些遗迹和遗物，其中有古碑刻一块，古井遗址、砖窑遗址，炼铜废渣、大城砖（每块约10公斤）、窗棂框架等。鹊头山顶烽火台遗址尚存江岸。因长期挖山采沙，致使鹊头山山体崩塌，山顶高度降低。2003年秋季，鹊头山被挖平，盖上"卓威医药"厂房。2010年3月，鹊头山遗址开始兴建"双闪"工程。2013年2月，铜冶炼厂建成投产，采用当今世界最先进的闪速熔炼、闪速吹炼工艺技术处理铜精矿。

当今，鹊江百舸争流，绵绵数里；鹊洲五谷丰稔，蒸蒸日上；鹊岸工业发达，欣欣向荣。

二、铜 官 山

铜官山，唐朝称"利国山"，位于铜陵市中心东南方向2公里处，海拔495.7米，为黄山余脉终点，山脊构造线呈东北—西南走向。东抵铜矿尾沙坝，西连庙基山，南至大倪村，北接笔架山南麓。古碑文曰："层峦迭嶂，洞壑深幽，竹篁茂密，鸟道一线，风景甚佳。"唐天宝十三年（754），诗仙李白纵情赋诗："我爱铜官乐，千年未拟还。要须回舞袖，拂尽五松山。""铜官"指"铜官冶"。北宋诗人梅尧臣《铜官山》："碧矿不出土，青山凿不休。青山凿不休，坐令鬼神愁。"

铜官渚，在今安徽省铜陵市义安区南。唐文德元年（888），杨行密将攻赵锽于宣州，袁袭建议"自铜官渡江，会之取锽必矣"，"铜官"即此。《大清一统志》："矾港河：在铜陵县南五里，源出铜官山麓惠溪，西流入江。五代杨行密袭宣州，进兵铜官渚，即此。相传昔人采矾于此，故名。"北宋嘉祐五年（1060）成书，《新唐书》载：唐昭宗大顺二年（891）"行密欲守铜官"。

灵祐王庙（保胜侯庙），其址在铜官山南麓。此庙始建于南朝萧齐年间（479—502），为纪念晋朝太守张宽为政贤明而建。旧庙屡毁屡建。1956年遗庙尚存，后开露天铜矿，庙基被毁。唐中和年间（881—885），裴休来铜陵作诗《题铜官山庙》："浔阳贤太守，遗庙古溪边。树影入流水，石门当洞天。幡花凝宝座，香案俨炉烟。若到千年后，重修事宛然。"宝山庵旧祷雨处，在铜官山左边，又名西峰庵。该庵已毁。清铜陵教谕彭文炜《铜阜栖灵》："千秋望气结铜官，福地灵区庙食欢。几阵松风飘宝絮，中天桂月浸雕栏。采金供赋场所圮，浚泽遗民辙未干。灵祐肤功难具述，寒山片石倩谁刊。"

保胜侯庙后有惠泉，清冽不减，"宋嘉定中大旱，民汲饮之，以其惠泽于人，故名"。庙侧有水为惠溪，源自惠泉，流十余里至矾港河合流入江。

铜官山北麓还有引人入胜的古"铜井""铜坑""铜坑村"遗址。1985年9月，铜陵地区发现汉唐炼铜的铜渣堆积在铜官山北侧罗家村南边水沟一带，最大的"罗家村大炼渣"直径约有1.2米、厚度0.8米以上，被矿冶考古专家华觉明教授称之为"中国之最，世界奇观"。该遗址位于铜官山侧笔架山西麓，是铜官山矿遗址群的重要组成部分。遗址中的大型渣群，是中国古代冶铜技术高度发达的见证，也是世界冶金史上特殊的遗物。

据《汉书·地理志》记载，丹扬郡，故鄣郡，属江都。武帝元狩二年（前121）更名丹扬，属扬州。有铜官。"铜官"，官署名。西汉在丹扬郡宛陵县（治今安徽宣城）设置，掌开采铜矿。铜陵属陵阳、春谷二县。铜陵名山盛产铜（陵阳之金），为一方之主山。古称一方之主山为镇，因而"铜官镇"闻名遐迩，享誉"汉有善铜出丹扬"。

《中国历史地名辞典》："利国山：一名铜官山。在今安徽铜陵市境。旧产铜。"《安徽通志》载："南陵县：武德四年（621）隶池州，州废来属（627年来属宣州宣城郡）后析置义安县……又废义安入铜官冶。"《元和郡县图志·江南道·宣州》：利国山，在（南陵）县南一百一十里。出铜，供梅根监。《（元丰）九域志》："铜陵……有利国山。"《寰宇通志》："铜官山：在铜陵县南十里，又名利国山，有泉源冬夏不竭，可以浸铁烹铜，旧尝于此置铜官场。"清《铜陵县志》："铜官山在县南十里，即利国山。"其麓有灵祐王庙，庙后有惠泉，绕山十余里，为惠溪，从矶港河入江。

唐天宝十三年（754），诗仙李白写下《答杜秀才五松见赠》，描述铜官山北麓"铜坑"炼铜的壮观场景。南宋诗人陆游乾道六年（1170）入蜀任夔州通判，于《入蜀记》中写道：七月二十一日过繁昌县抵铜陵界，"远山崭然临大江者即铜官山。太白所谓'我爱铜官乐，千年未拟还'是也。"元朝诗人贡奎《铜官山》："遥遥铜官山，逆水去千里。山瘦木落衣，水涸石见底……中有千岁松，根深茯苓美……长歌呼谪仙，回首白云起。"清代诗人王士禛《晓望铜官山》："空江寒月落，坐失九华峰。回头望秋浦，何处九芙蓉。晓日铜官上，泄云连五松。碧鸡好毛羽，安得一相从。"清朝庠生陈金鼎《读书铜官山》："吾喜铜官地，不因舞袖移。对兹山水胜，涤以风雨思。高楼拟百尺，古涧似曹溪。读罢当窗立，兰芬远袭衣。"

19世纪初叶，民间掀起"铜官山矿权运动"。清朝末年，英国商人凯约翰看中铜官山宝藏。他在英国政府的支持下，从1901年到1904年先后与清政府谈判并签订铜官山开矿合同，规定开采期60年。安徽各界民众上书呼吁自办矿务，上书要求废止合同。《安徽俗话报》等省内外报刊亦竞相评论和支持安徽民众的要求。安徽人民经过5年不懈努力，终于在宣统二年（1910）迫使清政府与英商终止合同，收回了矿权。

1938年11月底，日本侵略军占领铜陵县城。侵华日军以"华中矿业股份有限公司"名义设立"铜官山采矿所"，掠夺铜官山及其周边的铜矿和铁矿。据史料记载，到日本投降时，从铜官山掠夺的品位百分之三至四的铜精砂达3000吨，并全部运回日本。

新中国成立后，铜官山矿回到人民手中。1950年恢复铜官山矿建设。1952年6月，铜官山矿正式出矿。新中国第一代有色金属采选联合矿山——铜陵有色金属公司铜官山铜矿，坐落在铜官山麓。矿区以铜官山为中心，东至桦山，西至白家山，北至笔架山，面积约7平方公里。这里矿藏丰富，除铜铁、硫金、石灰石三个主要矿床外，还伴生银、砷、黏土、石英石等。铜官山的铜矿藏资源到2000年11月已开采完毕。从1952年6月正式出矿算起，铜官山整整开采48年，提供50万吨铜料，为我国解决国防工业和民用工业缺铜问题作出重要贡献。

2004年元旦，铜都天马山硫金矿业公司正式筹备组建，对硫金矿开发利用，使古矿山再次焕发生机。

2006年年初，根据市政府的战略部署，铜陵市规划部门进行认真比选，委托同济大学著名教授刘滨谊先生领衔编制《铜陵市大铜官山公园概念性规划》。

2007年，铜陵市规划局通过政府网站向外公布大铜官山公园的项目策划方案，充分征求全市社会各界和广大市民的意见。五大重点项目集中在石门路以北大铜官山中部景区，以铜官山主峰山体为核心展开，呈众星捧月之势。铜官山顶为铜塔景观台项目，铜官山北麓山角结合天马选矿厂和露天采矿遗址为铜矿体验园项目，铜官山南麓为原址恢复的灵佑王庙项目，铜官山西麓沿惠溪的开敞地区设置惠溪接待中心项目，铜官山东南结合开阔水面设置郎冲畈接待中心项目。山下四个项目以环山路相联系，使得五大重点项目形成分工明确、特色鲜明，又相互补充、有机联系的总体结构。如果对这五大项目予以简单勾勒，则可以引用业内人士的如下评价：铜塔景观台项目——铜陵游憩之巅；铜矿体验园项目——铜文化矿山乐园；灵佑王庙项目——矿神纪念园；惠溪接待中心项目——大铜官山公园门户；郎冲畈接待中心项目——养生度假地。

据2010年5月13日《铜陵日报·铜都晨刊》记载，经过国家矿山公园评审委员会的资格评审和为期一周的公示，铜官山国家矿山公园正式获得当时的国土资源部审批，成为第二批国家矿山公园之一。

2013年9月，《铜陵国家矿山公园规划方案》基本完成。铜陵市依托"铜"元素，根据"山水"概念，将矿山公园建设成为国家级景区。该规划方案明确：立足区域自然环境、历史文化、社会经济、产业结构优化和国家矿山公园的发展趋势，综合铜陵国家矿山公园的生态资源、人文资源现状和发展需要，在对接相关规划的基础上，总体形成"一中心两带四片"的空间格局。

三、五 松 山

（一）五松形胜

唐代诗仙李白命名的"五松山"，即铜官山附近支脉五松山脉，绵延十里，其高峰螺蛳山毗连青石山和天鹅抱蛋山。北望滚滚东流的鹊江，南仰巍峨葱茏的铜官山，西眺碧波荡漾的天井湖，东抵仪凤岭麓。螺蛳山峰体突兀，状如螺蛳；青石山怪石嶙峋，悬崖峭壁。两峰对峙，显得格外壮观。传说天鹅曾飞落在天鹅抱蛋山生蛋。

唐代利国山（铜官山）铜矿采冶达到鼎盛，贞观年间置铜官冶。铜官山西北丘陵（今长江路地带）即铜官山支脉五松山脉，东南高，西北低，山脉从仪凤岭侧顺势向西北展布，惠溪经此流至矶港河入江。冈峦起伏，苍松林立；清泉涌涌，流水潺潺。经过详细考证和实地辨认，逆向推断五松山位置：从天井湖南岸的上坡处开始，地势起伏向东南延伸，在铜陵第三中学操场呈低谷，又引坡直上，于五松山宾馆（剧院）一带形成山冈；再往南逶迤至第十五中学后侧形成山包；一直向东延绵至螺蛳山西麓，出现螺蛳山顶；间隔沟壑，矗立青石山峰，又现天鹅抱蛋山。

唐代伟大的浪漫主义诗人李白于天宝十三年（754）经秋浦至铜官冶，由南陵县丞常建陪同出游，作诗《与南陵常赞府游五松山》："安石泛溟渤，独啸长风还。逸韵动海上，高情出人间。灵异可并迹，澹然与世闲。我来五松下，置酒穷跻攀。征古绝遗老，因名五松山。五松何清幽，胜境美沃洲。萧飒鸣洞壑，终年风雨秋。响入百泉去，听如三峡流。剪竹扫天花，且从傲吏游。龙堂若可憩，吾欲归精修。"诗题原注："山在南陵铜井西五里，有古精舍。"李白为五松山定名，以松名山，赞赏五松山可与沃洲山相媲美：幽暗"洞壑"，淙淙"百泉"，青翠"剪竹"，满地"天花"。如果说"萧飒、风雨、百泉、三峡"皆状五松声涛之美的话，那么光聆听一番五松涛声，就够人迷恋沉醉。

李白在《答杜秀才五松见赠》诗中非常生动地描述铜井炼铜场景："千峰夹水向秋浦，五松名山当夏寒。铜井炎炉歊九天，赫如铸鼎荆山前。陶公矍铄呵赤电，回禄睢盱扬紫烟。"诗题旧注："五松山在南陵铜坑西五六里。"《纪南陵题五松山》诗题注："山在铜坑村五里。"五松山南仰铜官山，面向铜井、铜坑，相得益彰。

郭祥正《忆五松山》："江南富山水，忽忆五松山。梁僧种松夺造物，至今千丈凌云间。上有寒蟾吐魄凝冰霜，下有铜陵碧涧倾潺潺。"明官修地方总志《寰宇通志·池州府·山川》：五松山在铜陵县南五里。

明清《铜陵县志》："五松山在县南四里。"五松山古迹（湮没）有：

龙堂精舍　在五松山。李白诗有"龙堂若可憩，吾欲归精修"之句，诗题下注"有古精舍"。

新酒坊　据《南陵县志·舆地志·古迹》记载，新酒坊，李白寓饮处，白凿井尚存。按其地当在五松山。李白诗云："我来五松下，置酒穷跻攀。"明代监生许懋菫《南陵口号》云："朗陵侯庙工山旁，谪仙子祠新酒坊（五松山下有新酒坊，建太白祠）。"

太白书堂　在五松山。唐至德年间（756—758）李太白读书处，后圮。

李翰林祠堂　在铜陵五松山宝云院。李太白游五松山诗云："征古绝遗老，因名五松山。"后东坡、郑獬、米芾、李纲俱有诗。

太白祠　在太白书堂处。元代邑尹方浚建太白祠，肖像于中，祀之。元季兵毁，后复建。

太白楼　昔在横港，唐代大中丞薛、喻二公，常同邑绅杜巍登楼赋咏，后因江坍楼圮。清代杜善敦助田五亩四分，贡生汪虹与弟庠生虬、蛟捐山一片，众姓就竹林庵后壁建楼祀太白。

竹林庵　在县东五松山右，众建。前楹祀关圣。清雍正丙午科解元黄淮同族监生职耆设龛像、几筵。联云："浩气压铜峰，手挽落晖，光争日月，但存帝胄声灵，留得纲常撑万祀；精忠澄玉水，心维正统，志壮山河，试玩考亭纪载，非徒功烈震三分。"

睢阳庙　在五松山侧。山主刘铸后裔捐山地，刘日耿、刘日望、刘国进重修于清代。

铁船　在五松山前。旧传晋太守张宽殁为神，一夕乘铁船至，为人所见，船遂溺而首尾露，后土人立神庙，取铁入冶，熔，乃信以为铁船。

佘工部郎中墓　在五松山。佘敬中、佘毅中进士父亲佘杰之墓。明朝都御史徐绅撰《明诰封奉政大夫佘公南麓先生墓志铭》。

1976年深秋，铜陵市第一中学于食堂东侧山坞上（与长江路小学一墙之隔）挖地基建房，发掘一座古墓，系佘氏祖墓。墓的朝向坐东北朝西南。当时，市文化馆副馆长说，曾派工作人员张某去现场看过，墓确实被盗，没发现什么珍贵文物，未见墓碑。1991年，长江路小学修建操场挡土墙护坡时，外包工鲍某挖土方（1976年挖地掘墓时抛弃的土）捡到一个"金元宝"，到银行鉴定过，是真金，重50克。"金元宝"底部刻有阴纹"凤"的图案（原铜陵市长江路小学校长周炳章证实）。

据1982年4月27日《铜陵报》发表的《我市发掘一座南宋古墓》记载：最近，市一中新建实验教学大楼时，发掘出一座距今八百年的南宋古墓。古墓由青色古砖砌成，上盖青石板。一共发掘出墓碑一块，鼎形小碟一只，铁环两只，陶碗一只，古铜钱两枚。从碑文辨认，墓主是吴公谅，即吴谅，系南宋武举进士。碑文还有"淳熙八年""池州铜陵县开家冲"等字样。淳熙是南宋第二个皇帝宋孝宗赵眘的年号。淳熙八年，即1181年，距今已八百多年。另从一枚古铜钱上辨认，有"天禧通宝"四个字。天禧系北宋皇帝宋真宗赵恒的年号。铸钱时间与墓葬时间相距160多年。古墓残损不全，说明曾被盗过。

（二）骚客歆慕

李白《宿五松山下荀媪家》："我宿五松下，寂寥无所欢。田家秋作苦，邻女夜春寒。跪进雕胡饭，月光明素盘。令人惭漂母，三谢不能餐。"

北宋文学家、书法家、大学者苏轼和黄庭坚，在五松山巧遇，于是联袂同游。苏轼诗云："落帆重到古铜官，长是江风阻往还。要使谪仙回舞袖，千年醉拂五松山。"黄庭坚诗云："我来五松下，白发三千丈。松门闭青苔，惜哉不得往。今日天气嘉，清绝心有向。子云性嗜酒，况乃气清爽。此人已成灰，怀贤盈梦想。"

南宋王十朋作《铜陵阻风》："两年官绝塞，万里下瞿塘。秋浦浪方息，铜陵风又狂。五松人忆白，双竹句思黄。今夜舟中月，中秋何处光。"南宋赣州法曹参军戴昺《五松山太白祠堂》："舣舟来访宝云寺，快上山头寻五松。捉月仙人呼不醒，一间老屋战西风。"南宋淳熙七年（1180）铜陵县令林桷《题太白五松书堂》："翰林最爱五松山，长说千年未拟还。而我抗尘良自愧，来游只得片时闲。""千载名山乐有余，功名尝愧十年书。英风凛凛无今古，醉草明光一梦如。"南宋阜民《题太白五松书堂》："江氛朝暮半晴阴，绀宇飞甍接翠岭。手摘匏瓜曾未遍，身从鸥鹭得相寻。千年舞袖云崖冷，几度桃花春水深。犹有门前旧题句，松风万壑老龙吟。"

元宋无《铜陵五松山中》："樵声闻远林，流水隔云深。茅屋在何处，桃花无路寻。身黄松上鼠，头白竹间禽。应有仙家住，避秦来至今。"

明代大戏曲作家、文学家汤显祖《过铜陵》："向夕燕支峡，遥分白马耆。沧浪荷叶点，春色凤心知。邑小无城郭，人欢有岁时。谁怜江月影，悬弄五松枝。"明嘉靖年间进士佘敬中《江上望五松》："江上望五松，松明郁偃盖。铁干蟠苍虬，日月常掩暧。灵根何处来，疑是天帝赉。中有神物护，斧斤能远害？夜静山月悬，笙竽发天籁。"明弘治二年（1489），铜陵教谕杨泰《五松胜游》："铜官山水最清幽，太白当年乐胜游。诗美常君同啸咏，饭惭荀媪独淹留。书堂高爽凌霄汉，文彩光芒射斗牛。舞袖一回千岁后，五松拂尽水东流。"明正统元年（1436），铜陵教谕王贯《松山文焰》："谪仙曾此究遗经，遂使松山擅美名。乔木常青含秀气，飞流不断带书声。奎光炳焕霞初照，文运昭回日正明。安得从容登绝岭，五松深处望神京。"

清顺治二年（1645），铜陵知县蒋应仔步李白《宿五松山下荀媪家》之韵，作诗《次韵》："忆昔亭亭秀，披襟欲借欢。我来一仁看，剩有清风寒。供奉誉犹在，且留荀媪盘。欷歔惟吊古，酌酒聊以飧。"并作《五松胜游》："亭亭翠结五云连，软簇香茵覆草芊。遮莫携柑供白眼，不禁把酒唤青莲。低徊躅迹留余憩，凭吊披襟挹胜传。流揽片时毛睫适，情深石上话新笺。"清顺治七年（1650），铜陵教谕彭文炜《五松胜游》："何处骑鲸访谪仙，山花零乱石坛前。芳名著胜松犹五，往事惊心岁已千。谡谡涛声迟梦蝶，鳞鳞虬影湛秋蟾。若教一染秦封号，谁决江流代洗膻。"又作诗《铁船遗迹》："金陵亦有覆舟山，不道铜陵有铁船。若借阿瞒排赤壁，宁忧黄盖烬青烟。五丁鬼斧开天堑，十丈莲航系玉田。仿佛仙槎真有据，烂柯鞭石尚疑玄。"清朝庠生佘应龙《秋过五松山》："活活溪流驶，唧唧夜嘶蛩。表表豪狂士，孑孑孤绪惊。峨峨凌厉态，跃跃顾盼容。昔避冤豺虎，今吊慰螭龙。螭龙虽遁迹，埋照涛五松。"康熙六十一年（1722），铜陵知县官守仁《旋里别五松山》："龙堂松石记诗篇，琴鹤无由效昔贤。万里欲归心自结，一官空寄累犹牵。惭闻舆颂飞凫好，病怯云山舞袖翩。自笑知几今已晚，却将时事向谁传。"清乾隆十二年（1747），铜陵人史应贵《太白书堂》："气禀长庚骨是仙，陇西流寓鹊江边。飞觞醉玩铜峰月，起草怀倾玉带泉。袖拂五松人去也，诗留千载韵悠然。行来欲问青莲字，旧迹依稀忆昔年。"

（三）靓妆新奇

毛泽东《浪淘沙·北戴河》："往事越千年，魏武挥鞭，东临碣石有遗篇。萧瑟秋风今又是，换了人间。"铜陵人民当家作主，装点五松山，今朝更好看。

螺蛳山青年公园 1963年，螺蛳山开始绿化，大面积栽植马尾松。1983年，市政府拨款，铜官山铜矿赞助，兴建森林公园。1984年"五四"青年节，团市委发动全市团员、青年上山劳动，市政府将其命名为"螺蛳山青年公园"。螺蛳山青年公园由螺蛳山、文山、武山、青石山等构成，最高峰青石山海拔156米，主景点为螺蛳山，属省级森林公园，有"铜陵之肺"美称。园内有两条游园道路，以条石铺成，道旁置石桌鼓凳，供游客登山小歇。山上建有门坊、半山亭和琼楼叠阁，在此可观山城日出和市区风光。

螺蛳山广场 螺蛳山广场位于长江东路以北、铜都大道以东的螺蛳山脚下，既是螺蛳山青年公园的大门，又是市民休闲娱乐健身的理想场所。螺蛳山广场以"梦幻、现代、未来"为主题构思，设有"时空""铜之源""跋涉""水趣""铜螺"和特大型"螺蛳雕塑"共6个主要景点。"时空"系一组大雕塑群，由4条飞龙、3个抽象的人体等组成。4条飞龙体现着中国的传统文化和古铜都特色，3个抽象的人体通过造型和色彩的变化处理，创造出"古代、现代、未来"人的形象，反映历史时空的变化。"铜之源"系一组文字浮雕，位于广场的偏北方向。浮雕的正面向中心倾斜，呈坡状，上面雕刻有古代青铜器中的凤纹和龙纹，顶部有水顺坡而下，迂回曲折，寓意中华文化在铜陵有深厚的根基和铜陵青铜文化源远流长。"跋涉"位于主题景观的东侧，设一个自由形态的水池。精心布置的大鹅卵石从水池中"跋涉"到螺蛳山公园的入口处。跋涉景点既丰富了园景，又增加了游人的参与兴趣。"水趣"设在广场中部，为一个直径18米的下沉式圆形水池。水池水深约半米，水池中心有一只可爱的白鳍豚雕塑，还有海螺、水牛等石雕卧在水中；水池上还设置有触摸式的喷泉，富有动感，增添童趣。"水趣"不光是儿童喜欢的地方，成年人在此也无不流连忘返。"铜螺"位于"水趣"西侧，是一组由多个铜螺组成的情景雕塑，是通过挖掘螺蛳山的历史和民间文化创作而成的。"巨型铜螺雕塑"设置在螺蛳山青年公园大门前的一个平台上，是广场上的最高建筑。巨螺既是一个造型逼真的海螺，又是广场的管理用房。在巨螺四周设有栏杆和扶手，游客来到这里可以凭栏远眺，广场美景尽收眼底。广场上还设有绿地、花坛。各种花草合理搭配，应有尽有，鲜花随季节变化，树木随冬夏换装。广场上的灯光照明富有灵气，每到夜晚，美轮美奂，恍若仙境。

（四）钟灵毓秀

钟灵毓秀发祥地，五松依偎铜官山。

清光绪二十七年（1901），诏令废科举、兴学堂。光绪三十一年（1905），铜陵县署在城东文庙明伦堂开办铜陵县立高等小学堂，教员数人，学生十余人。学堂易名多次，即义安区实验小学前身。民国三十五年（1946），在铜陵县城西俞家桥南创办县立初级中学。

1949年4月，铜陵解放。党和政府重视教育，对学堂维修改造、逐步发展，1949年4月更名为"铜陵县立五松小学"，当时教师12人，学生272人。1949年秋季，皖南区池州行政专员公署决定安徽省立铜陵中学高中部并入贵池中学，初中部与铜陵县立初级中学合并，校址在县城内潘家祠堂。1950年8月，铜陵县立兴隆初小更名为"铜陵县立五松完全小学兴隆分校"。1950年9月，铜官山铜矿筹备处经池州地区批准创建"铜官山矿职工子弟学校"，1966年更名为"东方红小学"。1955年暑假安徽省铜陵初级中学从大通迁入铜官山北麓，先后易名为"安徽省铜官山中学""安徽省铜陵市第一中学"。1956年铜官山市成立后，铜陵市二中、三中、四中、六中、八中相继开办。至1978年，铜陵市中心（五松山地区）建立小学15所。1958年创办铜官山矿冶学校、铜陵市师范学校和铜陵市卫生学校。1978年4月，"安徽劳动大学铜陵师范专科班"成立。

安徽省示范高级中学——铜陵市一中、铜陵市三中坐落于五松山西麓义安北路两侧（2002年8月一中高中部乔迁，原址初中部改为十五中）。校园文化浓厚，环境幽雅宜人。市三中早在20世纪90年代就成立"五松山文学社"，主办《五松山》杂志，组织文学爱好者参加交流实践活动，促进学生语文水平的提高。2008年11月19日，伍恒山作客五松山讲坛，为铜陵听众主讲《李白的生平、诗歌与五松山文化》。2006年5月27日，三中"五松山文化碑廊"竣工揭幕。碑文精彩纷呈，名人羡慕铜官五松。以碑刻记，以廊铭存。旨在以诗词引咏诵，以咏诵养文化，以文化传精神。三中校园内，还修建"五松山亭"，缅怀诗仙李白。

改革开放40多年，铜陵市各级各类学校蓬勃发展。1993—1994年，铜陵市三区一县（铜官山区、狮子山区、郊区和铜陵县）"两基"（基本普及九年义务教育、基本扫除文盲）工作先后通过省政府检查验收，从而一举成为安徽省"两基"达标第一市。2001年6月，中华人民共和国教育部、财政部和当时的国家发展计划委员会授予铜陵市教育委员会奖牌"全国'两基'工作先进单位"。

铜陵市在全面实施素质教育的同时，不断进行学校治薄扶弱工作。推进教育均衡发展，巩固和发展"两基"成果；加大办学投入，强化师资队伍；采取有效措施，使学生德智体美全面发展。

四、天王山 铜鼓山

（一）天王山

清《铜陵县志》："天王山在县西二百余步，山旧有护法寺，故名。"南唐保大九年（951）置铜陵县，县署在天王山南麓。铜陵古城墙在天王山之阳。"铜故无城，有之自万历间始。"城墙周围约七百丈。门楼有四：东仪凤，西临津，南涌洲，北惠泉，南北各便门一。天王山海拔83.3米，周围环境幽美。旧有庙宇亭碑，早已湮没。

关圣庙　在天王山富览亭右，众姓建，佘又安重修，并修神龛。署县褚邦礼联云："夙夜戴天王，险阻君臣，草泽中风云龙虎；春秋资富览，从容道义，奕世后河岳星辰。"

玄帝庙　在天王山巅，嘉靖四十三年（1564），知县李士元建，翁金堂撰记。崇祯三年（1630），邑令崔维禅命羽士忧、启高全、山主汪仕伸募建。后庙圮。雍正元年（1723），众姓建。雍正六年（1728），监生何学成修，子监生应惠乾隆间重修。

大观殿　在天王山，郎应征建，孙郎伟重修，殿下院墙仇应龙捐砌。

灵官殿　在天王山，众姓建，夏凤塑像。

刘公遗爱祠　在天王山祝圣寺西。刘孜，湖广江夏人，举人，嘉靖四十年（1561）任铜陵知县，有惠政。公每岁亲巡圩岸，率耆民仲仕亨等创建圩门，通圩德之。公捐关圣庙前四十二亩以惠寺，僧令鸣鼓，聚夫启闭斗门。仕亨亦捐田三亩。

祝圣寺　原崇福寺，在县治西（天王山麓）。宋淳熙七年（1180），僧杯度建，赐额。明洪武十五年（1382），始设僧会司于内。清康熙年间，俞锦铉重建佛殿，后裔增修；明万历二十四年（1596），正殿灾，贡生章培义承其父灿遗命，鼎新。

大士庵　在天王山，即旧魁星堂。明天启二年（1622）知县卢懿简、训导张可仕迎簸箕山石大像置殿内，俞士杰修。

玄真宫　在天王山，玄帝庙前。

富览亭　在天王山，旧亭。宋邑令张孝章修缮。清乾隆十六年（1751）重建。

翼龙亭　在天王山，刘日耿、刘日望等捐建。

迎晖亭　在天王山，潘学尹建。

铸玄帝像碑　重修天王山富览亭碑、崇福寺碑　重修天王山碑、富览亭碑

南宋王十朋，号梅溪，绍兴二十七年（1157）进士，曾任秘书郎、侍御史等职。隆兴年间（1163—1164），王十朋曰"促刺饶州，维舟铜浦，登富览亭，低面吟啸，有振衣千仞冈、濯足万里流之概"，并题诗《富览亭》："一望之中万象新，铜官宝嶂悉生春。风光拼取收囊底，宦况于今也不贫。"南宋开禧年间（1205—1207），铜陵县令张孝章《题富览亭》："碧瓦朱甍接翠崖，周围无地着纤埃。山从云脚断边出，水向天根尽处来。去蜀征帆轻渺渺，隔淮春树绿洄洄。偷闲一到尘襟涤，坐见星河落酒杯。"

明铜陵人佘翘《登天王山》："上游锁钥控南州，暇日邀宾选胜游。境转天王堪眺望，尊开地主有风流。松林涛拥江声合，萝磴寒飞暑气收。一自山岘留碣石，使君遗爱足千秋。"明弘治二年（1489），铜陵教谕杨泰《天王富览》："剧爱天王景色嘉，凭高拭眼见天涯。水声东注从三峡，山势南来自九华。远浦茫茫舟上下，隔淮漠漠树交加。五云翘首京畿近，虎踞龙蟠入望赊。"《禅寺晓钟》："鸡鸣古刹欲平明，响振蒲牢百八声。惊走上方僧出定，敲醒下界客趋程。风飘逸韵催残月，霜肃洪音报晓晴。堪叹纷纷尘代里，何人起听不关情。"明隆庆二年（1568），铜陵知县翁金堂《天仙子·登天王山》："水色环山明四傍，时度香风松顶上，画檐高压鸟飞低。轩牖敞，凝眸望，几点青青天际嶂。　韶华晚来添色相，刚见苍天将月放，一轮入座一垂江。澄波漾，轻风荡，琉璃光与珠帘扬。"明铜陵人吴文梓《登天王山》："青山郭外见村廛，羽士堂开万木巅。七碗能令尘吻爽，一尊偏爱绿阴连。清虚不减玄都兴，雅致常随彩笔传。高柳新蝉鸣又歇，徘徊直待夕阳天。"明铜陵凤凰耆（今顺安镇）人、庠生汪士任《天王山漫赋》："生成壮锁阴，襟带江湖长。峦黛光弥市，松梢影挂墙。经翻紫贝古，社结白莲藏。谁作山灵主，千秋姓氏扬。"明铜陵坊市耆（今五松镇）

人、庠生陈嘉泽《登天王山》："萧萧静掩昧还幽，闲偶同侪揽胜游。万叠波涛撑玉柱，千家城郭巩金瓯。推敲好句杯中落，继续晴岚望里收。山峻水长风自在，登临对此更悠悠。"明铜陵人何自谦《登天王山》："天王府视一山尘，曲径斜通云外巅。玉殿高骞尘不到，金樽饮尽酒还连。纳凉正得薰风好，赓韵深惭白雪传。适意何须论富贵，翠涛深处似秋天。"

清顺治七年（1650），铜陵教谕彭文炜《天王富览》："登高作赋我何能，遗址犹怀富览亭。宛转湾头双鹭白，迢遥江上数峰青。何须饮满诗方就，会见人豪地已灵。不信天王空峙立，长松隐隐望飞轺。"《禅寺晓钟》："烟霭迷离屋数层，翠云堆里卧高僧。愁看宦海风波险，爱对禅关花木澄。潮助钟声谐佛唱，窗侵曙色灭璃灯。须知八百犹多事，撞破初机即惠能。"青阳人吴襄《天王山》："矫首凌江表，龙冈此地同。松深寒气重，苔碧翠烟笼。上界传清籁，诸天散晓钟。梵云飞不远，只在此山中。"清顺治十七年（1660），铜陵知县侯思芹与同僚及友人同游天王山，即席赋诗："使君此日问山灵，乘月移樽富览亭。水落天根三峡近，树连云脚五松青。石林句就僧俱寂，草阁谈开我共听。满座春风欢聚壁，应知太史夜占星。"清乾隆十六年（1751），铜陵县令褚邦礼《富览亭》："云横翠叠望中新，收尽岚光拾尽春。最爱饶州贤刺史，不同俗吏叹官贫。""参差城郭烟中景，浓淡江山画里春。漫道银州称锦里，宦游得此可忘贫"。清铜陵人陈琦《上巳同诸子饮富览亭》："犹带南楼醉，登高集众贤。花宫亭午日，樵径暮春天。麦浪沧江外，人家绿柳边。幽情恣觞咏，差似永和年。"清铜陵人佘心裁《天王山登眺》："两岸乾坤收一顾，四周花鸟落千岗。好山好水图难尽，富览应教引兴长。"清铜陵人查富玑为富览亭写了一副楹联："我从辽海归来，看大江依旧，榭阁重新。把酒快临风，直上层峦极顶；地本松城名胜，有铜鼓高峰，铁船遗迹。凭廊供远眺，竟忘静寺嚣尘。"

天王山富览亭 约南宋乾道三年（1167）王十朋移知湖州，自夔州顺江而下，途经铜陵，停舟登岸，游览五松山、天王山，题诗《铜陵阻风》："江入铜陵县，舟藏芦苇间。邮亭危压浦，佛屋陋依山。月出乌将绕，风高雁欲还。江山不贫处，一览见尘寰。"南宋开禧年间（1205—1207），邑令张孝章重修富览亭于天王山巅，后废。清乾隆十六年（1751），县署褚邦礼率众捐资重建。咸丰年间（1851—1861），遭兵毁。1923年，当时的县政府拨款在原址修复，抗日战争时期毁于日军炮火。

富览亭系飞檐翘角、碧瓦朱甍、雕梁画栋的古典式建筑结构。高约5米，坐北朝南，三面砌墙，东北开一门，西南为四根合抱粗的廊柱。亭门精雕细镂，上悬黑底金字"富览亭"横匾。亭内长八九米、宽约四五米。亭堂横开3间，窗明几净。后壁正中挂着王梅溪题"崖寰一览"横幅。亭内间置台几，中列圆桌、椅、凳，供游人小憩。四壁悬有耆宿、名流登临览胜而题赠的诗词和楹联。亭前叠石成岩，石廊拥抱。亭的四周，古木参天，奇葩斗妍，异草含芳，别有天地。

1985年11月，天王山西南边被铜陵市人民政府规划为"笠帽山自然保护区"。自然保护区由笠帽山和天王山组成，保护范围包括两山及山麓以外150平方米地带，重点保护该区烈士塔以及森林、植被。为建设笠帽山森林公园，铜陵县林科所做了一些积极有益的工作。

（二）铜鼓山

铜鼓山在天王山西，其顶状如铜鼓，亦似箬笠，俗名箬帽顶，今名笠帽山。

为纪念在抗日战争和解放战争中牺牲的烈士，1958年在笠帽山顶建立铜陵烈士塔。1992年重新整修。塔系三层正方形实心塔，钢筋水泥质地。占地900平方米，建筑面积400平方米，塔高30米。塔中层设有平台栏杆。登塔可俯瞰大江帆樯点点，天井湖水波粼粼，老洲镇绿树成荫。塔上层四方分别刻有"光明日月""气壮山河""永垂不朽""万古长青"。烈士塔四周松柏挺立，花枝招展，氛围和谐，庄严肃穆。每年清明节期间，前往瞻仰和敬献花圈的群众络绎不绝。铜陵县烈士塔为市级重点保护单位。2004年被列为市级爱国主义教育基地。

五、笔架山

《大清一统志》："石耳山：在铜陵县南二十里，两峰并耸，云覆即雨。上有石，高丈许，名仙姑台，亦名真人峰。"石耳山，今名"笔架山"，位于铜都大道与长江东路交叉处南面。笔架山背倚铜官山，面对螺蛳山、青石山，交相辉映，地势优越壮美。

昔年"里社"（古时供奉土地神的处所，在石耳山下）、"大造庵"（去石耳山里许，杜如甫、庠生杜先春建）、"仙姑庵"（在石耳山真人峰下）久废。今日仙姑台，已成为人们运动、娱乐和休闲的理想场所。笔架山上分布大大小小的平台，最大的平台相当于一个篮球场的面积，即"仙姑台"。靠近铜官山一座山顶上的碉堡残骸，是侵华日军为掠夺铜矿资源、镇压铜陵人民而修建的一处堡垒。这是日本帝国主义侵略中国的罪证，也是进行爱国主义教育的实例。

明弘治二年（1489），铜陵教谕杨泰《石耳云根》："石耳双峰峻欲飞，兴云翕欻妙天机。空中未睹成苍狗，顶上先看冒白衣。有意从龙为雨去，无心伴鹤放晴归。作霖更喜苏枯稿，多少瞳氓望解围。"

笔架山工人公园 笔架山工人公园坐落在铜官路南侧笔架山，面积37.13公顷。由市总工会组织，铜官山铜矿赞助，市政府批准，于1984年11月5日动工兴建，1986年春节正式对外开放，接待游客。以笔架山为主体建成的工人公园，顺山依势；以自然林木为基调，顺乎自然。山麓，建有公园门楼。门楼为仿明代建筑，高二层，红方柱，白色墙体，横枋饰彩色花纹，上覆琉璃瓦。在门楼左边，有"四季花房"。花房里有工人培植的花草灌木，一年四季姹紫嫣红，花香阵阵，赏心悦目，养性怡情。从公园大门进去，建有一条直达山峰的"千级条石台阶"。拾级而上，可抵达笔架山顶，上建有"望云亭"（亦称"赏心亭"），为公园最高点。亭系钢筋水泥结构，二层六角式，飞檐翘角，饰彩涂金，上覆琉璃瓦。底层四周有石栏和石排凳，二层周围嵌有长方形格子窗棂。游人登楼观赏，心旷神怡。俯瞰，将市区全貌尽收眼底；远眺，阡陌纵横，长江如练；

仰视，可观天上云卷云舒。

笔架山广场 广场修建在山坡，呈前低后高之势，两端高差约18米，为台阶式广场，占地面积6460平方米。1999年5月动土修建，当年9月竣工开放。广场景点设置：入口处是一个面积约1000平方米的平地场区，正面设置一座大型青铜雕塑墙，反映铜陵地区采矿冶铜的历史场景；第二级台阶上的左边是一个圆形休息场地，中间建造了一座"白兰花"式的亭子，亭柱下面有一圈石坐凳，游客可在此处小憩、观景；第四级台阶的左边是一个圆形的"回音墙"，人们站在"回音墙"中心的位置上，或拍手或说话，能感受到明显的回音效果；广场的最高处就是笔架山工人公园的大门，门头上悬挂着一个"工人公园"四个大字的牌匾。最引人注目的是广场正面墙的巨幅铜雕塑《矿工之魂》，该铜雕取材于百米井下采矿夺铜的情景。画面一群群矿工有的在扶机凿岩，有的在奋力推动着装满矿石的沉重矿车，有的在全神贯注地支护着巷道，有的在利用工作间隙小憩……

铜草花自然保护地 笔架山人工培植的松树、杉树、枫树、冬青树生机勃勃，翠绿葱茏。金秋，山冈上开满紫红色的花朵，绚丽夺目，香气扑鼻，那就是铜草花。海州香薷，亦称"铜草"。唇形科。一年生或多年生草本，有香气。茎方形，多分枝，暗红色，有短柔毛。叶对生，线状披针形，有短柔毛，下面具凹下腺点。秋季开花，花唇形，紫红色，聚生于枝端或偏向一侧的假穗状花序。小坚果长圆形，是铜陵最具铜文化韵味的铜矿藏指示植物（笔架山产铜）。近年来，铜陵市加快铜草花的保护、种植步伐，着力打造铜草花主题公园。

2011年5月17日，南京作家黄慧英和南京电视台3名记者来到铜陵，在曾经开遍铜草花的笔架山上，追寻皖籍辛亥革命先烈。清光绪二十七年（1901），英国为获得铜资源，看中安徽铜陵铜官山矿。翌年安徽中丞聂仲芳与英商凯约翰订立勘探合同23条，开采年限100年（到2002年止），合同签订后，引起全国的关注，尤其是在皖人中掀起一浪高过一浪的保矿收权浪潮。经过长达十年的斗争，1910年终于收回铜官山矿开采权。范鸿仙（1882—1914），安徽合肥人。孙中山先生曾说过"范君一支笔胜十万师"。1909年5月15日，范鸿仙撰写的《记皖籍京官开会集议路矿事》于《民呼日报》创刊号上发表，把清政府许多见不得人的腐败行为，光照于天下。为进一步推进铜官山保矿运动，他不顾个人安危，几次来到铜陵采访。他在《民呼日报》

上，先后以《又是一个汉奸》《卖国罪案之一端》《皖绅与外部之交涉》等为题，鞭挞清廷腐败，于嬉怒笑骂中见崇议宏论，为收回矿权摇旗呐喊，直至胜利。

六、杏　　山

　　杏山，位于顺安镇长龙山村境内，海拔177.7米。清《铜陵县志》："杏山，在县东二十五里。《广舆记》：昔传葛仙翁留此种杏，下有溪，落英飞堰，昔花堰耆以此得名。山产上朱，其穴土人以为丹圹也。宋郭祥正诗云：'传闻花落流堰水，每到三月溪泉香。'"

　　杏山遗存（湮没）古迹：

　　观音洞　在杏山东，峭壁层峦，若仙灵秘宅。

　　响洞　在杏山，游者投石有声，始若考巨钟，继若击铁马，袅袅不绝，莫知所底。

　　葛仙洞　内有石床、石几之类，四壁皆白石，俗名盐鼠洞。

　　杏山庵　在花堰山中，葛仙种杏炼丹处。后人肖像祀之，厅右奉关圣像，有碑记。

　　花堰泉　在杏山，葛仙炼丹处。

　　花堰　在杏山，葛洪种杏处，环堰皆山，窦有泉。堰口有陈留侯阮麟翁故址。

　　丹井　在杏山庵前，即葛翁炼丹井。状如半壁，深二尺许，温可掬，清可鉴，旱久不竭，雨集不盈。旁有丹灶遗址。

　　丹圹　在杏山，山有土珠，人以为葛仙丹圹。

　　仙牡丹　长山石窦中，有白牡丹一株，高尺许，花开二三枝，素艳绝尘，相传为葛稚川所植。

　　仙堰亭　在杏山麓通衢，杨履春建。

　　杏山关圣庙碑　今废。

　　清顺治七年（1650），铜陵知县刘曰义《杏山碑记》："铜之杏山，先此未有是名，自稚川葛仙翁结庵修炼，名始炳琅"，"谨捐奉另建祠宇，以妥厥灵。并置钟鼓炉瓶，甃筑墙垣，又构亭，峙丹井侧，存仙故址。时癸巳（1653）夏初，烦邑绅吴镇远董事、里长杨守仁管工，俱业已落成。"

明正统元年（1436），铜陵教谕王贯《杏阜丹光》："仙翁修炼已飞升，夜夜丹光射紫清。石鼎千年存古迹，杏花几树发春荣。云浮恍若炉烟动，月皎犹疑灶火明。安得相从求至诀，功成九转得长生。"

葛仙洞公园 葛仙洞为石灰石岩层，经长年流水侵蚀形成的自然溶洞，洞口海拔35米。洞形似覆锅，洞内嵯峨怪石，可容纳数百人。洞内有"八卦台""大象峰""天柱峰""万年灵芝"景物，有"大厅""云山""万象台""丹炉生辉""天台"等奇观。万象台显示出千万动物的形态，藏有十二属相；天台为葛仙公炼丹的下榻之处，遗存石床、石几家具。自大厅向右侧，曲折蜿蜒处是"天井护驾"。传说，明朝皇帝朱元璋一次被元兵追赶，慌乱之中，躲入此井，当元兵赶到搜查时，发现井口被蜘蛛结了一层蜘蛛网，以为无人入内，便掉头奔向别处。从一石隙缝中可窥"海眼"，海眼流水碧绿甘甜，终年不竭。在它的下边有条地下河，传说直通长江。1992年8月，在铜陵市政协的建议下，铜陵县人民政府决定兴建葛仙洞公园，确定由县、镇、村和县文化局三级四方共同投资并组织实施。仅用半年多的时间，使这一被湮没了几百年的名胜古迹重现于世。同时，增建楼阁亭榭、公园门坊和公园介绍碑刻一方。1994年，铜陵农民集资数十万元，开发建设葛仙洞公园。

七、天 门 山

天门山，古山名。因其山高耸插云端，故名。天门山又名"天屏山"，位于义安区东南与青阳县交界处，属天门镇天门村、新华村。主峰海拔576.5米。西接五峰山、尖山，东连大挂岭，山体走向为东西向至东北向。天门山主峰山脉向西一公里自然断开，与五峰山之间形成高大山峡口；南面另一条山脉又将天门山与五峰山之间联系起来，这条山脉在山峡口处拱起一座高于山峡口的弧形山峰，像两扇欲开犹闭的大门，被称为"天门"，天门山由此得名。山体重峦叠翠，耸入苍穹，云蒸霞蔚，峭拔秀丽，远眺仿佛一幅巨大的画屏，横空而立，故又称"天屏山"。

天门水 《（元丰）九域志》："铜陵……有天门水。"据清《铜陵县志》记载，天门山，在县东四十里，高耸云表，麓有梵天寺。天门泉，《读史方舆纪要》："水出天门山……襟带数里，灌溉民田，流至荻港达于江。"泉从坎出，名曰"西井"。梵天泉在梵天寺左，由石峡涌出，势如匹练，灌田可百余顷。梵天泉合天门泉达顺安，由荻港入江。天门山间小溪多自分水岭向西北和东南流入山间小河，主峰北侧"天门泉""梵天泉"两股泉水流入天门河，经顺安达荻港河入江。元朝进士房芝兰寓居铜陵，《题梵天寺泉》云："云根流出泻寒声，冷沁禅关竹树清。气泄化胎飞宝锡，岩开冰谷愧尘缨。鹤林月浪秋常浸，龙海波涛夜忽惊。分我一瓢苏旱岁，化为霖雨泽苍生。"

梵天寺 世代相称"红光大庙"，侧有"如许亭"，在天门山麓。吴天祚三年（937）建，北宋嘉祐八年（1063）赐额。原寺红墙青瓦，飞檐翘角，晨钟暮鼓，香雾萦绕。寺门两旁镌刻着对联："梵刹绝尘风，静净缘空，暮鼓晨钟开云翳；天门绕逸致，山青（清）水秀，游鱼野鸟乐忘机。"房芝兰六年后重游天门山，咏诗《重游梵天寺》："门前流水碧粼粼，禅妥僧闲化复淳。搅梦半因诗作祟，破寒全藉酒生春。休教一切有为法，误着三生自在身。拂袖重来经六载，梵云飞雨洗儒巾。"清雍正八年（1730），铜陵人盛士隆《读书梵天寺闻泉》："招提罢读听泉声，仿佛清琴拂涧鸣。悟彻源头真意味，满怀芳趣一时生。"梵天寺庙宇年久失修，虽倾圮于20世纪60年代，但天门山溢光流彩，令人心旷神怡。现存的石拱桥流水潺潺，寺前那棵四人合抱的桦树古朴苍劲，向游人述说着历史，等待人们去见识天门壮观。天门山还有数处庙宇湮没：关圣庙（天门山西，何姓建）、望江庵（在天门山西，庠生徐承达、贡生徐明经建）、觉华庵（在天门山，有泉，曰"谦泉"）、雨香庵（在天门山东，旁有双峰巅，有古泉）、最上庵（在天门山西）、观音庵（在天门山东，旁有泉，冬夏不竭）、永济庵（在天门山）、望霞庵（在天门山，丁姓建）。丁应声《宿天门山最上庵书怀》："山高月际满，洗脱旧人肠。新怀华欲放，流影竹枝间。"清代铜陵人丁玄游梵天寺观流泉有感，分别题诗："万顷奔涛出洞来，常流不住几时回。偏宜酷暑闲临眺，洗我胸怀只一杯。"谢嗣芳，清铜陵合二耆（今属铜陵市郊区）人，廪生。因其子谢绍仁授户部主事，朝廷赠封文林郎，加赠奉直大夫。其诗《游天门山去一尖峰里许不得登》："天门山高瞰陵谷，烟云出没山之麓。十载梦游今始登，扪葛扪萝鸟道曲。蒙翳历尽始豁然，怪石灵湫看不足。欻忽举头得大观，日月倒悬难摸捉。众山俯视若儿孙，绕膝牵衣争拜伏。长江一线落天隅，市廛城郭不盈掬。纵横一气浩茫茫，劈破鸿朦山鬼哭。三尖峰上一尖峰，咫尺烟云忽灭没。登山不登山绝顶，常使胸中多局促。呜呼退之陟太华，险不得下长恸哭。我今数武不得登，惆怅山灵妒游目"。

天门山蕴藏金、锰、锌、铁、煤和丰富的白云石、石灰石资源。天门山是一个珍奇的"动物园"，梅花鹿、金钱豹、豺狼、山羊等走兽和山鸡、丹顶鹤、斑鸠等飞禽，不时地在这里出没；天门山是一个"百草园"，贝母、石斛、石耳、党参、七叶一枝花、绞股蓝等百余种中草药，向游人展示着自己的风姿。如今，人们又在天门山脚下办起珍稀动物养殖场，圈养了马鹿、梅花鹿、鸵鸟、白天鹅、孔雀等。绿色屏障的天门山这块宝地，已被利用开发，成为中国古铜都——铜陵郊游胜地。

江村古民居　坐落于天门镇天门山麓，系铜陵尚存的一处有规模的古民居建筑群。整个村落坐东南朝西北，建筑在一块高坡地上。村前有一条卧龙（指小河）看门护院，村后有大象、狮子（指象鼻、狮子、鲤鱼山）保护村庄，恰如"鲤鱼跳龙门"的风水宝地。江村古民居的建筑，高度错落有致，面积大小不等，其造型也随着地形、道路、池塘等因素有所不同。其建筑风格：清一色的飞檐翘角，粉墙黛瓦，高高的马头墙，十分好看。还有典雅的青石雕刻、木柱门窗、天井流水。有一幢典型的"四厢、两正"房屋，为徽派建筑结构，其面积200平方米左右。房屋四面各开一个门，朝南的是正门，其余几个叫边门和后门。大门高大华美，左右各设有一个"石鼓"。据说这石鼓的造型和上面雕刻的图案花纹，都与这户人家的身份地位相一致。江村古民居有著名的徽州三雕——石雕、砖雕和木雕。各种精美的花纹图案有传奇故事、花鸟鱼虫等。有些三雕图案还采用了多层镂空雕刻技法，呈多层空间立体感。江村里的道路全部采用大青石铺就，通往每家每户；村中的几口水塘分布在适当位置。古民居的建筑设计达到尽善尽美的地步，其"三防"（防火、防水、防盗）设计运用独特的自然条件与创造思维相结合，保障了村民安居乐业。

铜陵市民间艺术家协会名誉主席江积富查阅宗谱知悉：黄巢起义后，唐朝官员萧祯逃难，以江为姓，隐居在江南黄墩山中。后梁时，江祯次子江郑迁居歙县溪南。南宋末期从江祯传至十七世江景荣时，由徽州歙县迁居到铜陵凤凰山。后来居室被元军焚毁，江景荣卜居在五峰（天门）山麓。越五世，明朝初期，江永祯卜居在东江村，江永祥便居在西江村，江永淮择居于廓岭之下寨口。他们三人被后裔称为"三公"。三公后代崛起发迹，于清乾隆二十八年（1763），创建江氏祠堂（三进），坐落于东江村西角，建筑面积1000多平方米。

董店乡林场　该林场位于天门镇天门山麓，1972年创办。建场初期林场面积520亩，职工15名。至1984年年底已发展成拥有4个分场（天门山、镜子山、大观山、陈冲口分场）、1个花木场和1个竹器加工厂的综合性林场，总经营面积4256亩，职工46人。自建场就进场的石秉弥，以场为家，造林护林，还掌握了白蚁防治和生产白僵菌防治松毛虫的技术，成为治虫害能手。1989年，该场接收十里长冲6200亩的山场经营权，成立长冲分场。1990年年底，林场经营面积达1.28万亩（其中有林地1.19万亩），当年总产值25.9万元，成为省级先进乡村林场。

八、城　　山

《寰宇通志》："城山：在县东五十里，四围石壁峭拔，惟西南一径可通。"城山即今顺安镇城山村（城山冲）区域内大城山，海拔452.9米。景点有捷径登高、金盆照月、滴水岩、莲花峰等。早已湮没的古迹有：

城山铺　铺即驿站，古时供递交公文的人或来往官员暂住、换马的处所。在城山西麓，达南陵界。

大王庙　一在城山西麓。一在城山之东，胡承络、绪烈捐地建，并捐余地。当地百姓祭祀城山大王赵普胜修建。

莲花庵　在城山，胡姓建，又名弥陀庵。

云雾庵　在城山顶。

竹影庵　在城山。

清铜陵人崔必选题诗《游城山莲花峰弥陀庵》："寻幽到精舍，令我欲忘家。径曲偏宜竹，林深不见花。谈禅空五蕴，说偈演三车。归路无余物，衣衫带晚霞。"

城山寨　《大清一统志》：城山"四围石壁峭立，西南仅通一径，宛如城门，其上平坦，约数十亩，又有井，虽旱不竭，遇阴晦辄云气涌出。昔人恃以避寇，谓之寨城。"传说，赵普胜率兵在城山安营扎寨，招兵买马，扼守抗元。他号令严明，劫富济贫，惩罚贪官污吏，不扰民众百姓。大家拥立赵普胜为"城山大王"，后人修建"大王庙"祭祀。

《续资治通鉴》记载，元至正十二年（1352）九月，赵普胜等据池阳，直趋铜陵；至正十六年（1356）十二月，赵普胜率众攻城，怀宁县达噜噶齐伯嘉努战死；至正十七年（1357）五月，赵普胜出兵拒敌；至正十八年（1358）四月，赵普胜、陈友谅等陷安庆；至正十九年（1359）三月，陈友谅遣部将赵普胜寇宁国太平县；至正十九年（1359）四月，赵普胜既陷池州，令别将守之，而自据枞阳水寨，数往来寇掠境上。至正十九年（1359）九月，陈友谅杀其将赵普胜。

刘四姐烈士墓　位于顺安镇城山村大城山麓。苍松翠柏，环境幽美。刘四姐（1912—1947），女，安徽无为人，家境贫寒，12岁随三哥来铜陵顺安城山铺落户。1943年参加革命，任乡妇女抗敌协会主任，并加入中国共产党。1945年9月新四军奉命北撤后，为保存革命力量，刘四姐根据上级指示留在皖南，转移至南陵县合村乡葛家村一户人家帮工，借此隐蔽。1946年秋，刘四姐请求随队参战，主要担任铜（陵）青（阳）南（陵）游击队后勤、伙食工作；兼任交通员，传递信件、情报。并与赵光余等同志回到城山铺一带开展革命活动。1947年12月31日，徐世达、赵彪带领的游击队于青阳县茗山冲天门山遭到国民党部队和青阳县保安团的联合"清剿"。在战斗中，刘四姐壮烈牺牲，时年36岁。

1980年10月，中共铜陵县委、县人民政府为刘四姐烈士墓整修并立碑纪念；2010年3月公布为"顺安镇青少年爱国主义教育基地"。

九、五　峰　山

《安徽通志》："五峰山自天门山逶迤而起，五峰峻削如指，泉亦澄澈甘美。"据1986年11月编印的《安徽省铜陵县地名录》记载，"五峰山位于董店乡长冲村的五峰山村，产铁、煤。

清铜陵人丁大成《登五峰山》："诸峰簇簇起蓬瀛，鸟道陵虚蹑太清。五老恍招偕醉月，仙人掌上白云生。"清铜陵贡生何元鼎《春日游五峰山》："红花芳草似裀联，闲步春深别一天。石磴峻嶒行处远，洞隈窅曲望中悬。晴峰矗起云生麓，野色平分树带烟。仙掌连骈疑驭鹤，梵钟未歇又闻猿。僧非佛印栖幽处，境异铜官澠惠泉。瀹茗不嫌留谢屐，奚童犹挂杖头钱。"清铜陵贡生吴世升《游五峰山》："高峰林立暮苍苍，独上丹梯览大荒。屐阻悬崖余鸟迹，练回远岫现江光。龙湫云护占灵雨，鹿院林深隐夕阳。若使谪仙曾憩此，应携谢句快飞觞。"陈哲题诗《五峰看桃花》："万山窈然深，花开人不见。涧水洌且清，流出桃花片。偶来溪上游，拾得惊殊艳。从此依径寻，春风醉人面。千树开芳菲，夭（天）姿令目炫。落红铺翠茵，纤叶映丹堰。最爱避秦人，结庐桃源畔。"

五峰山求雨　五峰山五峰并列高耸入云，悬崖峭壁，山脊宽不足三尺，五峰之中唯东峰顶（笠帽山顶）上有一块平地十几平方米，这里为求雨的地方。传说，五峰庵的西风菩萨十分灵验，求福得福，求寿得寿，使周围几县的信徒香客纷纷来庵中烧香拜佛，以求西风菩萨保佑。

五峰山煤矿　明崇祯年间，安徽太湖、望江等县农民迁徙至五峰山、陈侍冲一带（原铜陵董店境内），与本地江村合股开采煤炭。晚清时期，铜陵地方乡绅集资在五峰山、长龙山、官山冲等处建矿采煤，运往安庆、南京、上海等地。民国八年（1919），铜陵三处煤矿点隶属池州矿务局管辖。新中国成立后，铜陵地区煤矿开采规模逐步扩大，计划开采，整顿提高。1971年，五峰山煤矿（原大通西矿）重新建井开采。1980年，五峰山煤矿被铜陵市煤炭矿务局管辖，系四个煤矿之一。1985年，五峰山煤矿产煤约6万吨。五峰山煤矿经过25年的开采，地下煤炭资源枯竭，于1986年6月停产关闭，转建水泥厂。

十、叶　　山

《寰宇通志》："叶山在铜陵县东五十里，上有莲花峰，叶真人庙在焉，祷辄应。"清《大清一统志》："唐道士叶静，字法善，居铜陵，土人名其山曰叶山。山麓有叶真人之庙。"叶山形如卓笔，耸拔云霄，为东南名胜。叶山位于钟鸣镇西南、顺安镇东北，地跨两镇，土地总面积约27000亩，海拔487.3米。"峰形如笔又有莲花峰"的叶山，景观迷人，让人流连忘返。

章亭湖　月牙形状，湖水清澈，波平如镜，鸟飞鱼跃。

马尾松　面积约600亩的人工马尾松，林地平坦，环境清幽宜人。

观篁亭　位于竹海中心，这里是当时全国最大的笋竹两用林试验区（1986年，叶山林场与安徽农学院联合开发笋竹两用林150亩）。周围茂林修竹，青翠欲滴，山花烂漫，泉水淙淙。静坐亭间观篁，其乐无穷。

杉木王　好像一名威武的壮士守卫着叶山北大门。树高26米，胸围4米，冠幅12米，为全省杉木之最。如今，高大挺拔，枝叶浓密，双臂左右展开，热情欢迎来自四面八方的游客。

望火楼　瞭望林场防火情况的消防场所，即防火瞭望台。登上楼顶（海拔近500米），俯瞰山下，周围美景尽收眼底。

仙姑庙　庙宇简朴，有仙则名；香烟缭绕，神乎其神。

五福洞　位于叶山西南部山坡上，属天然溶洞，因有蝙蝠常年群居其间，故被称为五福洞。洞口四周古木参天，遮天蔽日。洞深丈余，顶高数尺，冬暖夏凉。洞中蝙蝠成群结队，悬挂洞壁，蔚然壮观。洞底石柱林立，千姿百态，令人称奇。

奇石岭　翻过叶山顶，即至奇石岭。林间怪石嶙峋，如禽似兽，千姿百态，与翠竹为缘，和老树相伴，妙趣横生，令人叹为观止。漫步其间，仿佛置身于动物王国之中。

明铜陵教谕王贯《叶山文笔》："一峰迥出直如椽，远镇铜陵几百年。华表秋高金气肃，昆仑春暖玉毫圆。云霞照处奎光盛，菊露滋时秀色鲜。兆应斯文诚不偶，科名人杰喜蝉联。"清铜陵人钱景《春日叶山即事》："大地具众妙，青峰观古今。山麓凿混沌，石壁云痕深。外观骇逼仄，渐入万木森。忽然豁双眸，四周揭幽阴。不知在邃谷，虚中耐窥寻。天光常新鲜，昏默咨并沉。我来恣搜索，洒然抚素琴。面山饱新翠，夜雨涧生浔。陟高无急步，花气生空林。鸣禽互唱和，石际铿清音。穿云攀层巘，坦然忘巇嵌。竹树悦交荫，惠风吹我襟。椽笔插天表，四顾何所侵。独立云峰上，万象收寸心。"

叶山林场 林场坐落在叶山，地处义安区钟鸣与新桥交界处。民国七年（1918），在叶山冲吉祥寺（今叶山林场属地）设省立第九造林场。民国十年（1921），又于叶山王家桥增设省立森林畜牧场。民国二十三年（1934），改为省立叶山矿区造林场。民国二十七年（1938），日军侵占铜陵，叶山林场停办。民国三十三年（1944），由抗日民主政府接受管理；翌年由民国县政府接收管理，直至1949年县境解放。1950年，铜陵县人民政府将原林场经营的山林划为国有，并分片划给附近村农会管理。1952年4月成立叶山林场。1990年，山场总面积8824亩，有林地8444亩。4000亩人工林主要培植杉、松、竹等，林中有画眉、喜鹊、山鸡、鹰等飞禽。叶山森林旅游资源十分丰富，这里已建成集旅游、娱乐、避暑、林业科研、生态保护于一体的胜地——叶山森林公园。

永泉旅游度假区 永泉农庄坐落于叶山西北麓、沿江高速公路东侧，筹建于2004年，是一处集休闲、娱乐、度假、会务、健身于一体的独具徽风皖韵的大型园林式旅游休闲服务中心，规划用地8.2平方公里。内设综合服务区、休闲娱乐区、客房住宿区，拥有30栋别墅。有室外高尔夫球练习场、标准化网球场、游泳池等服务设施。该度假区已成为铜陵对外旅游的品牌之地。

十一、凤　凰　山

　　凤凰山位于安徽铜陵东南方，处于铜陵市义安区顺安镇隶陶凤、牡丹、凤凰三个村委会辖区的中间地带，是一条由北向南缓缓抬起的山脉，山势不高，海拔390米。"凤凰山地势形胜而宽广，山环而水绕，周围八景，千年不易。前有横山之高截，而界乎两县；后有面山之灵境，而耸乎霄汉；左有灵凤饮泉，而磐石爪印之分明；右有塔山胜境，而流泉崖洞之端然。以至潭山灵湫，居山建寺，而邻乎西南；金山金牛，洞出马踪，而拱乎东北。八方美景，一览俱见。"

　　据《新唐书·地理志》记载，南陵县"凤凰山有银"。明《铜陵县志》："凤凰山在叶山东南，有泉一泓，相传有凤凰翔饮于上，故名。"明景泰元年（1450），周铎咏凤凰八景之《横山高截》："横岭崎岖一径通，几多花木绚晴空。春来有客闲登眺，满目清香逐好风。""自古横山景致幽，相期造化永无休。界通两县东西异，水傍平川南北流。春到奇花开树杪，晓来好鸟闹林头。游人适兴闲登罢，回首吟哦兴趣优。"《面山异境》："白面山高今古同，峰峦层列耸云中。腰间有石刊灵圣，多少祈求感报功"，"面山异境玉嶙峋，远耸危峰几万春。奇树逢时方发达，浓烟向晓又添新。名刊石壁存遗迹，灵应乡村表致仁。我亦闲游来此处，不胜兴感倍精神。"《石山凤凰》："庐外山高插半天，石边孤井聚甘泉。凤凰一饮千年后，尚有遗踪万古传"，"巍峰一派自东来，宛转蜂腰接上台。孤井凝泉依石出，灵禽鸣饮露踪回。远离凡俗尘无杂，幽静深林花自开。看此名山能有几，室庐相近甚佳哉。"《塔山胜境》："四顾山光眼界宽，花红树绿景无端。泉流岩洞千年在，留与人间后世看"，"胜境临轩路不遥，先人曾此兴偏饶。鸟音入谷声呼应，山耸迎晖影动摇。排列悬岩危欲坠，奔驰飞瀑落还跳。登高几度诗人思，坐对晴云景寂寥。"《潭山灵湫》："万丈深潭彻底清，神龙蟠处寂无惊。一朝鼓舞升天去，遍洒甘霖济众生"，"灵湫池隐万山中，竹树森森少路通。一镜渊泉清彻底，四围石壁耀晴空。神龙潜伏波涛静，雷鼓喧轰云雾从。遇旱黎民祈有感，沛然霖雨下苍穹。"《金山金牛》："精气凝成几万秋，忽然崩裂出金牛。世人漫说奔淮北，尚有金山名未休。""天地精英产瑞分，包含无限草萋萋。忽然崩裂金牛见，曾被人追江汉西。远望巍巍遗迹在，遥看叠叠淡烟迷。我今采景编诗卷，留得芳名万载题。"

滴水岩（泼珠岩）　位于凤凰山南侧。据明《铜陵县志》记载："滴水岩：在县东南六十里横山岭坞，悬崖削壁，宛如画图，有泉流其侧，如泻银河。"清《铜陵县志》："泼珠岩，岩顶平夷如掌，两山夹峙，横崖百丈，悬水倾泻，真如珠玑落于九天，为东南胜境。旧名滴水岩，绝不相肖，因更今名。"滴水岩，系溶岩断层所致，长300多米，高约30米。岩顶平坦，面积20余亩。岩间绿树丛生，藤牵蔓绕，怪石嶙峋，危岩欲坠。一泓清泉自西缓缓流淌而至岩顶右侧，绕过一株苍密老干的古松，从30米高岩顶飞流而下。岩脚偏右上方有一石洞，洞口仅容一人进出。洞体陡壁而上，到三米高处渐宽至七八米，洞深20余米，洞内蜿蜒曲折，好像迷宫，身临其境，别有洞天。清铜陵凤凰耆人钱峰《滴水岩》："峭壁环青嶂，玲珑挂碧帘。鲛人天半泪，石乳洞中悬。入谷晴疑雨，烹茶雪凌烟。兴酣探药圃，长啸挟飞仙。"沿滴水岩东行200米许，便是"凤凰落脚石"。它形似圆锥石柱，高约1.5米，兀立于山道旁，其顶端面积约0.4平方米，上有天然禽爪凹印，形似凤凰的脚印。传说这是凤凰当初来此的落脚地，故名"凤凰石"。凤凰在此小憩之后，随即飞到东边清泉饮水，这清泉也被称为"凤凰泉"。1985年，滴水岩被列为市级环境保护单位，1990年又被列为县级重点文物保护单位。

牡丹园　据清《铜陵县志》记载，仙牡丹，"长山石窦中，有白牡丹一株，高尺许，花开二三枝，素艳绝尘。相传为葛稚川所植"。又载，盛度"天圣间，迁翰林学士，先在陕（今河南省陕县以西地区）得牡丹数本，入贡"，"图容御赞，赐宴宠赠，还赐所贡牡丹一本。今其花蔚然成树，一开数百朵，世世培植不替，图赞珍藏于家"。

铜陵种植牡丹历史悠久，凤凰山是驰名中外的"凤丹之乡"，是观赏牡丹花之胜地。凤凰山栽培药用牡丹，始于明代永乐年间，清代成为全国著名的丹皮主要产区。凤凰山所产丹皮的特点：气味香浓，肉厚粉足，皮色褐红，表呈银星。凤凰山牡丹秉性独异，别具风姿，花为单瓣，大多色呈玉白，或间有粉红。花大叶翠，飘逸娇艳，香气袭人。当你步入牡丹园，仿佛人在画中走，尽情芳香中。1987年，牡丹选为铜陵市市花。从1990年起，每年铜陵举办牡丹花会，中外客人纷至沓来，欣赏牡丹，采购"凤丹"。2013年5月，铜陵牡丹种植面积超万亩，按照安徽省牡丹协会的规划，未来铜陵将以顺安、钟鸣为核心，发展油用牡丹5万亩。

相思树　相思树位于顺安镇凤凰村凤凰石东侧的相思河畔，已达300年树龄，是一株奇特的水桦树，原为两株，其根分植于小河的东西两岸。树长离水面2米处融为一体。树径3米多，高约25米。树叶茂密，像绿色的华盖凌空罩在小河上。这棵古老的"连理枝"，古人认为是吉祥的征兆，比喻恩爱夫妻、结为连理。树名"相思树"，河名"相思河"，可是，在这里却上演一场悲剧。

传说，河东的凤家公子与河西的姚家小姐自幼同窗共读，青梅竹马。后因凤家败落，凤公子虽学识渊博，能诗善文，进京应试，却无贿金奉献考官而落第。凤公子忧郁成疾，抱病还乡，行至村口，口吐鲜血，惨死在路旁。姚小姐惊闻噩耗，带着丫鬟前来奔丧。见凤公子惨死之状，悲痛欲绝，即殉节死于凤公子身旁。这时丫鬟见小姐身死，也当即撞死于路旁石上。由于封建族规，未成婚的凤公子、姚小姐只能分棺分别安葬于河东河西两岸，丫鬟也另棺葬于小姐墓侧。年长日久，这条河东西两岸各长出一棵枫杨树，向河心上空倾斜，长成一体，便成了如今的"相思树"。丫鬟的墓地后来长出一株水桦树，独立成棵，人称"丫鬟树"。随着历史的变迁，当地的百姓一直把"相思树"作为爱情和姻缘的象征，并精心加以保护。

1985年铜陵建立相思树自然保护区。保护区位于顺安镇凤凰村，面积约3000亩，重点保护相思树、凤凰落脚石、滴水岩、古柏树、溶洞等。

近年来，凤凰山景区管委会已陆续实施牡丹园观光休息长廊建设、牡丹亭建设、牡丹园整治、牡丹展示馆建设、相思河护砌整治、小服务区建设、樱花大道建设、循环栈道建设、滴水岩循环水工程等，凤凰山景区旅游基础设施建设将提升到一个新的水平。

十二、狮 子 山

狮子山位于铜陵市义安区钟鸣镇东北部,其山脉绵亘铜、青、繁三地,故有首枕铜陵、身卧繁昌、尾抵青阳之说。海拔390.1米,"石峦矗立,宛若狮首,扪萝登眺,江空天阔,尤为巨观"。

《元和郡县图志》:"铜井山,在南陵县西南八十五里。出铜。"铜井山古代铜矿采冶遗址即坐落于狮子山区域。

吴琛,明朝繁昌(今芜湖市繁昌区)人,景泰年间(1450—1457)举进士,擢御史。他为铜陵狮子山题诗。《天台峰秀》:"奇峰耸翠碧云端,信是神灵拔地攒。万缕烟霞笼石磴,四时花木荫林峦。鸟还青嶂歌声杂,人立红亭眼界宽。共说禅宗栖得稳,个中盘曲往来看。"《喷珠泉美》:"方池圆石出天然,罅隙能通地底泉。源脉涌来如醴冽,支流喷出若珠圆。甘凉可却炎天暑,润泽堪浇旱岁田。自是禅心相对处,了然不受一尘牵。"《狮子昂霄》:"山形肖兽得名称,耸立云霄态度横。雾罩晚岩疑气吐,草铺春麓若毛生。从龙有意能兴雨,与世无情岂唉牲。独爱禅房风景好,年年侧耳听钟声。"《玉鼎含烟》:"顽石分明造化成,如炉如鼎竖山嵚。翠岚缥缈临铉起,白霭氤氲傍足沉。恍惚檀香焚宿火,依稀云气散秋岑。老禅玩此清无限,忘却尘中世故心。"《百丈丹崖》:"绝顶巍峨百丈高,红尘飞不到林皋。天光远映岩头树,地气微生涧底飙。抱子野猿时上下,迎人山鸟自呼翱。何当梵刹鸣钟杵,响应崖声似击馨。"《马岭松筠》:"长峦高处倚徂松,偃蹇犹如立地龙。满树风声和晓日,万枝云气覆晴风。效灵常是兴甘露,休憩何须问旧封。寄语樵柯休剪伐,年年留取伴禅宗。"

狮子山曾有八大胜景,还有与之并称的八大奇石:磨盘石、关门石、犀牛望月石、和居石、猪槽石、船形石、狮头石、仙女石等,皆天然铸就,形状恰如其名,惟妙惟肖,生动逼真。同时,这些奇峰异石,在不同的季节和不同的气候以及从不同的角度去观赏,则以不同的形态映入眼帘,回味无穷。登临狮子峰,则又是一番情趣。越丛林修竹之幽径,馨百卉奇葩之芬芳,闻泉珠跌落之脆响,览江阔天空之壮观。赏心悦目,心旷神怡。

清雍正举人徐名臣《咏狮子山》："猫儿旧案几春秋，静听谈经欲点头。日月宛疑吞吐内，风雷常向吻唇周。闲瞻两邑千村寂，坐控三江一吸收。最喜南泉遗法窟，无生重契有南州。"

上清凉寺　位于狮子山首峰南侧平脊处。唐大和年间（827—835）南泉普愿禅师创建，清康熙十年（1671）复建。共建天王殿、大雄宝殿等寺房3进99间半，坐南朝北，傍山构筑，鳞次栉比，雕梁画栋，肃穆壮观。其间供奉泥、木、铜、铁佛像百余尊，有僧侣百余名。庙宇几度兴废，由墨如法师于清光绪九年（1883）募化重修。庙宇砖木结构、青瓦飞檐，金碧辉煌，前后共3进67间。门楼耸立，门楣石坊上镌刻着"南泉清凉古寺"六个楷书大字。山门两边石坊上对联是"竹密不妨泉水去，山高无碍白云来"。天王殿、大雄宝殿楹联分别是"狮吼莫惊皆宜自省，灵山不远何待外求"，"月挂高空一轮普照，风吹大地万念皆空"。下清凉寺在狮子山麓，南宋嘉定二年（1209）建，侍郎罗京尝筑室读书于此。昔有上中下三寺：中寺久废；下清凉寺被毁，仅存一角。目前，已恢复重建庙宇，傍山构筑，雕梁画栋，宏伟肃穆，富丽堂皇。环境幽雅，别有洞天。清铜陵贡生朱良珍《游清凉寺》："蜡屐相携到上方，纤尘不惹自清凉。宫开日月瞻天近，梯引云霞觉路长。浮翠峰高烟欲暝，喷珠泉涌石生香。南公已去谁招隐，谡谡松风响夕阳。"可惜的是新中国成立前夕，国民党军队在这里大修工事，山林遭到毁灭性破坏。虽仅存上清凉寺遗址和下清凉寺一角，但狮子山尚有清凉寺庙十大遗物，其名曰：一有乌龟神石上山林，二有青狮白象把山门，三有丹露井泉无涸辙，四有御笔石写天上文，五有玉玺石方高一丈，六有犀牛望月巧生石，七有二神传道相朝拜，八有南泉古井现神灵，九有古寺木材井中出，十有祖师遗物一千春。还有古寺文联字对、佛迹御碑、祖师千年遗灰等值得观赏，令人驻足流连，乐而忘返。

罗公书堂　位于铜陵市义安区钟鸣镇狮峰村狮子山麓，是南宋户部侍郎罗京读书处。明《铜陵县志》载：罗公书堂在贵山清凉寺狮子峰下。罗京居此读书，常大书"月宫"二字刻于石壁。山下有泉，公引其流为九曲，以适游息，号山泉先生。罗京，铜陵贵上（今钟鸣镇）人。自幼好学，勤勉上进。青少年时曾于黄浒河上游狮子山峰下，筑室隐居苦读，自号山泉先生。南宋绍定二年（1229）中进士，官至户部侍郎。相传罗京酷爱书法，常练楷书，尤爱写"月宫"二字，并镌刻于石壁之上。其书室旁有股清泉，终年长流不竭。罗京策锄引流，形成九曲，名曰"九曲泉"。泉流潺潺，娓娓动听，曲曲弯弯，清澈可观。后人崇仰罗京，称罗京读书处为"罗公书堂"；以"屋里唔呀声未绝，案头博览业尤精"诗句，作为学习罗京精神的座右铭。清贡生徐嗣芳《罗公书院》："书院荒址存，罗公已成古。但励豪杰心，不必筑山坞。"清庠生徐光成《清凉寺》："罗公筑室处，古刹尚依然。峻岭含佳气，平林带瑞烟。苔深翠欲滴，岩断径还连。果是清凉境，徘徊不忍旋。"

陈翥墓 位于下清凉寺宅北竹林中，系安徽省重点文物保护单位。陈翥，铜陵贵上（今钟鸣镇）人，字凤翔，号虚斋，自称桐竹君，又称"铜陵逸民"。据《五松陈氏宗谱》记载：陈翥生于宋太宗太平兴国七年（982），为北宋隐士。他出身世宦之家，自幼聪敏好学，立志高远。成年后，他目睹官场昏暗，兼之父亲病逝，家道中落，自己又体弱多病，于是毅然舍弃仕途，躬耕垄亩。清《铜陵县志》载："学堂山在马仁山侧，宋邑人陈翥筑室读书于此，因名。"陈翥笃志治学，时有"闭户先生"称号。他博学多才，一生著述丰富，撰有天文、地理、儒、释、农、医、卜算之书26部182卷，是"乡人称德，朝野知贤"的知名学者。他胸怀"莫道功名真富贵，须知山野大文章"的抱负，乐于扎根乡土，以渔樵耕牧者为友为师。他博览群书，密切联系实际，虚心向林农请教，经过三年多时间的辛勤笔耕，于皇祐三年（1051）写成一部泡桐专著《桐谱》。这部著述约16000字，从泡桐的类属、习性、种植、采伐、用途等方面进行了系统详尽的论述。《桐谱》一书，是我国最早一本比较详细地论述泡桐的专著，国际国内负有盛名。陈翥卒于宋仁宗嘉祐六年（1061），享年79岁。宋仁宗赵祯，对陈翥较为尊重，赐其入"乡贤祠"享祀。同时代的著名清官包拯、著名文人苏东坡、黄庭坚等均有悼诗留存，纷纷颂其大德。北宋侍御史萧定基诗云："五松卓越一贞儒，班马才能誉不虚。隐隐文光腾万丈，渊渊学问富三余。胸罗星斗天文象，心契山川地理图。七聘三征皆不就，优游林下乐何如。""养贞晦迹马仁山，抱德藏修物类忘。君命宠临光梓里，圣恩旌表耀书堂。水流山峙胸中物，鱼跃鸢飞性分良。礼配乡贤遵道德，后裔继世沐余光。"

1991年，铜陵县人民政府拨专款对陈翥墓进行修葺。其墓冢为麻石块叠砌，圆形，高0.8米，土堆比冢高2米，直径4.5米。冢周围石路宽0.7米，抱墓冢一周。原碑保留，并新立石碑一块，上刻楷书"宋贤陈翥之墓"。这里三面环山，重峦叠嶂，翠竹葱茏，清溪常流，山鸟和鸣，境幽景美，是追思先贤、浏览自然风光的胜地。

皖江第二联立中学遗址　皖江第二联立中学。简称"联中",系皖南地委主办的一所抗大式学校,1945年2月在铜陵狮子山创立。1945年9月抗日战争胜利,新四军奉命北上,联中绝大部分师生随军前往淮阴、临沂,联中遂告停办。联中校长由地委宣传部部长张伟烈兼任,教导主任胡敏如负责主持学校工作,教员5人,学生80人,课程设有时事政治常识、中国革命运动史、国文、数学、音乐、体育等。后勤方面设有总务处,由庞炳彪等几位同志负责,管理日常生活。学校实行供给制,新四军皖南支队供给学校的一切开支,学校十分重视学生生活条件改善。学校要求学生适应战争环境,树立战备观念,胆大心细,随机应变,一遇敌人袭击,就连夜转移,联中学生在斗争中经受考验。

十三、长 龙 山

据明清《铜陵县志》记载，长龙山在县西南四十里，脉自铜官，迤逦而西南，自分乡岭（在县南二十里龙口岭之南，合二与大栏耆分界）溯江而上，抵大通镇，蜿蜒起伏，其状如骧龙骞凤渴饮长江。最高处有亭，久废。"长龙山"即铜官山支脉长龙山脉，经石门关、羊山、木牌冲，沿叶家冲、陈家冲、周家冲、下江、新一、查家冲等处所形成的丘陵起伏的地带，长达四十里。

明末清初铜陵合二耆（今属铜陵市郊区大通镇）人，康熙元年（1662）升任四川直隶泸州知府佘继益《题翼龙山栖云庵》："栖云物态弄晴晖，似雪芦花对岸飞。树影不缘帆影乱，涛声时和磬声微。传经鸟语晨喧枕，作画渔舟晚泊矶。千里江山观不尽，游人当傍月明归。"

佘汝霖 字梦雨，清铜陵合二耆（今属铜陵市郊区大通镇）人，康熙五十一年（1712）贡生，任舒仁今安徽舒城训导。其诗《雨后同友人长龙山闲眺》："一览天无际，云山叠作城。江潮吞落照，绿野献新晴。渡远风帆渺，烟疏水市明。鹃声催客去，缓步絮游情。"

田清华 《澜溪八景·龙山夕照》："龙山，即长龙山。传说大通最高处（钟楼所在地）是'龙头'，头部南侧半坡和山下的两口古井是龙眼，水深可汲，冬暖夏凉，终年不涸。有一古井至今保存完好，建于嘉庆年代，井圈索痕累累。'龙腹'部林荫幽深，青莲庵坐落其中；'脊背'有五里亭，供行人休憩。每当夕阳西下，舟行江上，只见夕照中的龙山葱茏起伏，连绵不断，分外壮观。"又《澜溪八景·羊山塔影》："羊山矶位于大通北面，相距五华里，以形似羊首而得名。"据说，羊山矶是龙山之尾，两个矶头（大矶头、二矶头）雄踞江东，宛如两个勇士，摩肩并立，俯瞰着矶下回旋激荡、生烟起雾的滔滔江水。大矶头上有座砖塔，高约六丈，始建年代无考，重修于清雍正初期。江水塔影，景色迷人。

清《铜陵县志》载：观音庵在长龙山，更名慈尊阁；柏子庵在长龙山畔，地多柏，故名；五里亭在长龙山上，去大通镇五里，故名；耆民毕星斗建，施茶以供行人，并购地一亩，捐山一方，创庵三间。古迹早已湮没。

五里亭 古老大通镇的历史见证，是当地的一座标志性建筑。1991年10月重新修建，在原亭地基上扩大面积，水泥单顶，水泥立柱，六角飞檐，各雕飞龙昂首于其上。亭内设石凳、石桌、石栏杆。坐在亭中，倾听阵阵松涛，闭目养神；鸟鸣婉转，相互唱和。

铜陵市田家炳中学 安徽省示范高中，创办于2004年。学校地处铜陵市南部城区，坐落于江南古镇大通境内长龙山南麓，交通便捷。校园占地面积260亩。校园建设依据生态自然的规划设计和依山就水的主体构建，集自然植被、楼宇、园艺、景观于一体，形成了绿色校园有机融入生态自然的优美环境。校内建有教学楼二幢占地5000平方米；学生宿舍楼三幢占地9000平方米；学生食堂、教工招待所和服务中心占地6000平方米，并配有标准的物理、化学、生物实验室和微机房，图书馆藏书数千册，一个运动场（300米跑道），3个篮球场，2个排球场。学校坚持"育人为本，与时俱进"的教育理念，以"养德、乐学、和谐"为宗旨，本着对学生终身发展负责的原则，注重对学生综合素质的培养，引导他们学会学习、学会生活、学会健体、学会自立、学会做人。

大通五里亭林场 原名新建林场，创办于1972年，坐落在长龙山五里亭四周，于大通镇新一村、光荣村境内，山场面积475亩。种植杉木286亩，马尾松172亩，茶叶12亩，其他5亩；管理人员约10人。它拥有青翠欲滴的山林、清纯醇厚的自然景观。从长龙山"龙头"走下，沿"龙身"走上"龙脊"，如同走进一条绿色的峡谷，走进一种空旷静谧的境地。"龙脊"两边松树遍布，一阵风过，那林间发出沙沙的松涛声，清香四溢，沁人心脾。经过50多年营造，开辟了荒山，绿化了环境，创造了经济效益，提高了农民生活水平。

十四、龙 泉 山

《大清一统志·池州府·山川》记载："龙泉山在铜陵县东三十里，下有龙池。"清《铜陵县志》："龙泉山下有龙池，泉澄碧宽广，阴晦日，水气浮空，依约神龙夭矫。宋建兴化寺。"《大清一统志·宁国府·山川》："水龙山在南陵县西南六十里，有泉出山巅石岩，喷高五尺许，涛涌而下，田亩久赖以灌溉。旁连横山岭。"水龙山与龙泉山一脉相承。龙泉山坐落于今安徽省铜陵市义安区钟鸣镇水龙村，横跨铜陵、南陵，自西南向东北逶迤，屈曲而有气势，海拔494米。南北山谷的泉水溪流，灌溉千顷良田，禾苗茁壮成长。

三条冲 自西向东的水龙山、虎形山、福禄山、牡丹山四条山脉形成的三条冲（水龙冲、徐冲、钱冲）于金山西麓会聚，金山是三条冲的大门。三条冲面积约25平方公里，山高林密，地势险要。冲两边气势磅礴、山脉相连、蜿蜒起伏，古柏吐翠；山崖间怪石嶙峋，千姿百态，山下的村庄、田野、河流、道路，相互交错，似一幅美丽的山水画。三条冲地处铜（陵）、南（陵）、繁（昌）接壤处，早期就点燃了革命火种。1934年，曾一坚奉命奔走三条冲、钟鸣一带，进行革命活动。1938年10月，新四军军部派张伟烈、方修来铜陵，新四军三支队进驻三条冲，建立农民群众组织，广泛开展抗日救亡活动。1943年新四军七师临江团进驻三条冲，掀起了第二次抗日斗争的高潮。1945年驻三条冲新四军奉命北上，陈爱曦、陈尚和等率领一支部队返师南下，以打游击的形式，在三条冲、水龙山一带进行对敌斗争。

西峰庵 《寰宇通志》："龙泉山：在铜陵县东三十里。山巅旧有西峰庵，祈祷多验。山下出泉，冬夏不竭。"传说，水龙山周边百姓有个"祈祷龙王降甘霖"习俗。有一年夏季，天久无雨，田地开裂，水龙村男女老少到水龙山缪村龙王庙燃烛烧香，下跪拜佛，祷告龙王爷求雨。偶然天降甘霖，终于旱灾幸免。明万历七年（1579），铜陵教谕张用中《新春访西峰道院》："为爱西峰胜，春风樽酒前。三江浮素练，双洞护苍烟。坐久心愈寂，机忘意自便。却疑会日令，潇洒出尘缘。"

西明寺　明《铜陵县志》："兴化寺在县南二十五里南洪龙泉山"；清《铜陵县志》："兴化寺在石洞耆龙泉山，宋淳熙间（1174—1189）建。"元朝进士，寓居铜陵房芝兰《重游兴化寺》："古寺藏山麓，重游兴觉赊。晴峦万叠转，寒洞一泓斜。望日频悬阙，看云暂拟家。登临将近夕，归路趁残鸦。"清铜陵人叶有声《重游兴化寺》："策杖寻幽境，禅房景自赊。洞声泉咽急，窗影竹摇斜。钟磬堪疗俗，桑麻不问家，好龙今已矣，且是逐归鸦。"西明寺坐落在钟鸣镇水龙村曹村自然村的半山腰，又称"西明禅寺"或"观音禅寺"，"文革"时被毁，1982年重建。寻根究底，西明寺沿袭兴化寺，兴化寺嬗变西明寺，更名情况不详。关于兴化寺的沿革，仍需要考证。由西明禅寺古道（石阶）进寺，寺前有株桂花树，称为"桂花王"。树龄约有500年，树高10米，胸围2米，冠幅12米。每逢开花季节，浓香四溢，沁人肺腑，游客纷至沓来，流连忘返。寺院依山而建，规模小巧玲珑，有大殿、佛堂、神像、碑刻侧屋、斋房。院旁涓涓泉水，长流不息。西明寺后水龙山正峰，有一段悬崖绝壁，绝壁上有一条单人可行的窄道，沿道走可到约60平方米的山洞，人称观音洞。洞体宛如天然楼阁，洞内泉水四季长流，叮咚有声。洞的正面，供奉着一尊观音菩萨。据说，农历每月初一、十五，周边男女香客结伴而至，烧香拜佛，热闹非凡。从西明寺到观音洞，一路上山泉潺潺，林幽石奇，风景十分优美。西明寺对面山脚下有一个天然的大溶洞"水龙洞"。洞内，早有人工凿出的石梯，目前已经探明洞深1000余米（只是一部分）。洞内曲径跌宕，宽处犹如一片平地，窄处像一条狭巷。洞内溪水涓涓长流，钟乳石千奇百态——或川、或林、或瀑、或花、或云……四壁辉煌绚丽。洞内景点有"百丈悬梯""观音指路""迷仙宫""通天河""百米长廊""二耆对酌""石瀑奇观"等。

抗日七烈士墓　水龙山麓埋忠骨，大方村民慰英灵。烈士墓位于钟鸣镇水龙村大方自然村水龙山麓。这里长眠着新四军一支队一团二营七位烈士。第一位是王根生，安徽无为人；第二位为司号员李德斌，湖南平江人；其余五位姓名不详。1939年5月初，日寇对新四军根据地大规模"扫荡"，5月23日敌寇由凤凰山新屋岭溃逃，一团二营乘胜追击，夺取反"扫荡"的胜利，指战员伤亡百余人。当时抗日七位烈士的遗体运至大方村公堂前，举村同悲，被安葬于杉木山。时值抗日战争胜利60周年之际，全体村民缅怀先烈，纷纷捐款助工，将烈士墓迁至交通方便、向阳高埠的水龙山麓安葬，得到铜陵各级人民政府的大力支持。2005年12月22日（农历乙酉年冬至）立碑纪念。

　　抗日战争时期牺牲烈士墓　　先烈精神昭日月，英雄业绩展宏图。烈士墓位于钟鸣镇水龙村叶村自然村境内（水龙山麓）。在这座大墓里，长眠着30位革命先烈。他们是新四军第三支队老五团和新四军七师临江团于抗日战争中，在铜陵与日伪进行不屈不挠的斗争中英勇牺牲的烈士。这些烈士过去分别安葬在铜陵南陵交界的水龙山两侧5平方公里地区。1985年，铜陵金椰乡离退休干部（教师）倡议，乡政府支持，共同集资修建此墓，将分散的烈士墓迁葬在一起，并立碑纪念。1990年公布为县级文物保护单位。该村72岁的党员叶官山，以真情和烈士对话，用诚心为烈士守灵。26年默默无闻，矢志不渝。2011年5月6日，叶官山被铜陵市委、市政府命名为"铜陵好人"。

十五、石 佛 山

石佛山坐落于义安区西联乡境内，跨越钟仓、西湖、东湖村区域，形成起伏的丘陵地带。

据明《铜陵县志》记载，石佛山在县东北三十里白马耆，上有东平王庙，凿基得石佛，故名。

相传，有三个信佛的游客途经此地，见景色秀丽，在此落脚建庙，掘地时，得一石佛，故以此名山。昔年的睢阳庙、石佛庵，"文革"期间被毁。20世纪80年代新建石佛寺、石佛庵，香客不断，游人流连忘返。

明崇祯十三年（1640），铜陵教谕张骏业《宿石佛山》："灵墟地拥护慈云，宝象天开摄世氛。鸟类频伽诸佛现，花疑优钵妙香分。时亲钟磬心都净，剩有笙箫耳懒闻。信宿淹留缘夙契，四山朝夕对氤氲。"

石佛山战场遗址位于西联东湖村，距石佛寺500米。石佛山是顺安镇至西联犁桥街的一条便捷途径。1945年10月中旬的一天，中共皖南人民自卫军副总队长查富德率领两个主力连130多人，携3挺机枪，在石佛山埋伏，迎击侵袭之敌。敌军分三路夹击石佛山设伏部队：敌军土顽一个中队100多人，从横塘张村迂回石佛山西面嘴头姚村一线；伪军一个中队在犁桥未动，等待时机侧击石佛山北路；还有100多日军在石佛山东南面的长龙山进行阻击，企图切断皖南人民自卫军进出山区的道路。查富德副总队长随机应变，立即改变战术，让吴志英带一个班兵力继续埋伏，监视犁桥敌军行动，坚决阻击犁桥出扰之敌。战斗于当天上午八时打响，土顽疯狂发动数次猛攻，都被击退。这场战斗，毙敌27人，缴枪10多支。同时另派一支精干武装潜伏到敌后，袭击犁桥据点，迫使其他两路敌军慌忙退去，撤回到县城。

石佛山战斗的胜利，打击了国民党反动派的嚣张气焰，鼓舞了皖南人民自卫军的斗志，当地的群众武装力量进一步壮大，铜陵沿江地区的敌后游击战更好地开展。

十六、寨　　山

据清《铜陵县志》载，寨山在县东南四十里。1986年11月编印的《安徽省铜陵县地名录》载："寨山，朱村乡龙云村境内，海拔374.6米。"寨山坐落在今义安区天门镇龙云村境内。

龙潭　寨山北边有一条山间小溪，常年流淌着泉水，流水经过天然石坝处，形成瀑布，下面有一潭水，人称是"龙潭"。瀑布面积不大，可水深而清澈。瀑布的流水冲击着龙潭的兀石，水花四溅，发出声响，像白龙戏水。夏日早晨，阳光照射，龙潭雾气缭绕，常常呈现五色彩云，十分壮观。近代溪水断流，龙潭干涸。1958年开始兴建龙潭北水库。

龙潭北　《安徽省铜陵县地名录》："龙潭北，此村北边有一潭叫龙潭，故名'龙潭北'。现有耕地170亩，64户。"传说，龙潭北村庄坐落处是风水宝地，船形，像船泊在水边。龙潭源远流长，"龙船"一帆风顺。龙潭北的村子里居住着阮氏家族，人丁兴旺。鼎盛时期，阮家在龙潭北有两大村落，分为上龙潭北和下龙潭北。上龙潭北在油坊周边，下龙潭北在金塘下边，相距一里左右。均为阮氏所居，现在的地名如阮家冲、阮家塘、阮家涝等。从村庄遗址的石条、瓦砾、水井、树木和居住地形来看，可以推断阮姓古时是一个大家族，何年定居未详，后来在龙潭北找不到阮氏后裔，具体情况不明。

山里汪　从龙潭北村子向东南走，三里许，就到达山里汪村古遗址。传说，山里汪村很早以前是一个大院落，村庄分东西傍山而建，都是砖瓦结构的料子墙。村中住着的全是汪姓。每逢春节期间，村里的青壮年劳力，舞着两条龙灯和一条狮子灯。这个村庄被毁后，从遗址的条石、祠堂门口的石鼓、天井台石可以看出当时昌盛情况。在村口有两块长方形的条石，长五尺、宽一尺、高二尺，一块叫"上马石"，另一块叫"下马石"。这是专门便于骑马的人而设的。离条石不远的三岔路口，有一座还没有竣工的"半截牌坊"。牌坊的石砌座基长八尺、宽四尺、高二尺，基座上矗立着一块两平方米左右的石碑，两旁是长方形的荷花石柱，将石碑夹在中间，碑上没有铭文，上方有一块和底座大小的飞檐石板将碑身覆盖。上方可以继续加高，但没有再修。为什么没有将这座牌坊修造完工？给后人丢下了一个"不解之谜"。

据清《铜陵县志》记载，汪汇之，朱村耆人，明天启甲子（1624）科武举人，明崇祯辛未（1631）科武进士。清乾隆七年（1742）贡生、石洞耆人丁孔思撰有《汪公元白传》："汪汇之初名德骥，字元白。明末铜陵县朱村耆人。自幼立志习武，喜好格斗，长以勇武出名。天启四年（1624），考中武科举人，授任南京守备；崇祯四年（1631）复应试，遂取二甲武进士，授福建漳州府南陬守备（一作漳泉守备）。南明唐王（朱聿键）隆武二年（1646）失国，汪汇之复奉朱成功（即郑成功），连年出击闽、粤、浙江等地，不幸战死于海滨。遗有四子一女。汪公元白骸骨归葬本邑旧南洪耆祖墓地。"

义安区天门镇龙云村"三里汪"遗址是豪门大族的故乡，是明代武进士汪汇之的宅邸。

据考古推测，唐天宝元年（742）夏，李白为儿女安家于龙潭北（寨山北麓）；秋应诏入京前夕，李白莅临龙潭北"家"，与儿女告别赴京。

十七、晃 灵 山

清《铜陵县志》载，晃灵山在县东四十里，山麓王安石筑室读书处，下有大觉寺（原名大明寺）。晃灵山即铜陵市义安区顺安镇大明村寺冲汪自然村旁林木葱茏的山冈，仿佛仙山灵境，游人赏心悦目。

大明寺 坐落于铜陵市义安区顺安镇大明村境内晃灵山麓。宋嘉祐八年（1063）建，曾由王安石赐额，原名大明寺，清乾隆乙亥（1755）邑令朱成阿更名大觉寺。清光绪十年（1884）碑记（碑头断失）："宋王介甫先生读书于此，而海眼泉山腰石诗载各志，为吾铜名胜地焉。"1916年《重修大明寺碑记》："宋有王荆公曾游于此。"当年的大明寺殿宇壮观，雕梁画栋，掩隐幽篁。鼎盛时，寺内供佛像百余尊，终年香火不绝。清代后期、民国初年，曾几次修葺。1969年，被捣毁。1989年由释果成尼姑募化捐款、政府赞助，逐步重建部分庙宇，美化环境，大明寺显得小巧玲珑。寺内供有四大金刚、弥勒坐像、观音和十八罗汉。每逢农历二月十九、六月十九和每月初一、十五都有铜陵及周边地区香客前往烧香拜佛。

荆公书堂 荆公书堂坐落在大明寺南侧，始建于北宋庆历二年（1042），王安石与新安汪澥、邑人胡舜元讲学于此。原称"逢源堂"，取"君子资深逢源"之意。后废于元朝初期。王安石被胡省一（胡舜元之父）不苟同世俗而以重金聘请良师教育子女的行为所感动，欣然命笔题词"钟灵毓秀"，并作诗《胡氏逢原堂》："我爱铜官好，君实家其间，山水相萦萃，花卉矜春研。有鸣林间禽，有跃池中鲜。叶山何嵯峨，秀崎东南偏。峰峦日在望，远色涵云边。宾客此鳞集，觞饮当流连。居家世儒雅，子弟清风传。前日辟书堂，名之曰逢原。有志在古道，驰情纂高贤。深哉堂名意，推此宜勉旃。木茂贵培木，流长思养源。左右无不宜，愿献小诗篇。"王安石手书"钟灵毓秀"石碑现被发掘存于大明寺内。明铜陵沸水（今顺安镇）人，胡舜元后裔胡肇元《逢原堂》："先人曾此筑逢堂，五百年来不坠芳。自古英雄皆有蒂，于今豪侠更当强。窦泉清澈恒流久，院桂芬华正向阳。斯舍岂容人乱榻，还期吾氏绍书香。"明铜陵沸水（今属顺安镇）人，胡舜元后裔胡士宏《逢原堂》："遥望叶峰巅，青青峙斗北。嵯峨十里前，来结山腰石。下有灵窦泉，渊源不可测。先人爱乐饥，因建文昌宅。教子择名师，敬礼王荆国。诗赋有余闲，为传八股业。居安复资深，义取逢原说。介甫与叔才，诚哉两不竭。于戏二公亡，谁复能自得。凡为君子儒，应作斯堂客。"

灵窦泉　在晃灵山北麓。泉出两穴，形如蟹眼，又名"蟹眼泉"。山周围茂林修林，云环雾绕，幽谷流泉，鸟语花香，景色宜人。连片陡峭的石壁终年湿润状，洞石上有两个形如蟹眼的石孔，两股清泉长年汩汩从中流出，形成"灵窦泉"。"胡氏逢原堂"即在其旁。北宋政治家、文学家、思想家王安石（1021—1086），熙宁九年（1076）罢相，退居江宁（今江苏南京），封荆国公，世称"荆公"。王安石于"荆公书堂"讲学时，常在泉边驻足流连，触景生情，抒发雄心壮志，明代铜陵人张懋功《灵窦泉次王荆公韵》："苍生望重谢安石，横肆新书舌本干。早识青苗徒溃决，天飞不若困泥蟠。"

十八、牡 丹 山

牡丹山坐落铜陵市义安区钟鸣镇境内，坐标东经118°01′，北纬30°55′，山脉呈东西走向，山体岩质以鸡冠岩与火砂岩为主，山体垂直覆盖总面积为5.6万平方公里，主峰海拔446.6米。山南为钟鸣镇金凤村，西抵横山岭峰，东北麓为钟鸣镇泉栏、牡东二村。

牡丹山因盛产牡丹而得名。竹林百顷，丹园千亩，林间灵芝金蝉珍稀，溪中"山鲵"（山鱼）游嬉。千年紫藤，皖江一绝；去雾神茶，闻名遐迩。山中还有公孙树、憩仙石、龙泉口景观，令人目不暇接。

牡丹云雾茶 云雾茶产自牡丹山高峰峡谷地带，云雾滋润，别具一格。芽大而不露，叶大厚而嫩，白毫茸茸，清香扑鼻。泡后清汤，茶尖朝上，入口甘甜，素有"神茶"之称。传说，在牡丹山半腰，有个险峻的石壁，石壁底下是一片乱石堆，乱石当中生长着一棵枝叶繁茂的牡丹树，就在牡丹树旁边生长着一棵绿葱葱的茶树。一位农妇上山采茶，发现这里牡丹和茶树，就高兴地摘起茶来。当箩筐装满了茶叶，她仔细一看，摘过的茶树，又一片葱绿。从此，这山上的神茶就为这里的村民共同享受。为了纪念牡丹仙子和茶王，当地老百姓就把这座山称为"牡丹山"，山上的茶叶称为"牡丹云雾茶"。

新四军驻地遗址 新四军皖南支队纪念馆位于牡丹山东部牡东村上山缪自然村。1944年12月1日，中共中央华中局给新四军七师电示：皖南支队及地委应大大加强并迅速设法搬到江南去。1944年12月底，中共皖南地委、新四军七师皖南支队领导机关千余人，在黄耀南、张恺帆、梁金华等同志领导下，突破日本侵略军严密封锁的长江防线，由无为白茆洲胜利到达铜陵钟鸣舒家店、上山缪一带，更好地领导皖南军民坚持抗日斗争。1945年夏，皖南支队积极作战，拔除了一些日伪据点，迅速发展武装，打开了新局面；8月，完成了与苏南抗日根据地互相连接的战略任务。

牡丹水库 位于义安区东南38公里的钟鸣镇牡丹山北麓，始建于1959年5月。其集水面积3.8平方公里，属黄浒河水系，总库容180万立方米。大坝为黏土心墙土质坝，坝高21米，坝顶宽5米，坝长146米。溢洪道宽25米，高7.4米，最大泄流量125立方米／秒。牡丹水库以灌溉为主，设计灌溉面积8000亩，受益范围有钟鸣镇5个村。

牡丹亭 坐落于牡丹山南麓。该亭占地面积15平方米，亭脊高度4.8米，木质结构，呈六角六面。2006年4月，由政府引导、项目支持、社会捐助、农民投工，结合新农村建设而建成的。铜陵市人大常委会原副主任唐世定题词："赏千年紫藤奇，品牡丹野茶香。"许多文人墨客慕名来此赋诗以赞其美。2007年春，钱灼曦赋《牡丹亭记》（摘录）：看神州大地，惠风和煦；民富国强，歌舞升平。牡丹山麓，有千年古藤，公孙神韵，竹海千顷，丹园百亩。清溪环绕，群山叠翠，真正名山佳境。新修一亭，旅游景点，引人入胜；身临其境，登高眺望，心旷神怡。

牡东村文化墙 近年来，钟鸣镇始终把提升农民文化素质作为新农村建设的主要任务之一，依托项目建设开展农村文化墙创建工作，形成宣传先进文化的有效载体。牡东村因地制宜、精心安排，确保文化墙成为农民群众喜欢的政策明白墙、科技指导墙、文化娱乐墙、传统美德教育墙。一是以秀美山河、婉约诗词、文明准则等题材为内容，形成通俗易懂的书画艺术，使书画艺术与生态自然的统一；二是注重突出革命遗址历史文化的红色教育。"文化墙"宣传国家方针政策，丰富村民文化生活，促进村风民风改善，家庭更加和睦，社会更加和谐，已成为农村里一道亮丽的风景线。

十九、金　山

　　金山位于钟鸣镇金山村境内三条冲（水龙冲、徐冲、钱冲）汇聚处，山势由西南向东北逐降，海拔336.2米。金山是三条冲前的天然屏障，岩高陡峭，奇峰怪石，景观绝妙，境若蓬莱。每当晨曦日出、夕阳西沉，或雨后放晴之时，常见云蒸霞蔚，金光闪闪；浓云在山峰上空滚动，变幻着龙腾虎跃之类的各种动物形象，十分神奇。

　　罗京墓　罗京，生卒不详。南宋铜陵县贵上耆金山罗村人（今钟鸣镇金山村罗家店人）。绍定二年（1229）登王朴榜进士及第。官至户部侍郎。宝祐六年（1258）后以受枉而殁，葬于本里金山关。俗传其死后化为神，乡人请塑其像，奉神主牌位，号曰"金山明王"，并立庙于金山之麓祀之。里人以每年六月初一祭祀为常例，称之为"明王会"。"文革"期间，金山明王庙宇被毁。

　　古采矿遗址　金山片采矿遗址主要分布在铜陵南陵交界的团山、金山、徐冲林场一带，古矿井大都流塞难以发现。冶炼遗址有燕子牧、岗巴垅、金山北、金山盛、徐冲林场等，其中金山盛于20世纪70年代，曾出现过冰铜锭。燕子牧遗址最大，面积约10万平方米，炼渣总量约20万吨。岗巴垅遗址属于东周时期，其余主要属六朝至宋代。

二十、宝　　山

　　宝山在凤凰山北，山有二洞，一出甘泉，一涸。宝山，今名元宝山，坐落在钟鸣镇水龙村境内。

　　清铜陵人张钦美等六位儒生的同韵五律诗细致地描写宝山的泉、松、岩、洞自然景色，反映昔日宝山的全貌。张钦美《游宝山》："生态吾铜好，幽寻最上巅。泉清云液注，松偃蛰龙眠。绝壁开双洞，孤帆漾远天。试穷千里目，依约御风仙。"张奇美《游宝山》："佳日惬游兴，相携山翠巅。听泉疑雨至，选石伴云眠。帆影来无际，林光别有天。欲祛尘十斛，何处见飞仙。"王世渥《游宝山次韵》："何年兴宝藏，我昔陟其巅。洞古依岩劈，人幽枕石眠。丹葩森梵宇，碧树秀云天。只此堪栖隐，登临意欲仙。"朱枋《宝山次韵》："宝石岩洞古，更上白云巅。醉作回风舞，歌余枕籍眠。清泉飞绕树，健翮欲摩天。境僻人难到，凭凌有阆仙。"查璇《宝山次韵》："行饭招提外，寻幽到宝巅。峰森如笏立，石怪俨龙眠。松竹风仍古，江城景接天。目穷苍莽趣，欲访十洲仙。"张承道《读书宝山次韵》："肄业寻幽谷，堂开老桂巅。烟霞连岫起，鹿豕傍山眠。洞古常衔日，峰高宛近天。相羊眈胜境，人与地皆仙。"

　　宝山乔松　蒋应仔，清浙江山阴（今浙江绍兴）人，贡生，顺治二年（1645）任铜陵知县。时铜陵县刚遭兵难，百姓流亡，城廓倒塌。蒋应仔率众修筑城廓，安抚流散百姓，使黎民恢复家园，深受百姓爱戴。并留有诗文作品，其七绝诗《宝山乔松》："深峡纤纤帝座通，拿云卷雾倚长空。最宜三五清闲士，携得明珠入掌中。"清邑人佘继峤诗云："苍虬连干翠披鬖，多历风霜不改颜。谡谡涛声能砭俗，北窗移卧此其间。"清铜陵人张泰诗云："绝巘松阴古，亭亭秀挺枝。风霜知几历，劲节岁寒知。"

　　宝山庵堂　蒋应仔《登宝山庵》："偶来到深谷，绕砌复登台。竹坞乱啼鸟，松林破积苔。颜题随意笔，磅礴任骚才。精舍层层寂，烟萝手自栽。"清太平府人汤韵美《宝山兰若》："宝山风景好，兰若碧云窝。习静看书者，知谁擅胜多。"

宝山读书　清铜陵人杜贲璋《读书宝峰次韵》:"登临百折费跻攀,异境惊看一破颜。帆影远悬春树外,湖光半落断云间。山花映日怀中乱,野鸟窥人竹里闲。只道蓬壶归海上,那知蜃市出尘寰。"

宝山登眺　清铜陵人朱一澍《宝山登眺》云:"宝气散林樾,云沙半吐吞。浅红初逗影,嫩绿远生痕。泉响知途近,山深觉路昏。名蓝堪信宿,妙谛与谁论。"

二十一、江　河

长　江　长江（大江）自枞阳镇、梅龙镇而下遇铁板洲、和悦洲，分东西两水道：西为干流主航道，枯水期表面流速一般为0.55米／秒；东为大通港水道，可航行小轮及拖轮、驳轮，航道长约12公里，枯水期宽约100米。东西两水道至羊山矶汇为一流，平均流速1.2米／秒，航道南北走向。至扫把沟遇老洲、成德洲，又分为东西两水道：西为土桥干流主航道，宽约700米，蛤蟆滩处航道宽仅400米，为航行险要之处；东为老洲、成德洲东港水道，长约19公里，枯水期宽约100米，水深不足3.5米。从洲尾到土桥镇下约5公里处两水道又汇为一流。在新沟处、成德洲东再分为东西两水道，西为主航道，东呈"几"字形，围绕小湖洲、文沙洲、紫沙洲，长24公里，可行内河轮、挂机船及木船，洪水期可行驶500吨级船。东西水道至金牛渡标上约300米处汇为一流。长江铜陵段上起枞阳县枞阳镇，下至义安区东联镇，全长131.3公里。

顺安河　顺安河位于义安区中部，流经天门镇、顺安镇、西联乡、东联乡，全长38.7公里，流域面积460平方公里。源自董店的天门山，流经朱村南洪后合郎坑水至焦家埠为上游，再经羊湖抵顺安桥上，洪水期可行小木船；从顺安桥往下经铁湖嘴会新桥河，至三江口会钟仓河及凤心闸河，三河口会黄浒河，达获港入江，通航里程25公里，洪水期60吨级木帆船可抵顺安桥下。顺安河综合治理工程自1971年11月正式开工，到1983年12月全部完工，总投入2000余万元，其中国家投资1016万元。工程质量优良，综合效益巨大，荣获省级科技成果奖。20世纪70年代顺安新河开通后，原河道不通航。新河道上接朱村焦家埠河、羊湖水源，傍小金山、大笠山，先后会东湖撇洪沟和新桥河（出口处为新河），经钟仓抵坝埂头（北埂王）处出江，全长14.6公里，均可季节性通航。1998年12月28日，顺安河疏通工程被省交通厅批准立项。2001年12月28日整个顺安河疏浚工程全面完工，航道疏浚全长11.68公里，新建港口码头2座、300吨级泊位2个、简易堆场11300平方米，修建码头护岸3600平方米、进港道路1920平方米，总投资3100余万元。2001年工程竣工后，顺安河开始由原季节性通航变为常年通航。

古临津驿（顺安楼）曾置于顺安河畔。北宋宰相王安石诗云："临津艳艳花千树，夹径斜斜柳数行。却忆金明池上路，红裙争看绿衣郎。"

青通河 青通河源头有两支：一支发源于南陵县丫山，流经木镇、杨家潭、新河口。新中国成立前，木镇河上游通牌筏，木镇至大通45公里，可常年通航。后经围垦裁湾，开挖的新河段水浅碍航，仅季节通航。一支发源于九华山东麓岔泉岭，流经青阳县城和童埠、新河口，称青阳河。新河口抵大通入江段称大通河，合称青通河，全长28公里。青通河是铜陵与青阳、贵池的界河。铜陵境内流域面积97.5平方公里，流长12.3公里。20世纪70年代对大通至童埠河道几经治理疏浚，使通航期延长；80年代后期，铜陵与青阳联合投资6万元（铜陵2.5万元），对下游12.3公里河段进行疏浚。

据清《铜陵县志·山川》记载，大通河，在大通镇，与贵池分界，本邑界河。其源出九华、梅冲诸处，会竹墩下，至大通镇入江。明成化十九年（1483），池州府推官李宗泗《大通江上》："双桨摇冲下大通，隔林烟火隔溪钟。笙簧鸟雀清还浊，水墨江山淡更浓。沽酒有村垂柳锁，采樵无路落花封。胸中不用吞云梦，一览烟波几万重。"这首诗描写了大通河沿岸的自然风光及诗人置身于大自然美景中的豁达情怀。

黄浒河 古称黄火河。源自南陵韭菜岩，是荻港河的主要支流，为铜陵与繁昌、南陵三县的界河。流域总面积414.2平方公里（铜陵境内172平方公里），河道总长54公里（铜陵境内14公里）。黄浒河主要支流有3条，其中南支发源于金榔三条冲，流经繁昌赤沙后成为界河，在河旁姚会钟鸣河（河口新建联圩闸），又在宫商殿会中心闸河，至三河口与老顺安河交汇达荻港入江，通航里程15公里。20世纪70年代初东联圩建成后，中心闸河被圈入圩内不再通航，自黄浒公路以下14公里为主要航道。1985年，安徽省曾拨款对航道进行疏浚。

据明《铜陵县志》载，黄火河，在县东六十五里，其水襟带繁昌界，至荻港入江。相传黄巢军至此河，遇唐军，相拒月余，为唐所破，遁去。

二十二、湖　泊

天井湖　据明《铜陵县志》记载，天井湖，在县东门，水涨通江入河，水落则涸。湖心有井，冬夏不竭，故名。天井湖位于铜陵市长江西路北侧、五松镇东南，湖面1222亩，环湖有7座各具特色的山冈，以堤坝自然分割为东湖、南湖和北湖，三湖水面相连。距铜官山约5公里。

天井，乃地下涌泉，喷涌而出，终年高出湖水面2米左右。传说为"上通天、下通海"之奇观。相传很久以前，一位仙界窃贼到铜官山盗窃镇山之宝，船行至天井湖，被守山老神发现，守山老神遂学鸡啼，一时四野雄鸡纷纷引颈高鸣，贼慌张逃避，一篙撑穿湖底，形成天井。1972年秋，天井湖公园创建伊始，即环绕涌泉建成天井，继而围绕天井垒石筑土，建成中洲岛，隔100余米建成南岛作为配景；后在中洲岛天井上，建成通天阁，并将井水从井壁引出，经龙嘴流进小池再滴落湖中，以示水位落差。天井水质清凉，为优质饮用水。

公园，湖因井得名，园以湖命名。天井湖公园面积1646亩，天井、天井湖、山冈三位一体，湖光山色，诗情画意。开拓者精心设计，精心施工，已先后建成儿童乐园、旱冰场、登月火箭、飞天转轮、游船码头、天井茶室、溢沁园以及南岛蘑菇亭、长廊水榭、九曲桥、大假山、翠拂亭、通天阁、牡丹园、杜鹃山、山谷碑林、动物园等30多处游乐场所和风景点。景色美不胜收，令人流连忘返。1972年秋创建，1980年10月对外开放。

东湖亭榭玲珑剔透，疑是天堂竞秀姿；凝望南湖天井阁，通天达海接江滨；激滟北湖玉带飘，城池景色领风骚。清铜陵人张楩《泛月天井湖》："湖水澄将夕，舟如泛武陵。波停峰影直，云净月光增。树色绿霜古，诗怀逐酒升。疏星天外朗，点点漉鱼灯。"曾任安徽省政协主席张恺帆触景生情赋诗："绕堤杨柳万千株，山外有山湖外湖。到眼风光皆画卷，铜陵未必逊姑苏。"

1985年，经铜陵市人民政府批准确立的天井湖自然保护区，位于义安城区东，面积1222亩。保护范围包括天井湖公园和公园界以外200米地带，重点保护天井和各种树木，花草鸟类等不受损害和污染。

明方谟《横塘桥记》:"县治郭门之东,不百步许,有湖曰'天井'。湖之埂横截连接通道,官客过临,民物来往,徒行负荷,悉经此湖。"成化十九年(1483)二月,铜陵县近市耆(今五松镇)人袁思琼率领子侄,雇匠人,运输巨石,垒砌桥梁,坚固闸基。越八月,桥闸竣工。水闸以时启闭,及时泄蓄,使田亩无旱涝之灾,行人无阻碍之患。横塘桥即东门闸、东门大桥,通五松山路,袁思琼造,袁滋重建,袁应旸修,今(指清乾隆年间)众修。横塘埂路在东门外横塘桥之南,袁滋砌石,郎奎正继修。周家桥在县南三里,袁思琼建,孙廷瑚重修,后郎奎正重建。铜官山路在周家桥南,约数里。

东西湖 清《铜陵县志》记载,东西二湖在栖下耆,发源于分流坊、七宝冲,并汇于凤心闸,达荻港入江,宽约数十万亩,九冲八十四岔。东湖较胜于西湖,夏秋间,荷风烟柳,仿佛武陵佳丽。东西湖位于东联乡钟仓河(原凤心闸河)凤心闸以内,北临凤心闸,东、南、西三面为丘陵环抱。集水面积118平方公里,湖区面积25.6平方公里。湖中有一丘冈由南向北延伸,将湖分割为东、西两湖。东湖控制面积78.1平方公里,西湖控制面积39.9平方公里。湖底较平坦,底高层一般均在7~7.8米(吴淞基面),最低6.5米。沿湖最低田面为9米。湖面春夏季达4万亩,水深平均2米,汛期最大湖面可达7万亩。秋季湖面约2万亩,平均水位1米。冬季大部分湖滩外露,沿湖随潮田约3万亩。

元青阳(今安徽青阳县)人,廪生潘儒《东湖秋月》:"绕堤非雾亦非烟,碧落光摇水接天。蟾影临秋疑晓镜、雁声啼月叶冰弦。一轮对映空当满,两鉴双涵缺亦圆。照彻乾坤无限景,何须锁苑赐金莲。"徐一科,举人,明万历三十九年(1611)任铜陵知县。万历四十一年(1613)铜陵水涨,诸圩溃决,他率民创筑都埂八十余里。百姓感恩戴德,立有徐公堤碑记。徐公赋诗《东西湖》:"波光荡漾欲浮空,幸得依回俗念融。风送荷香襟带满,正堪乘兴弄丝桐。"清铜陵坊二耆(今五松镇)人,顺治七年(1650)贡生陈檄《东湖闲眺》:"薰风湖畔好,来憩恒无时。兰芷不可搴,搴之遗为谁。波光荡晴绿,云与相参差。欸乃起中流,尘劳亦何为。濯我头上缨,照我鬓边丝。未能舟楫具,自协沧浪期。回首城阴路,无乃归迟迟。"

桂家湖 桂家湖位于铜陵市西南部,铜官山区横港街道境内。东临铜都大道,西至横港地区铁路线,南至郊区古圣黄家村,北临铜陵发电厂和桂家湖水泥厂。湖面呈不规则长方形,水域面积82.73公顷,平均水深3米,最深处有20

米。"文革"期间曾改名"光明湖"。桂家湖水源来自东、南、北三个方向的山冲里流下来的天然降水。桂家湖之名缘由：元代从安徽桐城（今枞阳县）桂家坝迁来一户桂姓人家，看上这个美丽的天然湖泊，便在湖北岸安了家，因此该湖被称为"桂家湖"。

1955年，国家拨款修建桂家湖堤，将敞开的湖荡变成稳定的蓄水库。1958年，铜港人民公社白鹤大队便将居住在湖边的几十户居民组织起来，成立渔业养殖队进行渔业生产。在湖中放养大量的鲢鱼、青鱼等，每年都有大量鲜鱼供应市场。1972年，经批准，桂家湖作为郊区渔业大队渔民陆地定居的养殖基地。1974年该湖成鱼产量6万公斤。1978年，有人在湖里捕捉到两条重达30公斤的鳜鱼。

现在，桂家湖畔是铜陵电力工业的重要基地。铜陵桂家湖发电厂第一期工程于1959年6月开始兴建，1966年7月正式并网发电，以后发电厂多次扩建。第五期扩建的一台30万千瓦机组于2006年元月以高标准、高水平、高得分通过达标投产验收。早在1977年建成铜陵桂家湖水泥厂，该厂生产工艺在全国先进，采用了转窑和大型球磨机。"桂家湖"从湖名演变成地名，名满天下。

白荡湖 白荡湖包括缸窑湖、水桥湖和白浪湖，位于义安区南30公里青通河北岸，南与池州市、青阳县以青通河为界。境内流域面积97.5平方公里，沿湖有天门、大通二镇，耕田3万余亩。地势由北向南延伸，形成开阔平坦的湖滩，是天然的牧场。20世纪80年代始，白荡湖被开发成水产养殖场。

二十二、湖　泊

二十三、沙　　洲

丁家洲　位于安徽省铜陵市东北长江中部江边。据《续资治通鉴》记载，南宋德祐元年（1275），元兵南下，贾似道"以精锐七万余人尽属孙虎臣，军于池州之下流丁家洲"，即此，今属义安区西联乡丁洲村境地。江中泥沙淤积成洲，俗称犁头洲；后因商业发展，称丁洲街。街后面有丁家排，因丁姓聚居一条线上而得名。丁洲街东北二里许，有集镇太平街。古称横埂头，清时太平军路过此地，误叫"换个头"，认为不吉利，遂改为太平街。地区产棉花、稻、油菜籽，特产大豆（称丁豆）、大蒜，为沿江洲圩区粮棉集散地。

据清《铜陵县志》记载，新河，即丁家洲河，县北十五里，由新坝入口，至横埂桥会百家墩、官塘湖诸水，经风心闸由荻港入江；丁家沟，在丁家洲，即新河入口处；丁家洲渡，一系顺治八年（1651），庠生朱宗赤捐造；一系雍正间（1723—1735），监生章灿增置修造诸费，子贡生章培义岁给为常。

南宋陆游《入蜀记》：乾道六年（1170）七月"二十二日过大江入丁家洲夹，复行大江"。

南宋著名诗人杨万里《从丁家洲避风行小港出荻港大江》："蓼岸藤湾隔尽人，大江小汊绕成轮。围蔬放获不争地，种柳坚堤非买春。匏瓠放教俱上屋，渔樵相倚自成邻。夜来更下西风雪，荞麦梢头万玉尘。""荻蓠潇洒织来新，茅屋横斜画不真。干地种禾那用水，湿芦经火自成薪。岛居莫笑三百里，菜肥活它千万人。白浪打天风动地，何曾惊着一微尘。""芦挥麈尾话清秋，柳弄腰支舞绿洲。引得江风颠入骨，戏抛波浪过于楼。十程拟作一程快，一日翻成十日留。未到大江愁未到，大江到了更添愁。""岛居"二句诗下原注："丁家洲阔三百里，只种萝蔔（即萝卜），卖至金陵。"明成化十九年（1483）任池州府推官李宗泗《阻风宿丁家洲》："三朝淫雨两朝风，夜泊芦花小港中。似案远山浑碍月，如船高浪欲平空。霜侵杨柳萧疏绿，水岸芙蕖寂寞红。人倚蓬窗秋满眼，酒怀诗兴两争雄。"清代邑人庠生王绪《丁洲杯古》："特统精兵御上游，箛吹先遁若惊鸥。扬州空把残旗耀，赢得舟中骂不休。"清代邑人廪生张丰《夜泊丁家洲》："薄暮风涛争，停桡古渡边。时平销敌警，明月伴闲眠。"

丁家洲坝，在丁家洲河口。每年潮至坝埂，外水高于圩数尺，不能溃入，以都埂经其外，仁丰诸圩赖之。乾隆十三年（1748），公捐资费，去旧坝半里，另造新坝，以防江水溃入，所关甚巨。邑令陈九龄（福建福清人，进士，乾隆十二年任铜陵知县）示饬该泛地保，每年督率附近圩夫加筑，非值亢旱，毋许擅开，即开亦必公看，着经手之人承管，毋致贻患，永以为赖。

商业街。据说咸丰年间（1851—1861），铜陵近市耆程柏村查姓弃农经商或商农兼营者相继来到位于洲圩中心地带丁家洲，从事南北杂货和粮油食品之类的小本经营。到同治年间（1862—1874），前往购物的人日益增多，一批又一批的人来此从商，经营门类越来越多，生意越做越大。直至光绪初年（1875），他们大兴土木，新建商店门面和住宅，集资铺设街道。这样，一个具有相当规模的商业街逐步形成了。商业街的格局呈"丁"字形，其一横街道称作"上街"，两边店家的房屋建在仁丰圩堤埂（都埂）两侧，中间堤埂上面全铺四方青石板。上街长一百余米，商店十几家。"丁"字横竖钩交接点——查广益商号一直向下延伸，两边一户挨着一户，中间石板路约四尺宽，这街道称之"下街"。下街约一里长，居户二百家，计一千多人。这是街鼎盛期的缩影。

传说，清宣统元年（1909）前后，街上的"丁"姓只剩上街的丁志远、丁系元和下街的丁才云，"查"和"叶"姓都有二三十户，杂姓占多数，于是街上大商号、地方名望士绅会同地方当局和商会评议，一致认为此地再称"丁家洲"不合实情，考虑到本地属洲区，主张在"丁"字左加上三点水，易名"汀洲"。与"太平街"相呼应，全称"汀洲街"。当时，大家误读"汀"（tīng）为"丁"（dīng），流传至今。

据清《铜陵县志》载，都埂即徐公堤，在县北十五里。自百家墩至胭脂夹，计八十余里。万历四十一年（1613），知县徐一科创筑，保障仁丰诸圩，至今永赖。徐一科，明代弋阳县（今江西弋阳）人。万历三十九年（1611）任铜陵知县，莅任第二年（1612），大江南北洪水成灾，邑内诸圩尽溃，百姓逃荒，徐知县遽命开仓赈饥，粜谷平价。是年冬，又自百家墩（今五松镇新江村）至胭脂夹（今西联乡盐船沟东北），修筑都埂八十余里，增高培厚，工费则捐俸百金、募米数千石，取足各者夫力。翌年春堤成，凡田在都埂内，获得丰收。至冬，又筑圩疏浚水道，加深河床若干尺，以纳春夏雨涝，遇旱可供灌溉。并且沿堤

二十三、沙 洲

77

植柳，以作堤外屏障。仁丰诸圩丰收，圩民广受其利，呼其堤曰"徐公堤"。

和悦洲　原名荷叶洲，位于大通鹊江西岸，洲呈圆形，四面积水，似一张荷叶漂浮于大江之上。全洲面积约4平方公里，为铜陵市郊区大通镇和悦村境地。洲上出土的土地福德祠石碑落款"清顺治八年（1651）二月初一"，可见此前就有人家在荷叶洲定居。相传，清朝水师提督彭玉麟到此操练水师，认为荷叶岁有枯荣，因讳其意而谐其音改名和悦，沿用至今。

晚清时期，和悦洲已初具规模。自彭玉麟选中此地练兵筹饷，设参将衙、二府衙、厘金衙、皖岸盐务督销局等行政衙门和财税机构，又建成石板路面街道三条。彭氏将三条街上的10条巷弄均以三点水偏房的江、汉、澄、清、浩、泳、漾、洄、汇、洙10字命名，旨在以水克火，消灾祈福。后建的三条巷弄命名为河、洛、沧。从此形成了"三街十三巷"的古镇密集街市建筑群。至今巷头巷尾之处仍保留七组用大青石凿制而成的长方形大水池，以备救火之用。当时和悦街上有两支民间消防队——天一水龙队和保太水龙队。

和悦洲鼎盛时期在20世纪20至30年代，被誉为"小上海"。社会功能齐全，基础设施完善，航运四通八达，商品各种各样。汇聚八方客，广纳四海财。民间流传着"顺口溜"：和悦洲花花世界，关门口鲜鱼小菜，生源干子一个钱一块，万春瓜子一嗑两开，芝兰宝包子烧卖，洄字巷拉拉拽拽，八大帮会千奇百怪，电灯闪烁五色彩带，五月端午划龙舟比赛，长龙山蜿蜒松林成海。

抗日战争时期，日本侵略军狂轰滥炸，"三街十三巷"毁于战火，只幸存圣公会、天主教堂和法华庵三座宗教建筑物。

新中国成立后，和悦洲于1950年设新民村。1952年设和悦镇，1959年改为和悦大队，1983年设新民村、和悦居委会，1984年设和悦村、和悦居委会。2006年设和悦村。1996年，和悦老街被安徽省人民政府列为省级历史文化保护区。1998年12月，大通移民建镇，和悦洲部分居民已远离洪水威胁，喜迁新居。当今，铜陵市政府按照规划，开发和悦洲生态旅游。

二十四、曹韩洲·太阳岛

据明《铜陵县志》记载，曹韩洲在县西南十里大江中。相传水涸之际，视其沙嘴团圆涌出，则次年必有登榜及第者。谶曰："曹韩沙嘴圆，铜陵出状元。"宋时，沙嘴一圆，章应雷及第。曹韩洲即今铜陵老洲。

杨泰，字国昌，宝庆府（今湖南邵阳）人。明弘治二年（1489）任铜陵教谕。曾作诗《曹韩沙谶》："沙涌曹韩嘴若圆，状元有兆出来年。管教策向墀前对，拱听胪从天上传。梦感主司曾有应，歌谣城市岂无缘。铜官文运时当转，寄语江神为斡旋。"董应扬，明朝经魁，万历四十七年（1619）为铜陵教谕，其诗《曹韩沙谶》："沙拥江心有待圆，而今文运恰逢年。运从甲子初开历，文自东来得异传。兔颖光浮当日彩，沙头谶合宿生缘。诸君授得天人策，好向清时效斡旋。"明佘继翀《曹韩沙谶》；"金沙含意亦多年，鸂鶒滩边盼望悬。桃浪若教龙甲奋，荻洲应吐月轮圆。地灵人杰非虚谶，火熟丹成合望仙。嘱咐芸窗动作砺，河清岂乏济川贤。"顺治七年（1650）铜陵教谕彭文炜《曹韩沙谶》："闻说淘金务净沙，方圆妙会各成家。工夫不数恒河细，拣择惟虞一粒差。火候告成丹鼎就，巽风团聚孕灵嘉。应知谶纬无虚兆，伫看长安一日花。"康熙十五年（1676）恩贡，候选教谕王思奎《曹韩沙谶》："漫道曹韩两度圆，须知努力自逢年。鱼龙只待波涛跃，鸂鶒常催姓氏传。宗浪可乘曾有约，卢标拟夺岂无缘。从今草就《长杨赋》，不向沙神嘱斡旋。"清朝铜陵凤凰耆（今顺安镇）人汪有洋《曹韩沙谶》："手持黄卷望洲圆，暗数轮元几度年。沙拥江心灵气聚，纹成水面化胎传。龙矶砺笔悬河泻，鳌首擎天印谶缘。只待上林红雪艳，筑堤新看马飞旋。"

太阳岛在老洲头，位于今老洲镇光辉村南端。三面环水，南与枞阳县城遥遥相对，东与铜陵市区隔江相望，北与无为一衣带水。太阳岛海拔13米，面积约3平方公里，开发利用3500多亩，其中草原面积1000余亩，沙滩面积1500余亩，森林面积1000余亩。主要景点有九丫神树、草原牧歌、翠鸟晓晨、江滩沙浴、江堤唱晚、绿洲春满。

自东向西的意杨林、柳树林形成天然的绿色屏障，恰好把太阳岛隔成两大景区——草原与沙滩。

芳草坪，春草芬菲，绿草如茵。草原的空旷、柔情的绿意让游客流连忘返。人们在草坪上坐着、躺着、踱步，轻轻地呼吸着清新甜润的空气，领略着遥远的天空云彩变幻，竟忘闹市嚣尘，沁人心脾。从前，三五成群的耕牛在草滩吃草，展现出"绿坪嫩草群牛欢"的画面。牧童横骑牛背，相互唱和牛歌："什么团团啰团上天啰，什么团团啰在水边哟，什么团团啰长街卖哟"；"太阳团团啰团上天啰，荷叶团团啰在水边哟，烧饼团团啰长街卖哟"。

金沙滩，沙滩临江，金沙水拍，平沙无垠。置身于"黄如金屑软如苔"的细软柔滑的沙滩上，可以享受天然日光浴、沙浴。在阳光照耀下，沙滩金光闪烁，江面波光粼粼。平视长江，帆樯如林，百舸争流；遥望羊山矶，"一桥飞架南北，天堑变通途"。

杨柳林，"春风杨柳万千条"；郁郁葱葱的意杨林枝繁叶茂，绿树成荫。公路两旁的意杨林，树高挺拔，已形成千米"绿色走廊"。岛上垂柳依依，繁花似锦，莺歌燕舞，诗情画意。

这座"因其自然，辅以雅趣"的风景区，因与20世纪80年代著名女歌唱家郑绪岚的一首风靡全国的歌曲《太阳岛上》所唱的哈尔滨太阳岛景色相似，所以人们称其为"太阳岛"。如今，太阳岛正吸引着四面八方的游客前来休闲游览。

方德华先生曾题七律诗《老洲太阳岛》：

> 沙涌洲荣好梦圆，欣逢玉宇新开年。
>
> 物华天宝宏猷运，人杰地灵史册传。
>
> 岸柳莺啼芳草绿，渔歌唱晚江鸥旋。
>
> 绿洲乐土胜游地，浴德裕民写颂篇。

二十五、紫沙洲·胥坝乡

据清《铜陵县志》记载，紫沙洲在县北三十里，小湖洲在县西北十五里。

明成化年间（1465—1487）进士陶琰《紫沙洲》："风歇日东下，相将向水隈。门随江岸转，市趋晚舟开。岁事惟收菽，人家却放梅。窭途多异景，长夜且衔杯。"

方文（1612—1669），明末清初人·安徽桐城人。著有《嵞山诗文集》等。入清后隐居金陵，靠占卜、行医生活。他以《泊紫沙洲》为题先后赋诗二首："朔风阻前路，晚泊向孤汀。月吐江村白，烟消渔火青。床头霜气冷，舵尾浪声停。借问舟中客，何人寐不醒。"（1639年作）"江畔孤洲曰紫沙，昔时烟霭百余家。一从豺虎来池口，遂使鸡豚尽水涯。落日穷檐沽薄酒，寒宵危埂系枯查。醉余一觉才安枕，又听军声四面哗。"（1643年作）

胥坝乡行政区划变更情况：1940年铜陵县设置紫胥乡。1949年8月19日设置沙洲区辖紫胥乡。1956年4月改为胥坝区辖紫胥乡。2004年5月12日，根据《铜陵县乡镇行政区划调整工作实施方案》，胥坝乡、安平乡整建制合并，成立新胥坝乡。胥坝乡系紫沙洲、小湖洲诸洲地域组成的我国行政区划的基层单位。东与西联乡、南与五松镇、西与老洲乡隔江相望，北与无为县一衣带水，彰显鹊洲形胜。境域总面积112平方公里（含铁锚洲）。辖新洲、文兴、群心、旭光、洪楼、龙潭、衣冠、重新、子埂、红庙、安平、西江、中洲、前江、江滨、长杨等村和社区。

革命遗址　"渡江第一船"铜雕塑屹立于胥坝乡渡江新区广场上，为纪念中国人民解放军"百万雄师过大江"的光辉历史，弘扬"拥军爱民"传统，增强村民爱国主义意识而建。

铜陵沙洲游击大队成立地遗址位于胥坝乡重新村下教自然村（该遗址房屋因1995年洪涝灾害消失）。1938年11月26日，铜陵沦陷，遭受日军铁蹄践踏。

中共铜繁无县委驻地遗址位于胥坝乡旭光村三官庙（现胥坝乡政府西边，原庙宇因洪灾倒塌后建造了胥坝轧花厂）。1934年11月，在紫沙洲（今胥坝乡）

三官庙发生了铜陵革命史上具有重大影响的事件，即中国共产党在铜陵县第一次建立了县委组织。

诗词之乡 改革开放迎来了中华诗词复苏的春天。1992年，铜陵安平乡副乡长朱明辉倡议成立了安平诗词小组，编印《西江夕照》、创办《鹊江新韵》，出刊若干期。胥坝乡的诗词创作日趋活跃。2002年，诗词爱好者王德余"汇编诗词献给故乡"的倡议，得到大家的赞同，诗友踊跃参与，几位元老呕心沥血，自筹资金，使得诗词汇编相继付梓。2007年11月，中国文联出版社出版发行胥坝乡诗词选《涛声集》。向新中国成立六十周年献礼的《涛声集》（续集），于2009年7月由中国文联出版社出版发行。2010年6月，铜陵市诗词学会胥坝乡分会宣告成立，9月会刊《胥坝诗词》面世。2010年12月19日，在胥坝乡政府会议室举行"胥坝乡诗词分会揭牌仪式暨《胥坝诗词》首发式"。在庆祝中国共产党成立九十周年之际，2011年6月，收集胥坝诗友三千三百多首诗词的《涛声集》（三集）出版。2011年10月，铜陵市诗词学会授牌"诗词之乡"。2012年9月，由中国文联出版社出版发行《涛声集》。同时，胥坝乡政府在广场旁设有"诗词长廊"，选编胥坝诗友的作品，每年两期展出，大家翘首观看，活跃群众文化生活。2014年12月，安徽省诗词学会授牌"安徽省诗词之乡"。2015年12月20日，中华诗词学会常务副会长李文朝将军一行莅临胥坝乡考察，李将军题诗："万里江心一小洲，开荒筑梦度千秋。诗词创建承唐宋，大写风流到浪头。"当年11月9日，中华诗词学会授牌胥坝乡"中华诗词之乡"。

诗友礼赞 2010年6月22日，铜陵市诗词学会胥坝乡分会成立大会在群心村召开；2010年12月19日，在胥坝乡政府会议室举行"揭牌仪式暨《胥坝诗词》首发式"。吟友纷纷赋诗祝贺，抒发情怀：

爱我中华国粹花，亦耕亦咏趣无涯。而今更立诗词会，万曲阳春啸万家。（章字民《七绝》）

诗教花开硕果连，铜陵胥坝著先鞭。干群赏析润之韵，童叟吟哦白也篇。美美风光迎墨客，星星火种育诗贤。东升旭日西江艳，绚丽龙光射九天。（王仲廉《七律》）

胥坝诗潮涌，涛声滚滚来。农民挥大笔，乡土出文才。（姚能斌《五绝》）

胥坝乡人爱读书，劳心劳力隔篱除。吟诗作赋锄如笔，种地兴田笔当锄。进出门庭无俗子，往来闾里有鸿儒。"三农"发展惊奇迹，道阔车新快亦舒。

（高耀焕《七律》）

洲乡分会立，一展大文渊。绿野诗平地，春江韵满天。先贤留胜迹，时代谱新篇。盛世迎潮辈，风流竞百年。（章尚朴《五律》）

社会和谐生雅韵，江洲激浪起涛声。人歌伟业舒心境，诗颂昌平赞世明。承继当先情振奋，创新续后彩纷呈。弘扬国粹光文苑，胥坝诗坛树大旄。（宁锐南《七律》

为创诗乡鼓与呼，苍苍白发走迁途。情真唤醒贤人梦，义举昭明老我愚。笃信民间犹有识，何愁宇内不无珠。高风赢得文坛动，笑舞吟旌共一驱。（王德余《七律》）

春风化雨育葱茏，沃野平川景象丰。笔吐心花千里志，情牵父老四时风。文坛璀璨承先杰，诗韵繁荣盼后雄。浪涌涛声澎湃激，浩歌唱彻大江东。（方华健《七律》）

吟旌一举展风骚，创建文明敢自豪。古岸梅花开老树，芳洲春雨润诗苗。情同烟水胸襟阔，韵入田园格调高。泥腿扬眉登大雅，欢歌激起大江涛。（邓秀山《七律》）

万里江山第一洲，波涛滚滚驻中流。青川沃土滋芳翠，绿柳崇楼汇景悠。妙笔贤才逢盛世，清歌雅韵唱春秋。诗花绽放乡村艳，喜见农家吟帜遒。（洪成田《七律》）

雨润沙洲绿，黄梅水涨滩。街邻迎故旧，诗赋动乡关。酒兴歌喉放，春和花蕊研。清风临古渚，骚客舞翩翩。（程大贵《五律》）

胥坝人敦厚，堪称礼义邦。龙潭呈瑞气，鹊渚见文光。日出西江暖，梅花东阁香。往来皆社友，谈笑饮杯长。（方白《五律》）

二十六、山　　洞

双龙洞　位于义安区天门镇双龙村境内。洞为东西两段。东段石洞长754米，现已开放200米供人游览。洞口高大宽敞，呈扁形，似龙口。一条小溪从洞口流出，水质柔滑，清凉可口，手触如绢。洞口冬暖夏凉。沿溪水入洞，内有方圆几百平方米大厅，顶平如镜，上有水蚀的彩色花纹，巧如神雕。千姿百态的钟乳石，形成如孙悟空大闹龙宫、四海龙王聚会、观音送子、白蛇出洞、十八罗汉传经等多种奇观。洞体多变，有洞套洞、连环洞、两层洞和天井，有种扑朔迷离的神秘感。据资料载："西段石洞景致尤佳，入洞200米处有一环形大溶洞，大小圆门相通，溶洞纵横交错，恰似迷宫。"

水龙洞　位于义安区钟鸣镇水龙山对面西山脚下。发现于元明时代，洞内很早就凿有人工石梯。2000年，原金榔乡政府为发展旅游业，对该洞进行探掘，已探明100余米，但洞总长仍不详。洞内窄似一线、宽如川野，溪水潺流，四壁辉煌绚丽，钟乳、石川、石瀑、石林、石花、石梯比比皆是。其景点有"百丈悬梯""观音指路""一线天缝""百米长廊""二耆对酌""石瀑奇观""迷仙宫""通天河"等。步入洞内，幻若神府。洞深莫测，耐人寻味。

仙人洞　清《铜陵县志》载，仙人洞在"凤凰山东北，洞凡数级梯而上，有石几、石棋异迹"。此洞位于义安区顺安镇凤凰山村仙人冲，在半山腰。仙人洞口宽3.5米，高2.45米，往下行30余米可抵达洞底石壁。这里有两处溶岩大厅，面积有三四间房屋大，其中一处大厅顶部呈"人"字形天然构架，高约15米。洞壁左向有一个50厘米宽的"石床"倚壁而生，床面平滑。洞内可容纳两三百人。山林茂盛，流连忘返。

罗汉洞　大通镇福光村吴家自然村附近的虎形山半腰的怪石嶙峋中，有一个长约1.1米、宽约0.7米椭圆形的洞口，即罗汉洞。罗汉洞内有尊罗汉石，游人要看罗汉石必须潜行到地下250米处的洞底。此处地势平坦，空间广阔，洞顶呈穹形帐篷顶盖，像一座宽敞坚固的大厅。大厅内除了层层石笋般杂立的钟乳石奇观外，最令人注目的是一方高十余米光怪神奇的石壁。它上宽下圆，中下段微微凸起，上有两条溶蚀沟纹，呈半弧形背向分布，离地面约1.5米处的石壁中部，有一拳头似的洞穴。这就是罗汉洞口看不见头的袒胸露腹、笑口常开的胖罗汉。往昔，住在罗汉洞附近的老百姓，为祈求家乡平安、五谷丰登，经常带些香进洞，跪拜在罗汉石前祷告。罗汉洞曾经让这里百姓免遭劫难。那是在1938年11月，日寇侵占大通后向县城进犯时，新建、福光等地的老百姓百余人就躲在罗汉洞内，日军路过福光时，找不到人影，登上虎形山，见满山乱石野树，只得胡乱放了几枪，在村里烧了几间民房便扬长而去，罗汉洞里的老幼百余人均安然无恙。从此，罗汉洞和那尊神秘的罗汉石，便成了当地百姓传说中的保护神。

燕子洞　义安区天门镇板桥村境内的山顶上长着一堆又一堆雪白的石头，形状或如巨兽，或似猛禽，或像竹笋，或状蘑菇；远远望过去，仿佛雪霁之后堆成的雪景，十分逼真好看。燕子洞就在这片"雪景"下方的山坡上。一个"人"字形的洞口甚是神秘。洞中石壁上龟裂纹曲线展若画图，光洁如砥，犹如玉片砌就。凭借洞口外边透进来的一点亮光，在向导的带领下扶壁前行，愈走愈觉昏暗。翻越一道石坎，又攀过一道石门之后，石径折转向上。此时微弱的阳光不是从身后的洞口送过来，而是从头顶上方射下来。驻足张望，才明白这是一个曲径通天的山洞。王守仁（明代哲学家、教育家）于正德年间邂逅铜陵，登五松山乐之。应廪生何邦宪（今天门镇人）邀请同游燕子洞，王守仁赋诗《何石山招游燕子洞》："石山招我到山中（何邦宪，字石山），洞外烟浮湿翠浓。我向岸崖寻古句，六朝遗事寄松风。"何邦宪奉和《燕子洞》："千年燕洞碧岩中，攀历烟萝冶兴浓。剧爱名贤诗格好，谪仙重观拂松风。"明铜陵石洞耆（今天门镇）人，庠生何一葵《燕子洞》："怪石多幽异，羊肠曲径重。佛坛鹅听法，舞坚燕翔风。壁挂生成画，崖悬空洞钟。不知谁氏手，劈凿石蒙茸。"清铜陵石洞耆（今天门镇）人，监生何恩圣《燕子洞》"古蠔敞幽洞，严冬玄鸟栖。春来如语我，洞口白云迷。"江积富选编《铜陵石洞耆民间故事·何邦斌传奇》：何邦斌自幼聪明伶俐，爱打抱不平，帮人写状纸，打官司，常以公理压倒强权，当地百姓称他何先生、何讼师。清咸丰年间某日，何先生知悉衙役即将捉拿他，非常警惕，便带着一批学生至村庄前面陡壁悬崖下的燕子洞教学，课余时间，在洞前空地开荒种菜。一直在山洞教学数年，才下山任教。

二十七、三　　矶

羊山矶　据明《铜陵县志》记载，羊山，山峙江滨，有矶，有渡，旧称六百丈在此。羊山矶"在县南三十里，巉岩险峻，溯流甚难"。羊山矶位于铜陵长江公路大桥南岸桥头，海拔56.4米，由大小十几座山峦连成一体，临江而立，很像一只低头去江里喝水的羊，故名。《九华山志·交通》："若沿江各省，登九华山者，水道由大通入，羊山为第一站。"

六百丈位于铜陵长江公路大桥北岸桥头地带，今为铜陵普济圩农场二分场江堤外沿江沙洲，与羊山矶南北呼应。《宋史·南唐李氏世家》："江南进士樊若水诣阙献策，请造浮梁以济师。"南唐时，池州人樊若水曾于羊山量江，测得羊山矶江面六百丈。宋太祖开宝七年（974）闰十月丁巳，曹彬率师伐南唐，败唐兵于铜陵，获战舰二百余艘，生擒八百余人。

南宋诗人陆游（1125—1210）于乾道六年（1170）入蜀，任夔州通判。其《入蜀记》记载："二十二日。过大江，入丁家洲夹……过铜陵县不入。晚泊水洪口。二十三日。过阳山矶，始见九华山。"陆游《夜宿阳山矶》（小引：夜宿阳山矶，将晓大雨，北风甚劲，俄顷行三百余里，遂抵雁翅浦）："五更颠风吹急雨，倒海翻江洗残暑。白浪如山泼入船，家人惊怖篙师舞。此行十日苦滞留，我亦芦丛厌鸣橹。书生快意轻性命，十丈蒲帆百夫举。星驰电骛三百里，坡垅联翩杂平楚。船头风浪声愈厉，助以长笛挝鼍鼓。岂惟澎湃震山岳，直恐顷洞连后土。起看草木尽南靡，水鸟号鸣集洲渚。稽首龙公谢风伯，区区末祷烦神许。应知老去负壮心，戏遣穷途出豪语。"

羊山矶大矶头上，昔年曾立石塔，俗名"羊山塔"。塔身方形五层，塔顶六角形大跳角，覆盖青灰色筒瓦，底层四边敞开。层层有门，有石阶相通，游人可拾级而上，眺望长江。上下7级，高约10米。始建年代不详。清代毕沅《续资治通鉴·卷第二百十四》载，元至正十七年（1357）闰九月，"甲申，吴国公（朱元璋）阅军于大通江，遂命元帅缪大亨率兵攻扬州路，克之"。"大通江"即铜陵羊山矶（渡）一带的江面。相传，朱元璋率刘伯温登上羊山矶，身临石塔，高瞻远瞩，检阅水军。当他看见波光粼粼，白帆点点，似蛟龙腾飞，念干戈不息，便欣然称该塔为"风波亭"。清同治四年（1865），彭玉麟巡视水师至大通。有一天，毕子卿从玉麟游羊山矶，登上其巅。玉麟慨然口吟东坡诗句"故乡如此好河山"，子卿在旁即诵杜甫诗句"圣代即今多雨露"。彭见巅有亭而无名，乃取诗句"湖海波平不动尘"之意，名其曰"不波亭"，遣子卿书而匾之。嗣后毕子卿募捐，不波亭修缮一新。亭上匾文"不波亭"和古诗集句"圣代即今多雨露，故乡如此好河山"，系大通名绅毕竹坡墨迹，笔力遒劲，令人注目。亭内石壁上镌刻有名人题咏，明代陶安《羊山矶》："东岸矶头拥赤霞，西边沙渚老蒹葭。江流盘束如衣带，水急船迟日又斜。"清代邑人杜义然赋诗《羊山矶》："返照澄江步晚霞，隔洲渔艇乱蒹葭。临流盼望行吟罢，归度林臬月上斜。"不波亭柱子上镌刻着一副对联："羊山塔立亭亭，八景观澜溪，几度登临缘不解；鹊渚帆悬片片，两洲（编者注：和悦洲、铁板洲）作屏障，今来喜见水波平。"

据清《铜陵县志》记载，生生庵在羊山矶，康熙三十三年（1694），郡伯李灿建。设救生船。众捐基山并王家圩荒。卫抚宪禁碑，僧通玺勒石。雍正元年（1723），举人陈哲呈请魏中承准修纤路，遂纠杜凤、杜贲璋等捐资整治，舟楫赖之。后哲子通判学文，复捐石独修。生生庵设红船、瞭望台，如发现江上有船遇险，立即擂鼓报警，专职水手立刻驾驶红船施救。同治元年（1862）九月，驻防大通长江水师亲兵营统领柳寿田，改羊山矶通济庵（原生生庵）为同仁局，复旧日善举；命毕子卿偕同杜生泉经理局务，凡救生、挂缆等事，均照旧章。1938年9月，日本侵略军在大通至横港一带登陆，羊山塔和生生庵等名胜古迹遭到狂轰滥炸，被夷为平地。如今，按规划将恢复重建历史人文景点，增添新奇景观。

石龙矶　在铜陵县城西北二里许，天王山麓，江畔，俗名大矶。石龙矶下有瑞珑洞。明崇祯三年（1630）铜陵知县崔维禅在此建沧浪钓台。明隆庆二年（1568）铜陵知县翁金堂《舟中望石龙矶》："北海神仙何有叟，手持玉策驱虹走。乘飚驾电指南来，越国经都日八九。江上适遇天王氏，邀之共饮五松酒。神人不顾走自如，疾呼勿应但挥手。天王大怒叩帝阍，帝命铜官往驯兽。神人闻之弃虹去，飞入白云拂双袖。铜官大夫召地丁，锁虹金绳如玉纽。长虹欲去去不得，昂藏宛辨惟骧首。月明照见甲参差，风动时闻大声吼。鳞间的沥满金沙，万斛鲛珠常喷口。玉爪爬开乱石堆，苍烟披拂长堤柳。磊块还堪镇地关，魁奇端足雄江右。我来击节过其前，凝眺徘徊成坐久。醉后轻狂发浩歌，为尔留题传不朽。墨花零落映空潭，安得笔锋大如帚。"清铜陵人章之球《游石龙矶洞》："石龙西傍大江湾，岫里参差曙色环。春翠绕藤悬洞户，晓烟倚砌拥云关。天山路转开三径，地王风流劈半山。一自磻溪垂钓后，华胥曾见几人攀。"

赤山矶　清《铜陵县志》载，赤山矶在石龙矶之上，俗名小矶，有侯望亭，上建关圣祠。邑令侯思芹有联云："一诺订千秋，心向蜀山西去，听鹦鹉洲边，杜宇年年啼夜月；单刀支半壁，神随吴水东来，看鹊头江上，园桃处处笑春风。"清桐城（今安徽枞阳县）人，乾隆十五年（1750）孝廉周大魁《小矶垂钓》："渺渺苍波开，芦花秋喷雪。悬崖峙小矶，长竿投七尺。风吼岸涛狂，烟清江月碧。铜斗发高歌，有怀抗夙昔。披裘尚占星，梦熊独悬白。噫嘻古之人，飘然钓鳌客。"

2009年，滨江大道北段（南起南湖路口，北至环城北路）建成通车，铜陵沿江石龙矶和赤山矶被夷为平地，凸出岩石变通途。

二十八、古 民 居

佘家大院　明《铜陵县志》："佘起，一门义聚千三百口，子孙以科第显，今为铜著姓。"清《铜陵县志》："宋佘起，一门千三百余人，同爨而食，起为之督，周洽无间言，子孙至今贵显。"据五松《佘氏宗谱》叙述，二十九世佘起，义聚千三百余口，南宋时由雁门迁徙至铜陵马仁山定居；佘起六世孙佘甫明，由马仁山迁居铜官山麓，古名邓源耆，后曰大栏里，号佘村。

北宋靖康之变后，康王赵构在河南商丘即位，改元建炎。随后朝廷南迁至临安（杭州），重建宋朝，史称南宋。佘起于南宋绍兴年间从山西代县迁移至今钟鸣镇金山村马仁山麓。元代至元年间，佘起六世孙佘甫明由马仁山旁卜居铜官山麓——今大通镇大院村（俗称佘家大院）。

佘甫明字原善，"原善公以忠直迁至邓源，乡邻咸慕其义行，诵其家法，而佘自是益昌大焉"。佘氏家族勤劳勇敢，创业垂统，有效地利用三分阳七分阴之地，雾气缭绕，雨水充沛，三面环山，一条溪流由北向南沿山沟而下的地方称"五亩岩"（佘村耕地），引种邻近俞家村生姜。经过不断改良种植技术，生产出叶青翠，茎紫红，色鹅黄，形如佛手，厚如肉掌，块大厚薄，汁多渣少，香甜鲜辣脆兼备，入口隔夜后仍留有姜香的"大院生姜"。后来大院生姜年年进贡朝廷而成为"贡姜"。大院生姜由原种植的五亩地，逐年扩大到南起"五桂桥"，北至"打鼓墩"，约200亩。大院生姜渐成为"铜陵八宝"之一，名满天下。

佘氏世家注重传统道德文化教育，"小德川流、大德敦化"，训导子孙必须勤修好学，诚信仁厚。佘氏家规是：孝顺父母，尊敬长上，和睦邻里，教训子孙，各安生理，毋作非为。

佘可才（1379—1442）系佘原善十一世孙。据清《铜陵县志》载，佘可才五岁知读书。永乐元年（1403）举应天乡试，明年会试中乙榜。历任黄州、襄阳府训导。诣阙上疏，愿试繁剧，留试事工部；复疏奏部务官不必备得人为主，成祖嘉纳之，吏部侍郎师公荐为验封司主事。宣德九年（1434），晋南吏部考功司郎中署堂事。正统七年（1442）卒于官，年六十四，葬邑响山，祭酒陈敬宗志其墓，祀乡贤。

佘家大院现为铜陵市郊区大通镇大院行政村辖境。佘氏家族在此生息繁衍，成为铜陵旺族。至今八百年历史。鼎盛时期，建有青石板铺就的道路、造型别致的石拱桥和高大气派的古民居，并修建牌坊、文庙、祠堂，等等。佘家大院人利用依山傍水的自然条件，将本地的生姜、茶叶、竹编等特产销往外地。每逢节庆喜日，大院人都要搭台唱戏、办灯会、舞龙灯。

周氏古民居　坐落在顺安镇凤凰山村境内。据说，原建于南宋绍兴年间（1131—1162），距今已有850年历史。

周氏古民居依山傍水而建。门前清溪，流水淙淙；屋后青山，郁郁葱葱。占地面积150平方米，典型的"四厢正房"式的古民居，采用青砖黑瓦、大青石及百年生杉木等为主要建筑材料，飞檐峭壁、钩心斗角，白墙黑顶，双侧封火墙，前后木门双开，系皖南徽派建筑风格。

沿着两米多宽的十三级大青石台阶拾级而上，便是古民居的大门前平台，门前平台和大门框采用大青石雕砌；房基和础石均由大青石构成。室内的东西厢房为双层结构，两边各建三大间，上下共有十二间。东西厢房的墙壁、门窗、地板和天花均用杉木板建成，厢房的门窗系采取镂空雕花技法制作而成，其图案清晰，工艺精细。古民居的室内正中有面积约8平方米的天井，上面屋顶露天，下方建有一座面积相等的大青石水池。天井有两大作用：一是增强室内光亮和空气对流；二是接获天空落下来的雨水，可以调节室内的温度，可供家人洗涮之用。

周氏古民居的天井、阁楼、顶门石、柱压线等独特的建筑构造令人瞩目，赞叹不已。

千年集镇（县治）

《（元丰）九域志》载：『铜陵：州东北一百四十里，五乡，大通、顺安二镇，有梅根山、利国山、天门水。』《舆地广记》载：『铜陵县，本南陵县地。唐析置义安县，又废义安为铜官。五代时，置铜陵县，属江宁府。』本篇分别叙述五松镇、大通镇和顺安镇的发展概况。

一、五 松 镇

明《铜陵县志·建置志》载，铜陵县治在天王山之阳（今五松镇人民医院至血吸虫病防治站地带），创始于南唐保大九年（951）。元知县陶起祖迁于顺安镇，明知县时守道复于旧址。洪武二年（1369），知县彭克修鼎建前厅。宣德十年（1435），知县商宾始建后厅。成化十八年（1482）知县陈缪、正德五年（1510）知县徐隆、嘉靖四十年（1561）知县李士元相继重修。清《铜陵县志·城池》载：县城在天王山之阳，即唐铜官镇地。故无城，明万历三年（1575），兵备副使冯叔吉创议城守，檄邑令姜天衢建筑，及邑令黄缙成之。《大清一统志》载，铜陵县"汉陵阳、春谷二县地，三国吴临城县地，东晋后为定陵县地，梁为南陵县地，唐末分南陵置义安县，属宣州，寻废为铜官冶，南唐保大九年始置铜陵县。"

《熙宁（1068—1077）中安徽各州县镇务课买食盐钱数表》中表述，池州铜陵县5910贯941文；顺安镇1584贯592文；大通镇3924贯236文。《熙宁十年（1077）安徽各城镇商税数额表》中表述，池州铜陵在城商税额1752贯240文，在同级行政单位中名次第22后列；大通商税额3616贯62文，在同级行政单位中名次第7；顺安商税额375贯415文，在同级行政单位中名列第28位。

铜官山在县南十里，即利国山。《唐书合钞》载，南陵县属宣州后，"析置义安县，又废义安为铜官冶"。五松山在县南四里。李白诗云："我来五松下，置酒穷跻攀。征古绝遗老，因名五松山。"李白为"五松山"命名。清乾隆五年（1740），知县王锡蕃兴举义学，州同章云逵改建五松书院于县治废文昌祠址。鹊头山在县北十里，山高耸临江，宛如鹊头。坐落于今五松镇马冲村（新沟）江浒，海拔41.1米。南朝时在鹊头山置鹊头戍，唐有鹊头镇兵。"鹊岸"古地名，指今安徽省铜陵、无为、繁昌间长江江岸。因江中鹊洲得名。《左传》昭公五年（前537）：楚子以诸侯及东夷伐吴，"吴人败诸鹊岸"，即此。"鹊洲"在今安徽省铜陵市至繁昌长江中。鹊头为铜陵北鹊头山，鹊尾为繁昌东北三山。西对无为，为江流险要之处。

铜陵县学亦称儒学，自宋代始。宋庆历四年（1044），建学于县治（今五松镇）西。淳熙中（1174—1189），县令林桷以为嚣杂，非育才之地，乃移置县治东，后倚崇冈，前对诸山，据清淑之会。元季尽毁于兵。明洪武元年（1368），主簿马骧始建明伦堂。洪武三年（1370），知县彭克修建大成殿。清光绪二十七年（1901），诏令废科举、兴学堂。光绪三十一年（1905）八月，铜陵县署就城东文庙明伦堂开办铜陵县立高等小学堂，即铜陵县实验小学前身。堂长曹荣绶，学生十余人，教员数人。

据民国二十一年（1932）八月十五日填报《铜陵全县学校概况一览表》记载，第一学区（县城）有县立第一实验小学校、县立女子实验小学校、县立县城第一初级小学校、县立县城第二初级小学校、县立第一民众学校、私立新民初级小学校，共计教职员24人，学生404人（女119人），常年经费3953元。

铜陵县治即铜陵县官署所在地。铜陵县城（官署）在天王山之阳、铜官山北、五松山西，长江之滨。铜陵县治昔称铜官、江浒、五松、县城、关厢。民国二十九年（1940）始称五松镇。1949年4月21日铜陵县境解放，保留五松镇。1950年4月称城关区，同年7月县政府规定城关区为第三区。1952年城关区下辖五松镇，1956年4月称城关镇，1958年9月称城关火箭公社，1959年6月恢复城关镇，1960年4月撤城关镇与城郊公社合并为城关公社，1963年恢复城关镇。1987年3月城郊乡并入城关镇，2004年5月改称五松镇。

五松镇位于东经117°43′～117°47′、北纬30°57′～31°01′，地处铜陵西部，东邻市经济开发区、狮子山区西湖镇，南濒天井湖毗连铜陵市区，西滨长江，北接西联乡，总面积19平方公里。2012年度统计：辖区总人口35257人，其中城镇常住人口30300人，城镇化率85%，人口密度为每平方公里约1800人。管辖观湖、荷花塘、惠泉、万鸡山4个社区和城东、联盟、江滨3个村民委员会。2012年度，五松镇规模工业总产值为20.6亿元，销售收入20.4亿元，利税1.6亿元；农业总产值6200万元，农村人均收入为8200元。2012年，五松镇确定为"全省城市和流动人员流动人口计划生育创新工程建设示范镇"，同时被评为省级"计划生育协会工作先进乡镇"。五松镇荣获2011年度"全省精神文明建设先进集体"称号。中共安徽省纪委、安徽省监察局授予五松镇为"廉政文化建设示范点"。2013年，五松镇荣获"第二批全国人口和计划生育依法行政示范乡镇""安徽省社会管理综合治理先进集体""五松镇机关档案工作目标管理考核安徽省一级单位""安徽省优秀乡镇（街道）党建网站"等称号。

2014年，安徽省体育局授予五松镇"安徽省群众体育先进单位"奖牌；铜陵市人民政府授予"五松镇2014年度全市人口和计划生育目标考核优秀单位"荣誉称号。

2015年，五松镇被评定为"安徽省工会职工帮扶服务示范站"，荣获"创建第四届全国文明城市工作先进集体"称号（市级）。

五松镇文化底蕴浓厚，环境优美宜居。境东南有市属旅游景区天井湖公园和西北有笠帽山风景区，可供人游览。

观湖广场 位于五松镇城东路和井湖路交叉路口的东南角，占地面积为13900平方米，绿化面积约为8000平方米。2001年底竣工并正式开放。观湖广场按主景、次景和辅景三个层次进行景观设计，各景点之间又以主轴、辅轴和次景关系进行组合搭配，使之形成丰富的统一的景观体系。主要景观有"凤凰雕塑""牡丹壁画墙""观景台""真情石""音乐喷泉"五处。音乐喷泉以歌曲《铜陵——希望之城》为主曲目，寓意铜陵辉煌灿烂的明天。

临湖广场 位于南湖之滨、南湖路旁，广场占地31500平方米，由曲径、花坛、回廊、水榭、健身场地、游船码头、中心广场等景点组成。2001年整治，翌年竣工开放。铜陵县人民政府刻碑立于广场入口处。《临湖广场记》碑文："昔日湖滨，参差不齐，乱草丛生。于旧城改造和环湖建设之际，予以整治，今得以崭新面貌，展示风姿。澄清湖水连江涌，巧舌黄鹂柳岸啼。休憩于水榭亭廊，湖光山色尽收眼底；漫步在林荫花径，诗情画意洋溢胸中。每当朝暾初上之际，或月白风清之时，辄见游人如织，摩肩接踵，笑声阵阵。更有俊男靓女，轻舒舞袖，尽拂五松春色；踏歌悠扬，抒发时代强音。真乃休闲娱乐、养性怡情之绝佳胜地。德政之誉，可从民心中察而得之；而民心又可从游人笑语欢歌中闻而知之。民心顺则政令通，百业荣，风气正。有感于斯，乃为之记。"

中国江南文化园 安徽省"861"计划重点项目和铜陵市"十一五"文化旅游产业发展的重点项目。其东临铜文化园，南接天井湖，西临长江和笠帽山，是天井湖风景区重要组成部分。中国江南文化园四周环水，胜境幽美，分三期建设，项目一期建筑面积6.3万平方米。由青铜文化、民族文化、茶文化、休闲文化、婚庆文化、美食文化、金石文化、火车文化八大文化元素组成。自2008年10月竣工投入运行至2015年年底，共接待游客达100万人次，其中接待国家及部委、驻外使节、归国华侨和省、市领导人参观考察200余次。

古迹陈公园　在东城外数十步，乃北宋陈陟公初建于县东祖宅。宅内花园亭台，左右凿土为池，刻石为山，面对铜官山岩洞。内植奇花异草满园，外植桑果园圃，人呼"陈公园"。绍圣元年（1094）二月初九，东坡南还，同山谷重游于园，乃挽诗。经考证，陈公园遗址即今五松镇江南文化园铜雀台周边。

安徽民俗村　安徽省第一家规模最大的以展示安徽民俗风情为特色的民俗博览馆，集民俗旅游、餐饮、购物、游艺娱乐、教育培训于一体的大型民俗文化村，有着"安徽民俗第一村"的美誉，并荣获"安徽省文化产业示范基地""中国生物多样性保护与绿色发展示范基地""民俗文化示范教育基地"等称号。民俗村坐落于五松镇城东路北侧，面向天井湖。安徽民俗村一期工程建筑面积达23平方公里，楼房上下分四层：一楼有小吃区、江南百工坊、民俗大舞台、4D民俗影院四个主要功能区；二楼为南北风味大排档等；三楼是吉祥文化为主题的区域，称之"吉祥苑"，以福、禄、寿、喜、财命名，分为福园、禄园、寿园、喜园、财园5个院落，另设"五福神殿""月老殿"和"六尺巷"；四楼是"五行"（金、木、水、火、土）命名的五个院落，分别称之为鑫园、森园、淼园、焱园、垚园。另外，村内还设立了描摹中国古代交通法规的"驿道巷"。

滨江生态公园　位于铜陵市主城区西部滨江大道，西侧临江面，东接天井湖，南起金山西路路口，北至笠帽山北麓，全长3.2公里，占地面积350平方公里，是一座开放式公园。2014年5月28日对外开放。

金滩夕照　义安区南湖路的入口对面是金滩夕照景点。这里广场层次顺江逐梯而下，外围是成片的高大乔木，树阵广场的两边各种植15棵碗口粗的银杏树，靠近江边的是青灰色的沥青路面、红面白边的塑胶跑道。挺拔的树木、清幽的竹林、翠绿的草坪、洁净的桌椅，让人看完一眼就被这里的美景征服。

江风渔火　沿着滨江大道前行，位于长江西路的正对面就是江风渔火景点。这里绿柳垂岸、江水奔流，地势较高，视野开阔。

鹊江花月　此景位于白云路尽头，与老洲隔江对望。放眼望去，对岸的老洲树木葱翠，喜鹊翔集。此景点内种植了公园内最贵的一棵树木——紫薇，紫薇附近种植了数棵樱花。

银屏水阔　这一景区面向长江，这里的江水平阔，像一幅银屏，故被称之"银屏水阔"。

水天绿洲 这里是首创水务二水厂的取水口，属城市饮用水水源保护区。滨江生态公园改造时，将二水厂的建筑进行了绿化，使之与周围景观融为一体。此段岸线，也是观赏老洲的最佳视角。

古渡春 此景点位于笠帽山脚下。明、清和现代曾设有渡口。原码头，船只往来不绝，上通九江、汉口，下通南京、上海。此处亦是中国人民解放军大军渡江解放江南的战役遗址。

二、大 通 镇

据清《铜陵县志》载，大通镇在县南四十里，有递运所、河泊所。去镇五里许有旧镇，名澜溪。

据《熙宁（1068—1077）中安徽各州县镇务课买食盐钱数表》记载，池州铜陵县5910贯941文；顺安镇1584贯592文；大通镇3924贯236文。据《熙宁十年（1077）安徽各城镇商税数额表》记载，池州铜陵在城商税额1752贯240文，在同级行政单位中名次第22后列；大通商税额3616贯62文，在同级行政单位中名次第7；顺安商税额375贯415文，在同级行政单位中名次第28后列。

北宋诗人、书法家黄庭坚（1045—1105）绍圣年间（1094—1098）曾任宣州知府，乘船路过大通，题诗《阻水泊舟竹山下》："竹山虫鸟朋友语，讨论阴晴怕风雨。丁宁相教防祸机，草动尘惊忽飞去。提壶归去意甚真，柳暗花浓亦半春。北风几日铜官县，欲过五松无主人。""竹山"即"竹墩山"（今蜈蚣山附近），在大通老镇澜溪（今光荣社区境内）之西。南宋诗人杨万里其诗《舟过大通镇》："淮上云垂岸，江中浪拍天。顺风那敢望，下水更劳牵。芦荻偏留缆，渔罾最碍船。何曾怨川后，鱼蟹不论钱。"明代成化十九年（1483），池州府推官李宗泗《大通江上》："双桨摇冲下大通，隔林烟火隔溪钟。笙簧鸟雀清还浊，水墨江山淡更浓。沽酒有村垂柳锁，采樵无路落花封。胸中不用吞云梦，一览烟波几万重。"清顺治二年（1645），铜陵教谕张国维《点绛唇·舟泊大通》："烟树苍茫，淡风微雨江流逼。一苇轻鹢，远山层层崒。几处人家，隐隐迷踪迹。歌声逸，明月如碧。心共 漾洄急。"

清《铜陵县志》载：

长龙山 在县西南四十里。自分乡岭溯江而上，抵大通镇，蜿蜒起伏，其状如龙，上有亭，久废。

长垅山 在大通十余里，乡贤佘志贵墓在此。

竹墩山 在大通老镇澜溪之西。

大 江 在县西里许，上自大通河南岸贵池县界，下抵繁昌县界，计一百二十里。

查家港　在大通镇里街后，河水通江潮。

大通河　在大通镇，与贵池分界，本邑界河，其源出九华、梅冲诸处，会竹墩山下，至大通镇入江。宋周必大乾道六年（1170）五月壬戌至此。明设递运所、河泊所，久裁。

荷叶洲　在大通夹江西，近淤涨洲。

淤涨洲　在县南四十五里，近老新洲。

老新洲　在县南四十五里大江中。

河北滩　在大通江口，初为滩地，后为店基，其课附老新洲征收。

邓公沟　在大通下。

关圣庙　在大通，巡按佘合中建。

龙神庙　在大通。

大王庙　在大通镇。

四官殿　在大通江上。

瑞相寺　在大通镇，唐大和元年（827）建，久废。

大士阁　在大通镇左。

上地藏庵　在澜溪。康熙间，僧佛云募建佛殿，徒裔非我建精舍。

下地藏庵　在大通镇。

柏子庵　在长龙山畔，地多柏，故名。山主佘壒、塨、坡等捐灯田。

瑞福庵　在澜溪镇。

青莲庵　在合一耆许家嘴山内。

通济桥　在大通回回嘴前，成化六年（1470），金瓒造，贡生金汤重修。

重新桥　大通上街，佘姓重修。

西龙桥　大通要道，徐正明建。

节孝坊　在大通镇，为武进士佘建侧室朱氏立。

五里亭　在长龙山下，去大通镇五里，故名。耆民毕星斗建，施茶以供行人，并购地一亩，捐山一方，创庵三间。

铜陵"八宝俱全"，有金、有银，有铜、有铁。大通濒临长江、青通河，交通运输便利，水产丰富。随着社会生产力和商品经济发展，大通镇应运而生。北宋熙宁年间（1068—1077）大通、顺安二镇兴起。大通镇以铁冶起，是产业型市镇，以交通便利、居民繁盛、商贾云集而成为所在地域的经济中心。南宋商业运营的政策环境和社会环境，都远不如北宋，封建统治者许多举措却制约和阻碍了大通镇商业进一步发展。元朝统一全国后，随着皖南社会秩序的日渐稳定、手工业生产的不断恢复，这一地区的商品交换逐渐复苏，商业活动日渐活跃，大通商业街市有了新的发展。明代安徽经济的发展和商品流通的加强，使得一些商业城市逐渐繁荣起来，一些交通便利的地方也随着商业的繁荣发展成为繁华的商业城镇。天启年间（1621—1627），大通镇"枕山面江，商旅鳞集"。清代，宁国商人在铜陵大通镇忙于经营活动，如张先修"赴大通负贩"，还有崔锟、崔祥炯、崔景先也都"服贾（或贸易）大通（镇）"。入清以后，随着社会稳定和商品经济的发展，大通镇和悦洲成为专门商品流通集镇，"洲以盐务为大宗"。

铜陵大通镇枕山面江，扼守津要，是皖江重镇；和悦洲膏腴之地，物产丰富，是贸易市场。据明清《铜陵县志》载，大通河泊所在县南四十五里顺合者，洪武元年（1368）杨仲温创置。大通驿在大通镇，洪武三年（1370）驿丞王得全建，经迁县治西关。大通巡检司在县南四十里大通镇。江防行署在大通镇，顺治己丑年（1649），江防李治建。巡检署在县南四十里大通镇，即江防厅旧基建筑，乾隆十一年（1746）重修。大通镇曾有递运所。

清同治七年（1868）五月，《中英天津条约》生效将满十年，英国公使阿里国向清总理衙门正式提交包括二十九项条款的修约方案，其中包括欲在东流、安庆、大同（通）、芜湖等处遴选添设码头上下货物，也就是增添通商口岸。清同治十三年（1874），英国泰古大轮公司的大轮停靠大通和悦洲外江，在此建栈房一幢（楼房）。屋顶有瞭望台，悬旗挂灯，当时称之"洋棚"。清光绪三年（1877），《烟台条约》生效，安庆和大通被辟为交通口岸，准许外轮在长江中停泊，上下客、货。位于长江安徽段中部的大通自古以来就是重要水运口岸，亦为中外轮船公司展开激烈竞争的口岸。光绪九年（1883），左宗棠根据郑观应的建议，奏请清政府批准后亲自主持修建架设自镇江、南京沿长江至汉口的长江线。安徽沿江地区为长江线必经之地，途经采石、芜湖、大通、池州等重要城镇。是年冬，以上各地电报局相继成立。光绪二十年（1894），洋棚被火烧毁，又重建一幢五间平房，设有售票房、候船室。光绪二十五年（1899），成立大通邮政总局，由大通盐厘副税务司兼管，下辖安庆、屯溪、徽州分局，并在铜陵县城、青阳县城、陵阳镇、太平县城、池州府、汤家沟、石埭县城各设有支局或邮政代办处。大通总局所辖各分局均由大通盐厘副税务司派员监管。光绪二十八年（1902）六月，《中外日报》载文称，安庆某公司现创小火轮，专走芜湖大通各埠，逐日开往。光绪三十四年（1908），招商局商人集资购买趸船，置于和悦洲外江。

安徽大通（今属铜陵市郊区）自立军起义爆发于1900年8月，是唐才常（1867—1900）自立军起义的一个分支，为辛亥革命武装起义取得成功找到了正确的途径。大通自立军起义的领导人是秦力山（1877—1906）。1900年8月9日发动起义。当晚，起义军占领了大通全镇及沿江一带。邻近的青阳、芜湖、南陵等地，会众亦纷起响应。8月11日遭到武卫楚军李定明、营官傅永贵部猛烈攻击，损失惨重。起义军余部先后在青阳县结岭，南陵县戴家会村，铜陵县丁家洲、横港头、杨二耆等地英勇抵抗，伤亡殆尽。秦力山等"挥兵搏斗，巷战七昼夜，卒以兵单败绩"。

1911年10月10日，武昌起义爆发，革命形势日益高涨，安徽革命党人也为推翻清王朝展开了积极的斗争。江西九江宣布独立后，参与组建九江军政府的安徽宿松人黎宗岳率浔军东下，占领大通，11月13日成立了大通军政筹议局，宣布大通独立。随即于大通组建军政府，准备以大通为基地，逐步光复皖南各地。后来通称为大通军政分府。当孙毓筠赴任安徽都督后，于1911年12月15日，全皖筹备军政处发表通电斥责黎宗岳。1912年3月21日，南京临时政府陆军部指示安徽都督孙毓筠："大通抗不遵命，中央政府决计以武力办事。"孙毓筠即令芜湖军队开赴顺安一带驻扎，另由省城调兵三营，分驻铜陵、青阳等地。柏文蔚受命后，即率部溯江而上，兵锋直指大通。黎宗岳闻讯，深感形势严峻，自知难与南京临时政府相抗衡，遂于1912年4月6日给陆军部发了一封辞职电报，尔后乘轮船退往九江。大通军政分府取消，安徽遂告统一。

民国二十一年（1932）八月十五日填报《铜陵全县学校概况一览表》中，第六学区（大通）有县立大通第一初级小学校、县立大通第二初级小学校、区立大通第一实验小学校、区立大通第二实验小学校、区立大通女子实验小学校、私立宝善小学校、私立和悦小学校，共计教职员36人，学生556人（女204），常年经费6893元。学校数、教职员数、学生数、经费数均占全县首位。

1932年6月21日，章机《安徽民国日报·安徽大江南北十六县游》：铜陵有县党部及大通市党部。省整委会废市而存县。大通镇交通便利，党员数量较多，决定铜陵县党部移驻大通市工作。大通为皖南第二大镇。长江南岸本省商埠，除芜湖外，以大通为最。烟馆如林，野花满谷，亦有游艺场所，故身处其地，鲜有能洁身自好而不流于腐化者。大通市有招商码头，各处轮船亦有上下客货。其秘密私贩之鸦片，人口数额尤为巨大。大通市之行政唯一机关乃镇公安局，该局局长则仰仗于该项收入。大通市面临江相对，北为和悦洲，原名荷叶洲，因该洲之形似也。该洲昔日火灾不时起火，相传曾文公改为今名。并将各巷改为水字旁如泳字巷、浩子巷，以恹火灾，从此火灾遂少。

1948年12月19日《皖江工商报·抗战后之大通》文摘：胜利复员之后，因其遭遇破坏太深，三年来，虽由地主陆续在兴建房屋，究竟元气太亏。除市房仍有空隙，其棚屋与草屋栉比，火患甚虑。市面在挣扎中，哪里谈得上繁荣二字。文化事业，以往能自行编辑发行的有《大通日报》，负责人黄怀白；《新大通报》负责人赵克祥；更早有《鹊江日报》，负责人宫清武。均系四开报纸。有一家警光通信社，刊物有《观察》和《安徽人》两种，销路统统有限。书铺则尤凤毛麟角。教育在此地，仅有铜陵中学一所，两个中心小学，私塾不多。现在仅有的交通，除联合公司小轮班次无间歇外（只走京无通线），其他轮船则无定期班次。大通商埠有宝藏，如鲜鱼、咸鱼，桐油和麻，鸡蛋与鸡，生姜同蒜子，生丝及煎饼……五洋店则似雨后春笋，因此利益优厚，讨人欢喜。抗战以前，市面是相当繁荣，入夜灯火辉煌。因为它在地理上是位居长江中心，首都的门户，青、石、泾、旌、太及徽州的出入孔道，加之九华山香火炽盛，所以行旅经商络绎于途，人口也就自然地繁殖起来。大通大小商轮非常之多，趸船设备良好，民船帆樯林立，蔚为壮观。此地内有夹江，绝对可避风险。以往设有监务督销局、水利局、楚西掣验局等机构，民国建立，次第取消。

1930年，国民政府设大通市。1932年，废市而存县（铜陵县）。1940年，铜陵县设大通镇、和悦镇。1945年12月，铜陵县设大通区（姚家齐代理区长）。1949年4月21日，铜陵县境解放，铜陵县划为大通市，时属池州地区。1949年8月19日改属铜陵县。1950年7月，铜陵县撤大通市为第一区。1952年10月，设大通区，下辖大通镇、和悦镇。1956年4月，大通镇（和悦镇并入）为县属区级镇。1958年9月，撤铜陵县并入铜官山市，大通镇改为大通区。1959年4月市县分开，6月恢复大通镇。1960年4月，大通镇与董店公社合并为大通公社。1965

年7月，恢复大通镇，隶属铜陵县。2004年11月，经安徽省人民政府批准，将原大通镇和新建乡整建制合并，设立新大通镇，从铜陵县划归铜陵市郊区管辖。

铜陵江豚养护场位于大通镇和悦洲与铁板洲之间的夹江内。夹江长1600米、宽220米。江面水鸟逐波戏浪，江岸树影婆娑起舞，水色秀丽，风景宜人，是养殖白鳍豚的理想水域，养护场被游客誉为"东方美人鱼的乐园"。1986年9月，安徽省人民政府批准建立"安徽省铜陵白鳍豚养护场"。1987年12月28日开工建设。1994年竣工，通过国家环保局验收。工程累计投资1500万元。建有进出口闸坝、提水泵船、暂养池、治疗池、实验楼、饲料基地，以及豚体保护系统等一批白鳍豚养护和科研设施，并同步建造种类较多的水族馆和标本馆。水族馆中养育的江豚、日本锦鲤、娃娃鱼、扬子鳄、中华鲟、河鲤、胭脂鱼及长江鱼类等，有很高的观赏和普及环保知识的价值。铜陵白鳍豚养护场科研人员取得令人瞩目的成绩，已成功培育出新一代"江豚"。

"世纪"牌坊坐落在大通新镇区西南，系新建步行街大门楼。牌坊高10米、宽15米。四块雕花巨石底座上竖着4个并列的圆柱，雕梁画栋；中门宽4.5米，两侧门各宽3.5米，由圆柱相隔。门额上"世纪"二字，由崔玉奇题。门楣上雕饰着"乾隆游大通""大通和悦街""龙舟竞赛""教堂钟楼""龙凤鸟雀"等。两对石狮安放在牌坊前面，显得雄伟壮观。2000年元旦"世纪"牌坊揭牌。这是20世纪新时代大通移民建镇的标志性建筑。为纪念移民建镇的德政惠民工程，大通镇特意修建"世纪"牌坊，彰显人民"安居乐业"。自1998年10月大通移民建镇项目得到省政府立项批准以来，全镇已先后组织实施移民建镇一、二、三、四期工程，新镇区建房2732户，建筑面积为25.18万平方米，迁进人员6000多人，累计投入资金2.2亿元，其中国家投入移民补助资金4249万元。经过几年的建设与发展，大通旧貌变新颜。

2003年5月，大通镇移民建镇指挥部《移民建镇记》：大通，古名澜溪，建镇始于宋，自古仕途商贾云集，为水陆通衢之要道，汉沪中游之良港。昔屡遭水患，汲及门牖，舟楫代步，民受其累。戊寅年（1998）秋，当政铸千秋之业，实施移民建镇工程。拨资三千余万元，在长龙山南麓，除草迁土冢，驱雉撵兔，依形就势，架线铺路。历时四载，一座融教育、卫生、文化、电信等基础设施齐全，生态、商贸、旅游为一体的新镇拔地而起。镇在园中，湖在镇中，楼在林中，人在绿中，誉为移民建镇中之典范。镇随势而建，形如长龙。园、湖、楼、林点缀其上；白墙红瓦，错落其中。筑古城堡于城内，高三层，翘角飞檐，气势雄伟，拥群山之苍翠，揽江天之黛色。登堡而览，见店铺林立，商贾潮涌，江外有江、景内含景、楼外对楼、山中藏山、水天一色，望之蔚然。更有祠堂湖畔，柳垂秋水。龙山夕照，峰影空濛，曲桥亭台观鱼戏，鹊渚晨曦看朝霞，四时之景无穷也。诚男信女朝福地，万人空巷看龙舟。民安则乐，幸生盛世之时也。党恩泽，政令通，风气正，百业荣，以彰德政，是为记。

龙潭园系大通新镇的亮丽景点。2002年秋开始构建，历时半载竣工。《龙潭园记》：任自然之形，尽人工之妙，融园楼林景之和谐，聚龙山鹊水之景秀……陶醉于斯，优哉游哉。踏晨露，曼舞花间惊花梦；闻暮钟，流连月下伴月游，园中朝夕之乐也。听蛙鼓蝉鸣，看燕回鸿度，步梅竹之间，寻亦动亦静之趣，皆园中之景也。时移景换，四时观异，而乐亦无穷也。园小然人心悦，政畅则民心顺。安此太平盛世之乐者谁？民曰：当政也。

祠堂湖是铜陵市南部白浪湖风景区的重要组成部分。祠堂湖北以光荣大道为界，南抵青通河，东至铜贵公路，西临长江，天然水面面积约1200亩，是集养殖、垂钓、休闲于一体的风景区，建有水口景点、旅游商品码头、寺庙文化园、老年公寓等。湖区及周边绿树掩映，山水相依，具有创造景观的自然潜质。大通镇高度重视祠堂湖景区的生态环境的保护和建设，不断改善景区环境开发的条件，编制了祠堂湖景区建设规划。根据"依托山水环境、挖掘人文资源、反映时代特色"的思路，致力于将祠堂建成为铜陵及周边地区提供特色郊游的休闲、度假、竞赛景区和"两山一湖"（黄山、九华山、太平湖）旅湖区的中转节点。2013年6月15日，千年古镇大通的祠堂湖上碧波浩渺，水天一色。当天由国家体育总局水上运动管理中心、安徽省体育局、铜陵市人民政府联合主办，中国滑水协会、铜陵市郊区人民政府、铜陵市体育局承办的2013中美滑水明星对抗赛（铜陵站）拉开大幕，来自中美两国的运动健将倾情表演，在水中演绎一场力与美的视觉盛宴，水上芭蕾闪亮祠堂湖。6月16日落幕。中国艺术滑水队以总分1710.3分获团体优胜奖，美国以总分1680.6分获团体纪念奖。中国队的段振坤被授予本次比赛的最佳女运动员，最佳男运动员由美国队的理查德·唐纳获得。

2005年7月19日，铜陵市郊区大通镇作为"CCTV 2005中国魅力名镇"评选活动的前30名小镇在中央电视台新闻频道黄金时间段闪亮登场，并先后进行了四次展示。大通镇围绕"生态立镇、文化强镇、旅游兴镇、商贸活镇"发展思路，全力推进"幸福大通"建设，全镇经济、文化、社会迅速发展，曾经获得"联合国迪拜人居环境奖""中国人居环境范例奖""全国文明村镇""国家卫生镇""中国农村改革典型镇""全国新农村建设典型镇""全国新农村建设科技示范乡镇""国家级生态宜居示范乡镇"等荣誉称号。

镇域经济实现量质齐升，居民幸福指数持续提升，城乡环境面貌不断改善，社会各项事业全面进步。大通镇荣获"第六批中国历史文化名镇""全国重点镇"和"2014—2016年安徽民间文化艺术之乡"等称号。

"铜陵历史看大通，大通历史看老街"。2014年9月底，澜溪街改造修缮工程全面启动。按照风景区标准建设，全力推进老街建设。全街259户商铺和门面，改造面积13万平方米，做到"修旧如旧、修缮复古"，保留了具有地方特色的商业、传统手工作坊。现有古井、钟楼、老街、中国历史文化名镇主题展馆、老码头、青通河、灯塔、古建筑群八大景点对外开放，老街徽风古韵凸显。

三、顺 安 镇

《新唐书》载："南陵池州废。州废来属后析置义安县，又废义安为铜官冶。"唐析南陵县置义安县，治今安徽省铜陵市义安区。义安县的建置约于贞观元年至贞观十三年（627—639）。《续资治通鉴》载：开宝八年（975）三月，权知庐州邢琪领兵渡江，至宣州界，攻拔义安寨。"义安寨"是南唐驻兵的地方，即今顺安镇附近。清《铜陵县志》载：顺安镇在县东三十里，即义安旧县，古临津驿。

《熙宁（1068—1077年）中安徽各州县镇务课买食盐钱数表》中，池州铜陵县 5910 贯 941 文；顺安镇 1584 贯 592 文；大通镇 3924 贯 236 文。《熙宁十年（1077）安徽各城镇商税数额表》中，池州铜陵在城商税额 1752 贯 240 文，在同级行政单位中名次第 22 后列；大通商税额 3616 贯 62 文，在同级行政单位中名次第 7；顺安商税额 375 贯 415 文，在同级行政单位中名列第 28 位。

王安石曾涉足铜陵，咏诗《临津》："临津艳艳花千树，夹径斜斜柳数行。却忆金明池上路，红裙争看绿衣郎。"反映了宋代顺安镇的繁荣景象。元朝进士房芝兰寓居铜陵，《题顺安楼》诗云："窗含野草入平吞，极目鱼樵江上村。流出异乡花堰水，放开老翠叶山云。竹边僧寺鸥沙绕，柳外人家驿路分。挂月参天蟠地脉，门前双树几斜阳。"描绘了顺安楼环境幽美，引人入胜。古迹顺安楼，即旧临津驿。原建于顺安回龙山上（今顺安镇金港村境内），后圮，改建五显庙。

明《铜陵县志》载：铜陵县治元代知县陶起祖迁于顺安镇，明朝知县时守道复于旧址（天王山之阳）。陶起祖，幼从吏，元末兵兴，聚义兵保全乡里，虽四方扰攘，邑赖以安，授庐江知县，判铜陵县事，升池州路同知，为赵普胜叛军所执，仗义死之。据《续资治通鉴》记载，至正十七年（1357）五月，铜陵县尹罗德、万户程辉降于吴。常遇春率师驻铜陵。池州路总管陶起祖亦来降。

清《铜陵县志》载：

顺安楼（古迹）　在凤凰耆顺安镇，即旧临津驿。元进士房芝兰有诗，楼久废。今移建镇西。

古义安县（古迹）　在凤凰耆顺安镇。

金带山　在顺安镇东，隆庆二年（1568）建真武殿，凿基得金带，因名。

回龙山　在顺安镇，其上原建顺安楼，后圮，改建五显庙。县令冉瑾（雍正十三年任）奉督院尹行檄通饬，毁五显诸淫祀。山主钱胡七姓祀关圣庙。右有睢阳祠，亦属七姓。庙前银杏二株，亭亭如盖，元进士房芝兰诗末句及之。

洋　湖　在顺安镇上新安圩之东，广宽二十余顷，原系渔课草滩。康熙年间，监生周士贵筑埂建闸，今各报垦田亩。

箬山湖　在顺安镇西街之北，宽广与洋湖等，今垦田亩。

永城湖　在顺安通驿桥西。

新　河　在顺安镇西关外，分泄焦家埠河水以入新河。

顺安河　会石洞、焦家埠、洋湖诸水，由三港口出荻港入江。

三港口河　会顺安、凤凰耆、陶村春、犁把桥河诸水，由荻港入江。

雅　塘　在顺安西关外。昔之雅塘耆以此得名。塘亦不广，中有甘泉，产七星鱼。

玄帝庙　在顺安镇东金带山。

三元庙　在顺安镇，姜杰请于邑侯卢鼎建。旧在西关外。圮后移西街之北基，系王世贵、金国宾、吴兆皋同捐；门前土场，黄成凤、章国修、姜茂、周国馥、汪燧骏、王福佐、金之洪捐买。

禅定寺　在顺安镇里许，唐宝历元年（825）建，宋嘉祐八年（1063）赐额。

甘露庵　顺安镇东，方良弼、监生金鸣銮捐基，旁宇僧定修建。

箬山庵　在顺安镇西雅塘旁，山主胡、华、王三姓买地建。

顺安桥　在顺安镇东西两街之中，朱村、石洞各泉流汇，以达荻港入江。

西济桥　在顺安镇西关外，分泄焦家埠河水以入新河，旧系刘姓建，后圮。乾隆七年（1742）众建，倡捐者黄成凤，贡生章国修捐造石栏。

通驿桥　在焦家埠，石洞、朱村各山泉奔汇，由顺安达荻港入江。向设木桥，乾隆七年（1742），里人建造石桥。

王家桥　在顺安镇三官殿，王世教建。

分水桥　在顺安西关尤家墩。洪水频发，常浸民居，周士贵建桥分泄，并捐小塘拓水道，后圮。今众姓同贵裔重建。

文星桥 在顺安金带山前。原徽商建，名徽桥。今监生徐家福重建，易今名，又甃石路十数丈。

或舍亭 在顺安镇永盛桥西，监生周士贵建，清知县劳心吾额以"或舍"。

唐贞观间（627—639）析南陵置义安县，治今义安区顺安镇。同时置临津驿于回龙山旁。建顺安楼，为递送公文的人或来往官员暂住、换马处所。"临津驿"依山傍水，面临津要。骚人墨客，流连忘返。

明嘉靖二十六年（1547），铜陵教谕李廷瓒《游禅定寺》："为过乘骢到此间，云迷古寺境常关。竹荫绕屋栖鸣凤，松荫遮林隐瑞鸾。行跳忽惊喧鸟乱，坐来不觉老僧闲。静思尘世空名累，天地何曾隘小官。"明嘉靖四十一年（1562），铜陵知县李士元《初至禅定寺》："栖栖六月度江乡，客况何当驿路长。雪霰摩天江汉壮，云霞引袖黍禾香。简书捧日尘心赤，桑梓迷烟翠眼黄。双剑应知千载意，漫将衰鬓数冯唐。"《寓禅定寺》："抱命向铜陵，山门一驻旌。黄鹂回午梦，翠竹引秋声。尘迹烟光老，心田宇宙轻。薰风一樽满，相对佛头青。"清康熙二十三年（1684），铜陵人王弦《古临津驿对雪偕友共酌》："堕指寒风复透身，窗前积素映书车。野田飘去琼为树，庭院飞来玉作花。逐马银杯连驿路，骑驴锦句觅诗家。梁园醉后君能赋，可效当年手八叉。"清铜陵朱村人，乾隆四年（1739）府贡汪文礼《重建顺安楼》："极目遥遥野色吞，东村胜致入西村。高低陇枝宜疏月，断续山岚杂暮云。万派泉流溪口合，千郊烟火望中分。旧楼何在新楼作，古柏依然寄夕曛。"

民国二十一年（1932）八月十五日填报《铜陵全县学校概况一览表》中，第四学区（顺安）有县立第二实验小学校、县立顺安第一初级小学校、县立顺安第二初级小学校、回部私立穆德初级小学校，共计教职员18人，学生207人（女46），常年经费2039元。

三月三庙会 春禊：古代习俗，于阴历三月上旬的巳日（魏以后始固定为三月三日），到水边嬉游，以拔除不祥，称"春禊"。庙会：亦称"庙市"。中国的市集形式之一。唐代已经存在。在寺庙节日或规定日期举行，一般设在寺庙内或其附近，故称"庙会"。顺安三月三庙会是寓"庙市"于"春禊"的古代习俗。每年农历三月初前后，是顺安集市贸易的"庙会"期，整个顺安大街小巷热闹非凡。南来北往的商贾小贩、男女工匠、市民艺人比肩接踵。近有本地乡民，远有江浙、两湖乃至两广的行商，日市夜易，经历半月不息。过去顺安年年有会，五年一大会，十年一盛会。盛会时，镇东边的岳家山和西边的菜籽滩都要搭台唱目连，即所谓四夜红、七日红。

传说，唐朝末年，顺安一带平民百姓遭战火洗劫，惨死无数。幸存者便盖起一座神庙，定期祭祀，求神保护，祭祀日就是三月初三。此后每年三月初三，周围的百姓都赶来烧香祭神，求世安宁，风调雨顺，日久便形成一种乡俗。来人一年比一年增多，一些商人小贩赶来摆摊设点，做些生意。农民也带来农作物产品，调剂余缺，互通有无，庙会逐渐同商贸活动联系起来。顺安三月三庙会历史悠久，现为科技文化活动、物资交流和商贸洽谈提供了良好的平台。

顺安回民 铜陵回民聚居较多的地方要算顺安，计有50余户，200多人。大多数居住在街道，少数分散附近农村。顺安的回民，相传以马氏自南京迁入为最早，距今约两三百年的历史。据《沙氏宗谱》记载："沙氏旧族于西域穆国，代远支繁，各有支谱。至明洪武初年，满尔党公入贡中华……钦留钦天监供职，因居金陵聚宝门外养虎仓，是为入中华住金陵迁江南沙氏的始祖。"又载："吾镇沙氏系出穆国裔衍，金陵数传而后，尊华公卜居临津（即今顺安镇），为沙氏迁居铜陵之始"，"尊华公生于乾隆三十七年（1772）"。由此可见，沙氏迁居顺安已有200多年。到1987年年底，定居顺安的回民比新中国成立前增加18户，净增人口95人。这些回民有沙、马、董、麻、张、赵、李、钱、陈等9个姓氏，多数自南京、繁昌、安庆、上海沿江地区迁入，少数来自河南洛阳。顺安于光绪二十年（1894）建有清真寺坐落在东正街小冲塘，"文革"中遭破坏，遗址尚在。民国十五年（1926）二月，顺安镇清真寺开办"回部私立穆德初级小学校"。

民国二十九年（1940）铜陵县设顺安镇。1949年4月21日铜陵县境解放。1949年4月设顺安区辖顺安乡。1950年4月改为顺安区，7月顺安区为第四区。1952年10月顺安区辖顺安镇。1956年8月顺安区下设顺安乡辖顺安镇。1957年8月恢复顺安镇建制。1958年9月撤铜陵县并入铜官山市。1959年4月市县分开，恢复铜陵县建制，6月恢复城关、大通、顺安三镇，12月撤顺安镇，划为顺安公社。1960年4月为顺安公社。1965年7月恢复顺安镇。1969年5月撤顺安镇并入顺安公社。1979年5月恢复顺安镇。1984年9月撤顺安乡并入顺安镇。2004年5月顺安镇与新桥镇整建制合并，设立新顺安镇。

顺安镇位于安徽省铜陵市中东部，是铜陵市东部城区的核心区，金桥工业园、农业循环园、凤凰山景区的主体部分均坐落此地。镇域面积135平方公里，辖凤凰山、星月、新湖、盛瑶、明湖、东垅、先进、城山、沈桥、高岭、金港、长龙山等村和东正、金山、丹凤、义安等社区。1984年被安徽省人民政府列为首批标准建制镇。1999年被批准为安徽省综合改革试点镇和省中心镇。2003年被列为全国综合改革试点镇和全省重点中心镇。2009年被列为全省扩权强镇试点镇。曾荣获"全国创建文明村镇工作先进村镇""安徽省首届文明乡镇"称号。2013年11月，顺安镇被命名为市级生态乡镇。近年来，顺安镇立足独特区位优势，突出招商引资，主动承接产业转移，全力服务"两园两区"（金桥工业园、农业循环园、东部城区、凤凰山景区）建设，着力打造幸福顺安，经济、文化、社会保持平稳发展。

金牛洞古铜矿采冶遗址　位于义安区顺安镇凤凰村境内，属全国重点文物保护单位，是安徽省爱国主义教育基地。1987—1992年，省、市文物部门先后数次对该遗址进行考古发掘。考古发现，金牛洞铜矿采冶的年代始于春秋，下限为西汉。为展示中国古代铜矿采冶技术和丰富青铜文化内涵，开发以铜为主的人文历史景观，在国家文物局、省文物局的重视关心下，1992年，铜陵市政府拨专款予以修复保护金牛洞古铜矿遗址。万迎山脉长约3公里，列若屏障，位于顺安镇凤凰村境内。从山腰到山脚堆积厚达2米以上的黑色渣块，人们皆称作"铁石"。1984年铜陵市文物部门在万迎山发现一处春秋铜器窖藏。1987年安徽省文物考古研究所对这里进行了科学考察，此后又进一步发掘，证明长期被人误认是"铁石"的渣块，其实是春秋战国时期的炼铜炉渣。如今有着2000多年冶铜史的万迎山已经成为古铜都的重要保护地。

凤凰山景区　近年来凤凰山景区管委会已陆续实施牡丹园观光休息长廊建设、牡丹亭建设、牡丹园整治、牡丹展示馆建设、相思河护砌整治、小服务区建设、樱花大道建设、循环栈道工程、滴水岩循环水工程等，景区基础设施建设将提升到一个新的水平。凤凰山是驰名中外的"凤丹之乡"，从1990年起，每年铜陵举办牡丹花会，中外客人纷至沓来，欣赏牡丹，采购"凤丹"。2013年5月，铜陵牡丹种植面积超过万亩，按照安徽省牡丹协会的规划，未来铜陵将以顺安、钟鸣为核心，发展油用牡丹5万亩。1985年，铜陵县建立相思树自然保护区。保护区位于顺安镇凤凰村，面积约3000亩。重点保护相思树、凤凰落脚石、滴水岩、古柏树、溶洞等。

城区建设 为早日把顺安从一个具有发展潜力的古镇，建设成为集行政、商贸、文化、旅游为一体的现代化城市副中心，铜陵市委、市政府依据城市总体规划，围绕东部城区目标定位，明确以"山水人居、活力新城"为主要内涵，将顺安镇塑造成"道路景观、水系景观、住宅景观、广场景观"四位一体的现代化生态城市形象，高标准、高质量打造一批城市亮点和精品工程，实现新城区路网成型、项目成片、建设成景，进一步提升东部城区整体形象。东部城区，强势崛起。

农村面貌和环境质量得到提高 凤凰山牡丹花入选"中国美丽田园风光"，凤凰山村美丽乡村建设经验选入《安徽省美好乡村建设50例》。顺安镇荣获全省依法行政示范乡镇、安徽省第三届文明村镇等称号。

重点围绕凤凰山景区着力打造一条贯穿省级中心村——特色自然村——示范带的特色景观长廊，全镇全年美丽乡村和示范带建设总投资达1287.49万元。成功争创第四届全国文明村镇，获评安徽省生态乡镇；凤凰山村荣获"中国乡村旅游模范村"称号。

青铜故里

中国最早的一部科学价值很高的地理著作《禹贡》记载：

『淮、海惟扬州』，『厥贡惟金三品，瑶、琨、筱、簜、齿、革、羽、毛、惟木』，『沿于江、海，达于淮、泗』。（北至淮河，南至大海，这是扬州地区。其贡品是金、银、铜三种金属，还有美玉、小竹、大竹、象牙、犀牛皮、鸟羽和旄牛尾等。各地则顺着海岸进入长江，由长江入淮河，再由淮河入泗水）《史记·货殖列传》载：长江以南出产楠木、梓木、生姜、桂皮、金、锡、铅、朱砂、犀角、玳瑁、珠玑、象牙、皮革。《汉书·地理志》载：丹扬郡，故鄣郡，属江都。元狩二年（前121）更名丹扬，属扬州。有铜官。县十七——宛陵、春谷、陵阳等。明《铜陵县志》：『夏禹分天下为九州，东南为扬州。铜陵盖古扬之东境也。』自古以来，铜陵盛产金、银、铜、铁、硫、锡，名满天下，享誉『汉有善铜出丹扬』。

一、铜都史实

中国地质学家、地质科学事业奠基人章鸿钊著《古矿录》卷首题词《水调歌头·好江山》："由来矿人职，数典记周官。从头问取黄帝，兵甲始何年？更说汤盘禹鼎，神物长埋荆莽，何必尽虚传。天生五材耳，并用不能偏。 抵多少，盐铁论，货殖篇。铜陵金穴如许，满目旧炉烟。浩荡江湖南北，赤县神州万里，终古地灵蟠。不信江山改，依旧好江山。"

《中国地域文化通览·安徽卷》载：20世纪80年代以来，在南陵、铜陵等地先后发现商周时期的铜矿遗址20多处。这些铜矿的开采，除了为了满足本地冶铸外，还向外输出。如在对颍上郑小庄出土的晚商铜器微量元素分析时就发现，其所用的铜料很可能就是从铜陵地区输入的。在铜陵木鱼山、凤凰山和南陵江木冲等三处发现的铜板锭，虽属于冰铜锭，即铜铁合金，还是使用硫化铜矿石冶炼的初级产品，但已将我国冶炼硫化铜矿的历史提前到商周时期。到西周时期，在金文中屡有周王朝征伐淮夷、南淮夷以"略金""俘吉金"的记载。所谓"金"即青铜，"吉金"即优质青铜。专家认为，周王朝征伐的目的可能是为了打通"金道锡行"，控制南方的贵金属资源。这反过来也说明，江淮流域的青铜原料对于中原地区的青铜器铸造具有重要意义。

中国古铜都铜陵采冶铜矿始自商周，发展于春秋战国，振兴于西汉，唐代达到鼎盛。宋元每况愈下，明代遭到朝廷禁止，清末铜陵地区铜矿被英商侵夺。抗日战争时期侵华日军设立"铜官山采矿所"，掠夺铜官山及其周边的铜矿和铁矿。

2010年3月至8月，安徽省文物考古研究所为配合京福高铁铜陵段建设，抢救发掘了位于钟鸣镇东部的师姑墩遗址，发现有陶器及一批与青铜有关的器物和铜冶炼原料等。初步推断遗址年代为西周中晚期到春秋时期。在这一遗址地层之下，又意外发现陶器等遗物，其年代初步推测为商代初期甚至更早。通过北京大学和安徽省文物考古研究所对遗址出土铸铜遗物的初步研究，认为师姑墩遗址冶炼与铸造活动共存，年代相当于二里头文化三四期，西周中晚期最为兴盛，持续至春秋早中期。铜器和铜块均已铸造成型，无冷热加工痕迹。另外，遗址出土各个时期不同类型冶铸遗物的铅同位素比值分析结果，与铜陵本地金属矿床重合，基本可以确定遗址矿料来源为就地取材。所以，著名学者李伯谦先生认为铜陵铜矿采冶活动最迟在商朝早期就已发生。

《安徽通史·先秦卷》指出：一系列证据，铜陵一带早在商代已开采铜矿，并输出到其他地区，成为王朝重要的铜原料产地。

先秦时期铜陵地区系我国重要的铜工业基地。灿烂的商周青铜文化前后延续了一千多年，独树一帜，举世瞩目，其物质基础就是铜料。没有巨大数量的铜料供应，又怎么能铸造成数以万计的商周青铜器？然而这些铜料来自哪里，产自何地，一直是学术界探索争论的历史之谜。近些年来，通过广大考古工作者的艰辛努力，在中国南方的长江中下游地区发现了一条古铜矿带，湖南麻阳—湖北大冶—江西瑞昌—安徽铜陵，一直延伸至苏南一带，分布着众多的古铜矿遗址，从根本上解开了中国古代铜源之谜。而铜陵古铜矿遗址从开发规模和延续时间看都属全国之最。《诗经·鲁颂·泮水》："元龟象齿，大赂南金。"从文献记载来看，古荆、扬两州一直是我国重要的铜产地，湖北大冶、江西瑞昌古属荆州范围，铜陵则属古扬州，考古材料与文献记载吻合，古代中原的铜料应基本来自这一带铜矿遗址。西周金文多次提到伐淮夷俘吉金一事，如"克狄繁汤，金道锡行"。显然是指淮夷地区有铜，金道锡行就是运铜之路。

铜陵地区近些年发现的一批菱形铜锭，其中木鱼山遗址时代最早，相当于西周时期，这批铜锭经检测分析属硫化铜冶炼的产物——冰铜，这不仅表明铜陵是我国最早使用硫化铜矿的地区之一，而且将我国使用硫化铜的历史从文献记载的宋代推前到比之早1000多年的西周时期，成为我国近些年矿冶考古的一个重大发现，具有重要的学术价值。

铜陵地区经考古调查发现的先秦至唐宋时期历代遗留在地表的铜炼渣，初步估计约150万吨，若按1∶15的铜和渣比例计算，那将有约10万吨铜原料。而这些铜原料还需进一步加工成产品，但在目前整个江南发现的早期青铜器和原料并不十分丰富，那这些原料又到哪里去？根据现已发表的考古资料和古代文献资料进行综合分析，可以看出它的基本去向——

（一）东南地区（长江下游）。据目前考古发现所报道的材料，这一地区同样是我国古代文化的摇篮，大约从前5000年至前2000年，该地区发现有各个不同时期的典型遗址，遗址中皆有它的代表器物。但在这段时期内几乎没有发现一点使用青铜器的迹象，到了商周时期才发现有使用青铜器的苗头。如含山大城墩遗址、南京北阴阳营遗址、浙江省在商周时期的遗址中，皆有小件青铜器、铜炼渣，宁镇地区和太湖地区发掘的两周之际土墩墓都有不同程度的青铜器随葬品，皆反映了这一时期江南青铜器的特点。近年在南京伏牛山也发现了古代铜矿遗址，但时代较晚（唐代）。这样，在时代上可以排除当地炼铜的可能性。

（二）西北地区。西北地区，这里指的是黄河流域地区。黄河流域早在新石器晚期人类就使用了铜器工具，到了二里头文化时期就进入了"青铜时代"，特别是商代中晚期至春秋晚期，发现了大量的青铜器和铜器铸造作坊遗迹。但这些青铜器制作的铜原料，其来源可能有两种情况，一是掠夺。西周周昭王曾多次伐荆、征夷，其目的是征服一些方国和掠夺物资。春秋中叶一部分淮夷则南渡长江，迁至安徽南陵县南淮水（即青弋江）。二是进贡。《鲁颂·泮水》载："憬彼淮夷，来献其琛。元龟象齿，大赂南金。"《禹贡》云：扬州"厥贡惟金三品"。淮夷、扬州在古代部分地区属于皖南地区。三是贸易。没有上述因素，中原地区就不可能出现许多的青铜器和铸造作坊遗址。

（三）铜陵地区。铜陵作为一个规模较大的古代铜矿遗址，估计又有那么多铜的数量，本地区是否也消耗一部分铜铸造青铜器及其他可能呢？如铜官区西湖镇出土了商代中期的青铜斝、爵，先后又在青阳、南陵、繁昌、贵池、泾县等地分别从墓葬和窖藏中出土了西周至战国时期的青铜器。该地区不但发现成组成群的青铜器，而且近年在古铜冶炼遗址附近采集了石范两件、铜范两件（石范是鱼标、锸形范，铜范是蚁鼻钱范）。石范和铜范的时代相当西周晚期到战国晚期的遗物。

根据考古资料和古代文献资料分析，铜陵古代铜的去向基本可以分为三个时期：早期，商代中晚期至西周中期铜的去向，可能是大量的铜作为贡品输出，少量的铜留在本地区作铸造原料使用。中期，西周晚期至汉代，去向是大约有一半数量作为本地区铸造原料；约有一半数量的铜可能作为贸易商品或是被掠夺物资而输出。晚期，魏晋至唐宋，部分铜可能用于铸造钱币，唐代在皖南设置有宛陵和梅根二监铸钱，岁铸钱五万贯。在出土的唐代会昌开元钱币中，钱背铸有"宣"字的铭文。少量的铜可能作为贸易商品输出。

春秋铜陵地区先属吴、后属越；战国铜陵地区属楚。吴越是春秋战国时期

一、铜都史实

东南太湖流域两个毗邻的国家。吴国在北面，初都蕃离（今江苏无锡市东南）；越国偏南，建都会稽（今浙江绍兴市）。吴越文化是起源于新石器时代太湖钱塘江流域的古文化。近些年来，在安徽皖南地区的铜陵、南陵、青阳、繁昌等地发现多处先秦时期铜矿采冶遗址。吴国灭亡后，皖南铜矿易手于越国。吴越铜矿资源丰富，其采冶技术非常发达，这就为两国青铜器铸造业的进步奠定了基础。其中吴越地区的青铜器铸造技术更是堪称一绝，为列国之首。前537年冬季十月，楚灵王带领诸侯和东夷的军队进攻吴国，吴国人在鹊岸击败了他。鹊岸，春秋吴地，指今安徽省铜陵、无为、繁昌间长江沿岸。

楚国崛起和强大的诸多因素中，与其拥有铜矿资源关系极大。到了战国时期，楚国不可一世，吞鲁灭越，"地方五千里，带甲百万"，据有今湖北、湖南、河南、安徽、江苏、浙江广大地区，几乎控制了整个中国南方地区。不仅拥有鄂赣铜矿群，而且占据了皖南铜矿群，掌握着当时最先进的铜矿采冶技术，使之成为与秦齐一样举足轻重的大国。从各地出土的青铜器来看，其数量之多、质量之精、技艺之高是其他国家所望尘莫及的。铜绿山炼铜竖炉技术和皖南硫化铜冶炼技术同为当时我国最高的炼铜技术。这些都与楚国拥有重要的战略物资铜有密切关系。楚国的青铜文化也因此大放异彩，成为列国中的佼佼者。

春秋战国之际，吴越文化交流，促进吴越地区的文化面貌渐趋一致，如吴越地区出土的青铜器具、兵器的种类、形制、纹饰、功能等方面都基本接近，属于同一个体系；楚国统一长江中下游地区后，在政治、经济和文化方面，采取一系列的措施推进楚文化的发展，有力地促进了区域内楚文化的融合。

《汉书·地理志》记载，丹扬郡，故鄣郡，属江都。武帝元狩二年（前121）更名丹扬，属扬州。有铜官。"铜官"，官署名，西汉在丹扬郡宛陵县（治今安徽省宣城市）设置，掌开采铜矿。主管有长、丞，辖县铜矿采冶由其监管。

《盐铁论·通有篇》曰："荆阳南有桂林之饶，内有江湖之利，左陵阳之金，右蜀汉之材。""陵阳之金"，可以说陵阳县盛产铜。西汉铜陵地区属丹扬郡春谷、陵阳二县。春谷县，治今安徽省繁昌西北；陵阳县，治今安徽省石台东北。

考古发现铜陵凤凰山、铜官山、狮子山是先秦至汉代冶炼遗址；铜陵金牛洞古采矿遗址为春秋时期到西汉的遗址；朱村乡高联村矿冶遗址为汉唐开采与冶炼遗址；铜陵市郊区铜山镇铜山矿冶遗址为汉唐时期铜矿开采与冶炼遗址（上限可追溯到春秋时期）；铜陵市铜官山北侧的罗家村堆积的炼渣遗址主要形成于先秦至汉唐时期；西湖乡包村古冶矿遗址是唐宋时期铜采矿遗址。

汉高帝十一年（前196），"乃立濞于沛，为吴王，王三郡五十三城"。《汉书·食货志》载：汉初"吴以诸侯即山铸钱，富埒天子，后卒叛逆。邓通，大夫也，以铸钱财过王者。故吴、邓钱布天下"。《史记·吴王濞列传》载："吴有豫章郡铜山，即招致天下亡命者盗铸钱，东煮海水为盐，以故无赋，国用富足。"

东汉，铜器制造与铜冶业继续发展。铜镜制作在东汉时有了新的变化，就是出现了新的浮雕式的花纹形式，题材是神仙、灵兽的称为"神兽镜"，题材为人物、牛马的叫"肖像镜"。

在东吴时期皖南手工业中，铜、铁矿的开采和器物制作占有重要地位。安徽考古工作者在长江南岸的铜陵、南陵、繁昌、青阳、贵池、泾县、当涂等地发现近百处铜矿遗址，这里应当有若干个规模巨大、年代悠久的采冶中心。汉代这里属丹阳郡，故所产的铜被称为"丹阳铜"。东吴时期是"丹阳铜"采冶和器物铸造继续发展的重要时期。

《三国志·吴书·周瑜传》引《江表传》——瑜曰："今将军承父兄余资，兼六郡之众，兵精粮多，将士用命，铸山为铜，煮海为盐，境内富饶，人不思乱，泛舟举帆，朝发夕至，士风劲勇，所向无敌。"《三国志·吴书·诸葛恪传》载："恪以丹扬山险，民多果劲……山出铜铁，自铸甲兵。"当时吴军的兵器大部分是铜合金器物，东吴铜弩机就是精锐的武器，皆当出自吴国官冶。吴国铜官冶不仅生产某些兵器，也生产将士们的生活器物。因为军队经常野战奔波，故其生活器物多以金属铸造。安徽省考古工作者曾在繁昌发现一个吴国军用铜洗的窖藏。洗是古时盛水的器皿，战时亦可改作炊器用。东吴于皖置牛渚督、芜湖督、赭圻督、春谷督，这些军事重镇当有相应的制造或维修舰船的工场。为了适应商品交换的需要，东吴允许旧钱流通，同时也新铸钱币。嘉禾五年（236）春，"铸大钱，一当五百。诏使吏民输铜，计畀铜。设盗铸之科"。赤乌元年（238）春，又"铸当千大钱"。

南朝时期，铜陵地区属定陵、临城二县。铜陵地区为梅根冶输送铜料。梅根冶即以炼铜铸钱闻名于世，因而当时梅根港被人们称之为"钱溪"，与湖北冶塘山齐名。《宋书·百官志》载："晋江右掌冶铸，领冶令三十九，户五千三百五十。冶皆在江北，而江南唯有梅根及冶塘二冶，皆属扬州。"《太平寰宇记·

池州》载：铜陵县，自齐、梁之代为梅根冶以烹铜铁。铜（官）山，在县南十里，其山出铜，以供梅根监。兼绿矾矿，逐年取掘送纳。梅根冶在今安徽省池州市贵池区东北，因临梅根河得名。梅根冶（监）南朝时在临城县境内。

唐代，铜陵地区属南陵县，古铜都采冶铜矿达到鼎盛。

《新唐书》载："南陵：望。武德四年（621）隶池州，州废来属（627年属宣州宣城郡）后析置义安县，又废义安为铜官冶……利国山有铜，有铁。凤凰山有银。""秋浦，紧。有乌石山，广德初盗陈庄、方清所据。有银，有铜。"《元和郡县图志》：利国山，在（南陵）县西一百一十里。出铜，供梅银监；铜井山，在（南陵）县西南八十五里。出铜。清《铜陵县志》："利国监，在铜官山之下，去县四里许，唐冶铜之所，自宋以来，铜沙竭，监废。"

唐代宣州铜官冶的建置早于宣州钱监约一个世纪，建于太宗贞观间。"铜官冶"是在"义安县"基础上建置的，贞观八年（634）左右置义安县，寻废，为铜官冶。铜官冶是朝廷在地方设置的派出机构，接受唐代国家关于矿藏开采和冶铸政策的管制。官员有令、丞各一人，监作四人。其主要任务是开采铜矿，冶铸铜材料，加工铸造铜器，负责提供"兵农之器，以给军旅、屯田、居人"。大型的"铜官冶"的建置，有利于促进宣州乃至东南地区社会经济的发展。

李白于天宝十三年（754）经秋浦至铜官冶，由南陵县丞常建陪同出游，赋诗数首。五言绝句"我爱铜官乐，千年未拟还。要须回舞袖，拂尽五松山"，洋溢着诗仙李白向往铜官冶，钟爱五松山的激情。李白《秋浦歌·十四》"炉火照天地，红星乱紫烟。赧郎明月夜，歌曲动寒川"，诗中所写的冶炼场地今属铜陵市铜山矿一带。李白《与南陵常赞府游五松山》诗题注"山在南陵铜井西五里，有古精舍"；《纪南陵题五松山》诗题注"山在铜坑村五里"。"铜井""铜坑""铜坑村"皆为冶炼铜矿场所，均于铜官山麓，显得铜官冶格外壮观。

20世纪90年代，在铜陵市凤凰山、狮子山、铜官山、天门山一带发现汉至北宋的采矿遗址九处，冶炼遗址十三处，其中五代时期的开采和冶炼占有相当部分。南唐还沿用唐制，即山铸钱。在铜官山下置监铸造钱币，不久改为铜官场。彭信威在《中国货币史》中说："（五代）十国中以南唐钱种类最多……大齐通宝总共发现两枚。另有保大通宝，一般认为是李璟在保大年间所铸，也只发现几枚。这两种钱都不见于记录。"

南唐保大九年（951）置铜陵县，铜陵县隶南唐江宁府。北宋开宝七年

（974）闰十月，"丁巳，曹彬等及江南兵战于铜陵，败之，获战舰二百余艘，生擒八百余人"。北宋《（元丰）九域志》载：铜陵县，州东北一百四十里。五乡。大通、顺安二镇。有利国山、天门水。

北宋太宗至道二年（996）十月，在江南东路池州置永丰监，铸铜钱。永丰监在今安徽省东至县南部、龙泉河西岸。属昭潭镇。因此宋在此设监铸钱，称永丰监，（永丰）镇由此得名。永丰监的铜材主要来源于池州辖县矿山。铜陵利国山蕴藏丰富的铜矿，得以继续开采。1992年安徽省和铜陵市文物考古部门联合对铜陵包山古铜矿采冶遗址进行了抢救性发掘，证明是唐宋时期的采矿遗址。从考古资料来看，宋代时期的遗址除铜官山外，在铜陵金椰乡燕子牧、朱村乡胡村、凤凰山等地具有一定规模。铜陵燕子牧遗址具有典型意义，遗址面积约5万平方米。遗址内炼渣遍布，并有宋代常见的高圈足或矮圈足影青瓷碗、盅及酱色粗瓷碗罐等残片出土。在燕冲小学附近发现的炼渣堆积有2～3米厚，并夹杂有大量的煤渣块和白色石灰团。朱村乡胡村遗址，其残留的炼渣堆积厚度1米左右，并夹杂有绳纹板瓦、薄砖块，以及属于宋代的影青瓷器盅、碗、盏等残片。上述两个遗址肯定是宋代的。

北宋著名诗人梅尧臣曾来到铜陵，看到当时采矿的热烈场景，题诗《铜官山》"碧矿不出土，青山凿不休。青山凿不休，坐令鬼神愁"，表现出对采矿工人生活命运的同情与关注。南宋朝廷偏安一隅，宋金对峙局面造成铜陵矿冶业急剧衰落，矿产量猛跌。

《大明一统志》载："铜、铁、铅、锡皆铜陵县出。"《明太祖实录》载：洪武初年，池州府采铜十五万斤。可见当时采铜规模之大，冶炼和军器制作也得到发展。

明代中后期是铜陵的煤炭开采发展阶段。崇祯年间（1628—1644），太湖、望江等县农民来铜陵五峰山陈侍冲（今属天门镇）与当地江姓农民合股开采煤矿。明初一度兴旺的铜陵铜矿开采，由于宣德十年（1435）罢各处金银铜铁等官矿，封闭坑冶，趋于衰落。

清代，与农业、手工业的迅速恢复与发展相比较，采矿业的发展显得缓慢，采冶铜矿许久荒废。究其原因，一是清初仍沿袭土法开采，技术进步迟缓；二是清政府对民间采矿加以诸多限制；三是各地封建官僚、乡绅市民迷信风水，一再阻挠。

　　光绪三十一年（1905）农历四月十二日，安徽省商界、学界代表数百人在铜陵县城明伦堂召开"铜官山矿抵制正式大会"，开始夺取矿权的斗争。宣统元年（1909）五月二十九日，铜陵县绅、商、学界400余人在县城明伦堂召开"抵制外商开办铜官山矿，谋求自办"大会，集资6000余股（每股龙洋5元），共3万余元。宣统二年（1910）五月十八日，英矿师同英领事互立清单，与清政府交接签字。英商凯约翰谋办铜官山矿一案了结，铜官山矿权正式收回。同年六月三日，皖矿总理方履中在南京宣布收回铜官山矿实行自办，同时成立泾铜矿务股务公司。

　　民国元年（1912）七月，安徽省人民政府为开办铜官山矿，同日本三井洋行签订借债款20万元作为订购矿砂之款，并以铜官山矿作抵押的合同。民国六年（1917）二月，北洋政府农工商部矿业顾问丁格兰（瑞典人），对铜官山铁矿进行详细勘测，认为老山铁矿（铜官山矿区）含铜甚高，要注意是铜矿而不是铁矿。

　　抗日战争时期，日本侵略军占领铜陵后，对铜官山铜矿进行掠夺性开采。1938年12月，日本侵略者成立华中矿业股份有限公司，下设铜官山矿业所，从日本运来了大量开采设备，包括汽车、机车、采矿机械等。原拟开采铁矿，试产450吨，后因发现高品位铜矿而转开铜矿。从矿区修建了一条通往扫把沟江边码头约8公里的小铁路，攫取含铜1.4%以上品位的富矿石，运往日本，抢夺矿石不计其数。日本投降时，仅遗留下手选铜矿石、普通铜矿石和精铜矿若干吨。

　　1945年12月，中华民国政府经济部战时生产局苏浙皖区特派员办公处派员来铜官山矿，接收原日本人经营的华中矿业公司铜官山矿业所，当时矿区占地2250亩。从日军遗留的房屋、发电机组、采矿机械、汽车、火车、铁路、运矿货车、小火轮、驳船、起重船、码头、炸药、雷管等，可见当时日本侵略军的开采规模之大。但是，国民党政府接管矿山之后，不仅没有恢复开采，而且还大量盗卖矿山设备，至1949年新中国成立前夕，铜官山矿区一片荒凉。

二、铜山棋布

1991年8月20日，安徽省文物考古研究所《关于铜陵古代铜矿初步考察研究的报告》叙述：

铜陵地区古代铜矿主要分布在芜铜铁路以南的山区、丘陵地区，经初步调查，现已发现采冶遗址数十处，大体分布在铜官山、狮子山、凤凰山、金榔等四个区域内（市郊铜山略）。基本概况是：

铜官山区采冶遗址　该遗址主要分布在铜官山北坡的山谷坡地一带，从宝山、老山、小铜官山、老庙基山、松树山、笔架山，至罗家村、白家山等铜矿带上，均有古代矿掘遗迹和大量的废石。20世纪五六十年代，曾发现过古代采矿井巷，以及铁锤、铜凿、水车、竹筐等采矿工具。冶炼遗址主要分布在今罗家村、拉丝厂、露采一带，遗址内炼渣、红烧土残炉壁块等遍地皆是，俯拾可得，估计原有炼渣在20万吨左右。在罗家村一水沟旁发现数块巨型炼渣，长1.3米、高0.7米，内有一二十层，为多次放渣所致。华觉明先生观后，叹之为古代炼渣之最。该区因受铜官山矿露采工程影响，北坡以下采矿场破坏严重，另笔架山已采空，现已列为陷落区，城南郊一带的冶炼遗址上房屋密集，几经翻动，估计地下遗迹已遭受破坏。

狮子山区采冶遗址　该遗址以今狮子山集镇为中心，分布在"冬瓜山—老鸦岭、大团山—西狮子山—东狮子山"一带的山坡上，在朱村焦冲、董店乡铜井山也有发现。今狮子山铜矿陷落区古矿坑、古矿洞随处可见，有的采掘深处达30米以上。特别是铜井山上现存数十口竖井尚未淤塞，井口宽2米、深数十米，沿山势排列甚为壮观。铜井山下为五房炼铜遗址，现尚存两个大渣堆。冶炼遗址有狮子山镇东、何家湾、东狮子山、胡村、操山、大冲、小冲、木鱼山、焦冲、五房等10余处，其中自狮子山镇东至何家湾、木鱼山一带炼渣遍地皆是，散布范围达数平方公里，总数约十万吨。除狮子山镇东和矿区附近遗址遭受严重破坏，大都保存较好。如木鱼山、何家湾、胡村等，特别是木鱼山遗址曾出土过冰铜锭，1988年夏经过试掘，发现过古代炼铜残炉，比较重要。

凤凰山区采冶遗址　该遗址主要分布在万迎山、药园山、虎形山、金牛洞、仙人冲、朱家山等群山之中，古代掘迹随处可见。凤凰山铜矿在井下采矿中曾发现过古代矿井。20世纪80年代初，万迎山古采矿场因地下大爆破，山腰以下原始地貌全毁，药园山古采场现已为陷落区，冶炼遗址有铁石宕、金牛村、仙人冲、银坑冲、王家村等处，以铁石宕和金牛村残存炼渣最多，总数在10万吨以上。冶炼遗址内有大量的红烧土残炉壁和鼎、鬲、罐等生活器皿残片。

金榔区采冶遗址　该遗址主要分布在铜陵、南陵之间的团山、金山、徐冲林场一带，古矿井大都淤塞难以发现。冶炼遗址有燕子牧、岗巴龙、金山北、金山盛、徐冲林场等，其中金山盛70年代曾出土过冰铜锭。该区以燕子牧遗址最大，现整个村庄都坐落在古代炼渣之上，总数约20万吨。此外，龙潭肖、舒家庄、新桥、宝山陶等地铜矿资源也很丰富，因交通不便，尚未调查，估计有古代铜矿遗址的存在。

综观铜陵地区古代铜矿的分布，存在一定的规律。它们一般选择在铜矿资源比较丰富的地区，在一个区域内往往有一至数个大型采冶场所，世代相袭、延绵不断，这些地区今天仍有现代矿山在继续开发。从古代铜矿的生产布局看，大都是山上采矿、山下冶炼，这是受水源、交通等因素限制而形成的独特的封闭型生产格局。

在调查中我们采集和征集了不少古代采矿工具和生活器具。采矿工具有铜凿、铜锛、铁锄、铁钎、铁锤、木桶、木铲、铜勺、石球、手衡石锤、竹筐等；生活用具有属于先秦时期的陶鼎、陶鬲、陶罐、陶豆、陶盆、瓷盅、瓷豆以及印纹硬陶器皿，属于秦汉以后的有釉陶罐、碗、瓷罐、白瓷盅、影青瓷盏等，以及砖瓦等建筑构件。上述文物标本，为了解和认识当时的采矿水平和社会经济生活提供了实物材料。

关于铜陵地区古代铜矿的年代，文献记载最早见于汉代，一直延续到宋代。这次调查的主要收获是，发现了一批先秦时期铜矿遗址。这批遗址以木鱼山年代最早，据C14测定（经树轮校正）距今3015年，相当于西周早期。其后在凤凰山、金榔一带均发现西周至战国时期遗址。新的考古资料表明，铜陵地区古代铜矿大规模的开采活动，至少从西周即已开始，一直延续到宋代，长达两千余年。其补充了历史记载不足，提早了铜矿采冶的历史。

三、采矿遗址

金牛洞古采矿遗址 该遗址位于义安区顺安镇凤凰行政村内。1987年以来，安徽省文物考古研究所和铜陵市文物管理所先后数次对该遗址进行考古发掘，清理出多处古代采矿井巷和一批采掘生产工具，并在遗址附近的药园山、虎形山、万迎山等地相继发现了不少古代采掘遗址和大量古代炼渣堆积，其相互之间构成了一个较为完整的古代铜矿采冶铸基地——凤凰山古铜矿遗址，时代跨度从春秋至西汉。金牛洞古采矿遗址遗存丰富，不仅是古铜都铜陵悠久的矿冶历史的一个有力见证，而且是我国长江流域保存较好、规模较大、又有一定代表性的一处古采矿遗址，它对探讨和研究中国青铜文化和矿冶史具有重要的考古和学术价值。

1992年，铜陵市人民政府在国家文物局、安徽省文物局关心和支持下，对该遗址进行初步修复保护，成为我国继湖北铜绿山古铜矿遗址后第二个正式对外开放供游人参观的古铜矿遗址，已先后接待近百万人次的中外游客。1996年12月被国务院公布为全国重点文物保护单位，并被安徽省委、省政府命名为全省爱国主义教育基地，对弘扬中华民族悠久的传统文化，促进铜陵两个文明建设发挥了不可替代的作用。修复后的金牛洞遗址气势宏伟，场面壮观，象征着1992年的92根水泥立柱用古铜色铁链相连，一棵棵翠绿的松柏将遗址紧紧环抱，给人们以古铜矿遗址特有的凝重和庄严。入口处正中重达2吨的铜牛雕塑，花岗岩基座上刻有文化部原部长朱穆之先生题写的"金牛洞古采矿遗址"八个嵌金大字。西侧为宽阔的停车场，北面是遗址陈列馆。2006年9月，铜陵市文物局对该遗址又进行了整体的维修和保护，重新布置了陈列展览，通过场景模拟、文物展示等手段，再现了金牛洞遗址悠久灿烂的采冶铸历史。集文物保护和展示、融自然景观与人文景观于一体的金牛洞古采矿遗址，现已成为古铜都一个重要的文物旅游景点和爱国主义教育基地。

万迎山古铜矿遗址 该遗址位于义安区顺安镇凤凰村北侧的万迎山南麓，东南面分别与金牛洞、药园山、虎形山等采冶遗址相邻，面积约有5万平方米。

该遗址原为一处采冶结合型古代铜矿场，1980年的一次地下大爆破，造成山崖倒塌，山腰凹陷，原始地貌破坏严重，故而早期采掘遗迹已基本毁失，仅在西南山坡上残存一些古采矿坑口，现地表上遗留着大量的炼渣堆积和陶器残片，从山腰一直铺盖到山脚居民区。

万迎山遗址上的炼渣多为蘑菇状，表面铁锈色，滴痕明显，经取样分析含铁量较高。从已发现的炼炉残壁来看，当时炉高约1米，直径0.7米左右。由于炉体容积较小，只能群炉冶炼，因此炼渣被排放在一个个圆坑中，凝结后就形成了蘑菇状。在炼渣堆积层中还伴有大量的夹砂软陶、几何印纹陶和原始青瓷等文化遗物，从器形和纹饰判断，遗址年代约在西周晚期至春秋时期。

万迎山冶炼遗址的东南面与金牛洞古采矿遗址、药园山古采矿场相距不到千米，并有相思河贯连，形成了一个综合铜矿采冶中心。1984年，在万迎山脚下曾发现一处春秋铜器窖藏，其中有一件菱形铜锭，经检测为硫化铜冶炼遗物，说明凤凰山地区最迟在春秋早期就已经使用硫化铜技术。1987年在万迎山遗址附近，还发现一件锸形石范，可见当时已有铸造铜器的铜作坊。正因如此，在铜陵众多的古铜矿遗址中，万迎山遗址集采、冶、铸于一地，以其本身完整的铜文化内涵和规模而独具特色。

木鱼山古冶炼遗址　该遗址位于义安区天门镇新民行政村木鱼山自然村的北边，主要由木鱼山、鬼推磨、火龙岗三片组成，总面积10万多平方米。中国古代何时利用硫化铜矿石冶炼铜，是冶金史研究的一个重要课题，一直备受考古学界关注。由于硫化铜矿冶技术上需要在800度的温度下长时间焙烧脱硫，使铜的硫化物转化为氧化物，然后投入鼓风炉熔炼，产出含铁量较高的冰铜，反复精炼才能得到纯铜，而氧化铜矿可以直接在熔点超过1083度的鼓风炉炼出纯铜，所以说硫化铜冶炼工艺要比氧化铜矿复杂先进得多。

自20世纪70年代中后期开始，在皖南的铜陵、贵池、繁昌、南陵等地相继发现了一批西周至春秋时期的菱形铜锭，并通过分析和研究，确认是硫化铜矿冶炼的遗物——冰铜锭，这对探索和研究中国硫化铜采冶历史和工艺水平具有重要的意义，引起了海内外有关学术部门的极大兴趣与关注。而其中年代最早、数量最多的就是木鱼山冶炼遗址出土的冰铜锭。

木鱼山古冶炼遗址分布范围10多万平方米。1974年冬兴修水利时，当地农民在遗址取土时，发现100多公斤重的铜锭。铜锭为菱形，大小不一，表面粗糙，呈铁锈色，从现存的几块来看，铜锭大约长50厘米，宽12厘米，厚0.6厘米，重1550克。1988年省市文物部门联合进行清理发掘，发现倒塌炼炉一座，并伴有陶片、红烧土碎块等冶炼遗物。经对铜锭取样送中山大学、中国科学技术大学、北京大学先后采用不同科学检测手段进行测试，结果都表明这是硫化铜冶炼的遗物——冰铜锭。木鱼山遗址距今已有3000余年，约在商周之际，这就将我国硫化铜采冶历史从东汉推前到西周早期，也就是说，木鱼山冶炼遗址出土的冰铜锭是目前已发现的最早使用硫化铜技术的实物之一。

铜井山古铜矿遗址　该遗址位于义安区天门镇高联五房村一带，其中铜井山古采矿遗址和天门镇的五房自然村的冶炼遗址，两者相距仅300米左右，年代为南北朝到南宋时期。考古发现铜井山北坡山腰到山麓，排列着数十口竖井，井口宽约2米，依山势排列，没有木质支护，虽然井中已堵塞了一些淤土和杂石，井深仍有20米左右。估计当时是群井开采。将井直接打在矿体上，垂直向下掘进，然后可能再沿矿脉开掘平巷开采。据当地百姓说，他们在山南开矿时曾发掘古代矿井。铜井山这些竖井周围还残留一些废石堆积，山下东北方向不到300米处就是炼渣堆积如山的五房炼渣遗址，因该遗址目前还没有进行正式发掘清理，竖井下面是否有巷道，井巷如何结构，还是群井直接开采都有待今后进一步考古发掘来具体考证和解答。

包山古铜矿遗址　该遗址位于市区东南8公里狮子山矿区，包括狮子山、冬瓜山、大团山、包山、木鱼山、曹山等。清《铜陵县志》："铜精山在县东二十里，齐梁时置，炼铜于此，遗坑尚存。"在狮子山古矿区的冬瓜山、老鸦山，东西狮子山、曹山、包山等地也分布了许多采矿遗址，古矿坑、"老窿"随处可见，有的采掘深度达30米以上。该区还在残留的古代井巷中发现过一个小木船，为矿井中排水用具。1994年7月在包山的西侧，当地群众因露采金矿而发现了许多古代坑木和残存的矿井，省市文物部门闻讯后派员对现场进行了抢救性清理。包山为矽卡岩型铜矿床，伴生金、银。由于当地群众对该山进行爆破露采，因此采矿遗址破坏严重，整座山丘基本凹陷成80米左右深的椭圆形大坑，在西壁能基本分辨出早期采掘的竖井和平巷等痕迹，在北侧有一段残存的竖井和平巷，坑木粗大，直径有40~50厘米，长的有2.4至3米以上不等，从现场采集的壶、碗等文化遗物看，遗址开采年代应在唐宋时期。井巷由竖井开拓到矿体，再沿着矿脉挖掘，平巷在富矿带伸展，开采深度有27米，井巷断面在200×180厘米

（宽×高）以上。

罗家村大炼渣遗址　该遗址位于铜陵市郊铜官山北侧的罗家村水沟边，炼渣为褐色，近方形，呈巨石状，直径约有1.2米，厚度为0.8米以上，现已发现6处，沿沟边暴露。1987年11月，著名矿冶考古专家华觉明教授来铜考察，见到罗家村大炼渣后，连声惊叹："中国之最，世界奇观！"

炼渣是古代炼铜的主要遗物之一，也是反映当时冶炼水平的主要标志。从考古材料看，早期炼铜采用地面竖炉，燃料主要是木炭，炉的容量有限，炼渣多为蘑菇状。汉至唐宋时期，由于燃料更替和鼓风设备改进，则由地面竖炉改为地炉，炉体增大，在炉前开沟放渣，炼渣一般为条、块状，罗家村大炼渣的形成正是这种地炉多次放渣烧结所致。

罗家村大炼渣附近的铜官山唐代称"利国山"，是我国久负盛名的古代铜矿生产基地。史料记载有"齐、梁之代为梅根冶，以烹铜铁"，唐宋时期规模更甚。近年来，文物部门在铜官山及其周围一带曾发现过许多采掘遗迹和大量废石堆积，炼渣遍地皆是，一直堆积到北面的拉丝厂和露采新村一带，分布范围约5平方公里，估计在20万吨以上，可见当时的矿冶规模之宏大。罗家村大炼渣虽经上千年风雨剥蚀，仍如巨石般屹立在铜官山脚下，不仅是铜陵古代规模宏大的矿冶活动最好的实物见证，也是中国乃至世界冶金史上的一大奇观。

2004年首届CCTV中国魅力城市评选中，罗家村大炼渣作为古铜都铜陵的城市瑰宝通过中央电视台演播大厅展示在亿万观众面前，受到海内外电视观众的喜爱和好评。

露采新村冶炼遗址　该遗址位于安徽省铜陵市铜官山区笔架山西麓，与1998年安徽省人民政府公布的"罗家村大炼渣"省级文物保护单位一路之隔。2009年4月18日，在中国国家博物馆、安徽省文物考古研究所及铜陵市博物馆联合实施"皖江流域铜矿采冶遗迹遥感考古调查与研究"项目时发现露采新村正大范围施工，经了解是露采新村棚户区改造工程，桩基及地理管道作业露出大量铜炼渣及直径1～2米左右的大型渣块。地表采集陶瓷片显示，大致为两汉至唐宋时期遗址。

2009年6月26日，由中国国家博物馆、安徽省文物考古研究所、铜陵市博物馆组成联保考古发掘工作。经过一个多月的考古发掘，露出遗址面积200余平方米。西区开5×5米探方6个，发现大型冶铜渣块十余个、土筑炉基4处、清理灰坑若干；东区开5×5米探方6个，发现大型冶铜渣块十余个、土筑炉基4处、清理灰坑若干；东区开5×5米探方2个、1×7米探沟1条，探方中清理了沟内堆积和若干灰坑，发现水井一口，地面发现石砌炼炉残迹若干。东、西两区出土较多汉代陶片、少量唐宋瓷片。其中有少量绳纹夹砂红陶残片，弧面半径较小，外壁有烧灼痕迹，似陶鼓风管线片。遗址文化堆积中普遍夹杂炼渣、红烧土颗粒及少量矿石，在地表采集到亚腰形石锤，其中土坯炉、石砌炉残迹是新发现。

露采新村遗址是发展时间较长、规模较大的冶炼遗址，是铜官山矿冶遗址群的重要组成部分，也是探索长江流域乃至中国古代冶金活动的重要资料。遗址中的大型渣群，是中国古代冶铜术高度发达的实证，也是世界冶金史上特殊的遗物。

2009年8月2日，国家博物馆、省文物考古研究所和市博物馆共同邀请了中国社会科学院考古研究所、北京大学、北京科技大学、中国国家博物馆、省考古研究所等单位10多位国内矿冶考古方面专家进行了遗址实地考察和学术论证。

专家们认为这是汉唐时期铜官山采冶规模鼎盛的最好见证，是铜陵特色的古代冶炼奇观，对研究铜陵地区乃至长江流域汉唐时期采铜历史和冶金水平具有重要的学术研究价值。

罗家村古冶炼遗址　铜陵市郊区桥南办事处铜山村的罗家村南水沟边，散落一些形如巨石的褐色炼渣，其中一块直径在1.4—1.8米不等，厚度为0.8米以上，经千年风雨剥蚀，仍色泽浑厚，质地坚硬。20世纪80年代发现的一处汉唐时期的古铜矿冶炼遗址，分布面积约3平方公里。遗址南侧遗存的8块巨型大炼渣，最大厚度1.5米，直径1.8米，重量2.1至6.6吨，历经千年风雨剥蚀，仍如巨石般屹立，从体积到重量都属我国当时所发现的古代炼渣之最，不仅是铜陵铜官山一带汉唐时期规模宏大的铜矿采冶实物见证，也是中国乃至世界冶金史上的奇观。1998年5月，罗家村古冶炼遗址被省政府批准为省级重点文物保护单位。铜陵市文物管理所委托规划设计部门制定了遗址总体保护规划方案。

金榔古采矿遗址　金榔古铜矿遗址主要分布在钟鸣镇金山、团山、徐冲林场一带。其中金山20世纪70年代曾出土过冰铜锭。除岗巴垅遗址属于东周时期以外，其余主要为南北朝至宋代。

团山、金山等采矿遗址内，矿坑、废石堆积随处可见，杂有少许坑木和陶瓷类生活器皿残片，并出土有古代井下照明物。燕子牧遗址与团山遗址相连，地下炼渣堆积有2~3米深。遗址面积约5万平方米。

该冶炼遗址产出的废渣，根据时代的不同，形状上也有变化。先秦的炼渣，表面呈"挤膏状"，剖面多有气泡，流动性差，为铁矿石造渣的结果。汉代以后炼渣多呈长块形，灰绿色，背面凹凸不平，表面平整且有极细褶皱，渣体结构致密，内发黑并含有金属光泽。南北朝至唐宋时期炼渣呈长条形，灰黑色，数节相连，背凸面平，表面有流动的波纹，炼渣流动性好，显然是炉前挖沟排渣所致。炼渣形状和结构变化，反映了铜陵古代炼铜技术水平的发展概况。金榔古铜矿遗址由于缺乏科学发掘，其遗址尚不太清楚。随着发掘工作的不断深入和下一步的科学调查发掘，金榔古铜矿遗址对研究古代铜矿采冶业生产格局的分布及技术水平的发展有着重要的学术价值。

师姑墩遗址　该遗址地处钟鸣镇东部，属于长江中下游三大古铜矿遗址之一，原钟鸣镇周桥村大冲周自然村境内。从2010年3月至8月，安徽省文物考古研究所对该遗址进行抢救性发掘。

遗址四个区域分布相对独立：每个区域相邻；遗址面积7500平方米左右；四周丘陵环绕，与黄浒河直线距离两公里。遗址发现有陶器及一批与青铜有关的器物和铜冶炼原料等。初步推断：师姑墩遗址为西周中晚期到春秋时期。该区域以铜采冶为主。

从这些遗址中发现：遗址的地层之下，又意外发现陶器等遗存。据初步推测，这些遗存的时间早至商代初期甚至更早，晚至商末周初。根据师姑墩遗址发现的一批与青铜有关的器物、冶炼原料、铜器、小武器等可以推断，当时该区域已经有了相对完整的青铜冶铸工艺。商代地层的上一地层出现了铜炼渣，著名考古学家李伯谦认为，这很可能是我国考古学界第一次在长江南岸用科学的方法发现的商周时期铸铜痕迹。

青铜考古的有益线索：师姑墩遗址从遗址高度、堆积形态、模式主体文化来看，与安徽同类相比属中等偏大规模，证明铜陵在商代就已有人居住；从发现的铜矿料、燃料、铜渣等可看出，该遗址涉及铜器冶铸的各个环节。在遗址下方意外发现一批商代遗存，至少证明铜陵早在商代已有居民了。考古人员表示，该遗址与周边30余处类似地点相比具有独特性，这样可以承担冶铸铜器的村落是否承担大区域内的冶铸重任，还是同时期铜陵或者中国社会铜器冶铸工艺已经较为普及，这些为青铜考古提供有益线索，只有留待日后深入考证。

铜山古冶炼遗址　位于铜山镇以南铜山、姥山之间的南泉、杨村等村落，面积约 10 平方公里。20 世纪六七十年代，铜陵有色铜山铜矿在这一带开采露天矿时，曾发现多处古代开采的废坑，年代为汉唐时期。整个遗址的炼渣量在 10 万吨以上，坑内有支炉用的坑木和采矿生产工具。铜溪最上端的山坡上炼渣遍布，废石、坑木堆积，炼渣堆积厚度达 20 多米，分布范围约 2 平方公里。遗迹在铜山铜矿露天开采时遭毁坏。

据《新唐书》记载，秋浦有乌石山，广德（763—764）初盗陈庄、方清所据。有银，有铜。《大清一统志》载：乌石山在贵池县西南七十里；郎山在贵池县西南七十里，下有玉镜潭，又相近有姥山，一曰母山，有南朝宋陶亮寨址。今铜山镇以南铜山，即乌石山地带。据《贵池县志》记载：早在汉唐时期，这里就已采矿冶铜。诗仙李白《秋浦歌·十四》"炉火照天地，红星乱紫烟。赧郎明月夜，歌曲动寒川"，就是描绘乌石山麓大规模的炼铜活动，场面壮观，情景动人。

四、采矿冶炼探秘

采　矿　铜陵的铜矿床成因多为矽卡型，矿石以含铜硫化物为主，其共生矿物主要是自然铜、赤铜矿、孔雀石、铁帽等，铜矿储量占长江中下游铜矿总储量的60%—70%。铜陵不少铜矿体经过氧化和次生富集作用形成了内含磁铁矿、赤铁矿、黄铁矿等丰富的铁帽层。《管子·地数篇》中记载："山上有赭者，其下有铁……上有慈石者，其下有铜金，此山之见荣者。"慈石，即磁铁矿，见荣，为矿体露头。这是古人已了解矿产中的共生关系，知道利用铁帽去找铜矿。在古代铜矿遗址范围内，有铜脉露头的地方都生长着一种铜草，秋天开紫色花，形似牙刷，故而当地群众又称为"铜草花"和"牙刷草"，这是江南矿山特有的铜矿指示植物，古人正是掌握了"铁帽"这个诸矿共生规律和利用铜草花特有的铜矿指示植物进行找矿的。

古代采矿，通常为露采或坑采两种方式。露采一般在矿体埋藏浅、矿石品位高的情况下采用，如金椁的团山采矿遗址、凤凰山古矿区的金牛洞、万迎山矿体的上部、狮子山的包村采矿遗址等，这些地方都残留有大小不一的露采坑口和随处可见的废石堆积，其中包山、万迎山和金牛洞遗址露采后又沿着矿脉凿井继续深掘。

铜陵大部分采矿遗址都是坑采方式，即古人经探矿找到露头，在地表开凿竖井和斜井，挖掘延至地下的次生富集带进行开采。如铜官山古矿区的松树山、老庙基山曾发现大范围的古代坑采区，不少古采矿井巷保存完整，据参加过20世纪五六十年代矿山建设的铜陵有色金属公司王裕民总工程师回忆，当时井下发现的大批古坑木已经炭化，经检测含有大量的碳酸铜，含铜为8%左右，因此矿山将这些古坑木运至冶炼厂作为烘炉燃料，以回收其中的铜。通过调查了解，铜官山古矿区采矿遗址的井巷支护与金牛洞古采矿遗址井巷支护相似，由立柱、顶梁组成半框结构的"冂"形、顶梁坑木为25厘米左右，再用5厘米左右木条排列，上面盖有篾席，立柱高约1.5米，粗约30厘米，上端为"丫"形接口，支护疏密视围岩坚固情况而定，采掘方式为上下水平分层开采，其中坑采深度近

70米。古采区宽有数米至10多米，均沿矿体的次生氧化富集带开采，有自然铜、赤铜矿、孔雀石、铁帽等，其范围约200平方米。古采区还发现了用来充填的铁矿石废石、坑木、黄土等，在采矿作业中利用废石来充填采空区，以便进行地下支护和防止围岩层崩落和深陷，这是从古一直延续到今仍在使用的矿山充填法。在凤凰山古矿区的金牛洞采矿遗址也发现使用了充填技术，1987年8月发掘时在3号斜井中发现充填了大量的铁矿石和废石，当时的采矿方法是开掘平巷根据矿脉再分层开采，即先开采底层矿石，待采空后再将废矿石充填废弃的井巷，在上层继续采掘。另外在铜官山古矿区还发现过斧、钎、凿、锤等采矿工具，在笔架山遗址曾发现排水用的木制水车。

在董店镇的铜井山的北坡上，现在有10多口竖井，井口宽约2米，依山势排列，没有木制支护，虽然井中已堵塞了一些淤土和杂石，井深仍有20米左右。估计当时是群井开采，将井直接打在矿体上，垂直向下掘进，掘进过程也就是开采过程，然后可能再沿矿脉开采。据当地百姓说，他们在山南开矿时曾发掘古代矿井。铜井山这些竖井周围还残留一些废石堆积，山下东北方向不到300米处就是炼渣堆积如山的五房冶炼遗址，因该遗址目前还没进行正式发掘清理，竖井下面是否有巷道，井巷如何结构，还是群井直接开采都有待今后进一步考古发掘来具体考证和解答了。

在狮子山古矿区的冬瓜山、老鸦岭、东西狮子山、曹山、包山等地也分布了许多采矿遗址，古矿坑、"老窿"随处可见，有的采掘深度达30米以上，该区还在残留的古代井巷中发现过一个小木船，应为矿井中排水用具。1994年7月在包山的西侧，当地群众因露采金矿而发现了许多古代坑木和残存的矿井，省市文物部门闻讯后派员对现场进行了抢救性清理。包山为矽卡岩型铜矿床，伴生金、银。由于当地群众对该山进行爆破露采，因此采矿遗存破坏严重，整座山丘基本凹陷成80米左右深的椭圆形大坑，在西壁能基本分辨出早期采掘的竖井和平巷等痕迹，在北侧有一截残存的竖井和平巷，坑木粗大，直径有40～50厘米，长的有2.4米至3米以上不等。从现场采集的壶、碗等文化遗物看，遗址开采年代应在唐宋时期。井巷由竖井开拓到矿体，再沿着矿脉挖掘，平巷在富矿带伸展，开采深度有27米。在凤凰山古矿区的万迎山遗址的井巷中，有一些没有木质支护，如该山的北侧在1980年矿山大爆破后暴露出一些早期的圆形井巷，直径0.8米，呈"鼠穴"状弯弯曲曲分布，有立井、有斜井，也有平巷。没有木质支护的原因可能是根据围岩的坚固情况来定，在该山的西面山坡上现在仍遗留了这种类型的井坑。据凤凰山铜矿老工人介绍，他们当年在万迎山下采矿作业中还发现过不少有木质支护的"老窿"。

铜陵地区的古代铜矿遗址由于大部分都分布在现代铜矿区，大规模的矿山建设对此破坏严重，加之矿冶考古工作起步较晚，不少采矿遗址在毁坏前缺乏必要的考古发掘，因此这些遗址的井巷结构、采矿技术和遗址文化内涵都缺乏科学揭示。如铜官山、松树山、笔架山、狮子山、冬瓜山、老鸦岭、大团山、万迎山、药园山等遗址都基本破坏掉，仅凤凰山古矿区的金牛洞古采矿遗址在地方政府的重视支持下，由省文物部门对其进行几次清理发掘，并得到及时抢救性保护。

1987年11月，在中国科学院自然科学史研究所华觉明教授、湖北黄石博物馆卢本珊先生帮助指导下，省、市文物部门对金牛洞古采矿遗址进行了第一次抢救性清理，当时发掘面积40余平方米，清理出竖井2条、斜井4条、平巷3条，出土了铜凿、铜镢、铁斧、铁锄，木桶、石球、耳杯、竹筐等系列生产工具。根据当时实地清理情况来看，遗址最初的开采活动应为露采，掘到一定深度再追踪矿脉凿井继续下掘。古矿井均采用木支撑结构，竖井井向采用"企口接方框密集支架结构"，井筒净宽在1.6×2米以上，井筒底层方框四角的支点垛在马头门的立柱顶端，立柱高1.6米，马头门净宽2.2米，巷道两侧及顶棚有木棍或木板护帮，顶部盖有竹席。采矿方式是上下水平分层开采，在地表掘一井筒至矿体，到一定深度后再挖平巷采掘富矿，再由下至上逐层开采。在清理的3号斜井内就充满了回填的废石和杂土等，斜井的顶部为上层平巷，说明当时人们将底层矿石采空后，再在上层开采，把上层围岩废石和采下来的低品位矿石充填到下层废弃的井巷中，既保证上层采区的安全，又减少了废石搬运。另外，井巷中发现的大量木炭屑，最初估计与井巷通风有关，现在来看，应是金牛洞遗址已掌握了一种新的采矿技术"火爆法"，这是利用"热胀冷缩"的物理现象，在富矿矿体上掘槽放入木炭或干柴，直接点燃烧烤后再泼水冷却，使矿体酥松，再用工具剥离矿石以提高采掘工效。

1992年8月和1995年7月，为修复保护金牛洞古采矿遗址，铜陵市文物管理所又分别两次对遗址进行必要的清理发掘。在遗址的西壁和北坡的四个发掘点又清理出竖井11条、斜井7条、平巷9条，并出土了铜凿、铜镢、铁锄、木铲、木桶、竹筐（残）等采矿工具11件。这两次清理出来的井巷保存尚好，巷道走向、支护结构基本清楚，均分布在铜矿床的次生富集地带，采掘深度为27米。由于围岩比较疏松，井巷都采用了木支护，竖井和平巷为方框支架，立柱顶端砍成"丫"形接口，为防止围岩下落，井巷背板用木棍和竹篾席护垫。在四号发掘点的平巷中清理时发现铜锛、铁锄、木铲和木桶、竹筐等工具，其中铜锛木柄、木桶和竹筐已腐烂，竹筐上盛有矿石。平巷的东侧为一倒斜井，紧邻1987年发掘的2号点古矿井。在四号发掘点的西端平巷，顶棚已大部分坍塌，井内有大量木炭屑，靠围岩内侧有约30厘米高的细砂堆积。1987年发掘时在井巷中也发现了多处质地细腻的淤泥层，凤凰山地区夏季经常山洪暴发，可能历史上古矿井曾遭淹没后淤土沉淀所致。

金牛洞采矿遗址原为一山丘，其矿床属矽卡岩型铜矿床，矿藏丰富，上下依次为铁帽、氧化矿、硫化矿，矿石品位较高，根据古矿井中采集的矿石检测，含铜量多在1.665%—3.783%之间。20世纪50年代末期至七八十年代，当地群众在此大规模开采铁矿将山丘推平，凹陷成一个椭圆形采矿场，而残存的古矿井就暴露在西北侧的坡壁上。从几次清理发掘情况来看，早期为露采，再从地表沿矿体露头向下开拓竖井，边掘边采，到一定深度再开挖平巷，斜井延伸，并采用了先进的分层开采和充填技术。

根据湖北铜绿山古铜矿遗址发掘情况来看，春秋晚期和战国早期，井巷在采用榫接方框同时，也有搭接或密集井框。金牛洞遗址的井巷中地梁两端均为台阶状接口与立柱平口榫合，四号发掘点的1号竖井虽是密集井框支架，但平巷的方框仍为相互交口榫接。出土的铁制生产工具虽不少，但铜斧、铜凿、铜锛这些较为笨钝的铜器在战国晚期或西汉时期不应再普遍出现，尤其是"钺"形铜斧属春秋中晚期器物。另外，在遗址上采集、出土的陶质生活器皿残片中，有灰砂红陶和黑皮灰陶两种，纹饰为绳纹、方格纹、曲折纹等，器形主要为罐口部、硬陶豆足和灰砂鼎足等。综上所述，遗址年代可推断为春秋晚期至西汉早期。

冶　炼　铜陵的冶炼遗址一般都与采矿遗址结合在一起，山上采凿、山下冶炼，作为当时炼铜的主要方式之一，遗址上满山遍野都是历代遗留在地表的古炼渣。如万迎山遗址、狮子山遗址、燕子牧遗址、罗家村遗址等，炼渣都是从山腰一直堆积到山下村落，范围最小的也有2平方公里，五房冶炼遗址的两个炼渣高达10多米，像山一样。

铜陵现存炼渣总量有近两百万吨，若按1∶15的铜渣之比推算已有13万吨左右的铜料炼出。炼渣是反映当时冶炼水平的一个主要标志，铜陵地区古代炼渣早期为蘑菇状，断面有气泡，滴痕明显，说明渣的流动性差，这是因为这一时期的炼炉炉体容积小，燃料又是木炭，只能群炉冶炼，炼渣被排放在一个个圆坑之中，凝结成蘑菇状。汉到唐宋时期，由于燃料更替和鼓风设备改进，炼炉则由地面竖炉改为地炉，炉体大增，在炉前开沟放渣，炼渣一般为条、块状，如铜官山矿区的炼渣和天门镇高联、五房一带的炼渣都是条块状，表面光滑，反映出渣的流动性较好，石英和石灰石已普遍作为熔剂，使渣变浠。在铜官山古矿区的罗家村村南水沟边分布着8块巨石状褐色大炼渣，直径在1.4至1.8米不等，高约1.2米，被矿冶考古专家华觉明先生叹称为"中国之最，世界奇观"。1999年5月，为避免山洪掩埋和公路建设的破坏，有关部门对水沟北端的4块炼渣进行了抢救性清理。在水沟的西壁有3米多高的炼渣堆积，由于多年几经人为翻动，加之河沟雨水长期的冲刷，原始地层早已破坏，没有发现炼炉和其他冶炼遗物。对已被掩埋的4块炼渣清出后我们用吊车分别吊放在西边15米处的台地上。这些炼渣虽经千年风雨剥蚀，仍像巨石般屹立。吊车记录重量分别为Z 12.1吨、Z 22.3吨、Z 36.6吨、Z 42.1吨。而造成罗家村大炼渣巨石状的形成正是地炉多次开沟放渣烧结所致。

铜陵冶炼遗址虽然点多面广，但由于大多分布在现代铜矿区内，矿山开发和生产建设对此破坏很大，许多遗址却无法进行科学的清理发掘，原始资料缺少，许多问题只能暂付阙如。如炼炉少有发现，仅在木鱼山遗址发掘时发现倒塌炼炉一座和万迎山遗址采集到一些炼炉残壁，根据这些残炉壁推算，炉高约1米，直径为0.7米左右，都是圆形或椭圆形两种竖炉。1987年11月，经国家文物局批准，省市文物部门对木鱼山遗址进行调查发掘，发现了早期炼铜竖炉一座以及铜锭、炭屑、红烧土等炼铜遗迹。木鱼山遗址位于市区东南面的天门镇新民行政村木鱼山自然村北边，主要由木鱼山、火龙岗、鬼推磨三片组成，遗址上炼渣堆积如山，遍地皆是，并伴有陶片、红烧土和残炉壁块。1974年当地群众兴修水利在遗址上取土时曾发现一件陶罐和铜鼎，以及数块铜锭，重量合计有100多公斤。

先秦时期的铜锭在皖南屡有发现：1977年在贵池县徽家冲出土7件，经检测含铁量30%，含硫约2%；1982年繁昌孙村犁山古铜矿遗址上出土了3件铜锭；1984—1988年在南陵江木冲遗址出土了12件铜锭。铜陵除了1974年在木鱼山遗址发现过100多公斤铜锭外，在万迎山、金山、木鱼山等遗址又都多次发现过铜锭。这些铜锭都呈菱形，表面粗糙，为铁锈色，也有少数表面有少量绿锈，大的重约4公斤，小的重约1.1公斤。这些铜锭曾引起国内有关部门和科研单位的重视和关注。

铜陵及邻县发现的这批铜锭确认为冰铜，应该说是20世纪90年代国内矿冶考古的一个重大发现，对探索中国硫化铜矿的采冶和使用历史都具有重要的意义。冰铜是使用硫化铜矿的一个重要的标志，我国文献记载的硫化铜使用历史仅为宋代。这些年，文物科研部门在内蒙古赤峰地区林西县大井遗址、湖北大冶铜绿山遗址都进行调查和冶炼技术研究，分析这两个地区在春秋时期或西周晚期曾冶炼过硫化铜矿石，但至今没有找到硫化铜冶炼的遗物——冰铜锭，而铜陵木鱼山遗址C14检测遗址年代为西周早期，距今3000多年，遗址上出土的大批冰铜锭又确认为硫化铜产物，这些表明铜陵是我国目前为止所发现的最早冶炼硫化铜的地区之一。

由于近地表的氧化铜品位高、易采掘，因而早期冶炼均用这种氧化矿作原料，到后期逐步开采下面的硫化铜富矿。氧化物矿石可直接在熔点1083.4度的鼓风炉中炼出纯铜，而硫化铜矿，则需要在不超过800度的温度下长时间焙烧脱硫，使铜的硫化物转化为氧化物，然后投入鼓风炉熔炼，产出含铁量较高的冰铜，再反复精炼才能得到纯铜。因此，硫化铜矿采冶技术比氧化铜矿采冶技术要复杂、先进得多。另外，古代铜矿的早期开采，是从地表的浅层开始的，就是氧化矿层，深层发掘才是硫化铜，就是矿床学上的次生富集矿层和原生矿层，距今三千多年的木鱼山冶炼遗址是硫化铜冶炼，说明铜陵的矿冶历史应该更早，因为这以前还应该有一个氧化铜矿的采冶时间。

文物纷呈

文物，遗存在社会上或埋藏在地下的人类文化遗产，历代遗留下来的在文化发展史上有价值的东西。本篇专门叙述反映铜陵历史上石器时代和青铜时代生产工具、青铜器皿以及古代铜矿采冶遗址等的代表性实物。

一、考古确认

2014年，铜陵市重点文物保护单位：国家级——凤凰山（金牛洞）古矿冶遗址、木鱼山冶炼遗址；省级——铜井山（高联村）矿冶遗址、罗家村大炼渣、陈翥墓；市级——大明寺荆公书堂、清凉寺、铜陵县烈士塔、天井湖古天井、师姑墩遗址、竹丝墩遗址、大墩山遗址、金山冶炼场、狮山嘴窑场遗址、老镇遗址、露采冶炼遗址、胡舜元墓、赵祠戏楼、顺安桥、天主堂钟楼、大通龙泉井、铜官山铜矿选厂选矿车间、铜官山铜矿老铁路（有色铁路专用线）、普济圩农场场部旧址、铜山铜矿工人俱乐部旧址、范家湾烈士墓、新四军老一团团部旧址、大通日报报馆旧址、铜陵县抗日民主政府旧址、铜陵新四军抗战史迹陈列馆。

铜陵旧石器地点分别于1990年11月、1992年10月先后进行两次调查，在铜陵市金山火车编组站、铜陵市第一建材厂、铜陵县城关镇红旗第二砖瓦厂、铜陵县城关镇第一砖瓦厂共发现4个地点。采集石制品标本35件。石制品原料以石英砂岩为主，少数为石英岩和硅岩。石制品类型有石核、石片、砍器、尖状砍器、石球。

石核　毛坯经挑选，磨圆度多为次棱状和次圆状，器型多呈球体或立方体。打片时利用砾石较平的一面作台面，在原砾石面直接剥片。石核均为锤击石核，石核上的打击点、放射线清晰，打击点多深凹、集中。从打击的石片疤痕观察，产生的小石片较多，断片较多。石核标本6件，其中单台面石核3件，双台面石核2件，多台面石核1件。

石片　标本仅1件，原料为硅质岩，自然台面，打击点突出，放射线清晰。石片长8.8厘米、宽10.8厘米、厚6.7厘米，重500克。

砍器　标本11件，多选用长扁圆体砾石为毛坯，也有用石核（3件）和石片（1件）为毛坯的。制造加工方法皆用锤击法，根据刃口形状可分为三类：①直刃砍伐器。以90TC09为例，毛坯为椭圆体砾石，一面稍扁平，剥片局限于一端，向劈裂面简单修理。刃口平齐，长15.6厘米、宽10.3厘米、厚7.4厘米。②凸刃砍伐器。以90TH02为例，毛坯为长方体砾石，剥片位于砾石的一侧和两端，形成稍带尖的凸刃，修理集中在凸尖处。③直刃砍砾器。以92TH08为例，对向加工制成，刃缘曲折，长8.1厘米、宽9.2厘米、厚7.4厘米，重690克。

尖状砍器　标本共13件，毛坯全部为砾石，外形为长扁圆体或扁三角体，根据刃缘和加工方法分为三类：①单刀尖状砍伐器。以92TC22为例，毛坯为扁三角体砾石，右侧锤击剥片，然后向劈裂面修理，尖部修理尤为仔细。长21.1厘米、宽16.1厘米、厚8.3厘米，重3070克。②双刃尖状砍伐器。以90TH03为例，毛坯为扁三角体砾石，从两侧单面剥片，石片疤布满器身，修理由背面向劈裂面。右刃较锐。长18.2厘米、厚8.9厘米，重2005克。③双刃尖状砍砾器。以92TH09为例，毛坯为长方体砾石，错向加工，形成稍歪的尖。两侧刃均由背面向劈裂面加工。尖刀没有修理。长24.6厘米、宽14.5厘米、厚10.1厘米，重3460克。

尖状器　标本3件，毛坯均为方柱体砾石，一端剥片，加工集中在尖部。体部和柄端稍厚，稍作加工或没有加工。两侧无刃。如92TH10，一端单面锤击剥片，主要有2块大石片疤，可以看到稍微修理的痕迹。钝尖。标本长16.8厘米、宽10.9厘米、厚11.1厘米，重2050克。又如90TC06，尖部向左侧斜，两侧剥片，但修理集中在尖部，两侧没有形成刃，手握端没有加工。长17.9厘米、宽10.3厘米、厚9.6厘米，重1710克。

石球　标本1件。毛坯为石英岩砾石，外形似正方体。加工时将砾石的凸角全部用锤击法敲掉，直到接近球体。标本每个面的中部仍留存小块砾石面，缺少进一步加工。长11.1厘米、宽10.6厘米、厚9.5厘米，重1340克。

根据对铜陵旧石器出土地层情况的分析结果，铜陵地区旧石器文化的年代应为旧石器时代早期到旧石器时代中期。其文化性质与水阳江旧石器、望城岗旧石器属于同一类型。

1987年7月，在铜陵市北郊谢垅变电所基建工地上发现春秋铜器窑藏一处。市文物管理所闻讯后，即派员去现场调查清理。

窑藏位于市北郊谢垅变电所东北200米处丘陵上，窑口略呈椭圆状，距地表深约1.3米，底径为1.5米。窑内共出土青铜器5件，计鼎2、甗1、盉1、匜1。器物放置有序，甗的甑鬲分开，将鬲套入口；东侧置匜，匜流口前放盉，甄的上半段和丁字形铜杂件；北部放盉，南和西面为两件鼎。

鼎 I 盆形，直耳立于口沿上，一耳补铸。三蹄足，中间细，两头粗，腹部饰重环纹，耳饰两道弦纹，底部有烟炱痕迹，为实用器。通高20.3厘米，口径22.9厘米。

鼎 II 带盖。口部微敛，直唇作子母口，深腹，圜底，腹上部饰一周蟠虺纹，下部为乳丁纹，长方形附耳，耳饰两道弦纹，间刺圆点。平盖，中央环形钮，外圈为三阶式实钮，可倒置，盖沿四周饰云纹。底部烟炱痕迹明显，系实用器。通高21.3、腹径20.5厘米。

甗 甑鬲分体。鬲直口，可套入甑底。肩上有一对小绳纽，弧挡柱足。甑侈口，唇向外折，绚状双耳立于口沿，腹微鼓，下腹圜收，底无箅孔，下有套接鬲口的榫圈。腹部饰三道弦纹，甑高23.4厘米，口径29.5厘米，鬲高22.2厘米。

盉 甗形，上部盆形，敞口，下部鬲形，袋足，短流、卷曲鋬，分两部铸造，上有连接圆孔。通高21厘米，口径14.5厘米。

匜 椭圆形，平沿折唇，无盖，流口下沿有一个小钩形状突出，腹部饰一周环带状蟠螭纹。鋬为平扁状，不过口沿，上饰蟠螭纹。蹄形三足，口沿微残。通高21厘米，流至尾长42厘米。

以上5件铜器均为实用器，其中鼎、甗为炊器，盉为酒器，匜为水器，这种组合形式流行于西周晚期以后。

铜陵地处皖南，与江淮地区隔江为邻。春秋属吴，东面为越，西面接楚，故而是我国先秦时期中原青铜文化和南方吴越青铜文化的交汇点，出土铜器所反映的文化因素较为丰富。这5件铜器从器形和纹饰看，既有中原文化的因素，又有南方铜器特有的地方色彩。

近几年，铜陵境内已发现春秋铜器窖藏多处，目前考古材料表明，先秦时期铜陵就已成为长江流域著名产铜区，地理上又处在吴头楚尾，故而一直是吴楚战争频繁之地。《左传》载吴楚在鹊岸进行过多次战争，鹊岸即今铜陵至繁昌一带江岸，因此，铜陵地区及繁昌一带发现多处春秋铜器窖藏，可能为吴楚战争之际吴人埋入，后未能重返取出。此说能否成立，还有待今后进一步考证。

二、珍藏精华

铜陵拥有三千年悠久的青铜文明历史，青铜之于铜陵，已是一种透于骨髓的文化脉络，一种渗入肌理的金属颜色。在铜陵这片屹立于皖江之畔的热土上，经过多年的考古发掘，如今，260余件青铜器静静地陈列于博物馆内。它们从历史的深处走来，每一件器物都仿佛带着历史本身那铜质而锃亮的底色，散发出人类智慧与劳作的声音……

饕餮纹爵、斝　1982年12月，铜陵西湖镇童墩村农民王方明在挖水渠时，一下挖出两件商代青铜器，分别是商代酒器爵、斝。这不仅是铜陵也是整个皖南地区发现的两件年代较早的青铜器。其中，爵为直壁平底，菌形单柱、柱顶饰涡纹，三角锥足，腹部饰饕餮纹，上下一周连珠纹，以弦纹为界栏，饕餮纹以鼻梁为基准线，两边为对称纹，通高为23厘米，流至尾长19厘米。斝为筒腹，双菌状柱，柱顶饰涡纹，平底，三角锥足，腹部上下各饰一周饕餮纹，上下对称共三组，通高33厘米，口径18厘米，腹径14厘米。

爵和斝都是商周时期的酒器。其中，爵为饮酒器，相当于今天的酒杯，但当时仅限于奴隶主贵族使用，成为权势的象征，所以爵又被引申为"爵位"的意思。

爵的形状，一般前面有饮酒的"流"，后有尾，中有杯。流与杯口之间有柱，除了起装饰作用之外，还在饮酒时抵住鼻梁，防止暴饮过量。斝为盛酒器，兼可温酒，圆口。爵和斝常常组合在一起使用。西周早期以后，爵逐渐绝迹，斝也随之消失。

铜陵市出土的这两件器物，腹部都有饕餮纹，给人们威严和神奇。饕餮，是古人幻想的神话动物。古人对神十分虔诚，常以祭祀为媒介，对神祈求，用青铜来供奉祭祀，以酒为礼，敬于鬼神，这就决定了早期青铜器的纹饰常用饕餮等兽面纹饰来表现一种神秘美。

铜陵市出土的这两件器物，从纹饰到器形上看，与湖北黄陂盘龙城出土的商代前期的爵、斝基本相同，距今约3500年。这两件青铜器物的出土，成为古铜都3000多年铜文化历史最有力的实物见证!

龙柄盉 在铜陵出土的众多青铜器中,有一件造型生动活泼、地方特色鲜明的铜盉十分引人注目,这就是1979年钟鸣出土的西周龙柄盉。

东汉许慎《说文解字》:"盉,调味也。"盉是用于调和酒味浓淡的器物,为酒器。但同时考古资料表明盉又常与盘配合使用,有研究者认为应为水器。究竟属何类抑或二者兼有,目前学术界仍有不同意见。盉一般为圆体,深腹,有盖,前有流,后有鋬,三足和四足。始见于二里头文化(夏代),盛行于商晚期至周代。

铜陵市出土的这件器物,上部盆形敞口,颈部饰有一周变形窃曲纹,下部高形三袋足,曲柄仰起,顶端为龙首,双目俯视盉口,器高18.2厘米,口径12.6厘米,柄长18厘米。整件器物构思巧妙,造型别致,一改中原铜器雄浑凝重的风格,给人以活泼生动的愉悦感受。

龙是中国神话中的一种善变化、能兴云雨、利万物的神异动物,由于龙为司水之神,因此在装饰上又用龙象征水。这件龙柄盉柄端雕饰着龙首形象,俯视盉口,仿佛盉中盛满了美酒,强烈地突出了器物的用途。同时盉柄与圆口袋足的盉身形成对比达到美观的效果,又产生出空间动感的视觉感受,充分显示了设计者的奇思妙想。在制作技术上盉身与柄分铸,再合范浇连,浑然一体,展示了较高的铸造工艺水平。

从考古材料看,在江淮地区的庐江、舒城等地也曾发现过类似形制的盉。史书记载,商王曾多次伐淮夷,迫使淮夷到江南定居。春秋时期,铜陵归属吴国,春秋战国时期一些小国先后被吴楚所吞并,从而使铜陵和江淮地区的青铜文化有了密切的联系。龙柄盉的出现,对研究这一时期铜陵的青铜文化有着重要的学术价值。

鸟盖兽耳盉 在铜陵市博物馆青铜器展厅里,有一件春秋青铜器格外引人注目,这就是1971年原铜陵火车站在基建时出土的鸟盖兽耳盉。

这件器物,通高27.1厘米,口径13.9厘米,球腹,三蹄足,腹部饰有虺纹和弦纹,并有两道对称的扉棱间隔,环形双耳,耳为兽面。盉盖中央伫立一鸟,圆眼尖喙,双翅并拢。这件器物整体造型活泼生动,与传统中原青铜器庄严厚重、规矩严谨的风格大为迥异,是春秋中晚期南方青铜器清新活泼风格的典型代表作品。

盉，盛酒器和盛水器，流行于商代至战国，主要用途是盛水以调酒。王国维《说盉》："盖和水于酒之器，所以节酒之厚薄者也。"郭沫若《长安县张家坡铜器群铭文汇释》："金文盉，从禾者，乃象意兼谐声。故如《季良父盉》……像以手持麦秆以吸酒。"

这件鸟盖兽耳盉不见威严的兽面形象，而是华丽的蟠虺纹，造型上一反厚重庄严，在盉盖上伫立着一只矫健的小鸟，给人清新之感，充分反映了春秋晚期南方青铜器活泼自由的风格。同时也说明这一时期等级分明法度森严的奴隶制度已经开始走向衰落。另外，盖上的鸟形提手也与当时南方的图腾崇拜有关联。当时铜陵地区先后归属吴越，出土的很多器物上都有图腾崇拜的装饰。这件鸟盖兽耳盉现藏于铜陵市博物馆，它对展示和研究安徽古代文明和铜陵先秦青铜工艺都有着重要的意义。

商周青铜甗　甗，这个商周时期的重要炊器主要用来蒸饭，相当于今天的蒸锅。甗在商代早期就有铸造，商代晚期到西周早期较多，到了春秋，甗更为普及了。该器物分为上下两个部分，上半部分叫甑，用以置放食物；下半部分称为鬲，用来煮水。甑鬲之间通常有箅，箅上有蒸气小孔。目前铜陵市已发现铜甗6件，这里向读者介绍藏于铜陵市博物馆的4件铜甗。

西周兽足　1991年出土于铜陵顺安镇。甑鬲连体，中间无箅，侈口，长方形双耳立于口沿。甑高大深腹，腹饰两道弦纹，三柱足，足饰兽面纹，上有两道箍形圈饰。甑高35厘米、鬲高26厘米、口径31厘米。

春秋窃曲纹甗　1958年出土于杨家山。甑鬲分体，甑直口折唇，绚状双耳，腹饰一周曲纹，上下各有一道弦纹，甑底有箅孔，下有榫圈，鬲直口，肩上一对绳耳，柱足。甑高27厘米、口径36厘米，鬲高28厘米。

春秋蟠虺纹甗　1971年市区第一加油站出土。甑鬲分体，甑腹壁微鼓，饰蟠虺纹，上下各有一道弦纹，双耳绚状立于口沿，甑平底有箅孔，下有套接鬲口的榫圈。鬲直口圈肩，肩附环形双耳，柱足。甑高30.5厘米、口径39厘米，鬲高29.6厘米。

春秋弦纹甗　1991年出土于市郊谢家坰。甑鬲分体，甑侈口，唇向外折，绚状双耳立于口沿，腹微鼓，下腹圜收，底无箅孔，下有套接鬲口的榫圈，腹饰三道弦纹。鬲直口，肩上一对绳纽，柱足。甑高23.4厘米，口径29.5厘米，鬲高22厘米。

146

这几件铜甗，分别出自墓葬或窑葬，由于铜陵目前尚未发现一件铜簋，中原常见的鼎簋相配现象在这里根本不见，取而代之的倒是铜甗，常常和鼎等器物组合，因而这几件铜甗对研究铜陵先秦青铜文化内涵和面貌无疑有着重要的价值和意义。

蟠螭纹匜　1989年7月，市郊谢家坦出土了一件春秋时期的青铜器蟠螭纹匜，通高22厘米，前面有流口，口长径28.7厘米、短径27.8厘米，腹深10厘米，尾长42厘米，后有鋬手，整体形状似瓢，呈椭圆形，平沿折唇，无盖，圜底下有三个蹄足，两足在前，一足在后。流口下沿有一个突出的小钩，腹部装饰了一周环带状蟠螭纹，铸造工艺精良，造型独特。

中国的青铜时代从前2000年左右形成，历经夏、商、西周和春秋时代，开始进入当时的社会生产和社会生活的各个领域，常常作为礼器出现在祭祀、宴飨、典礼仪式等隆重场合，其中洗盥用器占据了相当的比例，青铜器匜的出现引人注目。匜作为盛水器最早出现在西周中后期后段，流行于西周晚期和春秋时期，形状颇似今人使用舀水的瓢，前有流，后有鋬手。为了防止摆动和倾倒，在匜的底部常常铸有三至四个足。在商周时期，宴前饭后要行沃盥之礼，《礼记·内则》记载："进盥，少者奉槃，长者奉水，请沃盥，盥卒授巾。"这段记载生动地描写了"活盥之礼"的全过程：西周春秋时期的贵族们在举行祭祀和宴请活动时，为表示庄重，安排了专人负责，伺候沃盥，行礼时由年长者执匜浇水，年轻人捧盘接水，请贵宾洗手，洗手之后再授巾擦手，以示恭敬和隆重。这件匜以环绕器身一周的蟠螭纹为主题装饰，器形精美，做工细致，体现了古铜都铜陵出土青铜器的瑰丽和富有情趣，诠释着铜陵青铜文化的灿烂和辉煌。

另外，在铜陵文物管理所，还收藏着一件1991年在顺安出土的春秋匜，扁圆形，平折唇，浅腹圜收，矮蹄足，鋬平扁状，短流、腹饰变形窃曲纹一周，通高12.6厘米，鋬至流长23.8厘米。属春秋中晚期。

龙耳鸟纹鉴　大口外撇，束颈有肩，腹两侧对称，附一对龙首耳，矮圈足，腹上部饰一周鸟纹，下部饰一周倒三角鸟纹，圈足刻绳纹，通高9.5厘米，口径27.5厘米。该鉴图案工整，纹饰纤细，器形、纹饰上同河南郑县出土的太仆乡鉴基本一致，年代为春秋晚期。

2008年7月，北京奥运会前夕，经北京奥组委审核同意，由铜陵市仿铸制作的一对大型铜雕——春秋鉴，作为安徽省人民政府礼品安放在北京鸟巢主场馆门前奥林匹克景观大道上，意在表达七千万江淮儿女对北京奥运会的美好祝福。这一对春秋鉴铜雕是以铜陵出土的龙耳鸟纹鉴为原型艺术加工制作的。

《说文解字》："鉴，大盆也。"其用途广泛，可以盛水，也可以照容，大的还可沐浴。在先秦时期作为礼器有盛水、照面之功能。鉴的字源实际上是繁体字的"监"，甲骨文的字形就作一人弯腰朝盆里看影像的形状，说明商代以前人们大多是用陶盆盛水照容的，后来有了铜做的器皿之后，"监"融进了金属含义，改作了鉴。

青铜乐器编钟 在铜陵市博物馆的青铜器展厅，陈列着几件近年来铜陵出土的青铜甬钟，它们大小不等，有的钟体正反都有纹，有的一面饰纹，钟面上饰有云雷纹、窃曲纹，铜陵出土的不少编钟，钟体都较小，并且不成组。其中1993年2月在铜陵天门镇双龙村的西冲山出土的五件甬钟，装饰精美，制作精细，为皖南现已出土的春秋编钟中的精品。

董店西冲山出土的五件甬钟，其中有三件为一组，最大的一件通高50厘米，甬长15厘米，钟面上饰有夔龙纹变化而来的窃曲纹，钟体铸有36个纹，既是甬钟上的装饰，又能纠正甬钟在铸造形成的不均匀性，结构上起到阻力作用，使得编钟演奏时音色清脆、明亮。另外两件编钟通高分别为43厘米和37.5厘米，造型、纹饰基本一致。同时出土的不成组的两件甬钟，一件已破损严重，另一件通高34厘米，钟体饰窃曲纹。

在先秦时期，礼和乐是并称的，"国之大事，在祀与戎"，有祭祀必然有乐舞，而青铜铸造的乐器主要是钟。钟是一种打击乐器，是先秦时期祭祀、战争中使用的乐器，出现于西周前期，沿袭至战国。最初钟大约由商代的铙发展而来，西周时期多以三件为一组，到战国时期就发展成大小几十件了，如湖北随州擂鼓墩战国64件套编钟。铜陵出土的这些编钟大多为墓葬或窖藏，对研究先秦时期的政治礼乐制度、青铜器冶铸工艺以及铜陵青铜文化历史都有着重要的艺术价值。

青铜斧凿石范 现藏于铜陵市博物馆的几件石质铜器铸范，是1987年在铜陵的凤凰山、木鱼山等古代矿冶遗址上先后发现的。如1987年在凤凰山出土过一件锸范。同年在木鱼山冶炼遗址上，当地农民发现了一件完整的铜斧合范和一件鱼标范的半边合范。其中铜斧合范属西周时期，锸和鱼标范属春秋时期，这些铸范的地点都在冶炼遗址附近。

从古代铸造技术角度看，我国主要使用石范、陶范和金属范等模具来铸造包括铜器在内的金属器具。石范早于陶范，是古代最早掌握的一门金属铸造工艺。目前在长江流域发现最早的石范，是江西的吴城遗址，相当于商代早期。夏商以后，石范逐渐被陶范取代，但在四川、云南、贵州、广东、内蒙古等地，石范技术遗址延续到秦汉以后乃至近现代。陶范则是到了商代以后才大量用于铜器铸造，有些著名的铸铜遗址如安阳殷墟、洛阳西周北窑、侯马东周古城等地出土的陶范，已达数万块之多。

与陶范相比，石范有耐用可以重复多次使用等优点。但也存在石质坚硬、不易刻凿花纹、不便于铸造结构复杂的容器等缺点，只适合于铸造简单的工具、兵器和钱币。功能有限，使用范围自然也就不大，不能像陶范那样成为青铜时代的主要生产技术。也正因为如此，石范出土和传世者极少。

铜陵市目前仅发现几件石范的大概原因：一是由于缺乏科学考古发掘，还未发现大规模铸铜遗址；二是铜陵的岩石资源丰富，先人们就地取材，以便于铸造形制简单的工具。用石质做铸范，铜液注入范内，空气易排出，范也不致破裂，可重复多次使用。

先秦铜兵器　先秦时期，铜陵市已成为我国著名的铜矿生产基地，铜料资源十分丰富，地理位置位于长江南岸，与江淮地区隔江相望，为淮夷和吴越人活动地区。春秋战国之际又处在吴头楚尾，故而一直是战争频繁之地。近年来的考古发掘中，陆续出土几十件青铜兵器，主要为剑、矛、戈、镞等，时代为春秋战国时期。

剑是一种带有剑锋双刃的兵器，最迟在商代晚期就已出现。到了春秋战国时期，各国铸剑已很普遍，"尤以吴越为最盛"。铜陵市博物馆青铜剑，可分为两式，即有格无格，一般剑身细长，中部起脊，锷锋利，在金口岭春秋墓出土的一把扁茎无格剑，两刃从部分凹收成雪槽，属典型楚文化风格。

铜陵市博物馆馆藏青铜剑中有几件应属先秦青铜兵器中的珍品：其一，吴越青铜复合剑，剑长59厘米，宽4.9厘米，剑的中脊和两刃是用两种不同成分的青铜铸造而成，说明当时工匠已充分认识到锡含量对青铜机械性能的影响，利用低锡青铜制成韧性好的剑脊，高锡青铜制成硬度高的剑从，通过分次铸造得到刚柔相济的青铜复合剑，具体制作是先铸成带榫头的剑脊，然后铸上两侧剑从，在烘范过程中剑脊获得均匀化处理，使剑脊合金的韧性得到提高，复合剑的抗冲击性能更好。其二，一件剑，一件矛，器身都饰有“拭之不去，磨之依然”极具装饰性的菱形暗格剑，对兵器本身起到较好的耐腐蚀性保护。其三，秦式剑，剑身长64厘米，它是秦人对东周剑的改造，剑身明显加长而且变窄，茎上饰有两道铜箍。其四，剑首同心圆剑，长56厘米，也是属吴越兵器中的精品，反映了吴越兵器高超的制作技术。应该说，春秋时期王朝贵族大兴佩剑之风，青铜兵器的装饰技术得到发展，剑首同心圆、菱形暗格纹、镶嵌宝石等装饰技术出现。

铜陵市博物馆藏的青铜矛，一件矛身饰有菱形暗格纹，另一件矛身上正反都有对称图案，图形上看，是以血槽为基准线，两边有对称目纹，应是古越族的族徽符号。

铜陵市发现的镞，俗称“箭头”，是剑前端的杀伤部分，由剑锋、刃、两翼等部分组成。它是先秦时期作为远程杀伤重要的武器，铜镞为双翼形，通体呈柳叶形。

铜陵市发现了众多的青铜兵器，原因是铜陵为当时重要铜料生产基地。《诗经·鲁颂》：“无龟齿象，大赂南金。”相传先秦时期中原通越之道途经铜陵，便利的交通，丰富的铜料资源，大量的兵器出现也就不足为奇。《左传·昭公五年》言“楚子以诸侯及东夷伐吴”，“吴人败诸鹊岸”。“鹊岸”春秋吴地，指今安徽省铜陵、无为、繁昌间长江江岸。鹊岸作为战争频繁之地，这也是众多青铜兵器发现的原因。铜陵这些兵器的发现，不仅展示了吴越兵器精美的铸造工艺，也为研究铜陵先秦青铜文化和吴楚争霸战争提供了珍贵的实物资料。

铜　镇　在铜陵市博物馆青铜器展厅中，有四件造型拙朴生动的汉代青铜镇格外招人喜爱，其中两件汉俑铜镇，属同范铸造，两俑为穿直裙服的男子，都是跪坐姿，一俑右手举起，一俑右手摸膝；另两件为动物俑造型，一件为罴，也呈跪坐姿，还有一件为铜陵有色集团公司韦江宏先生捐赠的鎏金瑞鸟铜镇，瑞鸟回首闭目用尖喙梳理羽翅，造型生动，构思巧妙，又是鎏金工艺，实属汉代铜镇中珍品。

在汉代，人们都是席地而坐，席和褥是坐卧具，由竹或草编制，放在地上，落座时四角要用重物镇压。《西京杂记》中说昭阳殿有“绿熊席，毛长二尺余，有四五镇皆达照、无破缺”。《洞冥记》卷二中也有“余床席，琥珀镇”的记载。

汉代铜镇工艺十分讲究，也非常盛行，多有出土，一般为铜质。除人俑外大多雕为兽形，有虎、羊、豹、熊、牛、鹿、鸟等卧体，铜镇卧姿器物重心低、不易碰倒，汉代铜镇是将实用、装饰、祥瑞等内容巧妙结合的青铜艺术瑰宝。

铜熨斗 这件铜熨斗是市文物部门1991年11月征集的。长柄圆斗，斗为平底敞口，内径11.5厘米，柄长26厘米，斗与柄连接处为葵形花边。

熨斗，这个寻常百姓生活中最普及的实用工具自问世以来已有3000余年历史。古代熨斗多为铜质或铁质，斗的外形似碗，内装木炭，燃烧后平底熨烫衣帛，一端为手握的长柄。

可早期的熨斗不是熨烫衣服，而是商王朝用来惩治百姓的残忍刑具。《帝王世纪》中就有商纣王为取宠妃妲己欢心而使用熨斗这个惨无人道的刑具的记载。商王朝灭亡后，才废除了熨斗这种刑具。汉代，熨斗又称"威斗"，成为统治者权势的象征。《隋书·列传第二·李穆》载："浑字金才，穆第十子也。""穆遽令浑入京，奉熨斗于高祖，曰：'愿执威柄以熨安天下也。'高祖大悦。""愿执威柄以熨安天下"，就是希望能像熨斗熨烫那样统治国家。到了唐代，熨斗才演变成熨衣的专用工具。杜甫在《白丝行》诗中写道："美人细衣熨帖平，裁缝灭尽针线迹。"白居易在《缭绫》一诗中也说："广裁衫袖长制裙，金斗熨波刀剪纹。"宋代，熨斗除熨烫衣服外，还常常用来熨画。

市博物馆馆藏的这件铜熨斗是农民挖土时发现的，同时出土的还有一件唐代鸾鸟花枝镜，以及"开元通宝"钱币等，估计是一唐代墓葬。我国宋、明以前的熨斗发现较少，以前已知最早的铜熨斗是江西瑞昌一座西晋墓冢出土的。因此，这件唐代铜熨斗对研究唐代服饰文化有一定的价值。

青铜鸟纹尊 这件器物是市文物部门于1981年所征集。该尊器体圆形，表面呈黑色，通高40.9厘米，口径20.8厘米，大口外侈，方唇圆滑，长颈，鼓腹，高圈足。肩部饰一周鸟纹，呈飞翔状，并且左右各铸一环形首，环钮上为兽面纹。腹部饰满一层直线曲折雷纹作为衬底，线条整齐、匀称。主题图案为一周凤纹和蝉纹，浅浮雕式，从器形上看，类似安徽阜南县出土的龙虎尊。

尊在先秦时期为盛器，也是重要的礼器之一，故而后代多有仿铸，市博物馆这件铜尊就是宋代仿铸的一件水平较高的珍品。由于仿造水平较高，所以看上去，它造型端庄，装饰工艺精致，可同先秦时期的青铜尊相媲美，不失为一件较为珍贵的青铜器作品，对研究宋代复古之风的兴盛和青铜器鉴赏都有着重要的价值。

二、珍藏精华

兽面纹鼎 这件器物1981年出土于钟鸣镇。鼎是我国古代青铜器中的重器，主要用于蒸煮肉食和祭祀。由于商周时期严格的制度规定了不同身份的人使用不同数目的鼎，鼎成了"明尊卑，别上下"的统治阶级权力标志，逐渐演变为王权的象征。正因如此，鼎成为青铜器中最重要的礼器。近些年来，在铜陵地区先后出土了20多件不同形制、大小各异的青铜鼎，其中最突出的代表就属钟鸣镇出土的兽面纹春秋大鼎了。

该鼎通高为51厘米，口径44厘米，敞口平沿，方唇鼓腹，沿上双立耳外侈，三蹄足。腹部雕饰兽面纹一周，共三组，中间用扉棱间隔，足膝部有两道箍形圈饰。全器形体大气凝重，雕饰线条粗犷简练，风格豪犷朴素，实为南方青铜器中难得的一件重器。鼎腹部三组兽面纹饰均以碟形扉棱为基线，突出了兽面的双目，实际上是将饕餮纹变形肢解，加以夸张，更加显出器物的肃然威严；造型上因鼎腹较浅，设计者有意加长口沿立耳，将蹄足微收，增加了器物的稳定感和均衡感。从形制和纹饰来看，这件大鼎的年代当属春秋中期。

1995年5月，为弘扬民族优秀文化，展示和宣传铜都悠久的铜文化历史，特仿铸了本市出土的这件兽面纹大鼎赠送给安徽大学，取其"昌盛鼎立"之意。仿铸的铜鼎高1.5米，口径1.2米，净重1.7吨，矗立在花岗岩基座上，整个雕塑庄重威严、气势恢宏，成为安徽大学主楼广场上的一大景观。另外，在铜陵城市雕塑商周青铜壁和山水之门中都仿铸了这件春秋兽面纹大鼎，寓意着有三千年灿烂辉煌的青铜文化历史的古铜都热忱欢迎四方宾朋前来铜陵做客。

神兽镜 此面东汉神兽镜是市文物部门在1982年所征集。圆形，圆钮，直径10.4厘米，厚0.6厘米。镜面黑亮洁净，清晰可鉴。镜面略有弧度，纹饰精美，边缘纹饰内周短斜线纹，外周为云气纹，间以"+"纹相隔。

神兽镜是东汉时代新兴的铜镜，羽人是仙人。其纹饰、形制和浮雕式的技法，标志着我国铜镜发展到了一个新的阶段。从考古发掘的资料来看，神兽镜在长江流域等地有较多发现，说明东汉中期以后神兽镜在长江流域及我国南方地区广泛流行起来。

海兽葡萄镜 铜陵市出土了四枚海兽葡萄镜，镜背装饰的瑞兽，形象不一，姿态各异。其中一枚海兽葡萄镜，直径11.5厘米，它以高圈浮雕葡萄为主题，间饰瑞兽，镜背图案瑞兽作俯、仰、蹲、跃等不同形态，活泼可爱，并与丰硕的葡萄果实、枝叶组成一幅美丽的图案，是一枚不可多得的唐初铜镜。

据考古资料表明，"海兽"多数可能是从西域传入的良种马和狮子，其中有一种头部大而圆的动物形象，乍看起来似狮而又非狮，其实是古代的狮子。汉武帝时，张骞通西域后狮子等珍贵动物相继引进我国内地，广设兽圈，供统治者观赏享乐。东汉以后，狮子的形象开始在绘画、工艺之中出现。由于画域狭小，不能细腻地描绘，便采用了粗略的浮雕手法，紧抓狮子特点，突出头部，于是一只活生生的狮子形象便跳入人们的眼帘，从而把葡萄纹镜装饰得更加庄重美观。

镜中装饰的葡萄本来也不是我国内地的产物，而是从西域传来的。葡萄纹在内地装饰图案艺术中出现，是从东汉开始的，首先表现在石刻艺术上。到了唐代，葡萄纹在工艺美术领域里已普遍流行。铸镜业是唐代最精细的生产部门，当时人们都将镜子作为礼品送人，葡萄蔓延的枝条和丰硕的果实，象征着"富贵长寿"。这样一来，葡萄纹镜就博得人们的喜爱，于是葡萄纹镜在唐镜中，不论质量或数量上都居于首位。

葡萄纹镜图案所配列的主要动植物形象，古籍中在其名前冠以"海"字，并不是说它们是海中所产之物。这里的"海"字，是指我国古代的一种地域观念。因为这些动、植物都不是本土所产，而是由西域传来的，故在名称前加以"海"字。

云龙纹镜　铜陵市博物馆收藏的这面云龙纹铜镜1982年12月出土于铜陵湖城村，直径21.4厘米，镜呈八弧葵花形，镜背图案有一龙浮雕，呈腾空而起之态，盘绕云纹之中，龙首较小，张口吐舌，龙首向钮，作吞钮珠状，四腿下有三趾利爪，周身饰鳞片，尾巴盘卷，外缘饰以祥云。

龙是中华民族的象征，它的形象被广泛应用于古建筑、陶瓷器、铜器等方面。铜陵市博物馆收藏的这面唐代云龙纹铜镜，虽然埋藏地下千余年，历经时代、地貌的变迁和侵蚀，依然纹饰精美、清晰可照、完好无损，经国家文物局专家鉴定组鉴定为国家一级品。

古人制作铜镜的工艺可分为铸造、热处理、乱磨和开光四个步骤进行。其中"开光"，古人称为"开镜"或"磨光"，就是将镜面镀锡，加以研磨，形成光亮。此枚云龙纹铜镜通体黑亮洁净，形成表面包浆很好的"黑漆古"。所谓"黑漆古"，就是铜镜表面镀锡后表层自然腐蚀的结果。铜镜埋藏地下过久，由于与水土等物质发生物理化学变化，常会产生一种类似再生矿物的新化合物，

二、珍藏精华

如铜质酸化，可以变成黑灰色的黑铜，而全部黑漆古的形成，则与含少量的砒、锑等有关。铜陵市博物馆珍藏的这面唐镜可谓是盛唐时期铜镜的杰出代表，成为唐代铜镜鉴定的标准器。

铜陵博物馆馆长张国茂介绍说，战国时期的铜镜，形制规范，装饰精美，标志着我国古代铜镜制作水平从早期的稚嫩走向了成熟。其主要特点：形状多为圆形，也有少数方形镜。战国铜镜早期至晚期的一般发展规律是，直径由小到大，厚度由薄到厚；镜纽主要有弦纹纽和镂空纽，弦纹纽数量尤多；镜缘主要有两种：一种是平缘；另一种是素卷缘，又分低卷缘和高卷缘。另外，这一时期铜镜的镜背纹饰，明显追求繁缛，并将一些特殊工艺用于镜背面的图案装饰，如彩绘、镶嵌彩色琉璃等。

冰铜锭 中国古代何时利用硫化铜矿石冶炼铜，是冶金史研究的一个重要课题，一直备受科技史学工作者和考古学界所关注。硫化铜矿冶技术上需要在800度的温度下长时间焙烧脱硫，使铜的硫化物转化为氧化物，然后投入鼓风炉熔炼，产出含铁量较高的冰铜，再反复精炼才能得到纯铜。氧化铜矿可以直接在熔点超过1083度的鼓风炉炼出纯铜，可见硫化铜冶炼工艺要比氧化铜矿复杂先进得多。

自20世纪70年代中后期开始，在皖南的铜陵、贵池、繁昌、南陵等地相继发现了一批西周至春秋时期的菱形铜锭，通过分析和研究，确认是硫化铜矿冶炼的遗物——冰铜锭，这对探索和研究中国硫化铜采冶历史和工艺水平具有重要的意义，引起了海内外有关学术部门的极大兴趣与关注。其中年代最早、数量最多的就是铜陵木鱼山冶炼遗址出土的冰铜锭。

木鱼山，位于铜陵市义安区天门镇新民村，其冶炼遗址分布范围大约10万平方米。1974年冬兴修水利，当地农民在遗址取土时，发现了100多公斤重的铜锭。铜锭为菱形，大小不一，表面粗糙，呈铁锈色。从现存的几块来看，铜锭大约长50厘米，宽12厘米，厚0.6厘米，重1550克左右。1988年安徽省考古所、铜陵市文管所进行清理发掘，发现倒塌炼炉一座，并伴有陶片、红烧土碎块等冶炼遗物。经对铜锭取样送中山大学、中国科学技术大学、北京大学先后采用不同科学检测手段进行测试，结果都表明这是硫化铜冶炼的遗物——冰铜锭。

木鱼山遗址距今已有3000余年，约在商周之际，这就将我国硫化铜采冶历史从东汉推前到西周早期，也就是说木鱼山冶炼遗址是中国目前已发现的最早使用硫化铜技术的实物遗址之一。

双鱼纹铜镜　铜镜是古人照容饰面的日常用品，也是一件工艺品，古代的匠师在镜背这块小天地显示他们的智慧和才能。

铜陵博物馆藏金代铜镜一枚，细观镜中纹饰、造型颇具特色。此镜圆形、带柄，纹饰为两条鲤鱼同向漫游，侧身摇尾，逐浪嬉戏，行转自如，水波浪花装饰其间，镜中心铸有"君用"二字楷书铭。外区一周水草纹，流动回旋，镜边缘为素缘。铜镜直径10厘米，柄长9.5厘米。

鱼纹作为铜镜纹饰题材，是金代特色之一，而且数量之众，有其历史原因。

双鱼纹是金代铜镜中采用最多的一种纹饰，双鱼纹镜是金代的典型器物，金代器物广泛采用双鱼纹是很有意思的。我国人民用鱼作为图案的历史悠久，鱼象征着繁衍生殖，子孙蕃息。鱼和余同音，象征"富贵有余"。

金代铜禁极严，据史书记载，金朝由于缺铜，数次发表诏令禁止私铸铜镜，凡铸铜镜和携带铜镜需要官方验记，这就是铜镜上出现验记文字和押记的背景。

金国是在北方崛起的，随着对北宋的连年用兵，不断向中原渗透，在文化上受中原的影响很大。表现在铜镜上，一方面有不少模仿宋代铜镜的痕迹，另一方面也有一些独具特色的作品。金代铜镜纹饰线条匀密精细，别致生动。铜镜装饰图案主要有两类：一类是花鸟鱼兽纹，有很强的民族特色；另一类为神话故事图案，表现的多是中原地区民间广为流传的神话传说和历史故事。从出土铜镜资料来看，金代铜镜从纹饰题材到表现手法许多都与宋镜一样，表明各族人民在经济、文化方面的相互影响、相互学习。宋朝带柄镜在居中位置往往打上业主姓名、宣传语等，争取销路，宣传产品质量。铜陵博物馆藏这枚金代双鱼带柄镜，中心部门铸有"君用"二字楷书铭，是否可以这样推断，它是一种宣传产品质量的广告语，有恭维买镜子的顾客为正人君子之意，这也可能是商家产品销售的一种推销手段吧。此枚铜镜为了解金代的政治、文化、历史和经济的学者提供了宝贵的实物资料。

银元宝　1983年，铜陵市磷铵厂在工厂基建中，发现一墓葬，出土了古代货币银元宝、银锞子数枚。银元宝呈马蹄形，面上錾刻"临安县匠赈昌十一年六月"，重50两。银锞子馒头形，面上錾刻有银号章，重1两。

我国古代用银作为货币，始自于汉代，其后代虽有铸造，但流通不广，一般作为宝藏和大宗支付之用。及至明清，始见盛行，并做货币流通。银锭形式不一，历代称谓不同，隋代以前多铸成条形，称"铤"，唐代有银铤和银饼，铸成圆形或近圆形的叫银饼。宋代多铸成长条束腰形。元代将银锭改称为元宝，除长条束腰形外，还有马蹄形，俗称马蹄银。马蹄银在清代又称为"官宝""宝银"。各朝代的银锭和银饼，记或錾刻有年号、重量，有的还有府、州、县、官吏姓名，有的还有银匠姓名或押字。

银锭作为货币流通，有元宝、中锭、锞子、福珠四种。元宝约重50两，作马蹄形。中锭重10两左右，形似磅秤，亦有马蹄形的。锞子亦称"颗子"、小锭、小锞，重一至五两不等，一般作馒头形，亦有做别种形式的。一两以下为散碎银子称"福珠"，又称滴珠或粒银。铜陵市原磷铵厂出土的银元宝、银锞子，从形制和重量上来看，当为明代时期银货币。临安，古地名，即今日浙江杭州，赈昌应为银铺店号。明清时期，铜陵因地理位置优越，境内又有大通、顺安两大闹市，可谓商贾云集，繁华一时。出土的银元宝为研究铜陵地区古代经济、货币流通提供了实物依据。

龙泉窑斗笠碗 斗笠碗因器形上大下小，酷似翻过来的斗笠而得名。五代时（907—965）创烧，宋元明盛行，以宋代产品最为名贵。本市1990年征集的龙泉窑斗笠碗，口径12.1厘米，器形为大敞口，壁直下，小圈足，器面釉色温润滋厚，由于施釉较厚，有很强的玉质感，且柔和雅致如翠玉，色泽细润，淡雅，器物边沿转折处釉层较薄，显露出一线白色胎色，俗称"出筋"，该器为典型的南宋龙泉窑特征。

龙泉窑创烧于北宋，兴盛于南宋，明代中期以后逐渐衰落。嘉靖年间刻本《七修类稿续编》记载："哥窑与龙泉窑皆出处州龙泉县（位于今浙江省龙泉县境内），相传南宋时有章生一、生二兄弟各主一窑，生一所陶者为哥窑，以兄故也。生二所陶者为龙泉，以地名也，其色皆青，浓淡不一，其足皆铁色，亦浓淡不一，旧闻紫足，今少见焉，惟土脉细薄，釉色纯粹者最贵。"哥窑则多断纹，号曰"百圾破"。从史料记载中可以看出龙泉窑器物的名贵。铜陵依山傍水，景色秀丽，这块八宝之地自古以来吸引着历代名流雅士来此浏览吟唱。宋代在顺安设有驿站，商贾多在此云集，旅人多在此留步。古镇大通更是商货辐辏、市廛活跃，所以名窑瓷器在铜陵地区出土流传，与当时铜陵地区文化繁荣、商业发达、水陆交通便利有着一定的联系。这件龙泉窑斗笠碗以其别致的造型、如玉的釉色，成为难得的一件文物珍品。

孔雀纹梅瓶　梅瓶在中国古代陶瓷研究领域中属于单一器型，延续时间有千余年的历史，同时它是一种造型秀美、受到颇多赞誉的器物。1987年6月，铜陵红旗轮窑厂在烧砖取土中发现一处墓葬，铜陵市文物部门随即前去清理，墓中出土了一部分宋代瓷器，其中一件孔雀纹梅瓶引人注目。该器物小口，短颈，丰肩，腹部内收，圈足，以其造型古朴，胎质细密，釉色均匀而深得省内外文物专家的称赞。

梅瓶因口小只能插梅，故称之梅瓶，实际上为盛酒用具。梅瓶的烧造历史始自北宋，元明清均有烧制。铜陵出土的梅瓶，器表呈现出酱色的釉料，酱釉又名紫金釉，在当时即享有极高的声誉。整个器物釉色匀净光亮，通体绘有孔雀图案，且大小均匀，层次清晰。该梅瓶苗条修长，肩部下斜，下腹部较长，底小，各部分转折棱角分明，重心在上腹部。此件梅瓶不愧为宋瓷中的瑰宝，梅瓶在铜陵地区出土较少，而像孔雀纹梅瓶这种从造型、釉色上均可称之为上品的就更为罕见。

影青釉褐花瓷枕　瓷枕是古人日常生活用具之一，瓷枕为生活用器，常随亡者下葬。最早有人认为瓷枕是给死人睡的，因为都是出土的，认为活人不枕这枕头，但后来发现不是这样。

枕的起源可以追溯到殷商时期。到了两宋及金、元时期，瓷枕的发展进入繁荣期，产地遍及南北，造型非常丰富。当时较为流行的有几何形枕、兽形枕、建筑形枕、人物形枕等，造型精巧，制作细腻。同时在装饰技法上也有很大的发展，刻、剔、印、堆塑等技法被纷纷采用，极大地丰富了瓷枕的表现力和艺术性。这一时期的瓷枕逐渐从实用品转为雅俗共赏的工艺品。

宋代以文治天下，宋太祖赵匡胤厌倦了五代十国的杀戮场面，不愿意再动刀枪，重视以文治国。于是乎刀枪入库，马放南山，杯酒释兵权。宋人的哲学反映到瓷器当中，就是"忍"，祈求家国永安。比如有的瓷枕上就写一个"忍"字，北宋、南宋整个政治格局就是个忍的格局。北宋与辽、南宋与金，一直在对峙，打不过人家，怎么办，就是忍着。要不就议和，甚至我给你点东西，不愿意和你打仗。英国博物馆有一个很著名的瓷枕，上面有"家国永安"四个字，反映出当时宋人的心态，愿意过一种安定的生活。

瓷枕的烧造，有江西景德镇窑、江西吉州窑、安徽繁昌窑和福建、广东等一些瓷窑。铜陵博物馆有一馆藏瓷枕，瓷枕为元宝形，长14.3厘米、宽8厘米、高10.5厘米。施青白釉，器面装饰褐彩梅花朵纹，花纹稍有晕散，釉面光亮。其褐白分明的色彩，独具装饰效果，可以说是宋代繁昌窑的精品之作。

金螃蟹 1985年10月，正当江南秋蟹肥黄时节，铜陵市凤凰山地区农民章珍姑上山砍柴时，在凤矿下水道工地上，发现了一只镶嵌玉石的金螃蟹。上山砍柴捡到金螃蟹，这件事很快在左邻右舍中传开了，大伙都争着来看宝贝。这只金螃蟹器身以黄金为质地，长5厘米，宽2.3厘米，重36克，蟹身是镶嵌的碧玺，双眼用白玉琢成，光泽柔和，蟹肚刻有"程金祥"三个篆体字，蟹爪关节纹理细腻，中部有一佩环。章珍姑觉得这是一件宝贝，打算作为传家宝，没料到有一次孩子拿着金螃蟹玩耍，将螃蟹的两只白玉眼珠丢掉了，幸而孩子在家里玩耍，这两颗眼珠终于在角落里被找到，这只螃蟹才摆脱了成为瞎子的命运。章珍姑觉得放在家里也不能变钱，还是拿到银行换钱好。她拿着金螃蟹到了城里，银行的工作人员对她说，这螃蟹是"金镶玉"，不好估价，还是拿到文物部门比较好。就这样，这只金螃蟹才落户市文管所。政府为了奖励章珍姑，特批了1000元资金。金螃蟹栩栩如生的造型和精湛的雕刻技艺引起媒体和艺术界的关注，当时的《人民画报》和《新民晚报》都刊登了这则消息，也成为当时铜陵轰动一时的佳话趣闻。

这件金螃蟹的双眼用白玉琢成，光泽柔和，晶莹明亮。蟹肚刻的"程金祥"篆体字，可能是死者生前的姓名，或者是金店字号或是工匠姓名。从器形形制，以及当时的出土资料分析，这件金螃蟹当为清代黄金工艺佩器，虽埋藏在地下数百年，出土时仍灿然若新，栩栩如生。通观全器，金螃蟹目光熠熠，似欲横行，形态逼真。器形体态匀称，雕琢镶嵌精巧，为研究明清时期金石工艺一件不可多得的艺术珍品。

长沙窑绿彩壶 2004年7月，铜陵市文物部门在铜商品市场古玩城征集了一件唐代长沙窑绿彩执壶。壶高22.5厘米，腹径12.3厘米，底径9.2厘米，喇叭口，直颈，深腹，流细长，S形曲柄，釉面光润，绿彩浑厚典雅，采用泼墨渲染的手法，自然淋漓勾画出一片片绿叶，又似漫卷的流云，整器造型清秀，色彩典雅，应为唐代长沙窑难得一见的艺术珍品。

长沙窑位于湖南长沙北郊的石渚湖至铜官镇一带，故又名铜官窑，是唐代南方规模巨大的青瓷窑场之一。它始于中唐，盛于晚唐，终于五代。釉下彩绘是长沙窑首创，初期形式是单一的褐彩，绘以简单的花草纹，以后逐步发展为褐、绿两彩，笔画线条流畅，纹饰题材广泛，突破了唐以前陶瓷以单釉一统天下的局面，为唐以后彩瓷的发展奠定了重要基础。

长沙窑釉下彩绘以氧化铜、氧化铁做着色剂，绿色是氧化铜，红色、褐色是氧化铁。釉下彩绘纹饰包括各种飞鸟、游龙、走兽、鱼纹、花卉、人物等，用笔简练，自然洒脱，在描摹的基础上大胆取舍、提炼、夸张、变形，体现了一种简约而粗犷的艺术写意风格，表现了一种率真、质朴的美感。

大唐王朝是中国历史上的经济、文化、艺术以及对外贸易最强盛的朝代，对外贸易高度发达，而长沙窑则是当时我国外销瓷器的大宗，远销朝鲜、日本、印尼、巴基斯坦、伊朗、伊拉克等亚洲国家。唐代又是铜陵铜矿采冶鼎盛时期，考古调查在金榔、铜官山、凤凰山一带发现了多处采冶遗址，采矿点缝补密集，冶炼铜渣堆积如山，诗仙李白三次来铜，留下许多赞叹铜陵矿冶盛况的诗篇。这一时期，铜陵社会经济也比较繁荣，近些年在市县一些唐墓中相继出土不少陶瓷器，尤其是长沙窑釉下彩瓷屡有发现，也佐证了铜陵在唐代对外交往和贸易发达的历史。这件清秀典雅、实用美观的绿彩执壶更是唐代长沙窑中的精品。

繁昌窑执壶　1986年12月，在铜陵市火车站工地上出土了一件瓷器，形状似今天的酒壶，通高17.4厘米，口径8.1厘米，底径6.9厘米。器物口沿外溢，呈喇叭状，直颈圆腹，腹部有六道瓜菱形凹槽将腹部分成六部分，浅圈足底，壶嘴弯曲，细流小口，特别优美的是壶肩至壶嘴有细长的壶把相连，器身釉色青中泛白，白中闪青，考古人员将其鉴定为繁昌窑执壶精品。在距今3000多年前的商代中期，我国已能烧造原始瓷器。到了约2000年前的东汉时期，真正的瓷器发明了，缔造了世界工艺史上的一大奇迹。宋代陶瓷业蓬勃发展，出现了陶瓷史上前所未有的兴盛局面。执壶亦称"注子""注壶"，是古代的一种酒器，盛行于唐中期至宋代，是由魏晋南北朝以来流行的鸡头壶或盘口壶演变。唐代早期，器身矮胖，颈短，腹部浑圆饱满，流短，施釉不到底。晚唐、五代之际，器身加长，颈部加高微细，腹部呈椭圆或瓜形，流与柄加长，显得轻盈秀丽。宋代壶身更趋瘦长，以瓜棱型为常见，流口和柄加高，部分制品常与温碗配套使用。宋孟元老《东京梦华录》曰："大抵都人风俗奢侈，度量稍宽，凡酒店中不问何人，止两人对坐饮酒，亦需用注碗一副，盘盏两副，果菜碟各五片，水果碗三五只，即银近百两矣。"说明宋代曾普遍流行使用注壶、注碗，在使用中时将注壶置于注碗中，以碗中热水温之，其形象早在五代顾闳中所绘《韩熙载

159

夜宴图》中出现。近年来，考古人员常在铜陵的宋代古墓葬中发掘出影青釉执壶，经鉴定其多为繁昌窑产品，其釉色多介于青白之间。说它是青瓷又青中显白，说它是白瓷又白中泛青。宋代文献中称此类瓷器为青白瓷。晚清至民国初年出版的瓷书又称为"隐青""映青""印青"等名称。

繁昌窑遗址位于繁昌县城南郊一公里的箬帽尖和锥子山北坡下的岗丘上，是五代至北宋时期一处专烧青白瓷的大型古窑遗址。柯家村遗址是繁昌窑的主要集中地，龙窑均依山坡而建，山坡下为废弃匣钵、瓷片堆积场，形成东西一公里、南北一公里的遗址分布区，总面积一平方公里。柯家村遗址始烧于五代，毁于南宋初。遗址主要烧制青白瓷，次烧白瓷，采取龙窑一钵一器仰烧法，早期有过支钉烧造的过程。青白瓷胎质洁白细腻，釉色莹润，呈现出不同的白中泛青泛黄，青中显白的色调。产品有碗、盏、杯、碟、壶、盆、炉、盂、罐等，造型工整，制作精细。柯家村遗址青白瓷是五代时期南方制瓷工艺交流而创烧出来的一种新的瓷种，是江南影青瓷的发源地。此外，柯家村窑还开创了二元原料配方的方法，这是五代时期柯家村窑在制瓷工艺上取得的一项重大的技术突破，它标志着我国烧瓷工艺由此跨入改造天然黏土原料制坯的大门，在我国瓷器发展史上占有重要的位置，对研究南方古代窑业史和青白瓷的烧造工艺有着重要价值。近年来，铜陵地域古墓葬中宋代繁昌窑执壶多有出土，形成了一道富有特色的铜陵宋代生活民俗。

三、文物图册

2010年10月，政协铜陵县委员会、铜陵县文化广电旅游局编著《铜陵文物选编》，精选了具有一定代表性、相对重要的文物及遗址100余件（处），配以精美真实的图片，简洁典雅文字说明，展示了铜陵悠久的历史文化，激发着爱我中华、爱我家乡的崇高情感。该图册分为"古遗址""古墓葬""古建筑""石刻及石雕文物""近现代重要遗址""馆藏文物"等类型。

2012年8月，铜陵市文物局、铜陵市博物馆编著《铜陵博物馆文物集粹》。《铜陵博物馆文物集粹·概述》：铜陵境内现已发现地表文物218处，其中国家级重点文物保护单位1处，省内重点文物保护单位5处，市级文物保护单位30处，县级文物保护单位50处，馆藏文物5000余件。2011年5月，铜陵博物馆就计划编辑《铜陵博物馆文物集粹》一书，将深藏在库房中的文物瑰宝整理挖掘出来，展示和宣传铜陵悠久历史文化和璀璨文明，立即得到中共铜陵市委宣传部的支持。根据铜陵博物馆馆藏文物的特色，几经斟酌，在数千件藏品中挑选出247件（套）。认真查找原始档案，反复核对考证，确认文物信息，做到图文并茂。该图册特色：名称规范准确；注解简明扼要；彩照鲜艳夺目。

名士墨客

清《铜陵县志》：铜山苍苍，铜水泱泱。中有高士，时复往还。固地以人重，亦人因地传也。夫大川作鉴，名山为史。贤人君子，游展所至，要以抒其瑰伟奇杰之气，而写其俯仰凭吊之思，非直流连光景而已也。然而长啸一时，留韵千古矣。志流寓。本篇叙述东晋及唐宋元明清朝代二十七位骚人墨客游寓铜陵地区的情况，并收集他们咏铜官冶五松山的诗章。

一、葛　　洪

　　葛洪（约281—341），东晋道教理论家、医学家、炼丹术家。字稚川，自号抱朴子。丹阳句容（今属江苏）人。著作有《抱朴子内篇》《抱朴子外篇》《肘后备急方》《神仙传》等。又曾托名汉刘歆撰《西京杂记》。

　　清《铜陵县志·仙释》：葛洪字雅川，句容人。曾于花堰间种杏炼丹，其山有土朱，传为丹矿。清《铜陵县志·古迹》：花堰在杏山，葛洪种杏处，环堰皆山，窦有泉；丹井在杏山庵前，即葛翁炼丹井也。状如半壁，深二尺许，温可掬，清可鉴，旱久不竭，雨集不盈，旁有丹灶遗址；丹矿在杏山，山有土珠，人以为葛仙丹矿。

　　民间传说，葛洪在杏山炼丹为山民治病，治愈天花、狂犬病患者上百人，受到老百姓的爱戴和尊重，并称他"葛仙"。当人们得知葛洪谢世后，便在此地修建一座杏山庵，堂中悬挂葛仙画像及神位，四季祭祀，香火不绝，众多游人来此凭吊游览，文人墨客也常来吟诗作赋，寻访仙迹。清顺治七年（1650），铜陵知县刘曰义率捐资金，增建祠宇亭榭，添置祭祀器皿，并撰《杏山碑记》，使葛仙洞胜迹更加吸引游人。嗣后因战争灾害，导致庵毁洞塞、杏山荒芜。

　　1992年8月，在铜陵市政协的建议下，铜陵县人民政府决定兴建葛仙洞公园。仅用半年多时间，使这处被湮没了几百年的名胜古迹重现于世。葛仙洞公园焕然一新，公园门坊上"葛仙洞公园"五个大字熠熠生辉。

二、李　白

　　李白（701—762），唐代诗人，字太白，号青莲居士。自称祖籍陇西成纪（今甘肃静宁西南），隋末其先人流寓碎叶（唐时属安西都护府，在今吉尔吉斯斯坦境内）。诗风雄奇豪放，想象丰富，语言流转自然，韵律和谐多变。善于从民歌、神话中吸取营养和素材，构成其特有的瑰玮绚烂色彩，是屈原以来最具个性特色和浪漫精神的诗人。与杜甫齐名，世称"李杜"。《蜀道难》《行路难》《梦游天姥吟留别》《静夜思》《早发白帝城》等诗，皆为人传诵。有《李太白集》。

　　唐代天宝、至德、上元年间，李白多次到访宣州宣城郡南陵寨山、五松山、铜官冶、秋浦等处，流连忘返，留诗怀念。第一次于天宝元年（742）前往南陵寨山。天宝元年四月，李白曾登过泰山，不久携儿女南游。他先把他们寄放在南陵（在唐属宣州宣城郡），他自己南下会稽，和道士吴筠同隐居剡中，在今浙江省曹娥江上游。他先回到南陵与儿女相别，有《南陵别儿童入京》一诗以纪其事。时令是在季秋，在南陵山中有一个"家"。家中有儿女，但没有说到儿女的母亲。笔者经过研究考证，可以自信地说：742年夏，诗仙李白把儿女寄放在今铜陵天门镇龙云村龙潭北"家"（寨山北麓）；秋应诏入京前夕，李白前往龙潭北"家"与儿女告别赴京。"仰天大笑出门去，我辈岂是蓬蒿人？"第二次于天宝十三年（754）光临五松山。李白经秋浦至铜官冶，由县丞常建陪同游览五松山，为"五松山"命名，并留诗《与南陵常赞府游五松山》《答杜秀才五松见赠》："我来五松下，置酒穷跻攀。征古绝遗老，因名五松山。五松何清幽，胜境美沃洲……龙堂若可憩，吾欲归精修。"第三次于天宝十四年（755）经过南陵鹊头镇。李白《江上答崔宣城》："……树绕芦洲月，山鸣鹊镇钟。还期如可访，台岭荫长松。"唐初改"鹊头戍"为"鹊头镇"于鹊头山（今五松镇马冲村境内，已湮没）。唐武德七年（624），赵郡王孝恭攻辅公祏鹊头镇，拔之，即此。第四次于至德间（756—758）寓居五松山太白书堂。太白书堂在五松山，唐至德间太白建堂读书处。后圮。元至元间（1264—1294）邑尹方浚重葺，肖像于中，匾曰"李白祠"。元季兵毁，鞠为草莽。明弘治庚戌（1490）邑民袁世琼重葺祠堂三间、门楼一间，周缭以垣。久废。第五次于上元二年（761）奔赴铜官冶。上元二年于宣州南陵铜官冶赋诗《赠刘都使》："铜官几万人，诤讼清玉堂。吐言贵珠玉，落笔回风霜。而我谢明主，衔哀投夜郎。归家酒债多，门客粲成行。高谈满四座，一日倾千觞。所求竟无绪，裘马欲摧藏。主人若不顾，明发钓沧浪。"李白赞佩刘都史在"铜官几万人"中德高望重，一言九鼎，主持公道；描摹自己夜郎流放，遇赦归来后潦倒穷困的境况。李白《宿五松山下荀媪家》："我宿五松下，寂寥无所欢。田家秋作苦，邻女夜春寒。跪进雕胡饭，月光明素盘。令人惭漂母，三谢不能餐。"

五松羊山《杜氏宗谱·卷三·本支世传》：秀芝（三世），唐秀才由西安迁五松，号横江。唐秀才庐江守荐之吴王，祈吴王送与入京。诗云："秀才何翩翩，王许回也贤。暂别庐江守，将游京兆天。"不遇。客节度使章廉琼家，再荐不遇，遂归五松。与李白诗歌往来，尝称为"工文绝世奇"。生于玄宗乙亥年（735）八月十五日，娶曹氏生于丁丑年（737）二月初三日。其子筠公葬石耳山（今铜陵市笔架山）。2008年迁葬松树山（团山）。《杜氏宗谱卷首·诗》：李白《答杜秀才五松见赠》："夫子工文绝世奇，五松新作天下推。吾非谢尚邀彦伯，异代风流各一时。一时相逢乐在今，袖拂白云开素琴，弹为《三峡流泉》音。从兹一别武陵去，去后桃花春水深。"李白《题东溪公幽居》："杜陵贤人清且廉，东溪卜筑岁将淹。宅近青山同谢朓，门垂碧柳似陶潜。好鸟迎春歌后院，飞花送酒舞前檐。客至但知留一醉，盘中只有水晶盐。"

李白于天宝十三年（754）游秋浦时所作组诗《秋浦歌十七首》之十四，歌颂冶矿工人。"炉火照天地，红星乱紫烟。赧郎明月夜，歌曲动寒川。"虽仅寥寥二十个字，却把冶矿工人歌颂得很有气魄。"秋浦，有银有铜"，见《新唐书·地理志》。"赧郎明月夜"与"歌曲动寒川"为对句。"赧郎"，旧时注家不得其解，其实就是银矿或铜矿的冶炼工人。在炉火中脸被焮红了，故称之为"赧郎"，这是李白独创的词汇。"明月夜"的"明"字当作动词解，是说红色工人的脸面使"月夜"增加了光辉。工人们一面冶炼，一面唱歌，歌声使附近的贵池水卷起了波澜。这好像是近代的一幅油画，而且是以工人为题材。（郭沫若《李白与杜甫》）李白所描绘的冶炼场地即今铜陵市郊区铜山镇一带。

李白命名"五松山"真谛　五松山苍松挺拔，纵横交错，松萝共倚，泉水洞壑，胜境幽美。"我来五松下，置酒穷跻攀。征古绝遗老，因名五松山。"《说文解字》"五，阴阳在天地间交午也。""五"，通"午"；交午：纵横交错。"五松"形容山冈松树茂密，郁郁葱葱，错落有致，引人入胜。明代文学家胡震亨《唐音癸签·诂笺一》："李白以其山有松，一本五干，苍翠异恒，题今名。"明代史学家谈迁《枣林杂俎·荣植·古木》："铜陵五松山，旧有松，一本五枝，苍鳞老干。""一本五枝（干）"说是笔者臆测的。李白命名"五松山"的含义居然被扭曲误解，至今谬种流传。

李白指明五松山方位　李白《与南陵常赞府游五松山》诗题原注"山在南陵铜井西五里，有古精舍"；《纪南陵题五松山》诗题注"山在铜坑村五里"；《答杜秀才五松见赠》诗题旧注"五松山，南陵铜坑西五六里"。按图索骥，经过详细考证和实地辨认，"五松山"即铜官山附近支脉五松山脉，东南高，西北低，山脉顺势向西北展布；惠溪经此流进矾港入江。螺蛳山和青石山是五松山高峰。铜陵市地方志办公室编印的《铜陵地名》载：五松山的确切位置，目前尚无定论。"大致认定在市区天井湖宾馆至五松山宾馆一带，其山势今已不显，景已不存。"至今，铜陵百姓不识五松山真面目，深感遗憾。期盼大家重视，众志成城。拥有五松山，美化五松山。

李白寓饮处"新酒坊"　《南陵县志·舆地志·古迹》载：新酒坊，李白寓饮处，白凿井尚存。按其地当在五松山。

关于李白的五言绝句"我爱铜官乐，千年未拟还。要须回舞袖，拂尽五松山"的诗题，清王琦注《李太白全集》作《铜官山醉后绝句》，笔者认为命题谬误：其一，"铜官"指铜官冶地域，非利国山；其二，"回舞袖"表示兴高采烈，手舞足蹈；其三，李白点明"拂尽五松山"。

三、杜牧　杜荀鹤

杜牧（803—853），唐文学家，字牧之，京兆万年（今陕西西安）人。杜佑孙。大和进士，曾为江西、宣歙观察使沈传师和淮南节度使牛僧孺的幕僚，历任监察御史，黄、池、睦诸州刺史，后任司勋员外郎，官至中书舍人。其诗在晚唐成就颇高，后人称杜甫为"老杜"，称牧为"小杜"。又与李商隐并称"小李杜"。亦能文，《阿房宫赋》颇有名。有《樊川文集》。

杜牧任池州刺史，慕长林彬山（今安徽石台境内）之景则憩于筠（杜秀芝之子）家，京兆同宗，情谊益恰。怜悯筠公年老乏嗣，即以年甫周余之幼子荀鹤嗣之。杜牧《示阿宣》（牧公之子名宣）："一子呶呶跨相门，宣乎闻此若而人。长林管岭闲风月，曾有佳儿属杜筠。"《赠族弟筠》"九族之亲序雁行，我儿继续作君郎。他年富贵绵延日，不减长安大厥昌。"《自宣城赴官上京》："潇洒江湖十过秋，酒杯无日不淹留。谢公城外溪惊梦，苏小门前柳拂头。千里云山何处好，几人襟韵一生休。尘冠却挂知闲事，终拟蹉跎访旧游。"

杜荀鹤（846—904），唐诗人。字彦之，号九华山人，池州石埭（今安徽石台）人。四十六岁才中进士。其诗晓畅清逸，语言通俗，对唐末社会动乱及民生疾苦，反映颇多。有《唐风集》。

杜荀鹤《山居寄同志》："茅斋深僻绝轮蹄，门径缘莎细接溪。垂钓石台依竹垒，待宾茶灶就岩泥。风生谷口猿相叫，月照松头鹤并栖。不是无端过时日，拟从窗下蹑云梯。"

四、裴　休

清《铜陵县志》：唐相国，观察使肃子也。尝过铜，有保胜侯庙诗，今装帙贮庙内。

唐中和年间（881—885），裴休来铜陵留诗《题铜官山庙》："浔阳贤太守，遗庙古溪边。树影入流水，石门当洞天。幡花凝宝座，香案俨炉烟。若到千年后，重修事宛然。"从诗中可以看出当时祭祀保胜侯的香火十分旺盛。诗装帙贮于保胜侯庙（今佚），后人和者甚众。铜官山保胜侯庙，又名灵祐王庙，遗址在今铜陵市铜官山麓。据志书记载，此庙始建于南朝萧齐年间（479—502）。相传晋朝浔阳（浔阳郡治浔阳县，在今湖北黄梅西南）太守张宽死后成神，人们建庙以奉侍。唐贞元间（785—805），因张神"阴有助战功"，江东观察史裴肃（裴休之父）奏封保胜侯。宋绍兴九年（1139）赐诏惠庙额，咸淳八年（1272）封灵祐王。旧庙屡毁屡建。明洪武四年（1371）铜陵人俞时修缮。成化年间（1465—1487）铜陵人袁思琼再次修建，立石碑坊，刻古今题咏。至1956年时，遗庙尚存，后开采露天矿，庙基被毁。

五、包　拯

　　包拯（999—1062），北宋庐州合肥（今属安徽）人，字希仁。天圣进士。仁宗时任监察御史，建议选将练兵，以御契丹。后任天章阁待制、龙图阁直学士。官至枢密副使。为官刚正，断讼明敏，执法严峻，为古代清官的典型。著作有《包孝肃奏议》。他的事迹长期流传民间，演为戏文，元杂剧已有《陈州粜米》等剧目，以后流传日广，形成丰富的传说。

　　《陈氏宗谱·陈公学堂诗》：包拯公知池州，因二次荐征（陈翥）不就，先后各赠咏轴一幅。诗曰："奉敕江东历五松，义安高节仰陈公。赤心特为开贤路，丹诏难回不仕风。乐守蘦盐忘鬓白，笑谈金帛近尘红。无拘无束清闲客，赢得芳声处处同。""不听天子宣，幽栖碧涧前。钟鸣花寺近，肱枕石狮眠。禅有远公偈，辞能靖节篇。一竿堪系鼎，千古见心传。"

六、梅 尧 臣

梅尧臣（1002—1060），北宋诗人。字圣俞，宣州宣城（今属安徽）人。宣城古名宛陵，故世称梅宛陵。少时应进士不第。以叔父门荫入仕，历任州县官吏。中年后赐进士出身，授国子监直讲，官至都官员外郎。论诗注重政治内容，对宋初以来的靡丽文风表示不满。在写作技巧重视细致深入，认为："必能状难写之景，如在目前，含不尽之意，见于言外，然后为至。"（《六一诗话》）所作颇致力于反映社会矛盾和民生疾苦，风格力求平淡，盖欲以矫靡丽之习，但有时不免流于板滞。对宋代诗风的转变影响很大，深受陆游、刘克庄等人的推崇。与欧阳修并称"欧梅"，又与苏舜钦并称"苏梅"。有《宛陵先生文集》。

梅尧臣《铜官山》诗云："碧矿不出土，青山凿不休。青山凿不休，坐令鬼神愁。"这首诗描绘铜官山采矿热烈场面，歌颂矿工坚韧不拔的精神风貌，反映人民生活的疾苦，鞭挞作恶多端的"鬼神"。

七、王 安 石

王安石（1021—1086），北宋政治家、文学家、思想家。字介甫，号半山。抚州临川（今江西抚州）人。庆历进士。初知鄞县，修筑堤堰，兴修水利，贷谷与民，出息还官，有治绩。仁宗嘉祐三年（1058）上万言书，主张变法，未被采纳。神宗即位，召为翰林学士兼侍讲，上《本朝百年无事札子》，陈述北宋开国至今各项制度弊端，阐明必须改革，与神宗意合。熙宁二年（1069年），为参知政事，次年拜相。陆续推行均输、青苗、农田水利、免役、市易、方田均税以及保甲、保马等新法，史称"王安石变法"。由于保守派强烈反对，新政推行迭遭阻碍。熙宁七年罢相；次年再相，九年再罢，退居江宁（今江苏南京），封荆国公，世称"荆公"。散文雄健峭拔，为"唐宋八大家"之一。诗歌遒劲清新。词虽不多而风格高峻。所著《字说》《钟山日录》等，多已散失，文集今有《王文公文集》《临川先生文集》两种，后人辑有《周官新义》《诗义钩沉》等。

王安石讲学"荆公书堂"。荆公书堂在晃灵山灵窦泉侧，王安石与新安汪澥、邑人胡舜元曾讲学于此。《胡氏宗谱》载：胡舜元之父乃于大明寺山侧建书堂一所，敦请王君安石居其间，而以叔才公（舜元）从学于彼，安石公乃名其堂曰"逢原"，盖取君子资深逢源之意。胡舜元复试不第，时从王安石游，惭不能归，安石劝之曰："归也！夫禄与位，庸者所待以为荣者也。彼贤者道弸于中，而襮之以艺，虽无禄与位，其荣者固在也。"舜元释然悟，治装而归，安石特撰《胡叔才序》以赠之。既归，其父乃于本耆晃灵山灵窦泉大明寺侧建书堂一所，并敦请王安石日与舜元等讲习其中。舜元感父母教训之笃，安石劝勉之严，益加励志苦学。迨庆历五年（1045）乡试，乃中举人；嘉祐四年（1059）登进士。官任翰林院著作郎。王安石《赠胡舜元公逢原堂》："我爱铜官好，君实家其间。山水相萦萃，花卉矜春研。有鸣林间禽，有跃池中鲜。叶山何嵯峨，秀崎东南偏。峰峦日在望，远色涵云边。宾客此遴集，觞饮常流连。君家世儒雅，子弟清风传。前日辟书堂，名之曰逢原。有志在古道，驰情纂高贤。深哉堂名意，推此宜勉勊。木茂贵培本，流长思养源。左右无不宜，愿献小诗篇。"

王安石《龙泉寺》（其一）："山腰石有千年润，海眼泉无一日干。天下苍生望霖雨，不知龙向此中蟠。"《临津》："临津艳艳花千树，夹径斜斜柳数行。却忆金明池上路，红裙争看绿衣郎。"

八、郭　祥　正

　　郭祥正（1035—1113），北宋诗人。字功父，自号谢公山人，又号漳南浪士，当涂人。郭维之子。因母梦李白而生，青年时代即有诗名，梅尧臣见而叹曰："天才如此，真太白后身也！"举进士。熙宁（1068—1077）中，知武冈县，升签书保信军节度判官。对王安石新法有异议。神宗曾览其诗文，以其才可大用，征询王安石意见，王不予理会，遂以殿中丞致仕。起复通判汀州，迁知端州。弃官隐于涂县青山。有《青山集》传世。

　　郭祥正《青山集》（卷十二）有《忆五松山》一诗："江南富山水，忽忆五松山。梁僧种松夺造物，至今千丈凌云间。上有寒蟾吐魄凝冰霜，下有铜陵碧涧倾潺潺。雷公睥睨不可以挥斧，老鹤飞来势欲止而复还，猿猱侧望何由攀。琉璃殿阁若化出，四大之众说法鸣金镮。我尝脱屣往栖息，六月清风无汗颜。浓荫可爱坐磐石，绿酒酌尽横琴弹。命宫叩征天地变，听之以气往往生羽翰。纷埃不到佛净国，岂识人间行路难。尘劳忽起旧缘想，倒骑匹马来长安。修鳞掉尾业已困，涸辙孰与西江澜。发疏齿缺形将残，畏途足蹠心胆寒。屈原怀沙贾谊贬，身后忠名何足观。不如宴坐碧山里，笑傲每携云月欢。明朝却欲渡江去，五松岩户无人关。方壶员峤太殊绝，幸有此山容我闲。"

　　其诗表明，当时五松山上树林密布，上有寺庙，是沿江有名的景点。其诗多处化用李白句。显然，李白五松山之诗已成为郭祥正对这一带风光特有的地理记忆。

九、苏　轼

苏轼（1037—1101），北宋文学家、书画家。字子瞻，号东坡居士，眉州眉山（今属四川）人。苏洵子。嘉祐进士。神宗时因反对王安石新法而求外职，任杭州通判，知密州、徐州、湖州。后以作诗"谤讪朝廷"罪贬谪黄州。哲宗时任翰林学士，曾出知杭州、颍州等，官至礼部尚书。后又贬谪惠州、儋州。北还后第二年病死常州。南宋时追谥文忠。与父洵弟辙，合称"三苏"。在政治上属于旧党，但也有改革弊政的要求。文汪洋恣肆，明白畅达，为"唐宋八大家"之一。诗清新豪健，善用夸张比喻，在艺术表现方面独具风格。与黄庭坚并称"苏黄"。词开豪放一派，对后代很有影响。《念奴娇·赤壁怀古》《水调歌头·丙辰中秋》传诵甚广。与辛弃疾并称"苏辛"。擅长行书、楷书，取法李邕、徐浩、颜真卿、杨凝式，而能自创新意。用笔丰腴跌宕，有天真烂漫之趣，与蔡襄、黄庭坚、米芾并称"宋四家"。论画主张"神似"，认为"论画以形似，见与儿童邻"；高度评价"诗中有画，画中有诗"的艺术造诣。诗文有《东坡七集》等。词集有《东坡乐府》。存世书迹有《答谢民师论文贴》《祭黄幾道文》《前赤壁赋》《黄州寒食诗帖》等，画迹有《枯木怪石图》《竹石图》等。

明《铜陵县志》：宋苏轼，字子瞻，眉山人，号东坡，元祐间自黄州召还翰林。绍兴元年南还，与黄山谷会于陈公园，觞钦竟日。清《铜陵县志》：陈公园在东城外数十步，内有池二。相传苏子瞻、黄鲁直游于此。按《陈氏宗谱》旧谱原载，陈公园乃邑庠，太学生陈陟公初建。园于县东祖宅左，尝作花园亭台，左右凿土为池，刻石为山，面对铜官山岩洞。内植奇花异草满园，外植山果园圃，人呼为"陈公园"。绍圣元年二月初九日，东坡南还，同黄山谷重游于园，即兴作诗：［苏东坡咏］南北山光照绿波，濯缨洗耳不须多。天空月满宜登眺，看取青铜两处磨。又咏：落帆重到古铜官，长是江风阻往还。要似谪仙回舞袖，千年醉拂五松山。［黄山谷咏］春池水暖鱼自乐，翠岑竹静鸟知还。莫言叠石小风景，卷帘看尽铜官山。

十、黄　庭　坚

黄庭坚（1045—1105），北宋诗人、书法家。字鲁直，号山谷道人、涪翁，洪州分宁（今江西修水）人。以校书郎为《神宗实录》检讨官，迁著作佐郎。后以修实录不实的罪名，遭到贬谪。出于苏轼门下，为"苏门四学士"之一，又与苏轼齐名，世称"苏黄"。其诗多写个人日常生活。在艺术形式方面，讲究修辞造句，追求奇拗瘦硬的风格。论诗标榜杜甫，尤重其夔州诗，提倡"无一字无来处"和"夺胎换骨，点铁成金"。在宋代影响颇大，开创了江西诗派。又能词。兼擅行、草书，初以周越为师，后取法颜真卿及怀素，受杨凝式影响，尤得力于《瘗鹤铭》。以侧险取势，纵横奇倔，自成风格。为"宋四家"之一。有《山谷集》。另有诗文集《山谷精华录》。词集《山谷琴趣外篇》，又名《山谷词》。书有《华严疏》《松风阁诗》《王长者史诗老墓志铭》等。

清《铜陵县志》：宋黄庭坚字鲁直，号山谷，与东坡友善，同会于陈公园。有双墨竹诗，留于太白书堂，见《王梅溪集》。

黄庭坚三次来铜陵。第一次"顿舟古铜官"。元丰三年（1080）初夏，黄庭坚出开封从扬州乘船逆水而上，至江西太和县赴任。当船行至铜陵江面时，狂风大作，暴雨袭来，黄庭坚船只得停靠在江口俞家桥洞内。黄公在船中度二日，即兴赋诗《阻风铜陵》。第二次"苏黄相会陈公园"。元丰八年（1085）初夏，黄庭坚由江西太和被召回京都，入朝主编《神宗实录》。是年五月下旬，他从九江乘船顺流而下，赴开封上任。当船再次来到铜陵江面时，黄庭坚向往五松山太白祠，舍舟登岸休憩，邂逅苏东坡。苏黄二位大诗人于陈公园相会，被园景别致和五松山秀色所感动，一时诗兴大发。苏轼首先吟诗两首，黄庭坚依韵和之。第三次"为子黄相迁铜卜居"。崇宁元年（1102）初夏，黄友颜、黄庭坚、黄相三人从修水出发，长途跋涉来到铜陵。他们游逛县城，游览天井湖，攀登五松山，进入太白祠。黄庭坚在僧舍的墙壁上见到尚书郎赵冏画的墨竹倍感惊叹，作小诗两首："省郎潦倒今何处，败壁风生霜竹枝。满世皆知专翰墨，谁为真赏拂蛛丝。""独来野寺无人识，故作寒崖雪压枝。想得平生藏妙手，只今犹在鬓如丝。"黄庭坚父子在陈公园详细了解到当地的风土人情，同时寻几个地方转转。最后确定在城东枫树墩（今五松镇董冲村境内）落脚。此地距离陈公园、天井湖不远，前面一片开阔，后面冈陵拥抱。阳光沐浴，空气清新。

绍圣元年（1094），黄庭坚因被诬告"修实录不实"而贬官知宣州。有一次他乘舟路过大通（今大通镇）遇风浪船不能开，停靠在澜溪竹墩山下河边，即兴赋诗《阻水泊舟竹山下》。

十一、李　纲

　　李纲（1083—1140），南宋初大臣。字伯纪，绍武（今属福建）人。政和进士。北宋末任太常少卿。靖康元年（1126）金兵败盟南下，他疏请徽宗禅位太子以号召天下。钦宗即位，反对迁都，积极备战，不久因"专主战议"被谪。次年高宗即位，拜相。主张用两河义军收复失地，在职七十五日，又被黄潜善、汪伯彦排斥。后历任湖广宣抚使等职。多次上疏，陈说抗金大计，都未被采纳。著有《梁溪集》《靖康传信录》等。

　　靖康二年（1127）春，李纲被贬谪去宁江（今重庆奉节）。途经长沙时，京城告急，又被诏回京领开封府事。李纲坐船从长沙顺江而下，奔赴开封，四月初一日船过铜陵时，大江风急浪高，舟不能行，只好舍舟登岸跋涉。此时，李纲还不知京城已破，待到他走到繁昌荻港时，才得知汴京陷落，徽、钦二帝被金兵所掳北去。李纲满怀哀愁在铜陵盘桓几日，赋诗《江行池阳至铜陵》《铜陵阻风》和《游五松山观李太白祠堂》三首。《江行池阳至铜陵》："春江望不极，惨淡起层阴。烟雨濛濛湿，云涛渺渺深。怀家千里意，报国一生心。叹息知音少，空为梁父吟。"表达了诗人以身报国，壮志未酬的悲愤心情；《铜陵阻风》："春色到江渚，梅花正断魂。风波流远擢，烟雨湿寒村。雁过传遗响，潮来没旧痕。凄凉一樽酒，愁绝与谁论。"诗人抒发了忧国忧民之心情。

十二、王 十 朋

王十朋（1112—1171），南宋温州乐清（今属浙江）人，字龟龄，号梅溪。初在梅溪乡间讲学。秦桧死后应试，绍兴二十七年（1157）中进士榜第一名（状元）。任秘书郎、侍御史等职。屡建议整顿朝政，力图恢复。孝宗立，力陈恢复大计，历官国史院编修、起居舍人、侍御史等。隆兴元年（1163），张浚北伐失利，主和派非议纷起。他上疏称恢复大业不能以一败而动摇，未被采纳。出知饶、湖等州，救灾除弊，颇有功绩。官至龙图阁学士。著有《梅溪集》。

王十朋离任夔州出知湖州，乘舟自四川瞿塘峡顺大江而上，途经铜陵时，因风狂浪高，只好停船登岸，漫游铜陵名胜风光。并留诗三首。《铜陵阻风》："两年官绝塞，万里下瞿塘。秋浦浪方息，铜陵风又狂。五松人忆白，双竹句思黄。今夜舟中月，中秋何处光。""江入铜陵县，舟藏芦苇间。邮亭危压浦，佛屋陋依山。月出乌将绕，风高雁欲还。江山不贫处，一览见尘寰。"《富览亭》："一望之中万象新，铜官宝嶂悉生春。风光拼取收囊底，宦况于今也不贫。"清《铜陵县志》载：富览亭在天王山，邑令张孝章建，亭久废。乾隆十六年（1751），署县褚邦礼率众捐资移张世兴原创灵官宇重建，监生吴日鹏肖王梅溪公像祀之。张令及王十朋俱有诗，名流题咏甚多。

十三、陆　　游

陆游（1125—1210），南宋诗人。字务观，号放翁，越州山阴（今浙江绍兴）人。生当北宋灭亡之际，少年时即深受家庭中爱国思想的熏陶。绍兴中应殿试，为秦桧所黜。孝宗时，赐进士出身，曾任镇江、隆兴通判。后官至宝谟阁待制。主张坚决抗战，充实军备，要求"赋敛之事宜先富室，征税之事宜核大商"。晚年退居家乡，但收复中原的信念始终不渝。一生创作诗歌很多，今存九千多首，内容极为丰富。抒发政治抱负，反映人民疾苦，批判当时统治集团的屈辱投降，风格雄浑豪放，表现出渴望恢复国家统一的强烈爱国热情。《关山月》《书愤》《农家叹》《示儿》等篇均为世所传诵。抒写日常生活，也多清新之作。诗与尤袤、杨万里、范成大齐名，称"中兴四大家"，亦作"南宋四大家"。亦工词，杨慎谓其纤丽处似秦观，雄慨处似苏轼。他初婚唐氏，在母亲压迫下离异，其痛苦之情倾吐在部分诗词中，如《沈园》《钗头凤》等，都真挚动人。有《剑南诗稿》《渭南文集》《南唐书》《老学庵笔记》等。

陆游《入蜀记》：乾道五年（1169）十二月六日得报差通判夔州（今重庆奉节），方久病未堪远役谋以夏初离乡里。六年闰五月十八日晚行夜至法云寺兄弟饯别，五鼓始决去……（六年七月）二十一日过繁昌县……晚泊荻港，散步堤上，游龙庙……又至一庵，僧言隔港即铜陵界，远山嶒然临大江者即铜官山。太白所谓"我爱铜官乐，千年未拟还"是也，恨不能一到……二十二日过大江入丁家洲夹，复行大江。自离当涂，风日清美，波平如席，白云青嶂，远相映带，终日如行图画，殊忘道途之劳也。过铜陵县不入，晚泊水洪口。江湖间谓分流处为洪。王文公诗云"东江木落水分洪"是也。二十三日过阳山矶始见九华山。

陆游《夜宿阳山矶》（夜宿阳山矶，将晓大雨，北风甚劲，俄顷行三百余里）："五更颠风吹急雨，倒海翻江洗残暑。白浪如山泼入船，家人惊怖篙师舞。此行十里苦滞留，我亦芦丛厌鸣橹。书生快意轻性命，十丈蒲帆百夫举。星驰电弩三百里，坡垅联翩杂平楚。船头风浪声愈厉，助以长笛挝鼍鼓。岂惟澎湃震山岳，直恐顽洞连后土。起看草木尽南靡，水鸟号鸣集洲渚。稽首龙公谢风伯，区区末祷烦神许。应知老去负壮心，戏遣穷途出豪语。"

十四、杨　万　里

　　杨万里（1127—1206），南宋诗人。字廷秀，学者称诚斋先生，吉水（今属江西）人。绍兴进士，曾任秘书监。主张抗金。诗初学江西诗派，后转以王安石及晚唐诗为宗，终则脱却江西、晚唐窠臼，以构思新巧，语言通俗明畅而自成一家。在当时称为杨诚斋体。一生作诗两万多首，传世者仅为其一部分。亦能文。部分诗文关怀时政，反映民间疾苦，较为深切。诗与尤袤、范成大、陆游齐名，称"中兴四大家"，亦作"南宋四大家"。对理学亦颇注意，著《诚斋易传》等。有《诚斋集》。

　　南宋绍熙年间（1190—1194），杨万里遂出为江东转运副使，权总领淮西、江东军马钱粮。其间赋诗：《舟过大通镇》"淮上云垂岸，江中浪拍天。顺风那敢望，下水更劳牵。芦荻偏留缆，渔罾最碍船。何曾怨川后，鱼蟹不论钱。"此诗便是诗人杨万里留给我们的一段自然活泼的渔乡速写。

十五、房 芝 兰

　　房芝兰，元代进士。寓居铜陵期间，多次外出访古探幽。他曾登临峰峦陡峭的天门山，穿林寻径，攀崖过洞，终于登上云雾缭绕的峰巅。

　　他游过建于南宋淳熙年间（1174—1189）位于铜陵石洞耆龙泉山下的兴化寺。房芝兰《重游兴化寺》："古寺藏山麓，重游兴觉赊。晴峦万叠转，寒涧一泓斜。望日频悬阙，看云暂拟家。登临将近夕，归路趁残鸦。""重游兴觉赊"，是因为这里有看不厌的山水，让诗人驻足流连，乐而忘返；是因为观赏美景而引发的家国之思更反衬出诗人对兴化寺的赞美之情。帝京、家乡既然无法归去，这里有如此美景可赏，何不把此处当作家乡安居呢？

　　天门山在县东四十里，高耸云表，麓有梵天寺，寺左有梵天泉。他游览梵天寺泉以后，赋诗《题梵天寺泉》："云根流出泻寒声，冷沁禅关竹树清。气泄化胎飞宝锡，岩开冰谷愧尘缨。鹤林月浪秋常浸，龙海波涛夜忽惊。分我一瓢苏旱岁，化为霖雨泽苍生。"这首诗全篇一个"泉"字，精妙穷形，突发奇想，抒写怀抱，一气呵成，可谓咏泉诗中的佳作。

　　时过六年，房芝兰意犹未尽，复登天门山重游古刹。《重游梵天寺》："门前流水碧粼粼，禅妥僧闲化复淳。搅梦半因诗作祟，破寒全藉酒生春。休教一切有为法，误着三生自在身。拂袖重来经六载，梵云飞雨洗儒巾。"诗人大彻大悟：不能让世俗法度束缚起自由自在的身心，"梵云飞雨洗儒巾"。

　　房芝兰客居铜陵时，还游览过古临津的顺安楼。楼在凤凰耆顺安镇回龙山上。元进士房芝兰有诗，楼久废。房芝兰《题顺安楼》："窗含野草入平吞，极目渔樵江上村。流出异乡花堰水，放开老翠叶山云。竹边僧寺鸥沙绕，柳外人家驿路分。挂月参天蟠地脉，门前双树几斜阳。"这首诗写景极美，远山近水，江村僧寺，竹鸥柳月，纵览所至，全成美景；前后远近，皆入画图。有时是异山大川奔入眼底，瑰丽伟奇，拓人心目；有时似园林小景自成情趣，精巧玲珑。尾联诗人选取门前两棵古银杏树来结穴。这样，写景中含几分沉思、几缕情思，耐人寻味，令人遐想。

十六、陶　　安

陶安（1315—1371），明代官员、学者。字主敬，当涂人。元至正（1341—1367）初，举浙江乡试，授明道书院山长。后避乱家居。至正十五年，迎朱元璋于太平，议取金陵，颇得赏识，留参幕府，授左司员外郎。从克集庆，升郎中。盛赞刘基、宋濂、章溢、叶琛四人，自谦谋略不如刘基，学问不如宋濂，治民之才不如章溢、叶琛。攻下黄州，奉命以知州守之。宽租省徭，民以乐业。移知饶州，拒陈友定兵于城外。吴元年（1367），朱元璋初置翰林院，召为学士。时召诸儒议礼，命为总裁官。竭诚与李善长、刘基等删定律令。明洪武元年（1368），授知制诰兼修国史。曾建议太祖戒骄奢、兴正道。任江西行省参知政事，政绩卓著。卒于官。博涉经史，尤精《易经》。著有《周易集粹》《辞达类钞》《姚江类钞》《知新稿》《陶学士文集》等。

陶安于明初赴任经过铜陵时所写的组诗《过铜陵三首》："县城无城堵，坡陀枕水滨。铜坑容凿矿，炭户晓担薪。兵后姜芽少，岩深简竹新。沙溪浮石子，嘎嘎履声频。""石塔深巢鸟，砖街曲类蛇。平山立烽堠，小港隐渔槎。田废多生荻，池湮不沤麻。独存胡鬼殿，未有县官衙。""季世轻边备，奸臣岂将才。妖金声动地，炎火冷如灰。营垒已陈迹，山川犹壮哉。水流呜咽处，过客每兴哀。"诗人对兵后铜陵山城颓败冷落景象的具体描述，反映兵后山城人民的疾苦，发出"季世轻边备，奸臣岂将才""营垒已陈迹，山川犹壮哉"的叹息。《羊山矶》："东岸矶头拥赤霞，西边沙渚老兼葭。江流盘束如衣带，水急船迟日又斜。"诗歌为人们展示一幅色彩斑斓的风景画：大江东岸边羊山矶头沐浴在一片火红色的晚霞之中，像披上一层艳丽夺目的衣裳；大江西面江中洲渚上芦苇，枝老叶衰，开满白色芦花，像洒满一片银霜；江水滚滚流去，盘绕回旋，一波三折，浪花飞溅，像一根宽大的衣带，把东岸和西洲联结起来，令人觉得跨步就能踏上江洲的土地。

十七、吴 与 弼

吴与弼（1391—1469），明代学者，字子傅，号康斋，抚州崇仁（今属江西）人。一生讲学家乡，不应科举，晚年受知朝廷，屡征不就。学宗程朱，注重"静时涵养，动时省察"，终生以"存天理、去人欲"为念，要求在日常生活中努力做到"贫而乐"。曾谓"宦官释氏不除，而欲天下之治难矣"。胡居仁、陈献章等都出其门下。著作有《康斋文集》等。

清《铜陵县志》：吴与弼字子传，号康斋，崇仁人。正统朝征士，乐十里长山之胜，憩息于斯。留诗二绝。吴与弼《十里长山》："群冈联络接铜陵，何代流传十里名。隔岸翠屏相应好，片帆归咏正秋清。""归心日日数邮程，楚水吴山次第吟。安乐有窝时在眼，只怜无计答升平。"这两首诗为作者回乡途中路过铜陵而作。此诗铺叙眼前所见鹊头山之景，抒发归心似箭的急迫心情。"隔岸翠屏相应好""楚水吴山次第吟"饱含着诗人对眼前美景的由衷赞美之情。

十八、王守仁

    王守仁（1472—1529），明代哲学家、教育家。字伯安，尝筑室故乡阳明洞中，世称阳明先生，余姚（今属浙江）人。弘治进士。早年因反对宦官刘瑾，被贬为贵州龙场（修文县治）驿丞。后因镇压农民起义和平定"宸濠之乱"，封新建伯，官至南京兵部尚书。卒谥文成。初习程朱理学与佛学，后转陆九渊心学，并发展了陆九渊的学说，用以对抗程朱学派。断言"夫万事万物之理不外于吾心"，"心明便是天理"；否认心外有理、有事、有物。提出"至良知"的学说，把封建伦理道德说成人生而具有的"良知"。认为为学"惟求得其心"，"譬之植焉，心其根也。学也者，其培壅之者也，灌溉之者也，扶植而删锄之者也，无非有事于根焉而已"。要求用这种反求内心的修养方法，以达到所谓"万物一体"的境界。他的"行知合一"和"行知并进"说，旨在反对宋儒如程颐等"知先行后"以及各种割裂知行关系的说法。于儿童教育方面，反对"鞭挞绳缚，若待拘囚"，主张"必使其趋向鼓舞，中心喜悦"，以达到"自然日长日化"。其学说以"反传统"的姿态出现，在明代中期以后影响很大，还流行到日本。著作有门人辑成的《王文成公全书》。其中在哲学上最重要的是《传习录》和《大学问》。

    王守仁正德间以宸濠之变，邂逅铜陵，登五松乐之，游咏累日，有铁舡歌。明正德十四年（1519）六月，宁王宸濠反，王守仁征湖广、南赣兵三十万，一举平定"宸濠之变"。嗣后，王守仁赴金陵途中，曾泊舟大通，游铜陵五松山观铁船遗迹，应铜陵人何邦宪邀请同游石洞耆燕子洞，先后游览多日，留下《泊舟大通》《过铜陵观铁船》《何石山招游燕子洞》诗三首。

    《泊舟大通》："扁舟经月住林隈，谢得黄莺日日来。兼有清泉堪洗耳，更多修竹好衔杯。诸生涉水携诗卷，童子和云扫石苔。独奈华峰隔烟雾，时劳策杖上崔嵬。"大通为铜陵名镇，唐宋以来，日益发达。王阳明先生泊舟古镇，不写其市集繁华之貌，也不夸其鱼虾特产之鲜；不叙其龙山美妙的神话传说，也不述茫茫大江、潺潺澜溪之美景……他自寻幽处，着力追寻那自然美，并使自身的情趣与大自然浑然融合、和谐一体，给人们画出了一幅幅优美的图画。

　　《过铜陵观铁船》："青山滚滚如奔涛，铁船何处来停桡。人间刳木宁有此，疑似仙人之所操。仙人一去已千载，山头日日长风号。船头出土尚仿佛，后岗有石云船梢。我行过此徒忖度，昔人用心无乃切。由来风波平地恶，纵有铁船还未牢。秦鞭驱之未能动，羿力何以施其篙。我欲乘之访蓬岛，雷师鼓柁虹为缲。弱流万里不胜芥，复恐架此成徒劳。世路难行每如此，独立斜阳首重搔。"这首诗先写铁船遗迹及传说，后写观船之随想，头绪清楚，脉络分明。本诗以铁船遗迹怀古为发端，以小见大，抒"世路难行每如此"之主旨，意趣似旧而深，手法颇巧且新。它确是一首精彩的警世动俗的《行路难》！

　　《何石山招游燕子洞》："石山招我到山中，洞外烟浮湿翠浓。我向岸崖寻古句，六朝遗事寄松风。"明哲学家、教育家王守仁与铜陵石洞耆邑廪生何邦宪同游燕子洞，欣赏美景，入乡随俗，真乃大家风范。王守仁作诗以纪其事，何邦宪和之：千年燕洞碧岩中，攀历烟萝冶兴浓。剧爱名贤诗格好，谪仙重观拂松风。

十九、王　世　贞

　　王世贞（1526—1590），明代文学家、史学家。字元美，号凤洲、弇州山人，太仓（今属江苏）人。嘉靖进士，官至南京刑部尚书。与李攀龙同为"后七子"首领，共主文坛二十余年，时称"王李"。其持论承李梦阳、何景明等，主张文必秦汉，诗必盛唐。晚年主张稍有改变，所作诗文渐趋平淡。一生著述宏富，有《弇州山人四部稿》《续稿》《读书后》《艺苑卮言》《弇山堂别集》《嘉靖以来首辅传》等。一说传奇《鸣凤记》也出自其手。

　　王世贞嘉靖进士，官至南京刑部尚书。初与李攀龙同为"后七子"领袖，主张"文必西汉，诗必盛唐"，时称"王李"。隆庆初，王世贞伏阙讼父冤，后因病归家。有一天，王世贞带病乘船顺长江而上，舟过铜陵江段遭遇疾风暴雨。诗人抱病，抬起望眼，看到的是江岸上不远处的雨景：雨中馆舍楼台、江村茅屋一一能收眼底；在江岸石矶上撒网捕鱼的渔翁也因风急浪高，风暴波涌而收罾归去。随后即兴赋诗《病中过铜陵遇雨》："江上能收望，渔矶亦罢罾。谁怜伏枕客，风雨过铜陵。"这首小诗语言质朴，景淡情深，很自然地抒发出一个风雨舟中抱病过铜陵的匆匆江上过客的愁情。

二十、汤 显 祖

汤显祖（1550—1616），明戏曲家、文学家。字义仍，号海若、若士、清远道人，临川（今江西抚州）人。所居名玉茗堂。早年即有文名，曾拒绝首辅张居正延揽。万历十一年（1583）进士。历任南京太常寺博士、礼部主事。万历十九年上《论辅臣科臣疏》，弹劾大学士申时行，降为广东徐闻典史。后改任浙江遂昌知县，又以不附权贵而被议免官，未再出知仕。曾从泰州学派罗汝芳读书，后又受李贽的影响，并和僧人达观相友善，思想上崇尚真性情，反对假道学。在戏曲创作上张"言情"，反对拘泥于格律。作有传奇《紫箫记》、《紫钗记》、《还魂记》（即《牡丹亭》）、《南柯记》、《邯郸记》五种，后四种合称《玉茗堂四梦》或《临川四梦》。作品颂扬人性真情，对封建礼教和当时黑暗政治有所暴露和抨击。以《还魂记》最著名。诗文有《红泉逸草》《问棘邮草》《玉茗堂集》等。明清两代有些戏曲作家模拟汤的文词风格，被称为"玉茗堂派"或"临川派"。

汤显祖于万历二十六年（1598）弃官还乡，晚年致力戏曲创作，终成一代著名戏曲作家。那一年，他泛舟长江途经铜陵，作为江上过客虽行色匆匆，却饱览大江风光，阅尽铜陵山水，写出了形象传神的诗章《铜陵》："向夕燕子峡，遥分白马矶。沧浪荷叶点，春色凤心知。邑小无城郭，人欢有岁时。谁怜江月影，悬弄五松枝。"可以看出诗人对铜陵的熟悉、关切、向往。汤显祖曾在襄阳与佘翘相识，读过他的传奇剧《量江记》《赐环记》，十分赏识佘翘的品德与才华，曾称之为"小友"。汤显祖诗序："池阳佘聿云少时，令尊吏部君请为之字，以诗问余"。并赋诗"山公台榭即逢君，爱汝能飞字聿云。秋浦兼葭人自远，春江桃李思难分。芳尊几借清韵色，妙墨传看锦绣文。为道碧鸡光景在，汉宫谁许洞箫闻"。汤显祖这首赞佘翘的诗，回忆了彼此相逢、相识、相别的情景，是对文学家佘翘德艺双馨的人格写照。

二十一、方　　文

　　方文（1612—1669），明末清初人，字尔止，号嵞山，又名一耒，字明农，别号淮西山人，桐城人，一说今枞阳人。明末诸生。工诗能文，因与陶渊明、杜甫、白居易同属壬子生辰，故请画师作《四壬子图》。诗学杜甫，多苍老之作，后期效法白居易，长于叙事。与方以智、孙临、钱澄之、周岐等结泽园文社，与复社诸君子相呼应。入清后隐居金陵，靠占卜、行医生活。著有《嵞山诗文集》《说文条贯》《尔止集》《嵞山集》《续集》《又续集》等。

　　方文一生爱游历，家在桐城，常离家游走，居家时间不多，正如他自己所云："平生客游多，在家经理少。"他客游最常往的地方，当是金陵一带，而铜陵坐落长江边，正是他每次来往金陵舟行必经之地，这样他有多首"咏铜陵诗"就不足为怪。《嵞山集》中确认"咏铜陵诗"有四首：

　　《泊紫沙洲》："朔风阻前路，晚泊向孤汀。月吐江村白，烟消渔火青。床头霜气冷，舵尾浪声停。借问舟中客，何人寐不醒。""江畔孤洲曰紫沙，昔时烟霭百余家。一从豺虎来池口，遂使鸡豚尽水涯。落日穷檐沽薄酒，寒宵危堨系枯查。醉余一觉才安枕，又听军声四面哗。"

　　《铜陵遇姚若侯》："新亭期早发，恨尔别情牵。挂席因风便，停桡在我前。穷乡沽酒薄，密坐论文偏。月色中天好，秋宵不忍眠。"

　　《九日铜陵阻雨》："客里几回逢九日，舟中四次遇重阳。年年风雨愁相似，历历湖山梦不忘。前去吴江天惨栗，昨归京口路凄凉。今朝又泊铜官县，三处烟波一断肠。"

　　方文诗作极丰，其婿王安节所刻《嵞山集》收"前集"12卷，"续集·四游草"（《北游草》《徐杭湖草》《鲁游草》《西江游草》）4卷，"再续集"5卷。

二十二、王 士 禛

王士禛（1634—1711），清文学家，字子真，一字贻上，号阮亭、渔洋山人。雍正时避帝讳，被改称士正；乾隆时，又改称士禛。新城（今山东桓台）人。顺治进士，官至刑部尚书，谥文简。主盟康熙诗坛数十年，追随者甚众，与朱彝尊号称"南朱北王"。论诗创神韵说，选《唐贤三昧集》以标宗旨。早年所作清丽澄淡，中年转为苍劲，诸体兼擅，而尤工七绝。又以余力为词与古文，亦获时名。有《渔洋山人精华录》《带经堂集》《渔洋诗话》《池北偶谈》《香祖笔记》等。

王士禛主盟康熙诗坛数十年，追随者甚众，与朱彝尊号称"南朱北王"。那一年，王士禛从贵池乘船而下，清晨拂晓时分，舟过铜陵江段，远远地就望见巍然耸立的铜官山。诗人情涌心胸，浮想联翩，遂咏诗《晓望铜官山》："空江寒月落，坐失九华峰。回头望秋浦，何处九芙蓉。晓日铜官上，泄去连五松。碧鸡好毛羽，安得一相从。"其诗如画：一轮红日正从碧绿挺拔的铜官山麓冉冉升起，山峰云彩缭绕飘飞，又渐渐地向五松山移动，飞驰的天上流云像瀑布那样泄向苍翠葱茏的五松山间的松树林。铜官山、五松山被点缀成美丽的凤凰。良辰美景，诗人真想舍舟登岸，和祥瑞的碧鸡为伴，共游古铜官风景名胜。诗人王士禛对铜官五松的仰慕喜爱之情，永远留在铜陵。

二十三、宋 荦

宋荦（1634—1713），字牧仲，号漫堂，又号西陂。清河南商丘人。清康熙年间入仕，官黄州通判。累擢江苏巡抚，后至吏部尚书，加太子少师，在官以清节著称。荦博经史典籍、善画，精于鉴藏，诗与当时诗领袖王士禛齐名。著作颇丰富，有《西陂类稿》《筠廊偶笔》《沧浪小志》《漫堂墨品》《绵津山人诗集》等。

邱曙戒，名象升，号南斋，江苏山阳人。顺治进士，官至大理寺左寺副。宋荦于旅途之中，在铜陵巧遇故友邱曙戒侍讲。他们舟泊老鹳口登岸小饮。

故人相逢，好友相聚，其乐融融。宋荦《舟泊老鹳口与邱曙戒登岸小饮》："曲港危樯密，空江落日圆。故人初邂近，野岸共留连。笋摘新萌嫩，鱼烹小鲫鲜。村醪容易醉，好傍白鸥眠。"整首诗中，诗人融描景、抒情、记事、写趣于一炉，使良辰、美景、赏心、乐事"四美"齐备，把朋友邂近之乐写得如此动人、如此富有情趣。尾联形象生动：好一个故友邂近乐，好一个自由自在人！

二十四、查　慎　行

查慎行（1650—1727），清诗人，字悔余，号初白、他山，初名嗣琏，字夏重，浙江海宁人。少从黄宗羲、钱澄之受学。康熙间以举人召值南书房，赐进士出身，授翰林院编修。诗宗宋人，尤致力于苏轼、陆游，所作多写行旅之情，善用白描手法，为清初宋诗派名家。有《敬业堂诗集》《补注东坡编年诗》等。

《雨中过铜陵》：沙尾沿流曲作堤，青山一半吐城低。洲空乱雁争归北，路转千帆尽向西。正剪渡时风乍涨，最含烟处柳初齐。客程已厌连朝雨，不要春鸠更苦啼。

《荷叶洲对雪》："梅根浦口风尤紧，荷叶洲前雪正浓。两岸晓云深似墨，一条春水健如龙……"

《早过大通驿》："夙雾才醒后，朝阳未吐间。翠烟遥辨市，红树忽移湾。风软一江水，云轻九子山。画家浓淡意，斟酌在荆关。"

《大通舟中看雨》："南岸云埋山，北岸云出岫。乘时各行雨，天本无私覆。岂知仓猝间，中有龙蛇斗。当其斗未合，中流犹白昼。南势渐北侵，渡江蹋穷寇。马牛殊顺逆，蛮触争左右。北风忽不竞，退缩示免胄。坐听南风狂，蛟涎卷奔溜。雷公与电母，飞檄亟相就。尽助昆阳围，谁为巨鹿救。须臾贺战胜，雨点随其后。的皪走明珠，淋浪撒金豆。鱼虾半空落，虎豹或惊仆。我穷客江湖，境险迫邂逅。闲中阅造化，触目夸日富。吟成看雨诗，篷隙日光漏。"

《六月十五夜紫沙洲对月》："舣船古柳岸，江阔风吹裳。快哉雷雨余，复此终夕凉。清波洗眉目，白露入肺肠。炯然孤月明，漏此一掬光。愿从鱼鸟住，永与江湖忘。"

二十五、吴　襄

吴襄（1661—1735），清官员。字七去，号悬永，别号匏夫，青阳人。康熙五十二年（1713）进士，授翰林院编修。雍正元年（1723），任职南书房，升侍读学士。后晋内阁学士兼礼部侍郎，充经筵讲官。官至礼部尚书。著有《畿辅河渠考略》《锡老堂诗秒》《锡老堂集》《悬水诗集》《梅花诗百首》等。

吴襄少时曾在舅家佘氏（住今铜陵市郊区大通镇）读书时，作《天王山》："矫首凌江表，龙冈此地同。松深寒气重，苔碧翠烟笼。上界传清籁，诸天散晓钟。梵云飞不远，只在此山中。"清《铜陵县志》：天王山在县西北，列若屏障，县治建其前，天成包络之象。旧有护法寺，因以名山。而拱群峦，大江西绕，中拥城堞，烟火万家，一览拓人心目。上有富览亭，宋贤王十朋有诗，后人属和甚秋。宋周必大录山中有富览亭，"望江流三夹，对岸即濡须"也。

二十六、刘 大 櫆

　　刘大櫆（1698—1779），清散文家。字才甫，又字耕南，号海峰，安徽桐城（现为枞阳）人。雍正副贡。乾隆中官黟县教谕。曾师事方苞学古文，得其义法，下传姚鼐，后世称"方刘姚"为桐城派"三祖"。论文强调"义理、书卷、经济"，要求文章"神气""音节""字句"协调统一。所作古文雄肆醇正。亦工诗，师法唐人而自成一体。著有《海峰文集》《海峰诗集》，编有《历朝诗约选》，今人辑有《刘大櫆集》。

　　刘大櫆，清雍正副贡。乾隆中官歙县教谕。有一回，他清晨乘船从铜陵出发大江远行，风大浪急，转瞬间便驰过"两山如画"的"天门"。诗人迎风凝立船头，只见一泻千里的大江水面辽阔，呼啸不止的凌厉江风迅疾，陡直峻峭的灰白江帆瑟瑟，载着乘客的帆船从这里启程。浮想起天门山在县东四十里，高耸云表，五峰山自天门山逶迤而起，五峰秀削。两山自然联结，奇丽秀美，如竖立江畔画屏。刘大櫆《发铜陵》："大江风急峭帆喧，帆影江声万马奔。朝发铜陵未朝饭，两山如画过天门。"气势宏大而流动，风格质朴而峻拔，显示出诗人羡慕铜陵之豪情。

五松文化

《新唐书》：宣州宣城郡，望。土贡：银、铜器、白纻……碌青。南陵，望。武德四年隶池州。州废来属。后析置义安县，又废义安为铜官冶……利国山有铜，有铁。凤凰山有银……有鹊头镇兵。有梅根、宛陵二监钱官。唐代诗仙李白诗云：『我爱铜官乐，千年未拟还。要须回舞袖，拂尽五松山。』盛唐以来，铜官五松，名高天下；骚人墨客，纷至沓来。唐代铜陵地区逐步形成『五松文化』。五松文化是青铜文化之赓续，其核心『青铜发端，李白倡扬。披荆斩棘，水滴石穿。陶公矍铄，茍媪供餐。五松风貌，薪火相传』。本篇叙述唐代铜官冶地域文化（五松文化）形成及其发展的情况。

一、建置铜官冶

宣州大型的"铜官冶"的建置，体现着冶金业的历史发展水平。这个机构的建立早于宣州钱监约一个世纪，建置于唐太宗贞观元年至十三年（627—639）之间。南朝齐梁时期已经在南陵县建置了"梅根冶"；隋朝"诸冶皆置监，监有上、中、下三等"；唐朝总结历史经验，在宣州建置了"铜官冶"。唐代铜官冶建置以后，其主要任务是开采铜矿，冶铸铜材料，加工铸造铜器。宣州铜官冶的职能有三：其一，提供军用器械；其二，提供农业上屯田农具的配件或者农器；其三，提供社会各个群体的生活用具，例如饰件、铜镜等。

建置铜官冶建置重大：显示唐朝对于宣州冶金业的重视，这必将深刻影响社会经济的发展；标志唐朝在经济上经略东南地区，这是巩固统一、促进社会稳定的具体战略措施；有利于促进宣州乃至东南地区社会经济的发展。

二、命名"五松山"

　　李白一生好游名山，山川秀美的宣州给诗仙李白留下深刻的印记。唐代天宝、至德、上元年间，李白三番五次地到访宣城郡南陵寨山、五松山、铜官冶、鹊头镇等处，流连忘返，留诗怀念。

　　天宝元年（742），李白首次前往宣州南陵寨山，为子女"安家"，有《南陵别儿童入京》一诗以纪其事。第二次于天宝十三年（754）光临南陵五松山。李白经秋浦至铜官冶，由县丞常建陪同游览五松山，为"五松山"命名，并留诗《与南陵常赞府游五松山》等。

　　李白明确指示五松山方位。李白《与南陵常赞府游五松山》诗题原注"山在南陵铜井西五里，有古精舍"；《纪南陵题五松山》诗题注"山在铜坑村五里"；《答杜秀才五松见赠》诗题旧注"五松山，南陵铜坑西五六里"。"铜井""铜坑""铜坑村"即位于铜官冶炼铜场地周边。

　　铜陵民物殷富，有锦绣山河之胜，引起李白的浓厚兴趣。他的诗歌对铜官冶多有赞颂，体现了那个时代的精神风貌。"炉火照天地，红星乱紫烟。赧郎明月夜，歌曲动寒川。"（《秋浦歌》之十四）这是李白脍炙人口的以炼铜和炼铜工人为题材的精品，呈现在人们面前的是一幅壮美的古代月夜炼铜图，是"中国古代诗歌中唯一的一首"。

（一）百姓卜居

　　铜官山五松山秀丽，扬子江鹊江水潆洄。古扬州东南隅之铜陵，自商周时期就有土人挖矿冶铜，进贡朝廷。铜陵是中国古铜都，铜陵矿冶三千年。铜陵"八宝之地"，百姓卜居，纷至沓来。据铜陵市义安区档案馆收藏的姓氏宗谱载：自南朝梁大同间（535—545）至南宋末期（1275—1279）黎民百姓陆续卜居铜陵地区者（迁铜始祖），有户主35人。披荆斩棘，安居乐业；绵绵延延，红红火火；薪火相传，文化创新。2014至2015年，义安区档案馆对本地区44个姓氏的

57种《宗谱》专门研究，认真考证。着重从"姓氏由来""迁徙卜居""列祖像赞""祖训家规""志士贤人""诗文摘录"诸方面，编写了57篇文章。2016年2月，铜陵优秀传统文化丛书《百姓卜居》出版发行。2019年7月起，再次对铜陵地区19个姓氏的25种谱牒精心研究，认真考证，编写成24篇文章。2020年9月，《百姓卜居续集》出版发行。

（二）民俗淳厚

民间的风俗习惯称谓民俗。民俗是群体内模式化的生活文化。生活文化林林总总，既有昙花一现的东西，又有相对稳定、相对普遍的内容，其中只有那些体现着一定模式的事象才是民俗。《汉书·地理志第八下》载：凡民函五常之性，而其刚柔缓急，音声不同，系水土之风气，故谓之风；好恶取舍，动静亡常，随君上之情欲，故谓之俗。孔子曰："移风易俗，莫善于乐。"明《铜陵县志》："按旧志：土风清和，民俗淳厚，士笃于学，农力于耕，尚礼义，厌浮华，此风俗之美者也。而近年来，经生学士，文雅彬彬，科第特出，则人文又将渐进于盛矣。"

（三）学宫与书院

学宫即学舍，旧指各府县的孔庙，为儒学教官的衙署所在。孔庙为祭祀孔子的祀庙。汉代以后历代帝王多崇尚儒学，敕令在京城和各州县建孔庙，主要建筑物有大成殿等。儒学，儒家的学说；元、明、清在府、厅、州、县设立学校，供生员读书，称"儒学"。儒家为中国学术思想中崇奉孔子学说的学派。书院为中国古代的一种学校类型。创始于唐代。宋代由于官府奖励，书院大兴。创办者或为私人，或为官府，多选山林名胜之地为院址。不少知名学者讲学其中，研习儒学经籍。元代路、州、府皆设。在官府控制下，渐流为科举的预习场所。明代由于在讲学中议论朝政，屡遭禁毁。清代发展至数千所，多以府举为目的。清末，废科举，改书院为学堂。

1. 学 宫

清《铜陵县志·学宫》：学宫初在县治西。宋淳熙间（1174—1189），知县林桷迁于东。元季遭兵毁。明初，知县时守道辟旧址，建学宫。

大成殿（文庙） 在明伦堂前。洪武三年（1370），知县彭克修建大成殿。宣德七年（1432），知县商宾倡邑人佘志贵建，佘宽修理。万历天启间（1573—1627），佘庆中、佘钟等屡修。清顺治三年（1646），知县蒋应仔率生员佘睦、贡生佘继益等葺治。康熙二十年（1681），泸州知州佘继益、寿光县丞佘继云同族众重新规划，较前宏大。乾隆十一年（1746），府宪饬修，知县单履中、生员佘懋熙、耆民佘懋麟等，尽揭殿瓦，更易椽桷，梁栋重设。钦颁御书"万世师表""生民未有""与天地参"三匾额。明训导刘山《重修大成殿记》：铜官有学，学有庙，旧矣。宣德壬子（1432）大通义士佘志贵捐资，建大成殿，学始美观，县令商君倡之也。阅六十年，将圮。厥嗣佘文、佘宁偕弟侄宽、安、瑄、斑、瑰、珍拆旧鼎建，材甓工力之费，动以万计，劳两期告厥成。《诗》曰："群黎百姓，遍为尔德。"化之也。佘氏勤也，其亦知尊夫子乎？志贵疏财尚义，汲汲于立风化之地，尊夫子之道也。

明伦堂 在文庙后。明代洪武初，主簿马骥始建明伦堂，与师生讲学。明宣德七年，邑人丁子清建，后迁县西，废，袁泰重建。嘉靖十七年，复迁县东，袁廷瑚、袁沛建。万历三十三年，袁浙、袁滋、袁应旸、应凤重建。天启七年，袁杰重加丹膜。顺治十一年，庠生袁燧、耆民袁一策复修。康熙三十年，袁燧增修。乾隆十一年，廪生袁垲等重修。乾隆二十二年，诰赠文林郎丁子清暨丁子文、子祥后裔绅士人等合族捐资鼎新。监生阮起武捐置长桌凳各二十四张。监生徐家福摹刻朱子手书"忠孝廉节"四大字，置巨屏四座。刘山《重修明伦堂记》：铜陵县学，故本县治西百许步。宋县令林桷以其杂阛阓，徙置县东山下，废于元季之兵燹。明朝洪武初，更三令，而学宫之制稍复。宣德壬子，洛阳商宾以吏科给事中改铜陵令，倡邑人重新之，其人文蔚然有可观。吾儒之道，昭然如日星，有志于学者，圣贤之域，卿相之位骎骎也，此皆已然之明验，而学校有益于人也大矣。

2. 书 院

紫阳书院 旧在邑西学基，祀朱子，明末兵毁。顺治九年（1652），知县刘曰义修，后废。清代教谕彭文炜《重修紫阳书院碑记》：刘公赞寰，出宰铜官，甫二年余，而百废俱兴。城之西旧有紫阳书院，危室三楹，飘摇风雨。公曰："吾闻盛世，书院遍天下，兴起后学，甚盛事也。兹邑江山拱秀，玉带环河，鳌首作镇，书院之立否，得毋系人才之成废乎哉？"予曰："荆川有言，先王本道德礼乐经术以造士，而以士大夫之优于道德礼乐经述者，命以为庠序之师，是以上无私师，下无私学，历代建学遍宇内，所习者不过章句呫哔，所志者不过声利荣名，其所谓高等者，亦惟骛文词之博，而只以为溺心灭志之资。庠序为虚器，而弟子为虚名，论世者太息于斯焉。"今刘公于庠序既可谓勤矣，文庙尊经戟门璧池斋庑翼然皆鼎新焉。兹书院告成，丹艧黼黻而高居，周垣固巩区其斋室，予因进多士而语之曰："士者，民之表也。"其院旧有孔子像亭，亦既圮矣，刘公为新之。院所祀纪维紫阳夫子，铜之诸士，鹅湖亭之异同，白鹿洞之讲议，多被刘公之教，其或有以辨此矣。

五松书院　即敬一亭址，亭系贡生章烁建。乾隆五年（1740）知县王锡蕃兴举义学。其制门一间，前学舍三间，中厅三间，桌凳器皿俱全。王令延师讲学，后邑令俱偕两学博萃集生童课艺。清代翰林喻炜《五松书院记》：国家礼让之化行，而风俗茂美，使人孜孜于其中，磨砻迁革，勉其善而力去其不善者，非学之相与以有成哉。盖学校者，王政之本也。我朝圣圣相承，鼓舞化导之方，至详且尽，饬修庠序，慎简学博，又于黉舍之外，创立书院，如白鹿讲学之制，所在多有，以故良司牧，体主上之至意，奉扬仁风，弦歌之化，达于九衢，而一时矢怀慕义，乐于解囊，上副圣天子宣化之心者，亦难更仆数，呜呼盛矣！皖据安省之上游，亦东南人文会聚之薮也……铜之两生章廷钎、廷锷至，恂恂纯谨，文章卓然可观，予甚器之。既而两生之兄廷钥亦便道谒予，其颖异更度越时辈……久之，乃合呈其尊人云迨，承先世之志，独力捐建五松书院，积屋之数若干，而门序正位讲艺之堂，栖士之舍皆足，积器之数若干……何其慷慨而好义也。夫铜之大家名族，介甫谓其以资雄邑之业儒者，耗其千金之产，遇之者皆掩目远去。及今观此书院之作，胜以一人之力。惟其意之所向，峻宇雕墙，壮伟闳耀而扬揭之。闻之铜旧有紫阳书院，已鞠为茂草矣。澄州王君为令，威行爱溥，事举讼清，以整齐风化为倡，而五松书院始立。其后高密单君极意作兴，不惜清俸进邑之良子弟相与讲学而明之，益扩其前之所未逮，而斯士誉髦，彬彬盛矣……两生请曰："愿有记也。"于是乎书。

三、英贤辈出

清《铜陵县志》：科第者，仕进之阶梯，厥典重矣。故辟门以广贤路，旁求以擢名流，登崇俊良，自昔云盛。吾邑山辉泽媚，代产英贤，曩时掇巍科，登鼎甲，以经术著勋猷者，卓卓有人。盛于前，当继于后，人杰应以地灵。附进士、举人名录（不分）。

进士　（1）宋代：①盛京，石洞人，盛度兄，登咸平元年孙仅榜，官至工部侍郎。②盛度，石洞人，登端拱进士，官至翰林学士。③胡舜元，凤凰沸水人，登嘉祐四年刘辉榜，任著作郎。④盛昌孙，京之孙，登元丰八年焦蹈榜，任本县令。⑤钟锵，朱村人，登元祐六年马涓榜，官至汀州知府。⑥罗复，钟鸣人，登政和二年莫俦榜，任胙城知县。⑦盛虎臣，登莫俦榜，官枢密使。⑧胡棣，胡舜元孙，登建炎二年李易榜，官至兵部郎中。⑨胡乘，与胡棣同榜。任江宁尉。⑩俞苐，与胡棣、胡乘同榜。⑪俞时升，凤台乡人，绍兴十八年登王佐榜，官至徽州府知府。⑫罗京，贵上人，绍定二年登黄朴榜，官至户部侍郎。⑬钟文珍，合二人，字叶叔，治《春秋》，登宝祐四年文天祥榜。⑭阮以和，花堰人，字熙文，治《春秋》，与钟文珍同榜。⑮章应雷，贵上人，登开庆元年周震炎榜，探花及第，官至秘书修撰。⑯阮治凤，花堰人，景定三年登方京榜，官至淮东参制。⑰罗黄裳，贵上人，与阮治凤同榜，官至两淮运使。⑱阮麟翁，治凤子，咸淳七年登张镇孙榜，官至中顺大夫、建德路总管兼劝农事，赐爵陈留侯。（2）明代：①陈孟晟，坊一耆人，景泰五年登孙贤榜，官至云南按察司佥事。②陆柬，元教谕陆观裔，河南祥符籍，本邑近市耆人，登嘉靖二十九年唐汝楫榜，任南昌令，调魏县，升大理寺评事，历寺副寺正，终宝庆知府。③佘敬中，合二耆人，嘉靖三十八年登丁士美榜，授武昌府推官，钦取吏部稽勋司主事。历文选考功转验封司郎中，升广西参政及广东廉使。④佘毅中，合二耆人，敬中弟，万历二年登孙继皋榜，官至太仆寺卿。⑤佘合中，合二耆人，登万历三十八年韩敬榜，任行人，考选山东道御史，迁副使，赐环福建道御史、大理寺少卿。⑥汪汇之，朱村人。崇祯辛未科（武进士），任漳州府南陬守备，升督犒副总兵。⑦佘心进，合二耆人。崇祯丁丑科（武进士），任浙江金华府守备。（3）清代：①盛应谦，石洞耆人，登乾隆十六年秦大士榜，任湖北临湘知县，告归终养。②张大观，坊一耆人，道光乙巳科进士，以受知于曾国藩，而从其为幕僚。复授江西新昌知县，兼摄上高县事。③郎应征，合二耆人。顺治乙未科（武进士），特恩赐白金八两，后任建昌守备，授宜武将军。④部之范，白二耆人，顺治辛丑科（武进士）。⑤杜鹏，顺合耆人，康熙庚戌科（武进士）。⑥佘先勋，顺合耆人。康熙甲戌科（武进士），授台州府守备。⑦佘建，顺合耆人，康熙甲戌科（武进士），授漳州府海澄营中军守备，升泉州府提标左营都司。

举人 （1）宋代：①盛如廓，石洞耆人，淳熙十年癸卯科，官著作郎。②周应源，凤凰耆人，与盛如廓同科，任本府训导。③俞仕毅，邓源人，咸淳经魁，任本学教谕。（2）元代：丁载之，至正间江南乡魁，任池州路东流县尹。（3）明代：①佘可才，大栏耆人，永乐元年癸未科，官至通政使。②刘时敏，坊一耆人，永乐癸未科，经魁，任肃宁教谕。③叶昶，坊市耆人，与可才、时敏同榜，任上由县教谕。④吴汝昌，大栏耆人，永乐辛卯科，任丽水知县。⑤张友清，坊二耆人，与汝昌同榜，任麻城知县，调丽水。⑥周昶，凤凰耆人，永乐甲午科。⑦陈谟，贵上人，永乐丁丑科，任宜章县教谕。⑧胡本惠，合二耆人，永乐庚子科，官至都察院右副都御史，巡抚辽东。⑨潘潜，坊市耆人，宣德四年己酉科经魁，任武宁知县。⑩丁晖，石洞耆人，正统丁卯科，任南城兵马司指挥，改湖广按察司经历。⑪盛谦，石洞耆人，正统丁卯科，任南城兵马司指挥，改湖广按察司经历。⑫盛谦，石洞耆人，景泰元年庚午科，任金华府推官。⑬陈孟晟，坊市耆人，景泰四年癸酉科。⑭何浩，石洞耆人，与孟晟同榜，任四川巴县知县。⑮陆明，栖二耆人，天顺壬午科，任福建市舶司提举，时罗伦谪此，同官相善。⑯王升，坊市耆人，教谕王贯子，成化辛卯科，任寿光教谕，升鲁府审理副。⑰葛洪，朱村耆人，与王升同榜，任通州同知，升本州知州。⑱佘以能，大栏耆人，成化庚子科，任福建建阳知县。⑲王傅，坊市耆人，与以能同榜，任天和、乳源、浏阳知县。⑳王裕，近市耆人，成化丙午科，任丰城、德化、宁化知县。㉑陆应祚，陆明之子，弘治戊午科，任蓝阳教谕，升饶阳知县。㉒胡弘绪，合二耆人，胡本惠孙，嘉靖戊子科。㉓徐文山，钟鸣耆人，嘉靖壬子科，任南城知县，卒于官。㉔佘敬中，合二耆人，嘉靖乙卯科。㉕佘毅中，合二耆人，嘉靖戊午科解元。㉖佘翘，敬中子，万历辛卯科。㉗史继栋，云南籍，任雅州知州。㉘佘萃，大栏耆人，万历丁酉科，任平江知县。㉙葛邦才，朱村耆人，万历庚子科，任六安州学正，升雅州知州、平凉府同知。㉚佘合中，合二耆人，万历癸卯科。㉛周允瑞，凤凰耆人，万历丙午科。㉜张懋鼎，栖一耆人，天启丁卯科，崇祯甲戌副榜，任泗州学正，历国子监助教、户部郎中，官至临巩兵备参议。㉝佘勋中，万历丁酉科（武举）。㉞佘三登，合二耆人，三科（武举），任南京守备，进阶明威将军。㉟汪汇之、朱村人，天启甲子科（武举）。㊱吴镇远，坊二耆人，三科（武举），任抚州守备。㊲丁应基，崇祯癸酉科（武举），任福建守备。㊳佘心进，合二耆人，崇祯丙子科解元（武举）。㊴陈表，坊一耆人，崇祯庚午科（武举），选任南京后军督府把总。㊵刘燮，陶村耆人，崇祯庚午科（武举）。（4）清代：①谢绍仁，合二耆人，康熙戊子科，任峨眉知县，补任光泽知县，行取授户部主事。②陈哲，坊一耆人，康熙辛卯科，历湖广湘乡、龙阳、广东清远、调繁、归善知县，升甘肃宁州知州。③徐名臣，钟鸣耆人，雍正元年癸卯恩科，拣选知县。④黄淮，坊一耆人，雍正丙午科解元，己酉、壬子、乙卯山东、湖北同考官，雍正癸卯科选拔。⑤陈登，坊一耆人，雍正乙卯科。⑥盛应谦，石洞耆人，乾隆甲子科，辛酉选拔。⑦史应贵，白二耆人，乾隆丁卯科经魁。⑧章廷釪，近市耆人，乾隆壬子恩科经魁。⑨盛嘉祐，石洞耆人，乾隆丙子科，癸酉选拔。⑩张大观，坊一耆人，道光丁亥科中举。⑪佘孔道，合二耆人，顺治戊子科（武举）。⑫郎应征，合二耆人，顺治戊子科（武举）。⑬丁应举，顺治甲午科（武举）。⑭蔡可斌，顺治甲午科（武举），与可赋兄弟同榜，任宿州卫千总。⑮蔡可赋，顺治甲午科（武举），任天津卫千总。⑯郜子范，顺治甲午科（武举）。⑰刘灿，顺治丁酉科（武举），任六安卫守备，升广东肇庆中营游府，从广抚征吴贼，以军功特授梧州府博白县令。⑱佘虎臣，康熙癸卯科（武举），原顺治丁酉武副榜。⑲佘心镜，康熙癸卯科（武举），授杭州府前卫领运千总，恩加守备，原康熙庚子武副榜。⑳杜鹏，康熙丙午科（武举）。㉑佘禧，康熙戊午科（武举）。㉒徐必治，钟鸣耆人，康熙辛酉科（武举）。㉓丁铉鼎，石洞耆人，康熙丁卯科（武举）。㉔佘建，康熙丁卯科（武举）。㉕佘先勋，康熙丁卯科（武举）。㉖佘国祚，康熙癸巳寿恩科（武举）。㉗佘云从，雍正己酉科（武举），授浙江宁波卫千总。㉘钟世芳，雍正乙卯科（武举）。

北宋咸平戊戌（998）至清道光乙巳（1845），池州铜陵县荣登进士者32名（含武进士7名）；擢拔举人者70名（含武举26名）。

（一）樊知古与"六百丈"

樊知古（943—994），北宋官员，字仲师，本名若水、字叔清。祖籍京兆（今陕西西安），迁居池州。知古尝举进士不第，遂谋北归。乃渔钓采石江上数月，乘小舟载丝绳，经南岸，疾棹抵北岸，以渡江之广狭。开宝三年（970），诣阙上书，言江南可取状，以求进用。太祖令送学士院试，赐本科及第，解褐舒州军事推官。开宝七年（974），召拜太子右赞善大夫。会王师征江表，知古为乡导，下池州。八年，以知古领州事。先是，州民保险为寇，知古击之，连拔三寨。

清康熙间，刘廷銮《六百丈记》："铜陵县南三十里有江曰六百丈。南唐时，池州人樊若水量江于此，广六百丈，遂名"；"銮数过六百丈，未尝泊舟。今年己卯（1699）秋，维江岸，波涛澎湃，念如此水势，浮梁必危，六百丈虽狭亦广也。当时若水引绳而量，其徘徊亏蔽，拓落无聊，不知何似，江干人不过以渔翁钓徒视之而已。若水尝有'闲吟秋浦月华静，醉卧九华云片高'之句，子汉公，宋赐学究出身，今其诗文家系，并湮没不彰也。池州以下，采石以上，若水当一一识有尺寸，而六百丈仅传。岸各变迁，未知今尚如故否？漫为列之。"

2007年12月，铜陵市地方志办公室编印的《铜陵地名》：六百丈位于铜陵长江公路大桥北岸桥头地带，地处枞阳老洲沙池村，为普济圩农场二分场江堤外沿江沙洲（今普济圩农场属铜陵市郊区）。六百丈土质多沙，筑堤围垦不易。清同治时期，民间曾捐资在此围垦，无果而终。抗日战争前，民主人士朱子桥以工赈名义修筑六百丈干堤，因老埂无存，工艰时促，复经1931年、1935年两次大水冲刷，堤土尽失，任江潮自由进退。民国二十五年（1936）桐城县长徐国治又发起维修长江干堤和内圩堤，计划在王家套、土桥建闸。由于土桥闸未建，致使江潮由此倒灌，围垦事业未能如愿。民国三十五年（1946）十二月，皖籍国民党军政要人刘和鼎等一批闻达人士成立普济垦济社，拉开大规模垦殖普济圩序幕，并计划在六百丈一带建设商埠和水运码头。随着蒋家王朝风雨飘摇，此项计划成为空中楼阁。新中国成立后，普济圩农场的农垦事业飞速发展，六百丈大堤一再培修加高加固，足以抵御百年一遇的洪水，圩区四周乡民流传久远的"大通对六百丈"的口头禅，已渐渐淡出青少年一代。铜陵长江公路大桥飞架长江南北，六百丈从此与大通、与铜陵连成一体，几代人的梦想终成现实。

清人刘廷銮慨叹："池州以下，采石以上，若水当一一识有尺寸，而六百丈仅传。岸各变迁，未知今尚如故否？"今日之六百丈成为铜陵长江公路大桥北岸桥头集镇，与南岸大通镇比翼双飞。车水马龙，繁华热闹。

（二）陈翥与《桐谱》

陈翥（982—1061），北宋学者，字子翔，号虚斋、咸聱子，又号铜陵逸民，铜陵人。出身官宦之家，然不乐仕进。杜门读书，人称之"闭门老先生"。庆历八年（1048），购地数亩种植桐树与竹。研读之际，还经常"召山叟，访场师"，虚心请教，经过三年多时间的辛勤笔耕，于宋仁宗皇祐三年（1051）写成了一部泡桐专著《桐谱》。

《桐谱》目录：桐谱序、叙源第一、类属第二、种植第三、所宜第四、所出第五、采斫第六、器用第七、杂说第八、记志第九、诗赋第十、附录张钧衡跋。

北宋皇祐元年（1049）十月七日，陈翥《桐谱序》："古者《纪胜之书》今绝传者，独《齐民要求》行于世，虽古今之法小异，然其言亦甚详矣。然茶有'经'，竹有'谱'，吾皆略而不具。吾植桐乎西山之南，乃述其桐之事十篇，作《桐谱》一卷。其植桐则有记志存焉，聊以示于子孙。庶知吾既不能干禄以代耕，亦有补农家说云耳。"陈翥著《桐谱》的宗旨为总结经验，流传后代。希冀大家知道"吾既不能干禄以代耕，亦有补农家说云耳"。

《叙源第一》，这是《桐谱》一书中总论性质的重要论文。作者首先依据历史文献，对古今有关桐树（泡桐）名实上的存在问题进行了考证，从而揭示历来桐树名称上的混乱状况，指出古代文献上所谓的"桐""梧""梧桐"，"其实一也"，即均指桐树（泡桐）。《类属第二》是专门论述桐树品种及其分类的论文。作者非常正确地把白花桐（白花泡桐）、紫花桐（绒毛泡桐）和一个白花桐的变种，归属为一类。这种"类"，已精确到相当于现代植物分类学上的玄参科泡桐属。同时，在对其"种"的考察研究上，已注意到从形态学、生物学、解剖学等方面，做到既十分详细，又抓住各自典型特点，进行了精确描述。《种植第三》着重介绍桐树育苗、造林和幼树抚育技术。作者从桐树的育苗方法（包括播种、压条、留根育苗）及其效果优劣比较，到造林地的整地、造林时期、造林方法，以及平茬、抹芽、修枝等方法，系统地进行了详细而完整的记述。《所宜第四》是讨论桐树所适合的生活环境条件问题的专文。着重论述了桐树与立地（地势）、土壤肥力、光照、温度、地下水等生态条件的关系，并分别提出一些相应的技术措施。《所出第五》是记叙我国古代桐树产地情况的文章，其中大部分内容属于有关文献资料的辑录。《采斫第六》较好地总结了我国北宋时期群众中有关桐树修剪疏枝和成材采伐的丰富经验。其中所介绍的技术方法具体而详细，说明的道理也是清楚而深透。《器用第七》所记则表明：在十一世纪的北宋时期，桐木又在房屋建筑，以及炊具等方面而获得了新的重要应用。同时《桐谱》作者对桐树材质特性和加工性能等论述，呈现着当时我国人民对于桐树材质认识的不断深化，对于桐材的加工应用不断广泛的发展史。《杂说第八》基本上是有关桐树（有的并非实指桐树）趣闻逸事的文献资料选编。从这些资料中，可以略知我国古代对于桐树的认识、种植和利用等方面的情况。其中，关于"神农、黄帝削桐为琴"，营造大面积桐树人工林等方面的许多记述，都是我国桐树科学技术史上很值得注意的重要情况。《记志第九》包括《西山植桐记》和《西山桐竹志》两篇文章，主要是《桐谱》作者关于自己在西山之南种植桐树经历等情况的自我叙述。《诗赋第十》包括《植桐诗并序》（诗缺）、《桐笔君咏并序》、《西山桐十咏并存》（缺一咏）和《桐赋并序》。

陈翥《西山桐十咏并序》序言：吾始植桐于西山之阳，议者诮其治生之拙。及数年，桐茂森然，可爱而玩，复私羡之，始知桐之易成耳。因作《西山桐十咏》，识所好也。其诗《桐栽》："吾有西山桐，植之未盈握。所得从野人，移来自乔岳。节凝叶尚秘，根疏土自剥。匪节待篱鷃，庸将栖鸑鷟。异日成茂林，论材谁见擢？巨则为栋梁，微亦任楹桷。仍堪雅琴器，奏之反淳朴。大匠如顾怜，委躯愿雕斫。"《桐根》："吾有西山桐，密邻桃与李。得地自行根，受芘愈高蕡。上濯青云膏，下滋醴泉髓。盘结侔循环，岐分类枝体。乘虚肌体大，坟涨土脉起。扶疏向山壤，蔓衍出林址。愿偕久琛固，无为半生死。倘仪大厦材，合抱由兹始。"《桐花》："吾有西山桐，桐盛茂其花。香心自蝶恋，缥缈带无涯。白者含秀色，粲如凝瑶华。紫者吐芳英，烂若舒朝霞。素奈未足拟，红杏宁相加。世但贵丹药，夭艳资骄奢。歌管绕庭槛，玩赏成矜夸。倘或求美材，为尔长吁嗟。"《桐叶》："吾有西山桐，下临百丈溪。布叶虽迟迟，庇根亦萋萋。密类张翠幄，青堪翦封圭。滑泽经日久，濡毳随干踦。迎风带影动，坠雨向身低。宁隐凡鸟巢，自蔽仪凤栖。松柏徒尔顽，蒲柳空思齐。但有知心时，应候常弗迷。"《桐乳》："吾有西山桐，厥实状如乳。含房隐绿叶，致巢来翠羽。外滑自为穗，中虚不可数。轻渐曝秋阳，重即濡绵雨。霜后感气裂，随风到烟坞。虽非松柏子，受命亦于土。谁能好琴瑟，种之向春圃。始知非凡材，诸核岂相伍。"《桐孙》："高桐已繁盛，萧萧西山陇。毳叶竟开展，孙枝自森耸。擅美推东南，滋荣藉萋菶。不能容燕雀，只许栖鸾凤。宁入吴人爨，堪随伯禹贡。雨露时相加，霜雪胡为冻。况有奇特材，足任雅琴用。中含太古音，可奏清风颂。"《桐风》："分材植梧桐，桐木成翠林。日日来轻风，时时自登临。拂干动微毳，吹叶破圆阴。虚凉可解愠，轻鼓如调琴。莫传独鹄号，愿送栖凤吟。岂羞楚襄王，兰台堪披襟。亦陋陶隐居，高阁听松音。无为摇落意，慰我休闲心。"《桐阴》："枝软自相交，叶荣更分茂。所得成清阴，仍宜当白昼。荫疑翠帘殿，翳若繁云覆。日午密影叠，风摇碎花漏。冷不蔽空井，高堪在庭甃。五本闲野人，受乐忘茕疚。亭亭类张盖，翼翼如层构。日夕独徘徊，犹思一重复。"《桐径》："时人羡桃李，下自成蹊径。而我爱梧桐，亦以成乎性。中平端隧道，还往非辽复。直入无欹斜，横延亦径挺。月夕叶影碎，春暮花光映。清朝蒙露湿，落日随烟暝。不使草蔓滋，任从根裂迸。堪谐蒋诩徒，惟任蓬蒿盛。"

《桐谱》全书约16000字。《桐谱》作者根据自己丰富的实践，认真研究前人宝贵的认识成果，从桐树的形态特征和生物学特性，到桐树的品种及其分类、苗木繁育、造林技术、幼林抚育、产地分布，以至采伐和利用等方面，比较全面而系统地总结了北宋及其以前我国古代劳动人民关于桐树种植利用的一整套经验，从一个侧面具体地反映了我国古代林业科学技术的光辉成就。英国著名学者李约瑟曾经说，宋代"当时最有特色的是无数关于动植物的专著"。并指出：其中某些植物学方面的著作，"要比十五和十六世纪早期欧洲的植物著作高明得多"（李约瑟《中国科学技术史》）。陈翥《桐谱》则正是属于这种"最有特色的""高明"的专著之一。同时，《桐谱》在我国科学技术史上，占有独特的重要地位。《桐谱》作者在对桐树的科学认识和生产实践的论述上，不仅超越了贾思勰等古代著名农学大师所达到的深度和广度，而且对其后世的著名科学家和学者王象晋、李时珍、方以智、吴其濬等人，有过很大的启示和影响。《桐谱》还以诗赋文学体裁的形式，用生动感人的文辞，如实地记述了作者亲身从事桐树生产和研究的情况，以及其生平事迹和思想见解。这是我们研究《桐谱》与陈翥十分珍贵的资料，可以说为"文化遗产"。

2013年1月，中华书局出版发行的《中国地域文化通览·安徽卷》载：《桐谱》的作者陈翥（982—1061）为池州府铜陵（今铜陵）人，他的著述达26部，涉及天文、地理、儒、释、农、医等方面。《桐谱》是我国乃至世界上最早论述桐树的科学专著，也是古农书中现存唯一桐树专著，系统而又全面地总结了北宋及其以前有关桐树种植和利用的经验，具有很高的学术价值和文献价值。

（三）佘翘与《量江记》

佘翘（1567—1612）字聿云，为汤显祖所起；号燕南，又号铜鹊山人，铜陵（今安徽省铜陵市郊区）人。修干长鬣，喜击剑走马；为诗，有悲歌慷慨之风。万历十九年（1591）中举。后屡试不第，于是往来燕、赵、齐、鲁、江淮间，远至西夏和辽东，足迹遍全国，诗文大进。曾治浮斋舫，乘之过金阊，张凤翼有"招寻不惜纡双舄，仓卒无能举一觞"句，对这位后进曲家的拜访，流露出一片诚挚之情。所著有《量江记》《赐环记》《幼服集》《齐山奇记》《秋浦吟》《池阳三忠传》等。

《曲品校注·曲品卷下》：佘聿云所著传奇二本—《赐环》和《量江》。吕天成评《量江》："樊若水事奇。全守韵律，而词调俱工，一胜百矣。"

古本戏曲《量江记》剧本分上下两卷，共34出，约5万字，有雕版精美插图11幅。上卷计17出，依次为标略、聚慨、内宴、别家、水阅、江饮、奸阻、闺忆、量江、仙指、北走、遇主、闺泣、之任、神拯、遣侦、虚返；下卷计17出，依次为双悼、入道、辱奸、嗔逃、被逮、庭讯、督造、宫叹、试船、计穷、醉遁、渡江、北辕、江奠、驿遇、陈情、庆完。该剧取材于《宋史·樊知古传》，写的是真人真事，而又赋予传奇色彩。剧情梗概是：南唐国主李煜，沉湎酒色，不理朝政；奸臣当道，嫉贤妒能。池州人樊若水怀才不遇，深夜量江，向宋太祖赵匡胤献搭建浮桥渡江之策，被明主采纳，并委以重任。樊的老母、贤妻误信算命先生传言，以为若水已在采石矶投江身亡，前往寻尸不见，也一起投江自尽，为神所救，送进金陵灵玄观出家；不料被南唐爪牙探知擒获，关进后宫为奴。樊若水出任舒州知府，派部下乔装潜入池州，接母、妻团聚，却接到母、妻已投江噩耗，悲伤自责，设灵堂祭奠。宋大将曹彬操练水军，指挥若定；樊若水督造浮桥，不差毫分；宋军如履平地，一举渡江征灭南唐，奸佞被杀，李后主出降。樊在押解南唐宫苑俘虏回汴京途中，意外发现老母、贤妻也在其中。宋太祖论功行赏，樊若水奏明家事，获恩准，庆欢聚，以大团圆告终。剧情起伏跌宕，故事曲折离奇，全守韵律，词调俱工，具有很强的艺术感染力。自明末清初搬上舞台，久演不衰，很受欢迎。

（四）《铜陵算法》及其作者

清《铜陵县志》：张文伟，字天彦，号横溪，栖二耆人。自幼业儒，纂修算法，丈量田地等则，精妙简洁，较胜前人，刊书行世。江有恒，石洞耆人。潜心数学，精丈量，截补钩折诸例，推广前邑人张文伟之法，有书行世。

《皖志述略》评述道：适应商业发展需要，《铜陵算法》应运而出。此书初版久佚，作者不明，有翻刻本数种，长期广泛流传，远传至日本。据考证，《铜陵算法》成书在明万历以前，距今已四百余年。内容为商民日用珠算法，前有"算盘图式"，后载各种算诀，从"九归歌"等基本口诀开始，列举物价乘除、截两成斤，丈理田地等算法与歌诀，适合民间日常应用。

笔者平素喜好收藏，每到一地总爱去古玩旧书市场。有一回，在北方某收藏品市场，我从一堆旧书堆里竟然发现了古书《铜陵算法》。对我们铜陵来讲，这是一个重要发现。

1.关于此书的刻印状况和基本内容

这是一本木版雕印、仿宋字体的线装书，保存基本完好。书高18.2厘米、宽11.6厘米，竹宣纸印刷，单页对折成两个半页，半页为一面，印黑线版框，版框高16.7厘米、宽9.5厘米。版框内印字12行、每行满行25字，行与行之间无丝栏。全书分上、下两卷，合订成一册。上卷26页，下卷25页（据内容分析，缺失1—2页）。骑单页中缝：首页上端印"算法序目"；下端印页码数。从第二页起，单页中缝上端印"算法序目"；下端印页码数。从第二页起，单页中缝上端印"算法上卷"或"下卷"字样。

该书封面有墨书"唐子和"题名。为下文叙述方便，我们姑且把这本书称作唐子和题名本《铜陵算法》，简称"唐题本《铜陵算法》"。此书正文部分，首页印"算法指明序"和目录，次页起首印"新镌校正铜陵算法""莆阳俞嘉会笃培氏订，京都打磨厂永魁斋梓行"。序言与目录连为一体，全文不长，为便于读者了解和进一步探讨，现将全文抄录如下（原文不署作者，且不断句。抄文断句是笔者所为）："古者生子能言，即教之以数目方名。及夫八岁，皆入小学，教之以洒扫应对进退之节，礼乐射御书数之文。数之列于六艺，其犹五常之于信乎。古有九章之法以教数学，其法虽湮，基金名具存。学者循名求迹，而算法兴焉。为算学一书，真所谓毫厘之差，千里之谬，胡可不三。于是重订算法行世，详晰而精微，简易而洞彻，术无不核，字无不正，使学者一览了然。诚数学之津梁，钧衡之秘宝也，后学者鉴诸。算法指明目：算盘定式；九九上法；九九退法；九因合数；九归歌；乘除加减倍折总抄；算至极数法；大数；小数；斤两；田亩；丈尺；粮数；变算日诀；算学节要；九归算法九因还原法；乘法；归除撞归起一还原法；便蒙法实总诀；混归法；斤两法亩两为斤；便煎论色；丈量则地法则附图式；田亩科粮带耗法；田中算稍法；掌中定位歌诀；因乘定位法；归除定位法；一掌金诀法。"前序后目，共计32条目录。个别条目似有重复。遣词用语方面与我们后来收集到的清刻本、民国刻本的"算法"等书明显不同（下文重点比较），估计属于明代民间语言。铜陵算法运算法则是把"实"（被乘除数）与"法"（乘除数）在算盘上作左右定位，编出口诀和歌诀，进行乘除运算。书中罗列的应用题内容广泛，涉及物价换算、银钱换算、铜矿冶炼计算（笔者注：此题旁证了此书源自铜陵）、白银成色计算、几何地形面积计算、体积计算等各个门类。这些运算的法则一直使用到今天，只不过是算具的形态改变而有进步。

2.唐子和题名本《铜陵算法》初探

我们把所搜集到的相关资料加以比较，请字画鉴定专家对此书的纸张和装帧进行鉴定。初步可以认定，我淘到的这本有唐子和题名的《新镌校正铜陵算法》是清朝初年的刻印本。根据铜陵县文史专家潘法连先生引述安徽大学胡炳生教授的研究结果："现存有清初经人校订的重刻本两种。一为日本东北大学藏本，封面题《新刊／铜陵算法／泰山堂》系琅琊王相所校订；一种为李俨藏本，封面题《算法指明》，第一页前印有'新镌校正铜陵算法'，系莆阳俞嘉会所校订。"由此看来我们讨论的这本铜陵算法属于李俨藏本系列。

笔者在研究铜陵算法的过程中，仍然通过旧书市场搜集相关资料，竟又发现了另一种清刻本指明算法和民国初年印本指明算法两本书。这两书的目录和内容基本一致；较之唐题本铜陵算法，就篇幅而言，就是在保留唐题本原有篇目的基础上增加了18条计算内容，另外还改动了几处文字。这个清刻本全名《新镌校正指明算法》，上下卷合订一本，雕版印刷，线装。封面有墨书题名"欧阳氏读"。下边我们简称欧阳本。民国初年印本全名《增补指明算法》，上下卷分作两册，是民国十四年（1925）长沙广益书局发行的石印本。

唐题本、欧阳本、民国本3个本子的首页都有"双调西江月"词。我们通过对这首词的比较，可以窥见200多年间铜陵算法在流传过程中的文字些微变化情况。唐题本《双调西江月》全文："智慧童蒙习易晓，愚顽皓首说难明。世间六艺任纷纷，算乃人人之根本。若知书不知算法，如昼夜暗室屋漏。慢同高手细评论，数彻无客方才心。"紧接后边的是算盘定式图和对算盘结构在实际运算中的定位讲解。"欧阳本""民国本"则把这一段定位讲解，放在"双调西江月"的前边。这两个本子西江月词则写作："智慧蒙童易晓（唐题本作'童蒙'，民国本作'童年'），愚顽皓首难明。世间六艺任纷纷，算乃人之根本。知书不知算法，如临暗室昏昏。慢同高手细评论（民国本作'漫同'），数彻无容方寸。"较之"唐题本"的文句，通顺达意了，但是基本意思未变。可是，欧阳本和民国本删除了书名中的"铜陵"二字和唐题本的序言，并将"算法指明"改作"指明算法"。通过初步研究，我们从中获得了这样两个重要信息：一是唐题本《铜陵算法》保留了初刻本的早期形态，弥足珍贵。二是铜陵算法自明代由铜陵成书以来，历朝历代沿用不废，一直流传到近代。

编者拟作《双调西江月》词：智慧蒙童易晓，愚顽皓首难明。世间六艺任纷纷。算乃人之根本。知书不知算法，如临暗室昏沉。漫同高手细评论。数彻无容方寸。

3.关于《铜陵算法》的作者

《安徽科学技术史稿》《皖志述略》都记述铜陵算法一书"未署作者","作者不明"。现在我们发现的这个唐题本同样没有作者姓名。近年有研究者认为作者是明代铜陵人张文伟,其依据是相关宗谱和清《铜陵县志》。宗谱我们看不到,查清《铜陵县志》卷十三"列传·方伎"篇有张文伟的记载(略)。还有江有恒的记载,似乎也与铜陵算法有关系。在封建王朝,能被官府写到志书里的匠作之辈少之又少,清《铜陵县志》里只登录了8位。这说明张文伟、江有恒在算法、数学方面有特别的贡献。那么,历史上这两位铜陵人是不是就是铜陵算法的作者?我认为他们极有可能是铜陵算法的作者和续修作者。因为县志上写着张文伟"纂修算法,刊书行世",江有恒"推扩张文伟之法,有书行世"。我的肯定又是有保留的,因为证据有缺陷。县志在记述上没有写张、江两位是什么朝代的人。解决问题的办法是查阅铜陵张氏族谱以及相关的研究资料。日本收藏明刊本铜陵算法的东北大学不知可有这方面的研究结果。我国在先秦时期就已经产生了乘除法口诀,算具从那时算筹发展到后来的算盘。日用各种算法成为人们生活中的不可或缺的知识。至明代中后期,商品经济的繁荣和工商业的发展,超过了以往的时代。在铜陵这块八宝之地产生了实用算法著作——《铜陵算法》,亦是社会发展的必然。笔者吁请热心此项研究的专家学者和有识之士拓展研究铜陵算法的视野,展现铜陵在中国数学发展史上的贡献和历史地位。

四、方志与宗谱

（一）方 志

方志，又称地方志，意为"地方之史志"。方志之名，可谓由来已久。其始见于《周礼·春官宗伯》中所载"外史，掌四方之志"。又见《文选》，左思《吴都赋》中有所谓"方志所辨，中州所羡"，张铣在为该条所加的注中说："方志谓四方物土所记录者。"可见，在当时人的认识中，方志，即是记载地方历史经济的书籍，这与现在我们对方志的认识已经颇为接近。经过时代发展，方志最终形成了较为固定的类别形态，拥有自己独特的性质、内涵。现在我们所谈的方志，同时也被人们称作"地方百科全书"。由此，我们可以了解，方志最突出的特点之一，就是其内容的宏富广博，举凡一地之疆域、沿革、山川、地貌、土壤、气候、建置、城镇、乡里、物产、资源、户口、军事、民情、风俗、人物、艺术、名胜、古迹、轶闻、琐事等，大多成为方志所记载的对象。

自南唐保大九年（951）置铜陵县以来，明清两代纂修的《铜陵县志》共有8种，依次为明成化年间（1465—1487）纂修本（已失传），嘉靖四十二年（1563）沈梅等纂修本8卷，万历十五年（1587）熊茞臣、何自谦等纂修本10卷，崇祯年间（1628—1644）郑允升、张九方等纂修本（已失传）；清顺治十二年（1655）刘曰义、李士蛟等纂修本8卷，清顺治年间（1644—1661）蒋应仔重修本（已失传），乾隆十二年（1747）单履中纂修本16卷，乾隆二十二年（1757）李青岩、史应贵等纂修本14卷。依据全省旧志整理规划，铜陵市志办公室负责同志会同市、县志办专业人员反复查阅现存5种旧《铜陵县志》，除清代乾隆十二年《铜陵县志》，均出版发行，列为《安徽历代方志丛书》。

1.明清时期方志例略

（1）嘉靖四十二年《铜陵县志》纂修凡例。

《铜陵县志》自永乐一修，弘治一修，正德一修，嘉靖一修，凡经四集，旧刻俱存。今据本志地理、建置、禋祀、田赋、官师、选举、艺文等，或有缺而不录者，或有录而门类多混者，或彼录而此遗者，今悉为参阅搜访，稍加编辑，较前颇备。至于人物类名宦、乡贤、忠节、懿行，已有定论，悉依旧志。

境内山川，录其名胜者，余不胜其录也。

户口贡赋，前代录旧志所存者，今录近岁所上者，以其时有盈缩也。

祠庙，载在祀典者录之，崇正祀也。

亭馆台榭，录其有关大体者，重游观也。

前代职官、乡科、进士、岁贡、例援，前志未备者悉访而备书之，例不得有遗也。

邑官未去任者，略叙其出处、升迁，不敢赞美，防谀佞也；其已去任者，拟所闻之善则书，不敢没善也，见闻之所未及者不书，不敢强不知以为知也。

名宦、乡贤、忠节等人物，已有定论悉凭旧志；其有乡谊优老，姑举一二，以近志有是例也。

仙释，本为异端，亦能清净苦节异于世之尘染者，是亦旧志所附录也。

诗文，有关大体者录之，不得混录，正训典也。

已（以）上数条，深愧菲劣，姑尽愚忧，不敢有一毫徇私废公，第识见鄙陋，未免苟简，惟尊裁是听。

（署铜陵教谕事钱塘沈梅书）

（2）万历《铜陵县志》凡例。

铜陵有志乘，国朝自永乐始，历弘治、正德、嘉靖，更四修，大抵讹舛缺略，彰往俟来者病焉。矧嘉靖癸亥迄今，复廿余祀，中间兴建因革种种不同，是编订辑旧闻，参益新事，厘为十卷，共成一书，匪饰靡文，用垂故实尔。

志例凡疆境、城池、县治、学校、圩埧，并有图，旧志或讹或缺，今悉订正增补之。

地舆山川类，得备载；然非名胜者，亦不概书。

户口田畴、贡赋徭役，胪列备书，不厌详慎，盖重民命，亦便稽核也。

公署外，祠庙载祀典者书，寺观有名额者书，亭馆、桥梁、道途等，关大体者书。

礼仪、祀典通行者，不书。

217

官司履历，例不得遗其有政教异等；旧列名宦者，业已备载，考核未详者，不漫称；见任者，不立传；若县属巡检、驿丞二职，旧不书，今附见。

乡贤业有定论，悉凭旧志，其缙绅见存者，只载官阶，无所叙述；至如孝友节烈，虽经推举旌异者，见存亦不书，论定盖棺，义不得阿比云。

历代科贡及资选，官职姓名，旧志备书，它如异途杂显，旧未载，兹不书。

辞翰有关系者书，诸芜秽不书。

灾祥旧不载，今备书。

古迹不论兴废，法得并书。

仙释，仍旧志，附书。

每篇首各概括数语，略仿书序，以为发端，末复随事参酌论著，俟观风者采焉。

（邑人太学生何自谦谨书）

（3）乾隆二十二年《铜陵县志》凡例。

铜邑志乘，自明永乐始，历弘治、正德、嘉靖，更四修，年久散佚。万历间，熊令重修，不免疏略。郑志辑于崇祯十七年，兵燹后，无所考。国朝顺治初暨乾隆丁卯，修辑者再，非不轻营厘订，第分门既病其拘错，叙复苦其紊，今略仿郡乘，不析诸门，按事纪载，要惟酌其变通，而归于确核耳。卷首编列旧序，不遗所自也。

县治建置更移，邑名因之以异。前志谓唐末分建义安县于顺安，义安寻废为铜官冶。按旧志，谓六朝鹊头地置铜官冶，又铜精山亦有铜冶旧址，皆与铜官山相近，则非废义安为铜官冶审矣，今正之。

斗属扬州，分野最广，邑处偏隅一度中，不足当十分之一。虽躔次有属，而谓一邑躔一度，星野不如是之狭也。旧志谓铜入斗十一度，殊为臆说。府志按丹阳入斗十六度，贵池、青阳、铜陵、石台原隶丹阳，即统入斗十六度，象纬始协。

疆域昉自《元和郡国志》，邑之境必列四至，兼举四维，以合八到之目，若南北水陆之程，亦可连类而及焉。至于形胜，则水陆于是辨其宜，控制于是扼其要，非徒矜绣错也，故并纪之。

邑城三面阻山，隍不可凿，南则玉带潆洄，形势亦固。门有四。东南原置一门，名曰仪凤，正当泮宫之前，明季堵塞，科第遽滞。珠江劳邑宰详请复启，茹纳山川之秀，自此科名渐盛。前志未悉，今特详之。

山川钟毓灵秀，凡岩岭泉溪涧之类，旧志不无缺略，前志备录之至，名区贤迹丽于山水者，供人幽赏，故另叙，以标其胜焉。

纪官署，则官守禄秩因之，前志效年表例纪官，宋以前职官不可考，仍阙焉。若学校则领以师儒，武备则统以武职，规制划一。小传自应补载。凡公廨之属，存者书，志创造也。废者亦书，冀振兴也。

邑人先后营建学校，兴废不一。迩者多士慕义，若门堂、钟鼎、器用、池垣之类，或新置，或整葺，罔不完固，详载无遗。书院所以辅学校之化，近更置于学宫之旁，于地为宜，而程课綦严，典籍亦备，均宜悉录。

《汉书》创《郊祀志》，后史循之，事神庇民，道相因也。然淫祀无福，惟有关祀典及庙祀之信而有征，如灵祐、睢阳、英烈、文孝之类，皆首书之。他如元帝、三元诸庙，宜汇于寺观之列，无庸区分。

圣庙尤不当冠于祠庙之首，至崇圣以逮节孝各祠，载隶学宫，礼也，不应复入于神庙之次，兼以土地祠厕其间，尤属不经。前志既误，兹悉订正。至于坛壝，祀典特重，另著于策。

风土验民俗之淳漓，考政治之得失，守土者宜时时振兴焉。坊表或标名爵，或彰节孝，举励俗也。前志次于乡耆杠梁之后，未协，今正之。

田赋悉按《赋役全书》，始无讹舛，其一切度支，及屯田、马田各款，综而举之。至户口重乎民数，积贮关乎大命，爰另叙，以提其要焉。

前志进士、举贡，分类立论，似赘。今按府志，科贡均编为科目，分别叙次，统立纲论。例贡未登仕籍者，不书。至甲科举贡之膺职者，即注于本名之下，武科则另叙。又按《江南通志》，选拔标以荐辟，不入贡列，此犹沿其旧也。

封荫加惠祖孙，皆示激劝也。宾老之巨典亦然。其他高年冠带者并书，重恩锡也。前志汇杂职于封荫宾老之列，体裁未允，爰改叙于资选之次。

资选，自汉以来，如张释之、黄霸诸贤，尝借径于斯，卒以才器引重，置身通显。唐宋迄今，以资郎起家者，虽不由科第，其间懋绩丕著，膺不次之擢者，往往有之。前志附于杂职之末，殊觉失当。兹首资选而缀以杂职，庶无乖体制云。

名宦，合高卑而并祀，表德业以励有位也。本邑职官诸贤，已祀者既暴幽

219

光；其未祀者，照府志、刘志各立名宦传，以俟请昭祀典，庶几芳型不泯耳。

忠孝，生人之大节，自宜特书。笃行于孝友中，标其孤诣，亦仿史独行之目也。政事以纪茂猷，文学以崇大雅，其示内外本末交相培养之意欤。

祥异，所以验天道之休咎，即以征人事之敬怠也，谨书之，以惕修省耳。若邑遭寇虐，疮痍特甚，纪兵氛，亦志变也。

先达邱墓，史志例载本传谓卒葬某处，无庸另纪也。前志另叙邱墓，与义冢并载，尤近于亵。至搜罗轶事，仍宜分人各类，未便另为标目。其义冢之陇，官卖者及民捐者，录于乡耆，庶无淆混。

艺文，有裨风教及切于地方者书。其他揽胜抒怀，亦足扬挖风雅，润色太平，旧志所载歌咏，择其优雅者登之。

名宦以及人物，各有列传，循史例也。旧志仅列小传，寥寥数语，其本末概弗详，今亦无从遍考而敷陈之，姑仍其旧，不能无遗憾云。

宋以前县属各职，志传残缺无考，故职官表仍自宋始。

旧志载房遗直为唐之铜陵尉，府志谓唐初尚未置铜陵县，何得有尉，故删去。但核唐史本传，内载遗直谪贬铜陵尉，当非无据，况尉属唐之职官，更无疑义，遂仍之。

旧志邑令失载元陶起祖，前志又误入起祖于明令，而明之时守道误入于元，今悉订正。

隐逸徐宗礼，熊志载祀乡贤，刘志及前志俱别载，今并存，以俟考核。

前志列女繁冗，其中不无年例已逾未及核明者。又因邑志百年未修，积累至今，一时汇纂，致启冒滥之疑，今复核其实以纪之。至于列女既繁，行实不及概录，据其艰苦特甚者，传叙其略。他皆仿《江南通志》，列名以志贞操，均俟请旌，非故别其优绌也。

旧志艺文，只载诗文。按班志及通考诸书，凡诸家所纂经、史、子、集，类载篇目；府志亦仿其意。今于诗文后，核载邑中人士所纂书目，亦见著作之林咸乐得而咨赏焉。

碑碣记文，如关农田水利，禁除积弊及创建之工费浩繁者，酌核登载，他则弗录。

山川，如灵窦泉属晃灵山，莲花峰属马仁之类，旧志误入叶山，今正之，他皆仿此。

旧志山洞，叠载金牛、灵窦、龙衔石出之类，语涉荒诞，概为删去。

物产，前志只载铜邑所独产者，其与他处同殖之类皆不书，则铜之品物所遗者多矣，今仍照旧志收入，庶无挂漏云。

（4）乾隆二十二年《铜陵县志》章程。

我铜幅员百里，其间应行纪载者，所在多有，则志之不可一日废也审矣。顺治初，两经修辑；乾隆年间，东莱单尹续修，所任非人，致滋异议。成阿于下车时，详请学府二宪，延邑绅设馆重辑，搜罗从前各旧志并府志，参考互证，去伪存真，别疑似于毫厘，晰是非于微渺，指日告竣，可以传信将来。其间所载名山大川、赋役土产、城垣衙署、祠庙坛宇之类，皆可以参考订正。惟忠孝节义诸则，事关风化，迹在隐微，苟非预定章程，将真伪淆杂，未免有鱼目混珠之叹，因谕各耆承访绅士，务期体察精严，据事实录，投馆以凭删订增补，爰列章程，定去取焉。

忠则　忠者人臣之职，凡为国为民皆是也。虽职有大小，而为国为民之心无异。但其尽职有不同者，或垂绅正笏而多所建白，或犯颜极谏而有裨事宜，或披坚执锐以御外侮，或凭城固守以保提封，或任繁剧而政声远播，或居佐杂而异绩咸称，此本邑之仕于外者。他如莅兹土者，或洁己爱民而恩流合境，或兴利除弊而泽可永垂，凡此皆国之瑞也，亟宜特书。

孝则　孝之大也，盖天际地。孝之征也，无形无声。执此以例，万难其选。至若耕田服贾，以养父母，子职也，无足异。每阅他志，多载亲病割股以为孝者，夫身体发肤，受之父母，不敢毁伤，则割股者欲尽孝，而先不孝矣。然事出偶然，必总观其始末，平日果能孝顺，至父母有病，迫无如何，偶行此愚不可及之事者，则书之。书其平日之孝，非取其割股之事也。若割股之前后，概无孝行可纪，仅忍一时之痛，思腾众人之口，此无足取也。要在承访者明辨以晰。

节则　所天既定，从一而终，妇道也。至青年夭折，甘守孤帏，尽妇道也，诚有足嘉者。但吾铜俗尚勤俭，人有恒产，又兼礼义廉耻素谙者多，所以夫亡之后，有产可资，有子可守，矢志守节者，指不胜屈，倘概行载入，历叙始末，恐累牍不尽。今遵部复，颁行数条为式：或夫亡守志，舅姑年老无倚，妇兼子职，奉养终身；或宗祧所系，藐孤伇子，抚育有成，以绵嗣续；或外逼强暴，毁形见志，事迫捐躯，终保贞洁；或境处单微，甘心荼蓼，饥寒并迫，秉节愈坚，如斯之类，孝义兼全，宜作传以表其节操。至若有产有子，按年守节者，若概行遗去，未免负厥苦心，承访绅士查明实系无瑕白璧，亦准载入姓氏，毋庸作传，多费笔墨。

义则　九世不分，义也。遗金不昧，义也。助谷备边，义也。散谷赈饥，义也。至修理祀典庙宇通衢要道，亦义也。诸如斯类，不克枚举。惟察其人素行果义，则据事而书之。若乃家累万贯，亲族不沾升斗之助，徒捐资以博好义之名者，则又吾所不取也。

2.现当代方志例略

"治天下者以史为鉴，治郡国者以志为鉴"。编修方志是弘扬中华优秀传统文化，旨在"资政、兴利、存史、教化"，使之成为一件"有益当代、惠及子孙"的盛事。

1982年11月24日，中共铜陵市委召开了第一次地方志工作会议，进行广泛的宣传发动。自此，全市性的编志工作正式开始。1993年8月，安徽省铜陵县地方志编纂委员会编《铜陵县志》由黄山书社出版发行；1994年9月，铜陵市地方志编纂委员会编《铜陵市志》由黄山书社出版发行。该志《凡例》：以马克思主义毛泽东思想为指导，运用辩证唯物主义和历史唯物主义，实事求是地记述铜陵市（县）内自然环境与社会、经济、政治、文化各方面的历史和现状，反映时代特征和地方特色，力求思想性、科学性和资料性的有机统一。志书由"概述""大事记""专志""人物""附录"五部分构成，按事物性质分类，分篇、章、节、目；以文字记述为主，辅以图表和照片。图文并茂，成为精品。

2006年12月，方志出版社出版发行的《铜陵县志（1991—2000）》"概述"指出：中共十一届三中全会以后的22年中，在"以经济建设为中心，坚持四项基本原则，坚持改革开放"的党的基本路线指引下，人民群众焕发出前所未有的创造热情，经济与社会各项事业均取得巨大的成就。2014年6月，黄山书社出版发行的《铜陵市志（1986—2010）》，中共铜陵市委书记宋国权作序：铜陵市是一座历史悠久的新兴城市，一座魅力独具的滨江城市，被誉为"中国古铜都、当代铜基地"。这里，铜陵人民以自强不息、坚忍不拔的毅力，以敢为人先、勇于开拓的精神，创造了一个又一个辉煌，赋予了这方土地无限魅力。勤劳智慧的铜陵人民谱写了辉煌灿烂的历史，也一定能够开创绚丽多彩的未来！

2008年3月,《铜陵市铜官山区志》出版;2008年4月,《铜陵市郊区志》出版;2008年5月,《铜陵市狮子山区志》出版。

2015年,铜陵市义安区委、义安区政府进行广泛宣传发动,组织学者编写乡镇地方志。目前,铜陵市义安区五松镇、顺安镇、钟鸣镇、西联镇、胥坝乡等将陆续出版地方志。其主旨:描绘美丽家园,歌颂新时代;建设幸福乡镇,开发古铜都。

(二) 宗 谱

《宗谱》记载家族或宗族世系和重要人物的书。《南史·贾希镜传》:"希镜三世传学,凡十八州士族谱,合百帙,七百余卷。"又名"族谱""家谱""家乘"。("世系"指一姓世代相传的统系)

宋代以后的谱学以"欧苏谱法"为起点。欧阳修把自己的谱牒编纂思想阐述为"谱图之法,断自可见之世,即为高祖,下至五世玄孙,而别自为世……宜以远近亲疏为别,凡远者疏者略之,近者亲者详之。苏洵于宋仁宗至和年间也修成本族族谱,并在谱中阐述自己修谱的动机:"情见乎亲,亲见于服","无服则亲尽,亲尽则情尽,情尽则喜不庆、忧不吊,喜不庆、忧不吊则途人也。吾人所以相视如途人者,其初兄弟也,兄弟其初一人之身也,悲夫一人之身分而至于途人,此吾谱之所以作也。其意曰:分而至于途人者势也,势吾无如之何也,已幸其未至于途人也,使之无至于忽忘焉可也。呜呼,观吾之谱者,孝弟之心可以油然而生矣。"这里苏洵强调的是五服之内的亲缘关系,《苏氏族谱》五世为图,五世以外,则亲尽服穷,图表不载。

宋元明清谱牒的体例仍以欧苏谱法为张本。欧阳修所作《欧阳氏谱图》包括谱图序、谱图、传记、谱例,具体有如下内容:其一,家庭的先世,即始祖及其居地,得姓始末,以图的形式列出祖先的世系。每五世一图,第二图自五世起至九世,第三图起自九世至十三讫,以下类推,至现存者为止。其二,先人小传,叙传主名讳、字号、仕宦、特行、匹配、葬地、封赠、享年。苏洵作《苏氏族谱》,苏谱在对祖先世系的表述上与欧阳氏的五世一易图不同,它是作世系表,按世系作一总表,即在某人之下书其子、孙、曾孙、玄孙,一代代一一注明;又在表中人名下注出他的仕宦、配偶、享年、死亡月日。谱牒以图表示，不管宗族世系多么绵长，人口多么庞大，均可以方便地记录下来，但检查起来不甚便利。苏谱世系表看上去一目了然，但世远人众，制作、书写起来并不方便。因此后世"欧阳之法通行为广"。总之，欧苏二谱奠定了后世宗谱的基本体例，这就是：世系图，表，谱例，谱序，人物传记。欧、苏二人是著名学者，文集流传甚广，其对谱学的继承和发展，随其文集流传后世，因而产生了广泛的影响。

元明清三代谱牒的体例，在欧苏谱例的基础上一路扩展充实，并且用正史的编纂体例来设立族谱的记事类项，至明中期，族谱的内容更加丰富，体例更加完善。该谱除谱序、世系表之外，还有八志，即祠墓、居徙、仕宦、恩纶、神像、文献、家传、家训。冯尔康将清代族谱体例归结为十七项，即谱序（含序、例、跋、修谱职名、捐次人）、恩纶录（含敕、诰命、御制碑文、上谕、皇帝和地方政府所题匾）、像赞（画像、赞祠、遗墨等）、宗规家训（含规约、训语）、世系录（世序、世系考）、派语、宦绩考、传记、祠堂（含祠堂图、祠堂记、建祠及捐钱人名单、祠堂规制等）、坟墓（含图和文）、祠产、先世考辨（含得姓始末、支派分流、迁移地、同姓考等）、著述（含原文和目录）、余庆录（空白纸）、五服图、领谱字号等。

铜陵县档案馆组织专家学者对铜陵地区姓氏宗谱调查研究，考证获悉：

南朝梁大同年间（535—545），陶渊明玄孙簧公之子关公始迁居铜陵之马鞍山（今顺安镇凤凰山村境内）。见《陶氏宗谱》。

唐天宝年间（742—756），杜秀才横江公由西安迁五松，为杜氏迁铜始祖。见五松羊山《杜氏宗谱》。

唐贞元年间（785—805），姚氏冲公受义安儒学教谕，其长子万一居八角井（今顺安镇荣光村境内），冲公为姚氏迁铜始祖。见《东溪姚氏宗谱》。

唐宝历年间（825—826），吴氏鼎公迁居祥里（今西联乡东湖村境内），为吴氏迁铜始祖。见《吴氏宗谱》。

唐乾符六年（879），胡氏启一公从徽州歙县卜居铜陵之沸水（今顺安镇新叶村境内）。见《沸水胡氏宗谱》。

1986—1990年，铜陵县档案馆广泛征集祖籍铜陵老宗谱29种（25姓氏），从中择要复印成册收存，作为资料。从2008年起，铜陵新修的姓氏宗谱相继赠藏于铜陵县档案馆。

2014年起，铜陵县档案馆组织文史爱好者，以馆藏宗谱为第一手资料，对铜陵地区44个姓氏的57种《宗谱》专心研究，认真考证，编写成《百姓卜居》。该书每篇文章着重涉及"姓氏由来""迁徙卜居""列祖像赞""祖训家规""志士贤人""诗文摘录"诸方面。2016年新年伊始，《百姓卜居》由铜陵市义安区档案馆付梓发行。其宗旨"弘扬优秀传统文化，建设美好幸福家园"。

据调查摸底，铜陵地区尚存新旧《宗谱》（祖籍铜陵）80余种，许多姓氏已修谱。

五、吟诗成风

我们这里所讲的诗特指近体格律诗。近体诗格律从南朝齐梁时期开始萌芽，形成于唐朝初年（七世纪中期），到盛唐（八世纪中期）已极其完备。现在此将五松羊山《杜氏宗谱》、《沸水胡氏宗谱》、《赵氏宗谱》、《陈氏宗谱》（迁铜始祖建中公）、《五松佘氏宗谱》、《五松章氏宗谱》、《陈氏宗谱》（迁铜始祖观保公）和《张氏宗谱》所含部分诗篇进行摘录。

王希羽　《贺鹤公登进士第》：金榜晓悬生世日，玉书潜记上升时。九华山色高千尺，未必高于第八枝。

张绍祖　《重修文庙》：谁开孔璧久蒙尘，金玉重敲泗水滨。三斗文章吴越主，圣贤俎豆鲁邹春。桧枝不共梅花冷，鸳瓦欣同凤彩新。无限高车宫外转，可怜夫子独明伦。

陈　岩　《太白祠》：兰蕊春风满地香，谪仙曾卧白云乡。山间精爽今犹在，月落时时见屋梁。

许士达　《题五松轩》：铜官之山高嵯峨，群峰迄于苍穹摩。青松绝胜徂徕岭，交柯屈帗婆且娑。四时不改枝与叶，凌厉岁寒无变色。拿云老干虬龙形，溜雨桑皮苔藓裂。谁人结屋倚林边，杜陵孙子真才贤。石兰苔径极身翳，绮窗漆户何幽偏。卷帘尽日看书卷，滴滴风光凝几案。翠荫覆座清昼闲，秀色当轩彩云焕。夜深读罢月华明，风生万壑波涛深。恍疑其下有鬼神，欸乃空中鸾凤惊。知君节操松堪比，特取名轩良有以。行看收作栋梁材，封五大夫继前美。

胡本惠　《送巨川之岷府任》：家声京兆古今隆，相业恢宏又见公。山到淮南分大小，风从楚殿识雌雄。拜飏深濯银潢秀，翼赞宏襄带砺功。屈指桓聪应有待，功名岂恋梓材封。

宋　钦　《赠德庆杜公祖》：杜母芳声达未央，泽深端水倚天长。山山绘色亲帘案，树树缠恩秀柘桑。异政感随车庶雨，清风谣通国传香。白云日戴仙人影，屡岁星占太乙光。

杜永渊　《放后石耳杂感》：石耳幽栖处，行歌正掩扉。清风兰蕙带，疏雨枝荷衣。俯仰才原拙，浮沉命实违。生平飞动意，黯黯对斜晖。

余　琪　《青山别业》：溪南幽曲处，仲蔚刈蓬蒿。柳气添朝露，松声合野涛。诗成天霁旷，杯候月明高。疑是秦人境，花飞只说桃。

陈舜凯　《送外翰杜公蓝玉之昆山任》：嗟君此别路漫漫，歌罢阳春索和难。夜阅图书吹杖火，朝搴苜蓿置蔬盘。囊携白简传家学，被有青毡卫毋寒。何事故人频捧檄，富春无侣话鱼竿。

杨　宜　《贺杜参军》秋浦家声旧，襄阳世泽长。文谟优武略，剑气拂藜光。衿袂交情合，琴香吏道良。游梁方属笔，谕蜀忽成章。五裤歌来暮，双麾伏衣郎。金舀钤临玉帐，仁义固金汤。钥锁严刁斗，旌旗肃雪霜。枢机留重幄，名字遍遐荒。定远怀原壮，终军志不狂。九重诞异数，龙诰错圭璋。象映三台秀，花明五色庄。声名麟阁近，驱驰报圣王。

阳正南　《题杜孝子》：落日松杉黯自低，暮云残叶倍含凄。夜来乌鸟啼先彻，秋到邻家社欲迷。垅上吞声哀似鸩，床前支骨瘦如鸡。几番欲话号天极，闻道莪诗不忍题。

吴大夑　《送明经若棠廷》：黄金为勒玉为衡，寒日高天去路轻。草制北门声渐近，宏文东阁驾初征，寻人舟向剡溪返，推毂车从曲水迎。好信只随官柳色，春风得得马蹄声。

余　勋　《送心宇北上》：苍龙绕阙对燕苔，簇簇名花照酒杯。光范门前新鼓动，崇文殿里凤书来。好将广略传家学，莫为慈颜捧檄猜。萝薜未知春苑信，东风先寄杏花回。

吴贞度　《寿庆云翁》：风送碧桃香，蹁跹鹤绕堂。丹苔看焕彩，玉露正飞觞。珠列班衣满，筵开白发长。紫光浮石耳，游屐自茫茫。

陈美曲　《赠君美杜先生》：玉璋堪喻质，裒带古人风。任侠原非激，存真本降衷。金分知己重，被与卧楼同。好结东溪社，耆英迥洛中。

周　浚　《送宜也会兄赴试闽南》：天风下界送飞仙，画舫轻桡帆正悬。手里灵蛇原易化，席前连璧定争传。月明银汉香初落，人醉琼楼锦待缠。仁看文章惊海内，少陵名起是青年。

董　信　《赠松岩杜老师》：去天尺五古名家，秉铎吴邦鬓未华。经世文章甘茹蘗，忘言桃李自生花。讲堂行卜三毡兆，绛帐曾窥五色霞。他日石渠虚左待，春风云汉仰仙槎。

五、吟诗成风

赵　预　《和松岩夫子原韵》：江浙迢迢各一天，暌违杖履已多年。声名伯起如山重，文字昌黎并斗悬。八邑人才欣藻鉴，三毡讲席庆蝉联。讼庭愧乏弦歌化，徒负吾师下问焉。

黄先瑜　《和兰言杜老师五十感留别之作原韵》：青毡冷落座生春，苜蓿盘虚更喜宾。才老未堪投俗好，官清原不碍家贫。穷年骨肉沧桑感，故国田园草木新。此日菊觞齐劝酒，黄花白发两精神。

如上诗篇摘录自五松羊山《杜氏宗谱》。

胡　作　《种德堂诗》：种梅有佳实，种竹栖凤凰。谁知种德人，气味应更殊。每将太行山，化作平坦途。芝兰芳满庭，世泽应宏敷。

胡舜元　《归隐诗》：利欲牵人四十春，不堪奔走逐红尘。如今始觉天将晓，深闭蓬门不问津。《贺婿汪灏陞枢密使》：乾坤踪迹路人碑，白首心犹释褐时。四十冰霜枢府度，百年风月草庭思。龙飞紫极方资辅，鹄立丹墀已奢夷。事业皋夔今胜会，舜廷应见凤来仪。

谢一夔　《吟沸水胡氏谱》：沸水渊源派远流，胡家并绪几千秋。德崇业广新铜邑，位重才充旧泰邱。松柏森森承露长，梅兰郁郁藉天休。汉唐晋宋齐梁国，代代衣冠拜冕旒。

钱希和　《赠胡乘公归隐菊庄诗》：不是潜翁懒折腰，耻为斗粟著青袍。闭户菊庄闲肆酒，复睹渊明乐圣朝。

魏　祐　《赠旭公还任》：千里朝天雨露多，又承春色出鸾坡。柳眉漫拂东风软，桃脸才凝淑气和。昼鸟远从南国去，锦衣荣向故乡过。黎川父老相迎处，喜听新谣满路歌。

陈　谟　《赠胡氏梅雪轩》：同云冻合天无迹，一夜青山头尽白。老梅何事独精神，一枝先漏春消息。高人爱梅结梅交，纂纂茸梅如茸茅。天风吹晴山月霁，横斜影挂寒檐梢。樽头酒熟葡萄绿，梦入孤山骑白鹿。逋仙飞下笑相迎，新诗几和阳春曲。一从拜官今几年，政声中外交人传。只因心肠如铁石，遂令晚节穷弥坚。于今两鬓已垂雪，休至行看辞魏阙。画锦煌煌拥里闾，五老香山可同列。

胡士宏　《逢原堂》：遥望叶峰巅，青青峙斗北。嵯峨十里前，来结山腰石。下有灵窦泉，渊源不可测。先人爱乐饥，因建文昌宅。教子择名师，敬礼王荆国。诗赋有余闲，为传八股业。居安复资深，义取逢源说。介甫与叔才，诚哉两不竭。于戏二公亡，谁复能自得。凡为君子儒，应作斯堂客。《沸水》：沸水源同泗水清，山溪流衍古胡村。金波潋滟如珠涌，玉浪掀翻似磬喧。混混无穷归碣石，涓涓不舍放龙门。问渠那得常如许，惟有先人世泽尊。《大明寺》：古刹相传起盛唐，于今有见白毫光。山腰石畔天花坠，海眼泉中玉露香。五种声闻猿语寂，三乘法演虎机忘。珠林便是婆娑境，何用烟霞觅上方。

胡可时　《城山纂箬庵》：庵名纂箬古，几度理残篇。群笏临书籥，三年解俗缘。心沉归倦鸟，胸涤汲清泉。似续苏湖业，隆中莫乱传。

崔必选　《访预伯翁于纂箬庵因游城山同归》：寻幽到精舍，令我欲忘家。径曲偏宜竹，林深不见花。谈禅空五蕴，说偈演三车。归路无余物，衣衫带晚霞。

胡自田　《石山嘴竹林邀杯》：酒醉竹林意味高，觉破燕京往日劳。闲眺城峰白云出，快觑沸水碧波涛。菊庄黄花原有种，逢原丹桂岂无苗。举杯邀友歌拳马，匡国安民让尔曹。

江能容　《挽无岳公诗》：文星暗落哲人萎，千丈松崩势莫支。壮志薄从径策展，雄才仅见玉楼奇。桂芳瑞映兰芽苗，刍束情将絮酒醨。休悼石麟天上去，修文郎与卜商随。

佘合中　《挽友山翁诗》：岳降人才八十秋，羡翁事事出人头。文章到处惊元白，德器藏时浑太邱。桃李公门冰鉴远，芝兰玉树锦堂收。从今别却凡间去，想上昆仑十二楼。

胡十瑾　《挽中岳翁诗》：一自髫年采泮芹，曾钦先正作仪型。文光直射三垣地，壮志堪凌五色云。孝友风敦花萼盛，诗书泽厚桂兰森。鹏程未展身先没，长使英雄泪满襟。

徐纪年　《吊南星公诗》：舅氏源渊沸水头，风流豪迈应圆洲。词雄不羡三都赋，笔彩堪修五凤楼。进退宫墙多士慕，遨游乡国少人侔。石麟埋没藏烟草，谁禁双眸不泪流。

王用才　《挽述庵翁诗》：一生豪杰冠儒林，志纂家乘近六旬。岂料翻为瀛海客，遽然不见葛天民。百年正气收山岳，千古雄才掩世尘。天道无知何集速，精英召作玉楼文。

章　栋　《寿碧山翁七十春》：投托林泉寄此踪，怡然无累乐时雍。前头花甲曾经过，后面椿龄永不穷。华发星星犹未老，朱颜沃沃尚如童。衡门未许韬光久，恐有蒲轮起卧龙。

莫敢齐 《赠孝子石峰诗》：平生德行羡仁人，万化根源认得真。愉色婉容能顺志，尽心竭力肯劳身。慎乎终也追乎远，敬所尊兮爱所亲。事死如生名不泯，汗青千古照儿孙。

佘可才 《赠烈女蚕姑诗》：自小孀居到白头，松筠坚节孰能俦。朝阳未见鸣雏凤，度鹊何思会女牛。长夜不成蝴蝶梦，荒山空老杜鹃愁。圣朝指日颁旌表，烈女名扬万万秋。

章希达 《吟胡城太子庙诗》：禅林清且净，晚景淡弥浓。水为苔侵绿，桥因夕照红。孤云迷远树，飞雾逐归鸿。酌酒微醺后，行吟兴不穷。

胡承祝 《沸水山庄》：踏歌随野客，乘兴到山家。补屋收彬刺，编篱带槿花。水声穿地出，云势趁岩斜。妇子携筐去，晴天摘早茶。《登叶山》：孤峰卓立瞰层冈，历尽崆崎到丈方。怪柏拿云蟠老翠，名泉劈石泻幽苍。仙踪尚说留丹灶，世业何从认讲堂。因访山僧趺坐久，不辞归路入斜阳。

胡　超 《登石佛山》：携壶直上碧峰头，光景无边一望收。绿遍湖村春草长，白凝山寺晓云浮。松高鹤语随风袅，溪近花飞入水流。莫把年华空掷过，青苔坐醉暂迟留。

如上诗篇摘录自《沸水胡氏宗谱》。

章　纪 《挽府判建中居义安》：宦转宣州寄一官，义安乐土费盘桓。要知宗派传来远，谱牒从头仔细看。

陈公学堂诗 五松卓越一贞儒，班马才能誉不虚。隐隐文光腾万丈，渊渊学问富三余。胸罗星斗天文象，心契山川地理图。七聘三征皆不就，优游林下乐何如。养贞晦迹马仁山，抱德藏修物类忘。君命宠临光梓里，圣恩旌表耀书堂。水流山峙胸中物，鱼跃鸢飞性分良。祀配乡贤遵道德，后裔继世沐余光。（萧定基）巢许当年秉节高，首阳叔伯亦同操。谁知千载无媲美，却有三征不就豪。猿鹤忘机为伴侣，竹松对影绝尘器。山中更羡多情月，一片清辉是故交。（杜衍）光霁襟怀孰敢因，浮云名利不关心。满腔朗月惟存意，一榻清风总是春。至乐期求黄卷富，素飧那厌紫芝贫。儿孙昌祉皆叨庇，史册精灵万古闻。（盛昌孙）蒿宝莞墙志不移，安贫乐道鲜人知。清风明月常为伴，绿水青山独得奇。榻静堪招徐子驾，笔闲频和杜陵诗。云深不识先生处，怎得元龙赞化机。（俞时昌）

储　蓄　《咏谱》：积世阴功荫后祥，千枝万叶世传芳。土桥绩著源流远，贵上支分派脉长。诗礼相随文献盛，皇恩敕诰锦堂香。簪缨不乏昭先帝，瓜瓞绵绵永吉昌。

李循义　《赠陈希哲孝子》：喜闻孝感志铜官，残腊收光对雪看。三子有情庐墓泣，六年无语问家安。野塘龟见正惊蛰，独树花开不避寒。起立清江大未曙，欲驰封诰五云端。（清《铜陵县志》载）

胡任官　《七绝四首·赞陈虚斋先生》：百丈奇峰从碧空，谁知百步有高风。沧桑终古留青冢，名与斯山应永同；千年精气树芬芳，介节尤争史册光。太息斯人如何作，山林廊庙共馨香；高尚从来慕许由，是邦偏也有同传。须知此老如征出，定并开封列一流；白云深处吊芳徽，但见桃花涧水飞。谁感颓风封此墓，力扶道学起衰微。

如上诗篇摘录自《陈氏宗谱》（迁铜始祖建中公）

赵鹏翔　《玉楼寻真》：独上楼峰湖本支，周回草径觅残碑。蜂缘雨久归衙晚，蝶为花多入梦迟。绿字无痕难着笔，青山有主可酬诗。当年延月人何在，一任清晖下钓池。《竹园怀古》：见说当年主事官，团团围就竹青葱。一村火烟连云碧，百尺梢头带日红。苔长荒阶秋雨里，人传故国史书中。物情剥极还占复，伫看高标与昔同。《水浒晨钟》：入耳僧钟午不惊，噜吰最好是平明。松风扫宇云初淡，竹露湔尘气正清。撞醒梦中人几个，催开河畔棹双横。余音未了千门启，又听书声杂杵声。

赵文进　《玉楼寻真》：春日融和景色鲜，寻真直上玉楼巅。道途不见添新思，仙侣难逢欠旧缘。紫雾祥光犹未散，丹炉药灶尚依然。行行游遍停停想，只在诚心缘分间。《石衢怀古》：寻芳行过石衢东，风景苍苍总不同。庭院有基苔藓绿，淇园无主野花红。杜鹃啼血空林上，蝴蝶寻香废苑中。唯有玉楼仙裔盛，至今不改旧家风。《村居接栋》：村居稠密景繁华，内外人和实可夸。东舍基连西舍地，南邻屋接北邻家。相呼窗背诗同咏，不过墙头酒共赊。赋税了官无一事，士农工贾各生涯。《野寺疏钟》：白云深处梵王宫，石径迢迢有路通。万籁无声风肃静，一尘不染月当空。更初未击焚香鼓，夜半先敲施食钟。入耳洪音随细数，百零八撞未曾终。《石桥渔钓》：生涯常在石桥头，俨若严滩渭水流。下饵只愁龙变化，垂钓正喜鲤沉浮。半酣尽饮杯中蚁，共结芳盟水上鸥。自古飞熊曾入梦，子牙千载姓名留。《叶岭樵歌》：叶岭崔峨耸碧空，巍巍雄势压群峰。三冬松柏凝霜翠，二月桃花带雨红。仙奕未逢山谷里，樵歌遥听夕阳中。喉音呕哑频来耳，知在云山第几重。《流潭夜月》：昨夜流潭一玩游，四围烟树绕河流。人家远近千门闭，禾黍高低万顷秋。玉宇无尘天气爽，银河影里暮云收。一轮霁月悬空上，耿耿清光照玉楼。《索山夕照》：索岭嵯峨景致赊，匆匆佳气绕天涯。满山松柏凝冬雪，遍野杏桃带晚霞。牧笛横吹残照里，樵歌声唱夕阳斜。几回伫立门前望，山色光辉胜物华。

如上诗篇摘录自《赵氏宗谱》。

吴　友　《题唐博士钦公遗像》：衣冠端楚楚，正笏待朝时。真像传悠远，千秋耿若斯。

李　康　《寿坚白先生八十》：青眼庞眉叟，酡颜鹤发翁。溪山吟眺里，尊俎笑谈中。劲节松欺雪，虚心月照空。长生欢致祝，海屋寿筹丰。

吾　绅　《奉贺通政佘公移居》：朝士新居轮奂美，乔迁此日岁时佳。春风廉幕香飘雾，旭日门庭柳映花。远胜昔年登吏部，俨如八月泛仙槎。崆峒漫说三千丈，蓬岛清幽自一家。

周　忱　《送可才郎中还南京》：同朝往日更怜居，胶漆陈雷总不如。铨府羡君书最绩，王门惭我曳长裙。霜寒都市相逢处，月晓桥河送别初。明发孤舟千里外，一尊无惜暂踟蹰。

陈　陵　《题五松书屋》：铜陵县前江水东，谷深石古蟠五松。乾坤自有生成意，冰雪不凌苍翠容。云开见巢鹤，风度闻吟龙。清涵秋浦流秀接，九华峰高标每得。余公爱劲节，肯受秦人封。忆昔佘公事幽雅，筑室藏书处其下。素琴琅琅响白昼，青灯的的明清夜。一从跃马踏槐黄，远扬教铎游名邦。鸟啼寂寂掩虚幌，月照寥寥闲碧窗。两京历职登郎署，进退百官掌诠注。几回梦里还乡时，长记松间读书处。抵今高步岩廊间，公门桃李咸生欢。荐贤总为国，足以悦圣颜。时清政多暇，把酒看钟山。功成佚老赐归去，仍与五松同岁寒。

俞嘉猷　《柏庄》：结草为店一径深，四围松柏总森森。清阴匝地尘无染，黛色参天节愈禁。潇洒林泉行处乐，优游樽俎静中吟。知君自有无穷趣，此外何须更用心。

陈克访　《赠廷锡修建学宫告竣》：风流儒雅更青年，仗义疏财克绍先。鼎建庙庭尊至圣，重新祠宇妥乡贤。顿令芳誉传千古，尚拟封章荐九天。自是雁门家世旧，大通簪笏看蝉联。

陈一濂　《赠永江公修建学宫告竣》：唐朝博士有文孙，才识英英德义敦。世展经纶编仕版，累将功绩著桥门。弦歌鼓舞文风蔼，殿宇峥嵘圣道尊。从此五松增气概，辉煌金碧照乾坤。

章世昭　《赠西圃公》：高人卜筑山水乡，暮年幽兴休林塘。青天遥落九华秀，白头深卧重湖光。返照帆扬见海客，秋风花艳看云郎。杨子雁门春浪动，画栏终日倚潇湘。

黄　陞　《赠永贤公致仕》：忠孝于今难两全，宦途一入自留连。江南芹草春长茂，堂北萱花晚更鲜。青史披残曾意倦，白云望断转情牵。今朝解组归终养，重整斑斓戏彩筵。

许　国　《赠南麓翁荣封》：万石封侯里，千金出使装。家门徒自盛，剑骑未云光。有美南州宰，居然列传良。凤歌谢桐墨，鸥棹返柴桑。旧径元依柳，新碑故荫棠。交游倾汲郑，耕凿傲陶唐。已分烟霞老，宁争霄汉翔。天曹丕子绩，世泽令君芳。丹桀通朝列，青云接羽行。兰汀遥握草，芝谷漫含香。不作朱轩客，还称画省郎。泥函分宠色，荜户动宸章。花鸟明秋浦，山川郁故乡。昼游看彩服，春酒祝高堂。岳牧分元彦，公车待季方。道存施未究，身诎后弥昌。琴鹤遗清白，诗书任显扬。邱园真足乐，廊庙可能忘。岁暮心愈壮，功成鬓尚苍。帘开九华远，袖拂五松长。愿借铜官水，因之寄寿觞。

郭谏臣　《赠内斋先生以铨曹擢参广右政事》（七律二首）：二月韶光绕帝城，怜君独向岭南行。省中白日空啼鸟，天外青山送去旌。前度洞庭春水阔，遥看铜柱暮云横。伏波久负男儿志，可惮星轺万里程；与君同是江南客，把酒重嗟岭外行。江草连天迷云路，岭云笼树拂游旌。三春花木双眸老，万里风霜一剑横。圣主方勤宣室问，临岐且莫惓登程。

曹　翰　《挽佘节妇陈氏》：半生辛苦为谁谋，铁石心肠死便休。长夜难醒蝴蝶梦，荒山空老杜鹃愁。堂堂贞节共姜侣，凛凛高风令女流。指日圣朝旌诏下，好将列女传重修。

佘可才　《癸未登第志喜》：观书十载赴文场，夺锦三朝惟自强。一桂任从平地折，五松从此破天荒。鹿鸣宴筵君恩重，虎榜题名御墨香。不是双亲曾种德，怎教姓字远传扬。《春日早朝》：金门待漏是初春，玉阙鸣鞭彻晓晨。龙衮九重明日月，鹓班非辟列星辰。虞廷礼乐真堪并，汉代衣冠未足伦。朝罢凤凰池上过，御堤杨柳拂天津。《送都督沐公镇守云南》：喜荷天恩阙下来，褒书荣捧向南开。祖筵谩唱骊驹曲，别酒盈斝鹦鹉杯。韬略久闻平瘴地，功名终见表云台。金昆玉季联芳美，文武兼全将相才。《登齐山》：误脱西岩薜荔衣，于今重上力全微。秋风袖薄黄花冷，拾得齐山一片归。

王锡爵 《寿观察内斋公八铁五言古诗》：孤松泰山颠，矫矫凌云姿。独鹤厉层霄，清音彻九垂。人生抱贞介，宁与世推移。忆君初释褐，文采何陆离。飘缨出汉庭，佐李楚水涘。于公善乎反，不徇豪贵私。贤声达辇毂，征车拜铨司。济济思皇士，山公启无遗。白驹咏空谷，威凤鸣周岐。丹心自献主，高步属众疑。芳兰既当门，新沐复熏衣。遂为憸相猜，薄谴迁蛮夷。转饷给军兴，飞檄抚崩携。坐令豺虎区，屏藩屹四维。猘犬逐独行，妒女憎蛾眉。君方压簪冕，上疏归田庐。入门拜老亲，彩服进胈肥。闲闲十亩桑，携尊听鸟啼。有美五男子，皎皎皆琼枝。陆生从递食，韦氏发经笥。优游八十年，矍铄如壮时。德完神自旺，战胜宅滋腴。灵椿与乔松，春秋安有期。当今圣天子，求旧揽英耆。而今三朝老，矩矱世所仪。会有蒲轮迎，君其罢钓丝。

佘毅中 《书窗自咏》：小窗虚白映涟漪，默默沉沉坐影随。读易不知春去早，衔杯应许月来迟。南阳庐结怀纤策，江浒堂成赋律诗。昨夜斗寒文思发，飘飘无际恁难羁。《友人久客家塾书此戏之》：几将春梦渡春江，无限离愁郁未降。记得后园携手处，看花愁遇蝶双双。

佘敬中 《送弘中弟赴藤县簿职催科》：秋水蒹葭惨别颜，送君岭徼远跻攀。地陵丹井饶仙迹，山拥苍梧控巨关。一片冰心消凤瘴，千家杼柚悯时艰。因思二十年前事，曾典边储款百蛮。《孟秋送五弟贡入南雍》：金风初动暑将收，秋色纷来上客舟。旅况聊携书剑伴，壮游频向帝王州。青箱宁负承家学，华选须知为国谋。更待弓旌他日遣，期君还得汉宫筹。《哀孝烈妇》：割股前闻事已奇，忽惊云拥剖心时。三公夺养尘寰有，一点真诚天地知。烈孝他年传国史，轻生此日本民彝。衰年那得如椽笔，病起凄然写吊词。

佘 翘 《奉贺未斋叔七十诗》：青衫早脱谢尘羁，家傍铜官足委蛇。浇尽壮心惟白堕，拟将直道是朱丝。杖随田父闲占岁，槛扰山公静报时。独有国恩酬未得，应教儿属好为之。《哀孝烈妇》：惊传奇事出铜官，云绕村庐白日寒。漫道曹娥名独擅，应知宏演谊非难。血藏终作千年碧，肝裂犹存一寸丹。我自杯棬遗恨在，拊膺能禁涕汍澜。

吴 襄 《吊陈母节烈》（诗二首）：两仪开辟后，百代重纲常。节烈挥青史，艰危德愈光；嗟哉陈母忍而坚，归舅遗孤未及年。兵火尸横闻鬼哭，护儿昏黑雨中眠。几思贼乱身难脱，寻嘱六香留骨血。拼葬芳塘鱼腹中，至今水冷香犹结。

如上诗篇摘录自《五松佘氏宗谱》。

毛　起　《赠章孝子》：山中不见幽人迹，江上仍传孝子名。秋老白云迷鹤表，春阳红雾湿鹃声。自同徐石能心践，曾向王冰觉卧轻。今日兰芝方鼎盛，悬知天道有虚盈。（摘自清《铜陵县志》）

章以明　《游黄山》：昔年尝事慕浮邱，今日何期遂胜游。石壁嶙嶙老万古，松风稷稷解千愁。峰行断处云还续，溪转穷时壑更幽。久识黟山灵异擅，应教到此豁青眸。《山斋偶吟》：常爱林泉好，耄年意更真。春风几度旧，花色四时新。笑发轻云卷，机忘倦鸟驯。此时行乐矣，教子不辞辛。《春日游朝阳洞》：胜日寻幽入洞天，风光迥别世闲年。抽芽嫩笋岩中出，挂练飞流石底穿。细草满途柔客履，老松横庙作神橡。此间自是蓬莱现，不用黄冠已到仙。

章以光　《品喷珠泉》：奇山瑞气聚冈头，瀑水成珠喷不休。万点飞从岩里出，千颗滚向径中收。评来合浦无双品，论赛鲛人第一流。此景沿崖堪悦目，何须海外把珍求。《江干偶眺》：偶然成独眺，江上数晴岚。远嶂俱环北，飞云复倚南。片帆迎巨浪，孤艇钓寒潭。夹岸花无限，怜香蝶欲探。

章之球　《九华山太白书堂》：才全风雅空后前，谪仙斗酒诗百篇。珠玑琳琅称渊薮，酒魄诗魂君蹁跹。金匮绘入山川手，书堂今见九华巅。九华之名始供奉，锦城锦江助才仙。才仙锦江留不住，名士名山别一天。光芒万丈文章在，五岳尽态而极妍。宛委二酉俱已矣，未若兹山百代传。雕龙绣虎几英俊，独奉翰林为真筌。金华玉堂九歌载，文储草堂二十卷。三百篇遗称李杜，中晚诗教起郎钱。清新俊逸君无敌，菽粟冠裳身独肩。遥望峨眉天之半，执鞭华畔惟青莲。

章之郊　《登金山十韵》：维舟登古寺，高阁耸苍穹。铁板晴敲雾，金钟晓度风。危帆天际入，怒浪海门攻。瓜步人烟辏，甓城车马匆。七峰灵秀削，万丈碧潭空。北固呈多景，维扬望不穷。株陵喜紫气，京岘怨秦工。栖隐头陀士，沉封郭璞翁。冷泉芬玉乳，幽窟驻龙宫。日暮山含翠，孤霞照落虹。《清溪晚眺》：苍然日暮一湖幽，远籁萧萧送客舟。波拥玉关排塔影，云移九子净峰头。嵯峨堞雉林中出，缥缈烟霞往里收。爱对清溪澄俗虑，刚来明天下沧州。

章之琏　《同胡孟门罗梅庵二先生游雨花台》：梁僧飘法雨，此地锡佳名。二水神龙跃，三山哕凤鸣。江梅寄驿使，岸柳惹啼莺。翰范风流客，登临聊娱情。

章烁　《闲闲堂二首》：小筑苍崖里，栖迟碧水隈。渔遵花港入，农逐柳阴回。老树侵云立，奇书对酒开。不须浮海去，江上有蓬莱；鸣驺不到处，经岁少人过。学圃咀霜惯，衔杯醉月多。图书随意检，风雨一高歌。鹏爱山居静，悠然话薜萝。《松风亭二首》：孤亭迥物外，幽韵发松姿。飒爽因风奏，离奇待月支。飘来酣适后，细逐梦回时。遥忆山中相，尘襟旦暮披；地接三山近，苍苍远色齐。竹床横牖北，茗碗对峰西。逸韵联歌鸟，清音满杖藜。悠然区外意，于此定云栖。

章熇　《思严君大人》：萧萧薄暮望云归，宿鸟投林日已微。含泪思亲肠欲断，空将风木写余悲。

章琛　《清明哭先大人墓》：松阴寂寂度长年，谢豹频呼血不乾。冢上新碑明月冷，冈头古木白云旋。数峰苍紫排泉阃，逐岁膏香痛豆笾。徒诵蓼莪空洒泪，应惭孝养自多愆。

章文蔚　《展孝子公墓敬述》：曲指公身已十传，到今争颂孝为贤。半肢流血昭灵耀，一纪余哀动九泉。旌被胜朝同衮服，名垂编策老彭年。从来万善先敦本，应变朝荣远百千。《忆先大人》：严先倏逝痛难名，罔极无酬愧枉生。梦逐白云飘远域，涕和春雨湿潜茔。赖存手泽春秋检，幸守心田早暮耕。永永岁时思莫底，濡毫空泣杜鹃声。《新构山墅落成》：岂云僻境便栖迟，聊可幽闲肆旧遗。十里溪山原素识，一床风月更新知。须求铁砚能穿日，也欲金针得度期。经史从来无误读，休教老大枉伤悲。《行香子·山墅夏夜霁步》：夏夜初晴。别墅微凉。半开新月映明釭。起行户外，露洒幽香。淡淡竹木，轻风渡，影回翔。曲径闲闲。墅色苍苍。遥山烟腻半低昂。潺湲流水，一片虚光。莫往莫来，萤几个映书囊。

章雷孙　《哭先大人》：惨淡寒云绕旧窝，先生不见泪痕多。只今庭下思遗训，仿佛音容在在过。

章攀桂　《哭先大人》：贻谋架上有藏书，尤喜栽培荫小居。手泽幸存亲日杳，抚摩何自废唏嘘。

章震远　《思亲诗》：天然景物任栖迟，云月长空只自知。亭畔松风标逸胜，花间诗思写襟期。牙签刺手徒增痛，竹简灰心只寄悲。笑驾玉楼消世劫，清秋黄叶倍涟洏。

章云逵　《思亲诗》：长安不再马蹄驰，人叩清扉欲畏知。檐到松风怡剑履，山来古月伴须眉。鹤飞冥冥云天迥，雁阵凄凄霜雪披。语向寒楸乌亦泪，哀哀虚有忆亲诗。

如上诗篇摘录自《五松章氏宗谱》。

刘时敏　《赠处士陈愈斋》：避寇林泉岁屡更，龙飞淮甸见升平。归来重振先人业，桂子兰孙悉有成。

陈景毓　《挽宁海二尹陈惠溪》：德行文章著望铜，遥知越海播高风。从今永别人间去，笑入蓬瀛阆苑中。

张懋鼎　《赠待封陈我怀》：一自髫年拟轶群，儒珍不染尘俗氛。文光直射三垣地，壮志常凌五色云。孝友风敦花萼盛，诗书泽润桂兰芬。象贤方负苍生望，共道泥封答伟勋。

刘曰义　《赠商城邑令陈君符》：积学渊通未可如，伟大硕望重璠玙。黍苗膏洽明刑后，琴鹤风高布令初。树爱甘棠人被化，风衔丹诏帝征书。贤声藉藉中州地，接武三尧绰有余。

官守臣　《赠处士陈静庵》：硕德推真隐，如公泂足嘉。道高辞郡辟，心懒却公车。绛帐储珍器，蓝田毓玉华。书香留得在，诗礼可传家。

孙弁孙　《高邮庆祝门庵》：南陵堰阜现长庚，种杏仙翁飞路英。马帐风流原卓荦，荀家议论自锵铿。珊瑚玉砚含烟润，苜蓿春盘带露盈。献寿跻堂双进酒，绛纱环遍鲁诸生。

姚阶及　《颂陈愚庵卓荐入觐》：福星临照宝安城，何幸登龙仰典型。春暖为霖膏泽遍，秋高悬鉴雪霜盈。数年懋绩趋丹阙，一日乔迁作上卿。岭表人人思杜母，还期召伯树南屏。

王先成　《赠陈绍文》：五松论巨室，谁不数朱陈。伯玉称贤牧，尧咨亦荩臣。有才堪继述，肯构见经纶。南郭摊书旧，西河设帐新。昔年成宅相，尔日叙师宾。岂是池中物，当为席上珍。忻瞻腾凤翼，伫看奋龙鳞。慕蔺思从学，攀枝愿买邻。文章赡北斗，容貌睹阳春。

陈治宗　《安平县士民勒石颂陈希周》：三年惠政洽山城，一点哀矜万姓生。劝课风行人乐业，桁杨雨润讼平衡。工商沐泽咸如欲，燕雀逢春尽献诚。

来暮无端速去也，攀辕何地慰深情。

龙汝言　《赠孝廉方正陈少白》：我爱陈徵士，家居事事闲。圩田耕几亩，瓦屋住三间。待友如兄弟，娱亲得笑颜。棘闱经几转，只恐出柴关。

毕司徒　《赠陈所贻德配余氏》：节义匡维世道长，古今惟此重纲常。及笄合卺欢无几，负褓孤帏叹未亡。坚介只知同铁石，从容那觉历星霜。表扬咸仰贤明宰，矧有熙朝旧典章。

陈　赞　《游富览亭》：江城如画一番新，共羡人间不老春。输却多财难拼取，须知到此可忘贫。

陈　访　《夏夜纳凉》：独据胡床坐，翛然物外身。傲仍还故我，懒亦率天真。露重虫依砌，窗虚月伴人。披襟聊自适，秋近晚凉新。

陈　哲　《五峰看桃花》：万山窈然深，花开人不见。涧水洌且清，流出桃花片。偶来溪上游，拾得惊殊艳。从此依径寻，春风醉人面。千树开芳菲，妖姿令目眩。最爱避秦人，结庐桃源畔。

陈舜典　《饮石佛山寺》：曲曲松如盖，奔涛入耳幽。巑屼重嶂合，明灭大江流。竹爆惊檐鸟，觞飞掷酒筹。老僧浑不解，此意在沧州。

陈舜凯　《同友饮觉华庵》：持杯开野望，痛饮醉还醒。漠漠水田白，依依岸柳青。疏狂犹故我，尔汝尽忘形。他日登高约，相期构草亭。

陈　慎　《春郊》：丽日郊如绣，招携出郭东。风和堪纵目，步健不知筇。鸟语松林静，花香酒盏空。同侪相尔汝，谁及此衰翁。

陈嘉泽　《登天王山》：萧萧静掩味还幽，闲偶同侪揽胜游。万叠波涛撑玉柱，千家城郭巩金瓯。推敲好句杯中落，断续晴岚望里收。山峻水长风自在，登临对此更悠悠。

陈嘉蕴　《登沧浪台》：崚岣俯瞰碧江流，古洞斜穿韵最幽。坐对沧浪台下水，濯缨濯足两无求。

陈嘉猷　《游杏山》：枫满霜林菊满秋，杏山遗句景前修，宦成不作豪华想，简易如何任去留。

陈嘉谋　《寄友读书铜官古刹》：乱耸云屏紫翠浓，烟霞深处寄行踪。支窗最爱朝来爽，暝坐偏宜午后钟。得意有时呼浊酒，闲吟无语倚苍松。更推选胜多幽兴，策杖铜官第一峰。

陈　橄　《东湖闲眺》：薰风湖畔好，来憩恒无时。兰芷不可搴，搴之遗为谁。波光荡晴绿，云与相参差。欸乃起中流，尘劳亦何为。濯我头上缨，照我鬓边丝。未能舟楫具，自协沧浪期。回首成阴路，无乃归迟迟。

陈三重　《花堰》：丹乃千秋诀，花开十里中。醉条红作雨，飘堰片随风。酿就芳盈注，流来香满空。不闻仙犬吠，还逐野云逢。

陈三彝　《游大通慈尊阁》：精舍层层历，幽间别洞天。禅林依翠竹，福地拥金莲。兰水招提外，长龙古刹边。倚栏频笑傲，潇洒出尘缘。

陈日左　《春日游宝山》：寻芳直到宝山峰，曲径幽溪过数重。拨雾斜攀千丈石，登云俯听一声钟。林深豹隐全无迹，洞嵌人行绝少踪。几度倦游思驻足，依然留意对乔松。

陈　焯　《暮春登南城望晴》：野甸芳姿遍物华，濛濛连日隐晴霞。风翻嫩绿垂条柳，雨润残红落瓣花。玉带平林微雾锁，铜官远岫片云遮。碧天转眼辉春旭，万象融和眺望奢。

陈　基　《游连池庵》：郭外东风暖，春衫白夹轻。高低翻麦浪，远近送钟声。地静藓苔合，堂虚花木荣。老僧勤问讯，潦倒一书生。

陈汉章　《过竹林庵》：曲径通樵牧，幽栖隐翠微。石桥流涧水，竹坞闭禅扉。渔网碧鳞细，童驱黄犊肥。沙头鸥鹭立，羡乐惯忘机。

陈天中　《游石洞仙人洞庵》：精舍逢迎少，萧萧对此君。絮飞三径雪，烟荡一溪云。活火烹新茗，归鸦噪夕曛。何如方外士，闭阁谢尘氛。

陈　善　《铜官古刹》：谁将神斧削铜山，仄径迂回屐齿艰。鹊岸不妨杯作渡（城西有鹊头山临大江），铁船何事石为关（相传神人乘铁船来今铁舫，现存山左即石门关）。新流激转疏篁里，好鸟时鸣古树间。坐久浑忘身是客，泠然幽磬梵林闲。

陈　琦　《集真观关圣庙落成恭颂》：真人翊运壮风云，千载丹青勒伟勋。敢谓神威轻一战，须知天意欲三分。死生患难终难及，兄弟君臣古未闻。惭愧东吴思割据，荆州仍属汉将军。

陈　哲　《秋日同友登笠山》：众山高处欲凌风，秋色疏疏四顾中。十里芦花依断岸，几行雁字破晴空。寒江直下飞流白，枫叶横飘乱舞红。携得霜鳌堪佐酒，拍浮聊与故人同。

陈天均　《游赤山矶》：为爱赤山好，松涛杂有声。峙流相掩映，风月共轻盈。箬笠谁冠首，沧浪我濯缨。披襟俯瞰立，片刻胜登瀛。

陈德谟　《登天王山》：环翠千峰自锁幽，天王景物可嬉游。泉流玉带香生渚，云绕铜官黛满瓯。浪里征帆晴日渡，雨中花树晚岚收。凭高眺望邀朋侣，酒泛樽前兴更悠。

如上诗篇摘录自《陈氏宗谱》（迁铜始祖观保公）。

张大观诗选　《出都作》：检点琴书出禁城，单车走趁晓鸡鸣。身如春雁留难住，心似秋潮涌未平。远树隔山排作势，繁花坠地寂无声。频年风物都经眼，一样凄迷系客情。《通州作》：城堞含烟倚夕阳，桥边树影郁苍苍。千峰拔地绣屏立，一塔摩空宝剑长。故国云霞成阔别，男儿志气未颓唐。渡河且击刘琨楫，不下杨朱泪数行。《感怀》（七律四首）：千里空寻市骏台，年年车马历尘埃。行文惯作英雄语，拔剑谁呼磊落才。青眼待人终下策，黄花托命亦凡材。貂裘敝尽浑闲事，有策何妨十上来；算到红纱罩眼时，手怀铅椠漫惊疑。几人爇烛寻针芥，有顷飞鸿误弈棋。楚客偶然将槜买，齐王或者好竽吹。盘登螺蛤捐刍豢，世事推求总是痴；尚有烟霞护草堂，棋枰酒碗好徜徉。簪缨未试风波远，松菊犹存岁月长。雁塔姓名千佛峻，鹿门俦侣列仙行。同怀嵇阮曾无恙，更与殷勤访杜康；半生结习苦难捐，细数归程已坦然。竹笋想添更隙地，菊花早灌趁炎天。遣怀诗句聊编日，入手功名只隔年。自笑何如赵克国，养兵不用议屯田。《归途漫兴》（七律六首）：故乡风物近如何，几度春光梦里过。逐日自知夸父诞，忧天无奈杞人多。浓云出峡飞苍狗，逆水冲风走白鹅。总是木桥停不得，乱鸡啼罢去如梭；泛泛鸥凫结比邻，江湖偃耐苦吟身。无非为我开歧路，地若无人绝点尘。瀛海未游心尚歉，庐山须到识才真。男儿莫道轮蹄近，四大奇观合问津；一着红尘遣不开，蚕丝难借剪刀裁。累缘儿女愁偏喜，误在功名去复来。盛世几人夸下务，神仙何处住楼台。却怜造物多情甚，赤手搏人用土灰；出世先担入世忧，相关痛痒赖诚求。飞鸣辛苦皆饥雁，道路仓皇问喘牛。佛法慈悲无一着，丈夫慷慨许千秋。平头四十成何事，火色鸢肩愧马周；击楫高歌晚照斜，归心此日羡归鸦。人非骨肉生无味，贫有诗书路正赊。失意且看蘹恣草，前身或是望春花。梦中仿佛如椽笔，飞吐光芒射斗车；大罗仙咏艳霓裳，海上成连漫颉顽。台阁规模矜许国，山林习气藐襄阳。纵横笔健何妨敛，痛哭陈书本是狂。请得养驯雕鹗性，和声一一效鸾凰。《途中杂咏》（五律四首）：河流通一线，风引片帆开。岸逼花须见，沙回酒斾来。白云披远岫，细雨得轻雷。稍喜新凉足，搴衣欲溯洄；隔岸峰峦耸，环溪略彴斜。鸟声穿树出，人影小亭遮。望远天愈迥，思归路转赊。同舟呼郭李，赌韵手频叉；未可凭河伯，攀条赋渭城。芦葭围客梦，风浪作江声。戍鼓荒鸡乱，渔灯宿鹭惊。壮游输赤壁，独鹤莫飞鸣；不为鲈鱼脍，匆匆入剡中。吟情知病减，归计愿年丰。艾虎逢时节，龙舟问土风。故园蒲酒绿，闲煞石榴红。《许次雍贰尹惠蟹索诗戏成三绝》：一官休怅隔枌榆，皖水章江景不殊。投我故乡风味好，免教张翰忆莼鲈；橙子浮香菊绽黄，团尖应亦费平章。知君或寓相规意，要听舆人颂蟹筐；酬诗例仿陆龟蒙，衙鼓声沉剪烛红。笾蟹如何翻得困，枯肠尽索句难工。《赠顾子骏少尉》：三绝才名噪豫章，人间复见顾长康。书兼酒兴双钩活，画比诗工各体长。薄宦漫须愁局促，英年转不碍轻狂。故应击节酬吟处，宝剑篇成笔有铓。《题黄晓亭举杯邀月图》：世间扰扰看鸡虫，难把填胸块垒攻。指口此中宜饮酒，举头天外欲书空。豪如李白杯邀月，才似陈琳檄逾风。我恰醉乡饶伴侣，南楼啸咏与君同。《赠范绛山》（七律二首）：锦水临歧话宿缘，重阳才过雨余天。记来二月花朝后，假我三椽驿路边。星使惯临高士宅，风流争识主人贤。何当便载茱萸酒，趁访东篱醉菊前；凝想幽栖绝俗埃，凭君占断小蓬莱。寄情每在诗书画，相友恰宜松竹梅。泉石清娱都是福，园亭精构亦需才。多情慰我看花癖，春色平分割爱来。《题庄木生小像》（七律二首）：落拓生涯万轴书，漆园风景未荒芜。由他幻梦随蝴蝶，或得成仙藉蠹鱼。文字因缘差不俗，嚣尘习气幸能除。奇编赢与佳儿读，家具凭知足五车；点笔谁添颊上毫，须眉犹自带风骚。倘操筹策神偏爽，能动公卿气亦豪。市隐直堪追啸甫，部民翻欲比弦高。情深胜似耶溪水，数卷琳琅抵献羔。《解官后晋省舟次作》（七律四首）：眼底才能远俗嚣，秋阴笼罩对河桥。湿云嶙岫难为雨，小涧通江易得潮。与俗沉浮终自愧，伺人颜色忒无聊。故园从此容萧散，归指皖江路不遥；西山隐约隔窗虚，渐渐惊惊八月初。丛苇正花沙聚雁，乱船如叶港叉鱼。翻怜病骨投闲早，莫问归装拙宦余。何物堪当郁林石，几盆兰蕙几籯书；挂冠敢说学逢萌，未肯机心为利民。泉石膏肓从客晒，雨云翻覆看人情。菖蒲不蕊香常在，鹖鸟虽暗见亦惊。时向静中参物理，也应去取自分明；懒将幻梦忆邯郸，五载回头可感叹。蹭蹬由他无碍我，性情如此岂宜官。橐驼肿背人偏怪，鹦鹉能言客共欢。能否众中离独立，枉思只手障波澜。《宜丰留别士民》（七律四首）：五载宜丰无寸长，匆匆引疾趣归装。只缘蒲柳余衰质，不为莼莼忆故乡。去住敢云关赤子，慰留深愧负黄堂。驽骀自顾曾何补，全郡防依召伯棠；友事贤臣集益深，是乡簪笏萃如林。都教倾盖成知己，半自论文得赏音。从政漫推求也艺，定教倘见蔑之心。耶溪泉水清无恙，转为临岐感不禁；桃李公然尽属余，春风力薄少吹嘘。几人问字排衙后，一管评诗判署余。白社多才医俗吏，青毡旧况抵家居。片言持赠须珍重，文艺先将器识储；敢矜明察累虚公，耆老多应谅苦衷。力办阳鳚防狡猾，思除害马卫愚蒙。讼稀渐觉民安堵，土瘠还欣岁屡丰。但愿比闾敦古处，攀辕何事西向风。

如上诗篇摘录自《张氏宗谱》。

六、铜陵牡丹

清《铜陵县志·古迹》：仙牡丹，"长山石窦中，有白牡丹一株，高尺许，花开二三枝，素艳绝尘，相传为葛稚川所植"。清《铜陵县志·列传》：盛度，"奉使西夏。天圣间，迁翰林学士，先在陕得牡丹数本，入贡。上嘉其德，服远人，图容御赞，赐宴宠赠，还赐所贡牡丹一本。今其花蔚然成树，一开数百朵，世世培植不替，图赞珍藏于家，子孙列冠绅者，绳绳不绝"。

如从晋葛洪在铜陵种植牡丹算起，铜陵人工栽培牡丹的历史已有 1600 多年。作为药用品种"凤丹"牡丹的种植，在铜陵也有数百年的栽培历史。铜陵的先人对牡丹的繁殖、栽培管理、病虫害的防治、丹皮的采挖加工等，做过不少有益的探索。新中国成立初，为满足扩大生产的供种要求，铜陵将"凤丹皮"种植实行"三改四"（大田生产周期由 3 年延长 4 年），"连丹皮"种植实行"四改五"（大田生产周期由 4 年延长 5 年），大大增加了采种量。2010 年，铜陵市人民政府提出，要把铜陵打造成"中国丹皮药材基地、中国南方牡丹观赏基地、中国商品牡丹盆栽基地，与河南洛阳、山东菏泽三分天下有其一"。随着牡丹产业的深入发展，人们对牡丹经济价值的挖掘，牡丹的观赏价值、药用价值、食用和保健价值进一步得到充分体现。

铜陵牡丹特点 牡丹为芍药科，芍药属，多年生落叶灌木。铜陵牡丹是由杨山牡丹即野生"凤丹"牡丹演化而来的。铜陵牡丹由于其独特的生产栽培方式，致使其他野生种及观赏品种参与得很少，基本上保存了"凤丹"野生种的多数性状。目前"凤丹"牡丹主要分布在顺安镇凤凰山、钟鸣镇金榔，南陵县丫山一带。这里是我国重要的优质药材丹皮的生产基地，也是观赏牡丹砧木、药用牡丹、油用牡丹的种苗生产基地，牡丹籽油原料、原种生产基地。随着中共铜陵市委、市政府对牡丹产业的高度重视及对美好乡村和生态家园的建设，铜陵牡丹花卉旅游观光产业正在兴起。

铜陵药用牡丹 铜陵药用牡丹为本地传统品种，因产地集中分布于铜陵凤凰山一带（国家地理标志产品认证：义安区顺安镇、钟鸣镇，南陵县丫山镇），习惯称为"凤丹"。由于"凤丹"的丹皮产量高，药用效果好，因此在全国推广面积大。

铜陵油用牡丹　油用牡丹是进入21世纪的产物。2011年3月22日，中华人民共和国卫生部第9号公告发布：根据《中华人民共和国食品安全法》和《新资源食品管理办法》的规定，批准牡丹籽油作为新资源食品。牡丹籽油经科学鉴定优于目前市场上多种食用油。牡丹籽含油量很高，是很有发展前途的木本油料作物。同时，牡丹籽油对人体有益的亚麻酸和亚油酸高于橄榄油。因此，油用牡丹的发展一定是个朝阳产业，肯定是牡丹产业未来发展的重要方向之一。国内不少地区正在强化油用牡丹的种植和牡丹籽油的加工以及相关产品的研发。

铜陵观赏牡丹　2009年以来，铜陵市以凤凰山景区为主，大量引进中原品种、少数国外品种，铜陵观赏牡丹品种的结构已发生了根本变化。

铜陵牡丹文化　铜陵牡丹在千百年的生产栽培过程中，不仅为人类提供了大量珍贵的药物资源，给铜陵人民带来了丰厚的物质财富。同时，铜陵人民在与牡丹的朝夕相伴之中，结下深厚的感情，在铜陵人民的生活中留下深深的烙印，形成深厚的灿烂的文化沉淀，从而产生了自身特有的文化现象——铜陵牡丹文化。

牡丹吟诗　盛日旭《御牡丹》："忆昔承恩出尚方，名花曾袭御炉香。于今芳迹留青史，记得庭前手泽长。"盛应谦《牡丹宅怀古》："西域分类上苑花，御袍苞折午前夸。不须火速伟春敕，岁岁天香发旧家。"盛嘉佑《赏御牡》："筹边持节善怀柔，西夏还辕赐予优。一种名花分御苑，九重春色满瀛洲。子孙看到传恩宠，富贵何人淡取求。此日光风当谷雨，雕栏璀璨异香浮。"

牡丹故事　《凤凰山传说》女娲造世之初，遣凤凰仙子做铜官山金牛哥与长江银花妹的红娘。凤凰仙子领旨后从瑶台来到南天门外，摇身变作一只金色的凤凰翩翩而下。背负青天朝下看，只见群山之中的铜官山金牛哥正面对南方，翘首举目。这时，长江银花妹正由南向北匆匆而来，被铜官山的巍峨所倾倒，放慢了前行的脚步，在铜官山前划出了一道弧线，衣裙上飘带和饰物化为长江上的条条枝杈和点点沙洲。凤凰仙子不忍打搅金牛哥与银花妹的缠绵，只见群山中有一山金光闪耀，于是飞落此山，凤凰之名即由此而来。当凤凰仙子成全了铜官山金牛哥与长江银花妹的百年之好后，也爱上了人间，再也没有返回瑶台。从此，凤凰仙子便依栖于此，变成一座雄伟美丽的大山，凤羽张开，化作漫山的琼花瑶草，茂林修竹。登临纵目，山势由北向南，逐渐昂起，头依横岭，尾伏铁石宕，东西各有一个小山包，整个山形酷似凤凰展翅腾飞。

（1）《凤吐牡丹》：在很久以前，凤凰山怪石前，危岩欲倾。山崖间树草丛生，藤牵蔓绕。山涧，一泓清泉在缓缓流淌，从峭壁上泼洒而下，落入崖底。水花溅出，细雨霏霏，如雾似烟，气势磅礴。一个烈日炎炎的夏天，一只金凤凰飞经这里，口渴难耐。只见山峦之中的一湾泉水清澈见底，在阳光之下泛着粼粼波光。于是，金凤凰便落在溪边的石头上，张嘴喝水时不小心吐下了口中衔着的几粒牡丹种子。牡丹种子被缓缓流淌的溪水带到了岸边，在泥土里生根、发芽，长出了几株小苗。小苗慢慢地长大，开出一朵朵洁白的花朵，长出一粒粒种子。日复一日，年复一年，在小溪的两边便长满了牡丹。于是，人们就将这座山取名为"凤凰山"，将金凤凰饮水的山泉取名为"凤凰泉"。如今，在当年金凤凰落脚的"凤凰落脚石"上，金凤凰留下的脚印还清晰可见，金凤凰饮水的"凤凰泉"还在缓缓地流淌，而凤凰山则成了名副其实的牡丹花山。

（2）《凤采牡丹》：阳春三月，凤凰山又成了花的海洋，山上、山下，沟边、道旁，牡丹花在竞相绽放，山野里到处弥漫着牡丹的芳香。天上的神仙、地下的鸟兽纷纷来到凤凰山，争相目睹牡丹的芳颜。屈指算来，金凤凰也有好多年不曾到过凤凰山了。于是，金凤凰也不甘寂寞，撇下众姐妹又一次来到了凤凰山。果不其然，凤凰山已不是过去的那般景致。不见了当年丛生的树草和缠绕藤蔓，只有那一湾泉水还是当年一样的清澈。这时，一阵阵浓郁的花香扑面而来，一朵朵洁白、粉红、紫蓝色的花朵在随风摇曳，竞相绽放。金凤凰从未见过如此这般美丽的景色，舍不得离去，想：何不乘此机会采一些牡丹带回去，也让众姐妹和即将出生的小宝宝一同欣赏花中之王的风采。于是，金凤凰便流连于粉白嫣红的牡丹园，采摘起牡丹花。金凤凰采了一朵又一朵，不知不觉竟忘了归去的时辰，仓促之下把蛋产在了凤凰山。不知又过了多少年，"凤凰蛋"化作了一块石头，与牡丹朝夕相伴。人们在欣赏凤凰山牡丹的美丽时，似乎还能领略到金凤凰采摘牡丹时的情影和匆匆离去的脚步。

（3）《"凤丹"救唐王》：唐太宗李世民率唐军南征至铜陵凤凰山时，北方将士因不服南方水土，有半数人员感染疾病，高热不退。随军大夫抓耳搔腮，束手无策，军中所带药品全部用尽仍无起色。唐军有全军覆没之忧。军中有一军士入伍前是花农，懂得牡丹的药用功能，见满山遍野生长着"凤丹"，便嘱众

六、铜陵牡丹

军士采集"凤丹"的根皮，洗净后砸碎成泥，然后用山泉水搅拌药浆，给患兵灌服。两三日后，染病将士全部康复，转危为安。唐军遂重振雄风，连连克敌，所向披靡。后李世民登基称帝，为感谢牡丹之功，御封牡丹为"花中之王"。

牡丹花会　随着人民生活水平的日益提高和旅游事业的蓬勃发展，铜陵人民种牡丹赏牡丹的热情与日俱增。1989年，牡丹选为铜陵市"市花"。每年牡丹花开时节，中外游人蜂拥而至，为铜陵对外开放创造了良好的契机。从1990年起，铜陵已连续成功举办牡丹花会。首届铜陵牡丹花会于1990年4月12日至4月22日在天井湖公园举行，本届牡丹花会共展出2000多株、80多个牡丹品种。第二届铜陵牡丹花会于1991年4月16日在天井湖公园拉开帷幕，铜陵市党政领导及市内外专家学者参加了本届牡丹花会。第三届铜陵牡丹花会和中国牡丹协会第二届年会于1992年4月12日至4月22日在天井湖公园举行，来自全国46个单位的78位牡丹专家、学者和园艺工作者聚会铜陵，考察和推动铜陵牡丹的发展。本届牡丹花会共展出140余个牡丹品种。第四届铜陵牡丹花会于1993年4月16日在天井湖公园举行。第五届铜陵牡丹花会于1994年4月13日至4月23日在天井湖公园举行。本届牡丹花会共展出3000余株、230多个牡丹品种，除了大量引进的牡丹品种外，300余株独具风情的铜陵"凤丹"登台亮相。第六届铜陵牡丹花会于1995年4月12日至4月22日在天井湖公园举行。本届牡丹花会共展出120余个牡丹品种，其中本地品种10余个。第七届铜陵牡丹花会于1996年4月18日在天井湖公园举行，共展出6000多株、140余个牡丹品种。"97铜陵牡丹花会"于1997年4月12日在天井湖公园举行。在大量引进牡丹品种和扩大种植的基础上，通过杂交育种培育了一些牡丹新品种。在本届牡丹花会上，铜陵牡丹的花形、花色有了较大的改观。"世纪之春"大型牡丹花展游园活动于2000年4月8日至4月30日在天井湖公园举办。

牡丹冠名　牡丹深受铜陵人民的喜爱，铜陵药用牡丹生产所选用的"凤丹"也成为铜陵牡丹的代名词。用铜陵人民对"凤丹"的感情和"凤丹"在国内外的知名度为企业和产品冠名，成为铜陵牡丹文化的特殊内涵。走在铜陵的大街小巷，像"凤丹大药房""凤丹大酒店"之类以"凤丹"冠名的企业招牌随处可见。在铜陵的商家店铺，诸如"凤丹牌酱油""凤丹炒米糖""凤丹桂花糕""凤丹糖冰姜""凤丹牌衬衫"之类以"凤丹"冠名的产品比比皆是。

牡丹工艺美术　牡丹品种多、花色全，花形绚丽多彩，为艺术工作者写生、创作提供了好素材。每年，铜陵有关艺术团体和院校都要组织开展铜陵牡丹写生创作，多次举办铜陵牡丹摄影、绘画展，有多幅铜陵牡丹摄影、绘画作品见诸国内外媒体。1973年，《人民画报》派摄影记者专程来铜陵采风，在同年第8期《人民画报》上以《凤凰山下牡丹园》为题，刊登一组摄影图片，向国内外介绍铜陵凤凰山牡丹。铜陵还有画牡丹、绣牡丹的习俗，在一些古建筑上绘制牡丹图案以象征富贵和昌盛。姑娘出嫁时绣制带有牡丹图案的工艺品，用来表达幸福和吉祥。

牡丹影视 2000年，铜陵县科学技术委员会与铜陵县医药管理局联合摄制了电视资料片《铜陵牡丹皮——凤丹》。该电视片策划徐正托、郭熙盛，撰稿毕民、郭熙盛，摄制毕民，监制蔡长兴。电视片分传说——历史篇、常识篇、种植——田间管理篇、收获篇和开发篇5集，向观众全面介绍铜陵牡丹历史、生产技术等方面知识。电视片先后在铜陵电视台、安徽电视台和中央电视台第七套农业频道播出。《铜陵牡丹皮——凤丹》解说词摘录如下。

牡丹，绚丽多姿，端庄高雅，雍容华贵，被誉为"群芳之首，花中之王"，可谓"国色天香"。牡丹是毛茛科植物，有几百个品种，分属四个品种群。铜陵牡丹属于"江南牡丹品种群"，主要有"凤丹白""凤白荷"等品种。花瓣发育均匀，花色纯洁，花香浓郁，花形飘逸潇洒，花姿健壮挺拔，可谓"天下第一品"。据考证，在隋朝时，牡丹就已经成为名贵花卉。唐代，以长安、洛阳牡丹最多最盛。到了宋代，尤以洛阳牡丹天下称奇。"唯有牡丹真国色，花开时节动京城"。古往今来，有多少文人墨客、名人雅士以牡丹入诗入画。相比之下，牡丹皮就没有牡丹那么风光了。牡丹皮是牡丹的干燥根皮，是大宗地道药材。安徽铜陵凤凰山一带所产牡丹皮质量最佳，称为"凤丹皮"，其他地区所产牡丹皮则称"连丹皮"。铜陵牡丹最早可追溯到一千六百多年前。西晋时期，著名道家人物葛洪在顺安长山种杏炼丹时就曾种植牡丹。据清《铜陵县志·古迹》记载："长山石窦中有白牡丹一株，高尺许，花开二三枝，素艳绝尘，相传为葛稚川所植。"人称"仙牡丹"。又据清《铜陵县志》载，北宋年间，铜陵董店镇双龙村人盛度曾以尚书屯田员外郎的身份出使西夏，在陕西寻得几棵牡丹献给皇上，皇上还赐一棵，他便带回老家，种在自家院内，其花蔚然成树，上面盛开了几百朵牡丹。现在，我们还能看到盛氏后人写的吟咏牡丹的诗篇。民间至今还流传着很多关于铜陵牡丹的优美传说……铜陵种植牡丹开始仅为观赏，并非药用。

栽培药用牡丹一般认为始于明代。崇祯年间，"凤丹"的生产种植已有了一定的规模。在清朝，铜陵的凤凰山、三条冲和南陵县的丫山已发展为全国著名的牡丹皮产区。新中国成立后，人民政府十分重视中药材生产，加上国内外需求量的增加，丹皮生产迅速恢复，"凤丹皮"更是以其药材地道、质量上乘、产量较高盛名。特别是20世纪90年代以来，"凤丹皮"作为重点传统特色农产品加以开发利用，当时的国家农业部于1992年确定新桥镇凤凰山地区为"南方牡丹商品生产基地"，使牡丹皮生产得到长足发展。目前，铜陵已有一万亩生态牡丹园，可年产牡丹皮1500吨以上。牡丹皮作为药用植物历史悠久，汉朝《神农本草经》将牡丹皮作为中药。明代《本草纲目》将牡丹皮归为芳草部芳草类药材。铜陵"凤丹皮"是安徽四大名药之一，它用量大，用途广，处方率高，是中医中药中非常重要的一味药材。"凤丹皮"因其产于铜陵凤凰山地区而得名，该地区属亚热带湿润气候，四季分明，雨量相对集中，无霜期较长，光照充沛，土地肥沃，方圆数十公里无工业和其他污染源。同时，这一地区生态保护较好，特别是土壤里含有有利于牡丹生长的微量元素。再加上悠久的种植历史和丰富的生产经验，使得这一带药农形成了不施化肥农药，而用传统有机肥的生产习惯。为保持土壤肥力，当地药农对牡丹地实行轮作制，并少量间作抗病虫害植物。所以，铜陵"凤丹皮"没有化肥、农药的污染，有绿色药材之称。铜陵"凤丹皮"之所以闻名遐迩，是由它的传统特点和上乘质量决定的。从它的物理属性来看，一是气味香浓、肉厚粉足、皮色褐红、表附金星，这就是"凤丹皮"的四绝；二是根条圆直粗壮，质嫩孔细，缝口紧闭，表皮细薄，油润光洁；三是久贮不易变质，久煎不易烂化。从"凤丹皮"的化学属性来看，含有芍药甙、牡丹酚原甙、牡丹酚、牡丹甙等多种药用成分。经农业部产品质量监督检验中心检测，铜陵"凤丹皮"的五项指标都符合或优于药典规定，特别是牡丹酚含量为1.9%，远远高于《药典》规定的1.2%的标准，明显优于其他地区的牡丹皮。1998年，铜陵县医药有限公司出品的"铜凤"牌"凤丹皮"被安徽省人民政府列为安徽省名牌农产品。1999年，铜陵"凤丹皮"被指定为国家农协会参展品种，正积极申报国家级名牌产品。"铜凤"牌"凤丹皮"省级名牌的获得，是铜陵地区农产品省级名牌零的突破，这对"凤丹皮"的生产销售等深层次开发利用起到推动作用。但是，近年来牡丹皮市场持续走低，如何发挥名牌效应，变资源优势为经济优势，做活做大牡丹皮这篇文章，是有关部门正在思考的问题。"凤丹皮"过去都用于中药制剂的配伍及成药投料，东汉医圣张仲景《金匮要略》、唐代药王孙思邈《千金方》中都有记载。现在，常用中成药中配方用牡丹皮就有二十多种。随着时代的发展和科技进步，采用现代生化技术开发研制中药，走"中药西化"之路，已成为"凤丹皮"进一步开发的基本取向。牡丹酚是牡丹皮中的重要成分，它具有镇痛、镇静、解热、抗过敏、消炎、免疫等作用，可用作抗心血管系统疾病的治疗用药，也可以制成抗病毒药物。牡丹酚是天然植物的提取物，符合世界药物发展趋势，其潜在市场不可估量。铜陵第二制药厂是以生产牡丹酚为主的原料药厂，年提取牡丹酚2吨以上，是目前全国提取纯天然牡丹酚能力最大的厂家。该厂以铜陵生产的牡丹皮为原料，生产的牡丹酚色白、精细、味香，其全部指标均优于《药典》规定的标准，主要销往上海、浙江、江西、重庆等地的医药化工企业，深受客户欢迎，该产品的国内市场占有率达80%以上。

十集电视风光艺术系列片《中国牡丹》第七集《春来香满凤凰山》，以优美的画面和充满激情的解说，向国内外观众介绍牡丹药用价值的同时，用艺术手法展示铜陵牡丹和中国古铜都的风采。《春来香满凤凰山》解说词摘录如下。

生长在安徽省铜陵市凤凰山的牡丹，叫作"凤丹"，就是驰名中外的药用牡丹。铜陵位于安徽省长江南岸，以开采冶炼铜的历史悠久而被称为"铜都"。相传在公元四世纪我国西晋时期，著名哲学家、医学家葛洪在铜陵山中炼丹，曾栽培过牡丹。据清《铜陵县志》载：长山石窦中有白牡丹一株，高尺许，花开二三枝，素艳绝尘，相传为葛稚川所植。这棵长在深山石缝中的千年牡丹被后人称为"仙牡丹"。由此可见，铜陵栽培牡丹的历史相当久远。这座雄峙在长江边、飘溢着牡丹花香的高山，就是铜陵凤凰山。这里漫山遍野覆盖着牡丹的青枝翠叶，每当春风送暖的时节，千万朵蓓蕾绽放枝头，如彩云飘拂，如锦绣铺地，七彩绚丽，光华灿烂，这时的凤凰山则成为一座名副其实的花山。凤凰山盛开的"凤丹"是一种独特的牡丹品种，枝干高大挺拔，花朵肥硕丰满，配以翡翠碧绿的叶子，更显得娇艳秀丽。铜陵"凤丹"……为南方系列，有白、粉、红、紫等不同颜色。凤凰山一带土质为金黄色或白色沙土，适合"凤丹"生长。"凤丹"的药用价值最高，它的根和皮都是名贵中药材；"凤丹"圆直粗壮，肉厚粉足，香气浓郁，在国际市场上享有"品质绝佳"的盛誉。千百年来，我国许多地方都有种植药用牡丹的历史传统。安徽铜陵"凤丹"的种植面积达5000

多亩，年产丹皮1000多吨，成为我国最大的丹皮生产基地。铜陵市地上牡丹吐艳，地下蕴藏着丰富的铜、金、银、铁和石灰石等矿物资源，是我国八大有色金属基地之一。铜陵长江公路大桥总长2592米，如彩虹横空，飞架大江南北，展示着这座美丽的工业城市的蓬勃生机。从1990年以来，铜陵市已举办了六届牡丹文化节，向海内外宾客展现牡丹的芳容。春雨春风，将"凤丹"的芬芳洒遍滴水崖的清泉，洒遍相思河的湍流，洒遍天井湖的碧波，洒遍太白书堂和五松山的绿荫。古老的铜都和凤凰山牡丹，正沐浴新世纪的曙光，焕发出无穷的创造力和瑰丽的青春。

七、铜陵白姜

生姜原产于中国及东南亚等热带地区，至今已有3000年左右的历史。孔子在《论语》中有"不撤姜食"之说。可见在春秋时期生姜已成为佐食佳品。我国生姜最早产于南方，到了明朝后期，才开始向北方扩大栽培，直到清朝，北方才较普遍引种生姜。铜陵白姜栽培历史悠久，历经沧桑。据史料记载，铜陵白姜起始于西汉，兴盛于北宋，衰落于元末明初，复苏于清朝，振兴于中华人民共和国成立以后，发展于改革开放年代。

起始于西汉。据西汉史学家、文学家司马迁《史记》载："江南出楠、梓、姜、桂、金、锡连、丹砂、犀、玳瑁、珠玑、齿革。"江南，泛指江苏的南京、苏州、常州、镇江和安徽的宁国、徽州、池州等长江以南一带，铜陵当属其中。据此追溯，铜陵白姜栽培至少已有两千多年的历史。

兴盛于北宋。经过一千多年栽培和发展，到北宋时期，铜陵白姜面积、产量已经形成了一定规模，由于品质上乘，成为当时全国著名重点产区之一，同时纳入朝廷贡品之列。清《铜陵县志·物产》载：《宋史》"池州贡红白姜"，《本草》"姜以池州者为良"。今邑大通镇四乡蓺之，集镇出售，每岁不下数万石，俗呼大通姜。即铜陵所产白姜，经过红糖或蜜糖加工而成的呈红色或白色的糖冰姜，由池州府朝觐的贡品"红白姜"。

衰落于元末明初。元末明初，由于封建统治的腐败无能和地主阶级的残酷压迫，名目繁多的苛捐杂税沉重的徭役，农业生产萧条，出现了"田莱尽荒，蒿藜没人，狐兔之迹满道"衰败景象。再加上战乱连绵，百姓流离失所，民不聊生，生姜种植业日渐萎缩。当时著名学者陶安（今当涂县人，明洪武初年，任知制诰）游历铜陵时，作《过铜陵》一诗，不禁发出"兵后姜芽少，岩深箭竹新"的感叹，正是当时铜陵白姜种植业萧条、衰落景象的写照。

复苏于清朝。明代中后期，随着商品性农业经济的日趋活跃，白姜生产开始复苏。到了明末清初，铜陵白姜便成了"远人市贩者居多"的大宗土特物产。清《铜陵县志》载有"今邑大通镇四乡多蓺之，集镇出售，每岁不下数万石，俗呼大通姜"。可见当时铜陵白姜已经复苏。铜陵大通古镇水陆通衢，是"安徽四大名埠"之一，也是海内外香客朝圣九华山的主要通道。清顺治年间，九华山佛教组织派僧尼来大通，建成了"大士阁"，成为朝拜九华山的头天门。朝九华山必先朝"大士阁"。每年正月和九、十月间，南京、镇江、扬州、上海一带下江香客，泰国、新加坡等东南亚的佛教信徒，每日途经大通千余人。铜陵白姜的美誉也随之名扬天下，蜚声四方，并融入中国儒、释、道诸家的浓郁精气，开启了铜陵白姜销售市场的繁荣契机。当时，大通市场大、小姜行有六家，每年销往外地的嫩姜就有三四万担，丰年达十万担之多，老姜四五千担。日本发动侵华战争以后，铜陵白姜产销每况愈下。据载，到1948年，铜陵白姜种植面积仅300亩，鲜姜产量陡然降到100吨。

振兴于中华人民共和国成立以后。1949年，中华人民共和国成立以后，经过土地所有制改革和实行农业生产合作化，姜农生产积极性空前释放，白姜生产种植业迅速恢复，种植面积、总产量逐年上升。1953年白姜面积扩大到1156亩，鲜姜产量846.8吨，比1949年的种植面积翻了一番，产量翻了两番。

发展于"改革开放"年代。1978年中共十一届三中全会以后，农村打破长期以来计划经济的束缚，商品经济日趋活跃，实行以家庭联产承包责任制为中心的一系列改革，充分调动姜农的积极性，大大促进白姜产业的发展。据统计，1988年铜陵白姜面积1136亩，产量1230吨。与1978年相比，种植面积增长了5倍，总产量增长了7倍。1985年铜陵县政府确定新建、董店两乡为白姜生产基地，1986年新建乡又被安徽省农牧渔业厅列为"全省生姜生产基地"。与此同时，随着农业生产技术的推进和农作物产品质量的改良，白姜的品质也逐步得以提高。1983年安徽省蔬菜质量评比中，铜陵白姜进入全省14个"名特产品"之首，并且成为安徽省选送参加全国农展馆展览的两个"名特产品"之一。

铜陵白姜是安徽省宝贵的特色农业资源，是铜陵最具开发潜力的特色农产品。中共铜陵市委、市人民政府将围绕打好铜陵白姜这张品牌，成立协调机构，建立优质、标准、无公害示范基地，加大资金投入和技术攻关，做大、做强、做优、做深白姜产业，努力实施铜陵白姜品牌战略，使之成为铜陵地区名特农产品中的佼佼者，成为促进铜陵农村经济发展的闪光点。在长期生姜栽培、加工、利用的过程中，人们逐步地认识了生姜的独特性质。在充分地享用生姜食、药两用价值的同时，又依附于生姜的自然属性，赋予它丰富的社会价值，演绎着生动的人文传说。又随着生姜奇特的生物机理的步步显现，生姜的文化现象也如同茶文化、酒文化一样，表现出独特的文化传奇。生姜的历史悠久，姜文化源远流长，从生姜的自然生长历史，到广博精深的人文传奇，充分体现了生姜独特的人文属性。

文献撷英　生姜屡见之古今各类文献，为许多名人名著论及。特别是中医药经典文献，有关生姜的特性及其药用功效不胜枚举。元代李杲曾言："孙真人云，姜为呕家圣药。盖辛以散之，呕乃气逆不散，此药补阳而散气也。"俗言"上床萝卜下床姜"，"姜能开胃，萝卜消食也"。《药性类明》曰："生姜去湿，只能温中益脾胃，脾胃之气温和健运，则湿自去矣。其消痰者，取其味辛辣，有开豁冲散之功也。"《本草纲目》曰："姜辛而不荤，去邪辟恶，生啖、熟食、醋、酱、糟、盐、蜜煎调和，无不宜之，可蔬、可和、可果、可药，其利博矣。凡早行山行宜含一块，不犯雾露清湿之气，及山岚不正之邪。"《食物本草》云：凡中风、中暑、中气、中毒、中恶、干霍乱，一切卒暴之病，用姜汁与童尿服，立可解散，盖姜能开痰下气，童尿降火也。《本草经疏》有"生姜所禀，与干姜性气无殊，第消痰、止呕、出汗、散风、祛寒、止泄、疏肝、导滞，则功优于干姜"之说。《本草从新》曰：煨姜，和中止呕，用生姜惧其散，用干姜，惧其燥散，惟此略不燥散。凡和中止呕，及与大枣并用，取其和脾胃之津液而和营卫，最为平妥。

《本草纲目》曰："干姜能引血药入血分，气药入气分。又能去恶养新，有阳生阴长之意，故血虚者用之。凡人吐血、衄血、下血、有阴无阳者，亦宜用之，乃热因热用，以治之也。"《本草纲目》中有姜辛、微温、无毒，除风邪寒热，益脾胃、散风寒、止呕吐、治反胃的记载。《本草疏经》曰："干姜……辛可散邪理结，温可除寒通气，故主胸满咳逆上气。温中出汗，逐风湿痹、下痢因于寒冷、止腹痛。其言止血者、益血虚则发热、热则血妄行。干姜炒黑，能引诸补血入阴分、血得补则阴生而热退、血不妄行矣。"

名人与姜　生姜，自古以来受百姓的喜爱。生姜，更是名人雅士的独爱，他们不仅爱姜如命，而且借姜抒情寄志，留下了许多脍炙人口的趣闻轶事。

（1）姜子牙与"子芽姜"。传说，商代姜子牙被纣王通缉逃到铜陵乡间，又累又饿，被绊倒在姜田里，却不意踢出一块姜（即嫩姜）。姜太公饥不择食，抓起就吃，谁知这甘嫩脆的东西竟使他终生难忘。若干年后，姜子牙当了周朝丞相，佐武王东征西伐，每年都忘不了要派人到铜陵来买子姜。有谚语曰："跌倒姜子牙，带出子芽姜。"从前，铜陵人只是用老姜作烹调佐料或入药，自此，开始食用嫩姜，加工成糖冰姜、盐渍姜、糖醋姜。

（2）孔子"食姜不多食"。孔子认为，蔬菜之中，惟姜最有益处，可以通神明，除秽恶。孔子每餐必食姜，没有姜，不吃饭，但"不多食"。在那个饱尝战祸、颠沛流离的年代，孔子却活了73岁，这也许跟他钟情于生姜有或多或少的关系。

（3）苏东坡妙对"姜至之"。北宋著名文学家、书法家、美食家苏东坡在诗词中曾多次提及生姜，如"先社姜芽肥胜肉""故人兼致白芽姜"。我国历代文豪，谙熟中药者，最著名莫过于苏东坡了。相传，苏东坡有次与好友姜至之诸人饮酒，酒至兴处，姜至之提议行"酒令"，并要说出座中客人是一味中药名。姜至之指着苏东坡道："您就是药名，'子苏子'。"苏东坡也说："您的名字也是药名，不是半夏就是厚朴。"姜问何故，苏东坡说，如果不是半夏、厚朴，何以说姜制之？半夏与厚朴宜姜汁泡制，这是古代医家的传统验方。如金代张元素在《医学启源》中说的"生姜，制厚朴半夏毒"。元代李杲亦云："生姜之用有四：制半夏厚朴之毒一也……"此外苏轼曾把收集的方剂著成方书《苏学士方》，并由后人与沈括《良方》合并而成，即现今流传的《苏沈良方》。

（4）王安石精论生姜功效。在我国民间有许多关于赞誉生姜功效的谚语，例如"冬吃萝卜夏吃姜""早吃三片姜，胜似喝参汤""冬吃生姜，不怕风霜"……宋代王安石说"姜能疆御百邪"，是对生姜药效的高度概括。

（5）王夫之倾情爱姜。明代哲学家王夫之，湖南衡阳人，一生爱姜，将居室原"湘西草堂"改为"姜斋草堂"。王夫之身居"姜斋"，写了一部《姜斋诗话》，还作有《卖姜词》，称姜"最疗人间病、乍炎寒"。

（6）"红楼"书中话生姜。经典小说《红楼梦》第五十二回写道："麝月又捧过一小碟法制紫姜来，宝玉嚼了一块。"这里"法制紫姜"是指按传统方法用嫩姜制作的酱姜。第四十二回写宝钗要宝玉记下绘画用品时，曾提出要"生姜二两酱半斤"。黛玉听后笑她想"炒颜色吃"。可是宝钗笑道："您哪里知道，那粗色碟子保不住不上火烤。不拿姜汁和酱预先抹在底子上烤过了，一经了火是要炸的。"第三十八回在作"螃蟹诗"，宝玉写道"持螯更喜桂阴凉，泼醋擂姜兴欲狂"；宝钗写道"酒未敌腥还用菊，性防积冷定须姜"，这里明白指出食螃蟹的时候必须用姜来祛寒,以免凉及脾胃。

"八宝"之一　铜陵采铜冶铜历史绵延了三千多年,被誉为"中国古铜都"。现在,铜陵电解铜产量仍居全国之首,是名副其实的中国当代铜产业基地之一。唐小说家、骈文家段成式(803—863)的小说集《酉阳杂俎》载:"山上有姜,其下育铜、金。""铜陵虽小,八宝之地,金、银、铜、铁、锡、生姜、大蒜、麻"传诵了几百年。可见,铜陵产铜和白姜有着自然、历史的渊源关系。

铜陵白姜在长期的栽培实践中,形成了特有的地域性和独到的栽培方法,使得铜陵白姜久负盛名,成为铜陵土特产的瑰宝。据金盾出版社2004年版《生姜高产栽培》一书记载:安徽省的生姜地方品种颇多,如宣城姜、休宁雁里姜、潜山猴姜、舒城黄姜、临泉虎头姜等,但以铜陵白姜最为有名,是安徽省著名特产。传说清代乾隆皇帝下江南时,食铜陵糖冰姜后,称赞块大皮薄,汁多渣少,肉质脆嫩,香味浓郁,食后有隔夜之香的感觉。相传,清康熙年间,铜陵佘家大院廪生佘忠持身介直,博物有声,以屡试未第,怡情诗赋。适逢康熙五十大寿,满朝庆祝,佘忠想凑个热闹,却又囊空如洗,只好用寿联送贺。佘忠做了一副随大家一起送交金殿。康熙皇帝行过祝寿典礼后,便去赏阅寿联。看了多时只微微摇头。忽见角落里有一副寿联,上联"四万里皇图,伊古以来,未有一朝一统四万里",下联"五十岁大寿,从今而后,还余九千九百五十年",落款"铜陵佘忠"。康熙不由龙心大悦,心想:上联祝版图完整,下联祝朕万岁,对偶工整,书法劲健,真乃妙手匠心。次日,康熙皇帝便召见佘忠,并钦赐进士。康熙皇帝见满朝议论,便问佘忠:"小小铜陵有何独特?"佘忠不慌不忙启奏道:"启禀皇上,铜陵虽小,八宝之地,金银铜铁锡,生姜大蒜麻。"康熙皇帝越发赏识,满朝群臣也无话可说了。

"大院生姜"　铜陵白姜产业的迅速发展,使得种植面积由过去新建、董店两乡的核心地带逐步扩大到顺安镇、钟鸣镇、东联乡、西联乡和西湖镇。但是品质最好,能够代表铜陵白姜品牌,非"大院生姜"莫属。"大院生姜"主产地大通镇大院村.即"佘家大院",古"邓源者"境内。因马仁山佘姓子孙分支,迁居于此生息繁衍,至明代嘉靖年间其后裔佘敬中赴京应试中为进士,后来吏部任验封考功文选司郎中,职掌选拔官吏事(史称天官),后又任广东按察使。其弟毅中,16岁在应天府(今南京)乡试中夺得第一名"解元"殊荣,中进士后,任工部都水司员外郎中,因治理黄河有功,被加封为京堂正四品官服俸。

佘合中登明万历三十八年（1610）韩敬榜进士。佘家一门显赫，便拥有"天官府第"的荣耀，佘氏宗祠亦建于此。佘姓在池州府，铜陵以"名门望族"之誉受人侧目。后来人们通称此地为"佘家大院"。

"大院生姜"叶青翠、茎红紫、质鹅黄、形如佛手、厚如肉掌，块大皮薄，汁多渣少，香、甜、鲜、辣、脆兼备。"大院生姜"一直以名姜正宗，颇受人们的青睐。以"大院生姜"腌制成的糖冰姜，晶莹透明，玉骨冰肌，芳香四溢，脆嫩爽口，实为馈赠之佳品。有的姜制品加工厂，直接打着"大院生姜"品牌广为宣传。铜陵人钟情"大院生姜"，每到"中秋""国庆"前后，人来车往，直奔大院村姜田购买鲜姜，加工腌制，自食或馈赠亲朋。一时间姜田成了热闹的市场。即便"大院生姜"的价格要比普通姜的价格高出百分之二三十，但以能买到地道的、能吃到原汁原味的"大院生姜"而为快。

佘家大院种姜的历史，还得从福光村俞村队种姜说起。据传，明朝中期俞村有位俞姓的，在四川某州府做官。此人学识渊博，为人正派，心系百姓，为官清廉。但屡遭朝中奸臣嫉妒。他一气之下，弃官为民，回故乡隐居，潜心与家乡姜农一起种姜。这样年复一年，姜田面积逐年增加，并由俞村扩大到佘家大院。根据大院村牌坊村民组82岁老人佘云南回忆说："听长辈讲，佘家大院开始种姜只有5亩（地名叫五亩宕），是佘天官封的，后来扩大到200亩，向南不过五桂桥（地名），向北不过打鼓墩（地名）。"从佘家大院种生姜后，大院生姜每年又由佘天官送到朝廷，进贡皇上，受到皇上的称赞。从此，大院生姜也就成了"贡姜"。

"搭棚"由来 生姜为耐阴植物，不耐强光。姜田适时搭棚遮阴，以满足姜苗生长对光照的要求，调节姜田小气候的温度，减少土壤水分蒸发.对生姜高产与提高品质十分有利。农谚说："生姜晒了箭（新叶），等于要了命""端午盖顶，重阳见天""苗期三分太阳七分阴""后期七分太阳三分阴"，这是栽培经验的总结。姜田搭棚遮阴，源自一种民间传说：宋朝罗成的父亲罗艺是天上的紫微恒星官15颗星之一。自从他成为"金口玉言"的预言家之后，骑着小毛驴在铜陵一带到处游说。有一天，夏日炎炎，骄阳似火，预言家罗艺从胥坝出发途经太平街、铜官山、碎石岭，走到大院佘村时，他饥渴难耐，向正在姜田里除草的农妇讨口水喝，农妇顺手拔起一块鲜姜与他解渴。罗艺吃罢，顿觉清凉，连连夸奖，算是回报，临别时交代了一句话"搭棚遮阴，别让日头把姜苗晒坏了"。佘家大院一带冲畈地形，阳光充足，土地疏松，过去种姜如种瓜，不搭棚遮阴。经罗艺这么一说，姜农也就普遍采取搭棚遮阴的管理方法了。当然，这只是一种戏说。其实，这是姜农在种植生姜的长期实践过程中，不断创新总结的经验。

"冰姜"进宫 铜陵人种姜经验丰富，加工腌制生姜也很讲究。每到中秋佳节前后，天高云淡，丹桂飘香，菊黄蟹肥，正是嫩姜上市的时节。城里乡下，家家户户，纷纷购买鲜姜，加工腌制，到处可见男女老少刮（除去鲜姜的表皮）姜忙的景象。清晨饮茶食姜，品茗赏姜不失为一种享受。铜陵白姜加工制品，首推糖"冰姜"。白如雪，亮如冰，片薄如膜，透明无疵，有冰玉之美。味辣而甜，甜从辣来，甘辣醇和，非同一般口感。民间传说：当年乾隆皇帝下江南，一行人微服从简，路过大通，见一家小菜馆的老板娘风姿绰约，便信步走进茶馆，憩息饮茶。老板娘聪明伶俐，眼力过人，见为首客官气宇轩昂，断定非等闲之辈，于是落落大方，不卑不亢，迎请客官就座。见她用青花盖碗，沏上九华山"毛峰"，双手一一献上。乾隆皇帝轻轻揭开碗盖，不觉喜上眉梢，尚未开言，又见她用红漆托盘献上四小茶点：碧绿的香菜，酱红的茶干，黑亮的瓜子，雪白的冰姜。帝王家吃厌了山珍海味，看腻了宫廷糕点，如今猛见如此赏心悦目的茶食，乾隆皇帝眼睛一亮，倍觉新奇。于是一边品茗，一边品味，不多时，龙颜大悦，竟不耻下问，"讨教"起老板娘来。老板娘胸有成竹，出口成章："大通这四样小吃，青的、红的、黑的、白的，色彩鲜明，象征一年四季——春天麦绿，夏季荷红，秋翻沃土，瑞雪丰年。这四样小吃，香的辣的，咸的甜的，香喷喷，辣和和，生津开味，益寿延年。大人屈尊荒村小店，又如此垂爱这种农家土产，民女理当奉送……"乾隆皇帝闻言大喜，命随从重赏老板娘，并置办这四样小菜精品进宫，赏赐后妃和皇亲国戚。从此，大通"冰姜"进宫的消息不胫而走，传为美谈。

姜具"四绝" 铜陵白姜的发展过程见证了姜农的辛苦、勤劳和创新。千百年来，姜锄、姜棚、姜阁、姜盘，在铜陵白姜的生产加工中发挥着不同的作用，也与白姜品质的提高和产量的增加息息相关。清代诗人沈泌《种姜谣》云："畏寒闷置惊蛰卖，是名火姜不易坏。腴田种之燥湿匀，松叶敷阴借遮盖。"正道出了种姜人的勤奋与辛劳。

姜锄 姜田深翻整地的特制工具，一般长38厘米以上，宽15厘米以上，重量4公斤左右。这种姜锄可以深翻姜田土壤在35厘米以上，有利于保水保肥，有利于姜苗和地下茎的生长发育。殊不知，姜农使用姜锄劳动一天的辛苦程度，不言而喻。

姜棚 姜棚是在姜苗生长过程中，采用的搭棚遮阴方法，这是传统的白姜软化栽培技术，具有科学性，是铜陵姜农的首创，在其他产姜地区少见。铜陵白姜的姜棚要求规范，搭棚材料十分讲究，选用的是山地生长的一种芭茅草，不但遮阴时间长，而且能够适应生姜生长全过程中对光照的要求。姜棚的大小随姜田而定，高度在1.5米以上。

姜阁 姜阁是集姜种贮藏、催芽于一室的储藏间。采用人工烧柴草加温，调节姜种在休眠期对温湿度的要求。这种保种催芽的方式，在全国来讲，仅此铜陵一家，独具筛特色。元代农学家王祯在《农桑通诀》中写道："今南方地暖不用窖。至小雪前，以不经霜为上。拔出日，就土晒过，用箬篛盛贮，架起，下用火熏，三日夜，令湿气出尽，却掩篛口，仍高架起，下用火熏令常暖，勿令冻损。至春，择其芽之深者，如前法种之。为效速而利益倍。"可见，铜陵白姜采取姜阁保种催芽技术至少已有六百多年的历史。姜阁大小一般在能贮种10000公斤左右。长宽四五米，高8米以上。老式姜阁是土坯砖砌，外糊泥巴；新建姜阁采用红砖，外用水泥粉刷。阁内用木料穿方分成8格，中间留有烟道。

姜盘 姜盘是白姜加工过程中晾晒盐渍姜、糖冰姜的用具。木质结构、多为长方形，长2米，宽1米左右。过去，姜农家庭用姜盘晒盐姜较为普遍。随着加工技术的改进，现在，家庭腌制基本不用这种工具，生姜加工厂用得也很少。

八、铜陵中医药史话（摘录）

《通鉴续编》言："民有疾病，未知药石，炎帝始味草木之滋……尝一日而遇七十毒，神而化之，遂作方书以疗民疾，而医道立矣。"极为重视医学的元代，朝廷曾推动各地为这三人广泛建立"三皇庙"，告知天下尊崇医学始祖。后世医药界为了崇功报德，许多地方都专门建有"药王庙"生年举办纪念活动。在过去中医药兴旺发达的岁月，铜陵也曾有"药王庙"，举办一年一度的"药王会"。大通的"药王庙会"就曾是地方上的文化盛典，吸引长江两岸乃至上下游百姓的广泛参与。

中医学是以阴阳五行作为理论基础，将人体看成是气、形、神的统一体，通过望、闻、问、切四诊合参的方法，探求病因、病性、病位，分析病机，以及人体内五脏（肝、心、脾、肺、肾）与六腑（胃、大肠、小肠、三焦、膀胱、胆）、经络关节、气血津液的变化，判断邪正消长，进而得出病名，归纳出疾病证型，以辨证论治原则，制定"汗、吐、下、和、温、清、补、消"等治疗方法，使用中药、针灸、推拿、按摩、拔罐、气功、食疗等多种治疗手段，使人体达到阴阳调和，进而能够康复。

中医产生于原始社会，春秋战国时期中医理论即已基本形成，出现了解剖和医学分析，已经采用望、闻、问、切"四诊"，治疗方法有砭石、针刺、汤药、艾灸、导引、布气、祝由等。西汉时期，开始用阴阳五行解释人体生理，出现了"医工"、金针、铜钥匙等。东汉出现著名医学家张仲景，他对"八纲"（阴阳、表里、虚实、寒热）有了新的认识，总结出"八法"。华佗则以精通外科手术和麻醉名闻天下，还创立了健身体操"五禽戏"。唐代孙思邈总结前人的理论并总结经验，收集5000多个药方，并采用辨证治疗，因医德最高，被人尊为"药王"。唐朝以后，中国医学理论和著作大量外传到高丽（今之朝鲜）、日本、中亚、西亚等地。两宋时期，朝廷设立翰林医学院，医学分科接近完备，并且统一了中国针灸由于传抄引起的穴位混乱，出版《图经》。金元以后，中医的发展呈现一片繁荣，以刘完素、张子和、李东垣、朱丹溪"金元四大家"为代表的河间学派、易水学派等中医流派出现，极大地补充了中医学的理论，提出许多新见解和新思路。新安医学流派在明清时期更是名满天下。明清以后，随着瘟疫的大范围流行，医学家们有感于用治疗狭义伤寒的方法来治疗瘟病的不足，经过数代医学家的努力，终于形成了一整套治疗瘟病的理论方法，瘟病学派由此诞生。在明朝后期成书的李时珍《本草纲目》标志着中国药理学又一次的总结，对医学和自然科学作出了极大的贡献。

铜陵医学记载最早见明代。"铜陵……医学训科（即医官）一人，医生一人，原房舍建置在县治西。"这是明《池州府志》卷六《官秩篇·建官》的文字记载。医学训科：明代各府、州、县各设一个专管医学的官员，府称正科，从九品；州称曲科，县称训科，均有官职、无俸禄。明代铜陵虽设立医学，但房舍原来有，后来没有。显然，当时官府医事呈荒废状态。

《铜陵县志》与《池州府志》记载情况完全一致。明《铜陵县志》：医学，在县南，与阴阳学（元明两代地方设立的天文学校）相连，成化十八年（1482），知县黄济建，时废。根据清《铜陵县志》记载，医官房舍也已不存，将"医学"列入"已废各宇名目"，仅有的一名医官"医学训科"级别定为"不入流"。就是说，他们是实行"人事代理"，人员由地方政府确定，待遇由地方政府自筹，没有皇粮国库作保障。

地方医官从宋代到明代，社会地位和经济地位渐趋低落。"医学训科，宋名医院局，有监局医官一员，副使二员。元称医学教授，月支俸钞三十八两一钱，学正一员、学录一员，又官医提领所提领一员，惠民药局一员，俸俱无考。明朝洪武三年置训科一员，'土'人任，未入流，无俸，管医生五人。宣德中分县并于府。"明代越来越忽视地方医疗制度。

清《铜陵县志》（卷十三）中，医生列入《列传·方伎》，其中提到的铜陵民间医生有何其沧、李蕃、佘继弟、王世濴。依次笔录如下：

（1）何其沧：居顺安镇，著《幼科指南》一书，贫者恒以药济之，年七十有五，无疾终。

（2）李蕃：字伯衍，其父应扬曾受异人医术。蕃绍前业，著有《医言》行世。

（3）佘继弟：字及之，精幼科。川抚张延医幼子，病立愈，厚馈，却之，高人也。

（4）王世濂：字麟洲，州同。幼读书，能文未售，雅善岐黄（中医之别称，上古时代有两位医药家黄帝和岐伯），幼科尤邃，诊治立效，时以药饵馈人，贫富概不责报。邑令王锡蕃延医幼稚即愈，曾以诗嘉之，著有《幼科金针》行世。

（一）铜陵中医世家

1.樊氏中医世家

从清代到民国时期，铜陵有一个连续七代相传的"中医世家"，在铜陵医药史上甚为罕见。这便是樊氏中医世家。

樊氏中医世家第一代传人是樊铎（1720—1812），铜陵县城关居民，清代乾隆、嘉庆年间随从舅父俞正高学医，遂世代行医。同治年间迁居西湖陈村。从樊铎开始，樊氏代代行医，有樊冲（1770—1852）、樊文林（1802—1883），樊仲辉（1842—1897）、樊端臣（1870—1937）、樊义泰（1894—1951）、樊承楷共历七世。

樊氏除行医外，兼营药店，樊铎在县城创办"万春药室"，后于同治年间毁于兵火，两年后在西湖陈村重开药店，先称"万春和记"，后改为"樊万春号"，一直经营到20世纪50年代参加联合诊所为止，历时近两百年。

著述方面，同治年间，第三代传人樊文林根据上辈的笔记及自己的心得，整理出《诊视要诀》及《证治捷录》两册手稿，传授后人。第五代传人樊端臣擅长于中医儿科，曾写《小儿科》一书。第六代传人樊义泰成长于清末民初，时局巨变，他的医学道路发生了很大的变化，学了西医，做了医官。

2.王氏中医世家

这是一个祖、孙、重孙从医的家族。清同治、光绪年间，世居铜陵县太平老观嘴的王道南（1838—1909）开始在乡里行医，他广泛涉猎历代各位医家理论，兼取各家之长融会贯通，对疑难杂症辨析深透、疗效神速。行医期间，自种或自采多种药材，免费为贫苦病人施治。晚年整理有《道南医案》，可惜被火焚毁。其孙王奎照随其习医，擅长妇科。1922年应邀为芜湖县县长陈祖荫夫人治产后病，半月痊愈，名传江城。重孙王采封继曾祖、父亲医业，在铜陵胥坝、安平等地行医。

3.潘氏中医世家

潘氏中医世家，至今已历五代，为五松镇人。清代同治、光绪年间，潘氏中医世家第一代传人潘德车在铜陵县城关行医。潘德车15岁开始学医，从医50余年，治疗常见病、多发病、疑难病，均取得较好疗效，颇有声誉。50岁后，开办了潘园中医学堂，参加学习的有20余人，带领学徒奔赴铜陵各乡镇及邻县。享年83岁。

潘氏中医第二代潘保仁13岁随父学医，3年学成，并从事临床实践多年，对于当时顽固性头痛、失眠、糖尿病、中风半身不遂、慢性肝炎、类风湿、风湿性心脏病、中医的脾胃病富有经验。医术高，治时疫，有患者写诗称赞。年轻时曾担任地方小吏，赈灾救贫不遗余力，困难群众免费给药。为了采集更多的中草药花草茶，方便群众的治病，潘保仁在城北山麓购地数亩，种名花数百种，建成花草茶园，名曰"潘园"。他善诗词，著有《潘园评花留稿》。

潘氏中医第三代潘善圃13岁随父学医，在治疗常见病、妇科病及疑难杂症方面均有较好疗效。抗日战争期间，铜陵太平、加兴、汀洲、老观、姚汪、梨桥等地发生了很多麻疹病人，他进村入户开方医治，疗效甚好。1958年，铜陵县朱村一妇女妇科病重危在旦夕，西医认为活不了当年。潘善圃治标治本，医治患者，病愈回家，至今在世。1949年新中国成立以后，担任首任铜陵县中医协会会长，省里规定，将名老中医安排在医院工作，于是潘善圃到铜陵县人民医院从事中医工作，当时医院没有设立中医科，他便用中医治疗慢性病及妇科病。1957年为铜陵政协委员，1959年为安徽省人大代表。

潘氏中医第四代潘玉斗14岁随父亲学医，学习祖辈遗留下来的行之有效的经验方、秘方，4年后成绩合格，安徽省中医管理局颁发中医出师证书。后在铜陵县人民医院工作。临床经验丰富，对治疗常见病、多发病及疑难重症均取得了较好的疗效。

潘氏中医第五代继承人潘忠丽是个女儿身，13岁随父学医，后在五松镇开办中医诊所。在父亲潘玉斗的指导下开展并擅长中医内科、妇科疾病。潘忠虎，亦潘氏从医者，在14岁就在其父潘玉斗的指导下学习中医基础等相关理论知识，1988年就读合肥卫校，2000年就读皖南医学院，现在铜陵县安平卫生院从事全科医疗主治医师工作。

4.汪氏中医世家

义安区钟鸣镇有一中医世家，一百多年来四代传承中医之道，至今仍在用中医、中药给人看病。这便是九榔汪氏中医世家。

九榔村，古称九龙庙，位于铜陵市东大门，居铜陵、南陵、繁昌三地交界处。据传，九榔汪氏在铜陵已历八世，从第四世开始走上中医之路，由此连续不断，一脉相承，药铺名沿用至今。

九榔汪氏中医"开山祖"汪楚才（1889—1971）是一位儒医（民国初年由儒而医），又名汪其贤，原本教书种田为主。20岁时其妻患乳痈，屡请医生上门，每次去请都要用马或者轿子，诊治完毕盛情款待。一次两次尚可，每次如此，不胜其烦。治病三月，前后花去银两折价稻谷三十担。汪楚才感慨良多，医生应该救死扶伤，不该这样讲排场。汪楚才因而发下狠心自行学医，他白天教书，晚上发奋苦读医书。两年学有所得，便去拜访名医，虚心求学。1913年24岁时正式挂牌行医，以妇科、内科、儿科为主，兼治常见病、多发病。

汪氏第二代中医汪浩然（1910—2000），又名汪世泽，17岁时由父亲汪楚才送到顺安镇一位李氏中医名家当学徒。据传，顺安李氏中医祖传十四代，至此断脉。汪浩然学了两年，便回九榔帮父亲诊所看病抓药。抗日战争时期，日本鬼子往来铜陵、南陵之间，九榔地处交通要道，便将汪家中药店一把火烧光，恢复以后又遭火烧，反复烧了三次。兵荒马乱时代，1943年汪浩然带领家小逃到邻近的繁昌赤沙街道重新开设药店坐诊，其父汪楚才仍留守九榔坐诊。

汪氏第三代中医汪守中（1937— ），年幼即受祖辈、父辈影响，一边读书，一边背诵中医经典汤头歌、药性歌、脉诀。因系家中排行老大，有传承中医之责，9岁时开始帮父亲抓药，制作药丸、膏药等。直到1953年，随父从繁昌赤沙回迁到铜陵钟鸣镇九榔。

新中国成立后的1956年，汪楚才、汪浩然、汪守中汪氏三代中医积极响应政府号召，在缺医少药的时代加入铜陵县钟鸣区卫生所（1953年创建，钟鸣镇中心卫生院前身），年轻一代的汪守中从此走上了行医之路。因家风传承，汪守中勤奋好学，白天行医，晚上攻读医书，不懂的地方总是虚心向别人请教，医术由此长足进步，积累不少经验医方，帮助解决很多病痛。

汪氏第四代中医汪日辉（1971— ），1990年中学毕业去安徽中医学院学习培训，之后到铜陵市中医医院实习半年，师从铜陵名老中医梁培荣、陈本立、刘荣仪。回家以后跟随村医父亲汪守中，主持九梅村卫生室，接受铜陵县钟鸣镇中心卫生院管理，以中医为主为村民看病。

5.丁氏中医骨伤科世家

在朱村镇，有一个擅长中医骨伤科的五世中医家族，如今这第五代传人丁贤俊已经转到铜陵县城关，他运用灵巧的双手和中草药材医治骨伤病人，不用手术，费用低廉，达到比较理想的效果。

丁氏第一代中医骨伤科开山祖丁金兆（1829—?）从医算是兼职，原是枞阳县会宫拔茅山人，是村落首领，身怀武艺。清末太平天国运动期间，为躲避太平军追捕，挑起一担家当带领几个助手落户铜陵顺安城山，从此后世均定居此地。他在习武健身之余，兼治伤病，推拿、接骨。

丁氏第二代丁德源（1863—1939），乡村医生，在顺安镇城山一带不仅给老百姓医治跌打损伤，还能兼治耕牛等牲畜。他是一位德高望重的人，邻里发生纠纷都找他评理。

丁氏第三代丁绍才（1906—1985），年轻时期曾在共产党领导下的铜陵抗日游击队当医生，凭中医骨伤之技给伤病员医治伤病。部队转移时他没有随军。国民党军得悉此事，把他抓起来押解到泾县，后又转押到江西，对他施加酷刑。归来继续行医。新中国成立以后在铜陵县朱村郎坑当村医，以后又在朱村街开设铜陵郎坑骨伤科诊所。

丁氏第四代丁进明（1927—2015），少小耳濡目染祖传医术，读完小学以后考取青阳县陵阳初等师范学校，学成回到家乡铜陵县朱村街一所小学任教。虽然职业为教师，但是心念家传医术，一边任教，一边抽空传承医术，并通过自学学得不少中医理论。在任教之余，为当地百姓解除病痛。

丁氏第五代传人丁贤俊（1963— ）是全科主治医师，以中医骨伤科见长。丁贤俊于铜陵市五中高中毕业后，1982年9月至1985年6月自费就读合肥市卫生学校。学习之余和毕业之际先后在芜湖市中医医院进修骨科推拿，在铜陵市人民医院骨科学习，并跟随祖父在朱村开设的铜陵郎坑骨伤科诊所学医。1990年，丁贤俊离开朱村，移址铜陵县城关，在建设东路开设铜陵市城关俊陵诊所，在那里建起了六七百平方米的两层楼，雇请了护士4人、医生2人。丁贤俊自采药材，他说他能识别一两千种地道药材。中医骨伤不用手术治疗，主要讲究手法复位。对"正骨八法"，丁贤俊做起来很熟练。中医骨伤科与西医骨伤治疗不同。西医讲究的是解剖对位，完全对接。中医讲究的是功能恢复，接骨部位哪怕错位一两厘米，都能愈合。丁贤俊说，中医骨伤病人病愈以后不影响劳作、不影响生活。接骨复位以后，一两年里骨折部位会自然塑形，完好如初，非常神奇，看治疗前、治疗后摄片就能见分晓。

（二）铜陵地产中药材

江南铜陵，物华天宝，自然条件优越，有丰富的植物、动物和矿产药材资源，是天然的药物宝库。铜陵从1984年到1985年参加第三次全国中药资源普查。普查发现，铜陵全境有中药材4个门类256科1668种。

根据1993年版《铜陵县志》，铜陵中药总蕴藏量2.6亿吨，其中植物药材197科1551种，蕴藏量3570吨；动物药材59科83种，蕴藏量40吨；矿物及其他药材34种，蕴藏量2亿余吨。总蕴藏量中，亿吨药材有寒水石（清热泻火药）、白石英（温肺肾、安心神、利小便药物）。千万吨的有花蕊石、自然铜、禹粮石等6个品种。百万吨的有硫黄。1万吨至2万吨的有石膏、滑石等6个品种。50吨至5000吨的有杜仲、明党参等6种。5吨至50吨的有贝母、枳壳、射干、紫党参、玛瑙、蛇葡萄等34种。0.5吨至5吨的有绞股蓝、龟板、鳖甲、百蕊草、猫爪等254种。0.5吨以下的品种居多数。

植物药材 植物药材种类，在中国药材资源普查中，列入普查目录的363种植物药材，铜陵有208种，占57.3％；安徽省提出普查的219种植物药材，铜陵有185种，占83.1％。国家列入24类二类中药材普查，铜陵有11种，占46％。它们是：杜仲、厚朴、白术、白芍、麦冬、贝母、银花、元胡、桔梗、连翘、芋肉。安徽省规定普查的68个重点品种中，铜陵有40种，占67％。它们是：丹皮、白芍、白术、玄胡、枳壳、木瓜、吴芋、太子参、贝母、夏天无、杜仲、厚朴、黄柏、银花、芋肉、射干、辛夷、桔梗、丹参、明党参、百斛、半枝莲、南洋参、玉竹、黄精、半夏、前胡、覆盆子、胆草、枇杷叶、柏子仁、百部、柴胡、天冬、光茹、断血流、百蕊草、青木香等。

铜陵第一部本土药物学著作，孙德夫著《铜陵药用植物》系统介绍铜陵本土药用植物202科1652种。主要介绍各物种别名，在国内分布情况和本地区域分布；介绍其实用价值，对常见物种还附有民间单验方等，通俗易懂，便于不同层次爱好者阅读，是日常家用、普通百姓的简易读本。

动物药材　主要有蚂蟥、蚯蚓、螺、蛞蝓、蜗牛、蚌、蝼蛄、地鳖、九香虫、蚱、蝉、斑蝥、黄蜂、蜘蛛、蜈蚣、蟹、蜻蜓、蟋蟀、豆芜菁、蜣螂虫、金龟子、星天牛、虻虫、纺织娘、蚂蚁、蚱蜢、壁钱、黄鳝、鲫鱼、泥鳅、蟾蜍、龟鳖、壁虎、石龙子、蛇、蝙蝠、穿山甲、小灵猫、水獭、鹿等。（穿山甲、鹿等是国家保护动物，现已不能成为药材）

矿物及其他药材　主要有云母石、石膏、自然铜、阳起石、花蕊石、针砂石、钟乳石、雄黄、赭石、硫磺、方解石、紫石英、滑石、磁石、胆矾、金、银、玛瑙、石灰、白石英、人发、人指甲、人中白、紫河车、坎脐、伏龙肝、百草霜等。

"凤丹"　产于凤凰山的牡丹皮（简称凤丹）是铜陵药材中的大宗品种，被列入"安徽四大名药"（另三大名药是：白芍、滁菊、茯苓）。

中国是牡丹的发源地，也是药用牡丹栽培面积最广、牡丹皮消费量最大的国家。铜陵是中国凤丹的原产地，铜陵的牡丹种子、苗木已辐射到中国近20个省市。铜陵丹皮以凤凰山丹皮为最，产于顺安镇凤凰山。牡丹皮的特点有："气味香浓、肉厚粉足、皮色褐红、表呈银星、缝口紧闭、表皮细薄、湿润光泽、久贮不变质，久煎不发烂。"

铜陵凤丹之所以仅产于凤凰山，是因为凤凰山系金沙土质，气候条件好，凤丹因此质量上乘。其根粗、肉厚、粉足、木心细而久藏不变质。药性清寒、味苦，具有凉热血、散淤血之功效，对吐血、便血、尿血、闭经有良好疗效，对妇科炎症疗效甚高，同时还可以从中提取名贵香料"牡丹香醇"。

凤凰山已经成为铜陵丹皮生产基地，20世纪80年代年产100吨，除了满足国内市场，还曾畅销东亚、东南亚以及欧美国家和地区。

1995年，顺安镇经当时的国家农业部批准被列为"中国南方牡丹商品生产基地"；2000年，被当时的国家林业局和中国花卉协会命名为"中国药用牡丹之乡"；2006年4月，铜陵凤丹获国家地理标志产品保护。

（三）中西药铺生意兴隆

中医药是我国的原创医学，"简、便、验、廉"是中医的优势，中医和中药不能分家。中药是中医赖以存在的现实基础，中药材又是我国重要的战略资源。

中药、西药经营作为治病救人的民生行业历来就有，在近代、现代铜陵全境均有分布。大通与五松（城关）、栖凤（西湖）、顺安、坝埂头、汀洲、犁桥、钟鸣等地均有药店经营。抗日战争前，铜陵境内药业主要以大通、和悦洲两岸市场为主，形成江苏溧水、徽州、铜陵本地三大派系，相互竞争，共同发展。

从清朝末年至抗战前夕的半个世纪，是大通药业发展的鼎盛期。大通与和悦洲医药经营生意兴隆，这个时期通和两岸专营中药及西药药铺有17家以上，都是私人经营。

大通6家，3"号"3"店"。分别是：大通查广和懋记老号，店主查必懋；大通潘裕太药号，店主潘光裕；大通查广大药号，店主查贵礼；大通万太药店，店主周某；大通查广和猷记药店，店主查徽庵；大通秦仁济药店，店主秦竹波。

和悦洲11家，3"号"5"店"3"药房"。分别是：和悦洲洪大生桀记药号，店主洪文桀；和悦洲陈葆元药号，店主陈嘉谟；和悦洲同仁堂药号；和悦洲洪昭记药店，店主洪文昭；和悦洲查广春药店，店主查彭寿；和悦洲查春和药店，店主查维藩；和悦洲方松记药店，店主方松亭；和悦洲广裕太药店，店主陶龙璋；和悦洲五洲西药房，店主吴某；和悦洲中美西药房，店主盛穆如；和悦洲普华药房。

铜陵另一个古镇顺安，是铜陵医药向纵深方向发展的腹地，自古水陆交通便利，顺安河直通长江，成为周围农村的农副产品及山区圩区的物资交流集散地。顺安医药行业也有10多家，这些医药行业主要是中医中药。每家除全家人从业外，另外收徒1至2人。能同时做医生看病的有五六家。吴启泰是当地名医。据有关资料记载，当时顺安正规中药店有：沈冈泰药店、陆生和药店、乐长生药店、周万全药店、方润生药店、童葆康药店、卜益泰药店；行医的中医有伊良仆、乐寿卿、卜思庆、吴启泰（小儿科名医，被日本侵略者杀害）、方润之等。

（四）药品行业文化盛事

大通药号、药店之间的竞争，主要表现在竞相抢占药源、控制药业行情、争夺药业市场等方面。他们经营竞争的办法也是灵活多样的。

争招牌，扬名气。无论是称"号"或称"店"的，他们都很珍视自己所挂的招牌，视招牌为生命。每逢新春佳节之际，各号、店都以自己的招牌名称为题撰写春联，书写极为讲究。例如：

（1）查广和懋记老号大门有春联：广济生成千载业，和调元气一家春。

（2）秦仁济药店有门联：仁方到处堪寻药，济世无才可学医。

（3）查广大药店有门联：广种福贵田香流橘井，大施仁石灵采上云山。

（4）陈葆元药号有门联：葆光普照三千界，元气常存十二时。

这些门联，"事"既"信"，"言"且"文"，可谓情真意切、关乎民生。它既形象生动地勾画出当时从药业者的心理状况，又使招牌名富有诗情画意，的确起了亮招牌、扬名气的作用。不仅如此，大通每家药店都在柜台前的屏风上大作文章，题写"鹤鹿龟松""起死回生""涵养天性"等医家心语。

店家还为了生意兴隆，讲"行话"争取主顾上门。每到年初，各家药铺都将药名编成吉利之语，写在购货单封面上。如"万事如意"（药名当归），"大发、万金"（药名独活、蔓荆子）等，以示祝愿。

举办药品展销会。每年农历四月二十八日举办"药王会"。相传这天是药王生日。为了纪念药王，药铺利用"药王会"之机，每年都要举办相当规模的药品展销会，以达到既纪念药祖又展销药品，抢占药业市场之目的。如查广如、潘裕泰、洪大生等店号，他们每年从四月初起，就组织专人筹备药品展销会。

据载，药王会各地做法不同，各有其酬神形式和参拜礼仪。酬神：富裕者，组织演戏3天或5天，甚至半个月；敬4抬或8抬大供；献鼎、塑金身、挂匾、捐香火地等。清代至民国初年，凡本县长官，每月初一、十五临庙祭祀，行三跪九叩礼。帮会药商团体参拜，鸣放鞭炮，吹奏鼓乐，以示富有和对药王的虔诚。庙会期间还有丰富多彩的游艺活动，由药商帮会轮流主持。

（五）义安区城关中药铺

新中国成立前，铜陵县城只是一座凋敝不堪的小城镇，没有一家医院。到新中国成立初期，城关的繁荣体现在一条老街上，老街路面由麻石条铺成，从东蜿蜒向西，长而窄，街道两边多是徽派建筑，街上大户人家阁楼和天井。老街两边很多里巷，通往县城各处。

街上开有几家中药铺。其中一家叫隆兴药店。隆兴药店由王仲荣、王义荣兄弟合伙经营。还有陈济生堂和梁仁寿两家中药铺，分别请来懂行的周鹤龄和俞良碧主事。

隆兴药店主营中药和成药，也卖点西药，还开设外科。药材多从芜湖大药商张恒春、王太和处进货，不凑巧的时候也从药商手里补充，再就是就近到大通查广和、陈葆元药店采购。

城关老街上的药店一般是前店后坊，前面卖药，后面加工。主要加工膏、丹、丸、散，也有小型炮制，如火煅等。中药饮片是将药材的根部、果仁以及槟榔等切成薄片制成药。

小街上享有名气的中医要数潘善圃和管新凡。中医开方子各有讲究，医家多用别名，且经常更换，所以各药铺自然免不了要和医家打交道。小儿疳积、妇科病等是当时的常见病，常用药有六味、八味，主要成分有生地、熟地、丹皮、茯苓、黄芪等。

新中国成立以后，1956年进入合作化时期，老街上三家药店、药铺响应政府号召，合并成立城关药业合作商店，商店扩大经营规模，首任经理是查全能。

合作化以后，原来的药店、药铺按照股份年终分红。不久，高光友经营的太平药店并入进来，员工发展到了6人。1959年，铜陵县药材公司成立，大家成了公司员工，商店成为该公司中药材门市部，合作商店转变成企业。

（六）大通查广和药号史话

大通查广和药号由安徽泾县查必懋世代经营药业。1893年，查必懋举家徙居铜陵县大通镇，创办查广和懋记药店。

来到大通以后，查氏全家艰苦创业，诚信经营，门市以药材饮片配方销售为主，兼销自制的丸、散、丹、膏等中成药品。其配方讲究，选用地道优质原药，认真遵古按方操作，名贵品种另行分包。所制"蝉酥丸""午时茶""玉红膏""绿药隔纸膏"等成药，全按传统方法精制而成。尤以"绿药隔纸膏"治疗骨髓炎等症有一定疗效，当时颇负盛名。"玉红膏"治疗水火烫伤效果明显。对于有病的贫困者，则馈施药物或减价给药。

民国时期，药店规模逐渐扩充，遂改店为"号"，其经营范围以收购、贩运和批发药材为主，组织收购铜陵境内和周边地区所产的丹皮、桔梗、明党参等中药材，就地加工挑选，包装成件，运达上海、汉口、广州等地药行销售，再从那里购回所需药材和药品以在大通批发、零售。同时还开设作坊。专门研制药材饮片和中成药。

药号越开越大，于是查广和药号第二代传人查益三等在大通分开执业。查绍猷从师学成以后，兼营查广和猷记药店；查绍勖，初于大通上街经营查广余百货店，后因查绍猷1933年病逝接营其药店；查益泰在大通中街开设查益泰杂货店，仍兼理懋记总号对外业务。

抗日战争全面爆发后大通沦陷，查必懋全家回归泾县查济村故里，其在大通各店之家产，不久大都毁于战火。抗日战争胜利后重返大通，经过协力合作恢复了查广和协记药号，合伙经营，重新开展中药材业务。

新中国成立后，1950年该药号又分设为查广和"益记"、查广和"勖记"两家药店，独立自主经营。以后由第三代传人查全华和其堂兄查全富继承经营。1956年1月，通和两岸私营中药店响应政府号召，实行全行业公私合营，于是联合成立"铜陵县公私合营大通药店商店"。1959年3月又过渡到企业，该店由铜陵县药材公司接收统管。

九、铜陵非物质文化遗产名录

"非物质文化遗产"指各族人民世代相承、与群众生活密切相关的各种传统文化表现形式（如民俗活动、表演艺术、传统知识和技能，以及与之相关的器具、实物、手工制品等）和文化空间。范围包括：口头传统，包括作为文化载体的语言；传统表演艺术；民俗活动、礼仪、节庆；有关自然界和宇宙的民间传统知识及实践；传统手工艺技能；与上述表现形式相关的文化空间。2006年起，每年6月的第二个星期六为中国的"文化遗产日"。

2012年9月，铜陵市公布省级非物质文化遗产名录有4项、市级非物质文化遗产名录有9项。现有省级非遗项目17项，市级46项。

牛歌（省级） "牛歌"起源于数百年前，一直在民间广为传唱。1954年，铜陵的音乐工作者深入农村进行大规模的音乐采风。方明光首次采得《牛歌》。其演唱形式为即兴问答（当地俗称"见风挂牌"），回环反复。1956年，为了参加安徽省第一届民间文艺汇演，由张学琨和姚介平对曲谱进行了整理，以八段对唱的形式使《铜陵牛歌》基本固定，同时组织牛歌流行地两位少年江世林（男，时年14岁）和吴慕珍（女，时年17岁）经过排练后赴省里演出，此曲一经上演便引起很大反响。此后，《铜陵牛歌》便成为省、市、县文艺团体的保留节目。直到1978年安徽省首届"民族民间唱法汇演"，当时的省歌舞团还献演了《铜陵牛歌》。《铜陵牛歌》为标准的三段体，呈现段舒缓、悠扬，为羽调式，在"哦啊来哦"的吆喝声中，牧童们吹起竹笛，横坐牛背，从东村西庄聚集到山野草滩上，一幅秀美的江南农村风景画融入曲中，现于歌外。对歌开始，对比段为角调式，速度转快"重打锣鼓重开台，我出牛歌给你猜，什么团团团上天，什么团团在水边……"歌词天真机智，旋律幽默逗趣，再现段又回到舒缓悠扬的羽调式，这种调式、节奏、速度的综合对比，虽是质朴天真的山野童声，却属神工造化，妙趣无穷，高度体现了劳动人民的创造才能。1959年，《铜陵牛歌》被编入安徽人民出版社编辑出版的《安徽民间音乐》。1962年，上海戏曲学院吴歌老师将其冠以"安徽民间童歌"选编进该校的《民族音乐简谱视唱教材》，并由上海文艺出版社出版。

铜陵白姜制作技艺（省级） 铜陵种白姜的历史悠久，可追溯到春秋时期，到北宋年间，铜陵已成为全国生姜的著名产区。新中国成立以来，铜陵种植生姜面积逐年扩大，现常年种植面积在一万亩以上，产量三万余吨。佘家大院、金华村所产生姜在宋朝曾为"贡姜"，闻名全国。生姜生产工艺主要有两大过程，一是种植，二是成品加工。种植过程，从上年十二月选好姜田开始到次年十一月上旬收获完毕，几乎需要一年时间。搭姜棚，姜田要深翻一尺多深，追肥要弯着腰往姜棚里挑。清明前后下种，选择优质良种姜；看护生姜，生姜爱潮，怕干旱、高温，喜阴怕阳，生产期间要求通风，同时也要防止大风将姜棚吹倒打折姜禾。根据不同的生产流程，可加工成腌制姜、糖醋姜、糖冰姜、醋酢姜、姜脯、姜汁饮料、姜汁啤酒、生物抗氧化剂等系列产品。种植生姜时，搭姜棚用于撑杆横杆的材料，每亩最少要550～600根两米长的竹竿和树杈，茅草1200斤左右。加工生姜时，根据不同的生产流程，需要不同的辅助材料。"铜陵白姜"营养丰富，既是菜肴佐料，又是茶寮珍品。据检验，除含有姜油酮、姜油醇外，还含有一定的蛋白质、糖和脂肪。此外，还含有人体必需的钙、磷、铁、胡萝卜素、硫胺素、核黄素、尼克酸、抗坏血素等营养成分。具有健胃、止血、去寒、化痰解毒、调味蔬菜、增进食欲等功能。手工加工生姜是当地居民的一大喜好，每年的十月，大街小巷，家家户户，大人小孩都忙着腌制生姜。从古至今，源远流长。

中国传统铜铸工艺失蜡法（省级） 中国古代青铜器的铸造方法主要有两种：块范法和失蜡法。原始失蜡法的前身——焚失法的起源很早，铜陵出土的春秋时期铸造的青铜之绳耳，就是焚失法的代表作。失蜡法主要包括以下工艺流程：制芯—蜡模制作—制型、出蜡和焙烧—熔化、浇注与铸件加工。它是用黄蜡（蜂蜡）、动物油（牛油）等制成待铸器物的蜡模，在蜡模表面敷以配置好的泥料或用细泥浆浇淋形成泥壳，再在泥壳表面涂上耐火材料，焙烧后即成铸型，然后加热烘烤使蜡模熔化流出，形成型腔，再向腔内浇注铜液，凝固后即可得铸件。作为在青铜铸造史上独树一帜的失蜡法，工艺精湛而独特。由于蜡料具有可塑性好的特点，可以塑出各种各样形状，在蜡条的表面雕塑纹饰也相当方便。因而，一些外形复杂、特殊的器物难以采用块范铸造时，可采用失蜡法铸造。历史上失蜡法广泛应用于铸造鼎、彝、印玺、乐钟和佛像，深受人们喜爱。失蜡法影响非常广泛，被广泛用于制造业。在传统冶铸业中，失蜡法铸造流传于安徽铜陵等地。而至当代，这一行业逐步衰落，工匠相继转行，有失传之虞。从20世纪50年代起，中国科学院自然科学史所华觉明先生就研究各地传统的失蜡法，对此工艺进行广泛调查研究，多次主持此工艺复原试制工作，欲挽救此即将失传的传统工艺。铜陵作为中国古铜都，铜陵铜冶炼及铸造工艺一直延续，这为把握青铜铸造技术脉络提供翔实的技术依据。在此背景下，传承人郑东平出生于铜陵，受铜陵铜工艺的浸染，又师从华觉明先生，并以铜陵九鼎雕塑公司为实践基地，逐步摸索和传承起具有铜陵地域特色的失蜡法工艺。

竹马灯（省级） 相传明末清初，铜陵县钟鸣镇牡东村白牡岑自然村西南方有一山在夜里可听到马铃声响，后又有人发现一个红脸大汉。经村里掌门先生及族长们商议，可能是关公"关帝老爷"现身，遂要玩灯纪念。于是决定请师傅用蔑扎成竹马，并请一人化装成关公为活菩萨，四处游玩，接受人们烧香、朝拜、许愿。竹马灯由八匹马、八对云、高照一对、虎头牌一对、彩伞若干、车轿二辆、关公大红马、周仓、关平，加万民伞一顶、威武旗若干组成，马匹都由蔑扎纸糊彩绘而成。演出人员脸上都化妆，身穿戏剧服装，头戴头盔，手执马鞭，脚穿朝靴。玩灯时配锣鼓、唢呐等民间乐器，并有专门的打击吹奏乐曲。竹马灯主要特征：是以关公解皇嫂一段故事为基本内容，以各演出人员列成一条长队为阵形，每人配以服装、道具，以集体穿花、跑马等表演手段，形成的一种表演形式。到各香火点由关公菩萨受香火，如挂红都要挂在关公后面的万民伞上，演出时配以专用锣鼓唢呐协奏曲，特别是关公一化妆后，不允许讲话。传说此灯非常神秘，烧香许愿十分灵验，在玩灯期间如有不恭者，必遭报应。铜陵县钟鸣镇牡东村白牡岑自然村竹马灯，起源于明末，兴于清代，每逢国泰民安、风调雨顺之年，就自行组织开展兴灯之事。一兴就是三年，祈祷来年五谷丰登，全族安康。战乱及"文革"期间兴灯活动停止，直至改革开放后逐步恢复。现每年春节该宗族都要兴灯。

铜陵凤丹制作技艺（市级） 1700年前，我国已开始使用牡丹皮治疗疾病，牡丹皮能清热解毒，是治疗寒热疾病不可缺少的一味中药。铜陵凤丹有1600多年栽培历史。清《铜陵县志》载："长山石窦中，有白牡丹一株，高尺许，花开二三枝，素艳绝尘，相传为葛稚川所植。"铜陵大量种植牡丹始于明代永乐年间（1403—1424），在凤凰山一带作中药材栽培。明崇祯年间，凤凰山药用牡丹的生产已经有了一定规模。到了清代，铜陵县新桥镇的"凤凰山"，已发展成为全国著名的牡丹皮产区。明清纂修的《铜陵县志》都把牡丹列为当地的主要物产之一。清《铜陵县志》载：丹皮，居山人多栽之。以售他地。清同治年间（1862—1874），市价昂贵，未经晒干的"凤丹皮"鲜根竞价至"万斤稻谷易其担"。历史价值：铜陵种植牡丹始于晋代，至少有1600年的历史。我国晋代著名哲学家、医学家葛洪曾在铜陵种植牡丹，这株千年牡丹被后人称为"仙牡丹"。药用价值：牡丹皮的主要药用成分为牡丹酚（C9H1003）。《中药大辞典》评述："牡丹皮……安徽省铜陵县凤凰山所产的质量最佳。"根据《中华人民共和国药典》及医书记载，牡丹皮性微寒，味苦辛而涩，气芬芳，无毒，有清热凉血、活血散瘀等功效。应用观赏价值：花朵硕大，丰姿秀色，艳丽清香，适于近观雅赏，是园林绿化最好的栽植种类之一，在公共园林绿化和城乡居民区美化中也被广泛采用。铜陵市人民政府把凤凰山景区的开发作为发展旅游业的重点，每当春暖花开季节，凤凰山便成了一座名副其实的花山，鲜艳的牡丹花层层叠叠，如烟如浪，吸引着大量游人前来观赏。食品保健品应用："凤丹"除广泛作为药用外，还有多种营养成分。"凤丹"的种子和花的氨基酸的含量分别达到13.188％和14.294％，还含有人体必需的苏氨酸、缬氨酸、蛋氨酸、异亮氨酸、亮氨酸、苯丙氨酸、赖氨酸。在"凤丹"的其他营养器官中，氨基酸也有一定的含量。农业农村部将铜陵列为中国南方牡丹商品生产基地。

铜陵野雀舌制作技艺（市级）　野雀舌茶叶在明末就有生产。民国十一年（1922）《安徽省六十县产业调查表》记载：野雀舌茶叶，产铜官山和东乡、西乡等山区。相传过去铜官山南麓三进屋"灵佑王庙"和坐落在宝山腰中的三进屋"西神老爷庙"（统称"宝山庙"）附近一带四周环山的奇石峰丛中。一年四季随处可以看见一种尖嘴大眼、浑身长满嫩黄色羽毛的小鸟，这种小鸟叫唤声音特别好听，又喜欢蹲在野茶树枝上，捕捉茶树上的害虫，山里农民都很喜欢它。由于小鸟精心护理，鸟粪和森林落叶又做了肥料，使铜官山上的野茶树长得枝繁叶茂。用翠绿的叶片加工出来的成茶，是铜官山地区茶中之最，被人们称之为"野雀舌"。传说中还记载了这样一个故事：有一祖祖辈辈都住在铜官山南麓的农户，某年来了一位江北亲戚，曾将"野雀舌"茶叶带回江北馈赠当朝礼部侍郎方苞品尝。方苞深感茶香味浓，便将"野雀舌"茶携入京都，转赠给乾隆皇帝，被皇上誉为"江南佳茗"。从此"野雀舌"芳名流传。惟所产甚少，年产百担，每担百元，主要销往本地顺安等集镇和芜湖等地。铜陵野雀舌茶简称野雀舌，为历史名茶，属绿茶类，创制于明末清初。1987年由高级农艺师解子桂女士创意、策划了野雀舌开发恢复项目并试制生产成功。茶园管理：三、四月份开园采摘→五月份重修剪→七、八月份除草→九月份深挖及施肥→十月份轻修剪→十、十一月份除草→十二月铺草封园越冬。制茶工艺：鲜叶采摘→验收·拣剔→摊放→杀青→摊凉→做形→干燥（毛火→足火）。制茶工具：烧锅（电炒锅），口径80厘米，深度25厘米；炒刷、纱布、烘顶、烘圈（高60厘米，直径80～100厘米）、竹扁、簸箕、茶桶等。饮茶有益思、少卧、利尿、明目、止渴、消食、防病和治病、抗衰老等功能。茶叶中含有可溶性蛋白质、氨基酸、碳水化合物和多种维生素，并含有对人体健康较为有关的矿物质如钾、镁、锰、钼、锌、钠、钙等成分，对人体营养成分的补充很有益处。

大通麻油制作技艺（市级） 铜陵大通小磨麻油郁香、纯正、自然，是土生土长的地方特产，史载在南宋嘉定年间便远近闻名。以大通为中心的小磨麻油制作工艺盛行江南，尤其制取的小磨麻油品佳质优，成为小磨麻油中的珍品，随着古镇的繁盛而香飘四海。大通麻油。制作工序：芝麻—筛选—漂洗—沥水—杂质分离—磨浆—兑浆搅油—震荡分离—沉淀—包装。（1）烧锅。把漂洗沥干后的芝麻先用猛火爆炒25至30分钟，使其熟透颜色变为金黄；再以文火焙炒约8至10分钟让芝麻颜色从金黄逐渐变为内外一致的棕红，一捻即碎的程度；此时喷入少量的自来水于锅内，达到去除芝麻烟味，冷却变脆，防止焦糊（喷入水的多少视芝麻多少而定）。（2）滚筒筛：分离熟芝麻中的灰杂。（3）石磨：使用经人工打制而成的天然无放射性石材，石材的选料比较讲究，主要采用的是南京栖霞石、河南香磨石等适宜打制石磨的石材。将炒好、筛净的芝麻放入漏筒中，漏眼对着磨眼，芝麻均匀流入磨腔，速度控制在每小时15公斤至20公斤（视芝麻浆粗细适当调整）。这样细细的芝麻浆便在上下磨片挤压碾磨下从磨缝中缓缓流出来。（4）晃锅：晃锅是出油工具，将磨好的约90公斤至100公斤芝麻浆倒入锅内，首先倒入60公斤至70公斤的沸水充分搅拌均匀，再加入45公斤至50公斤沸水充分搅拌十几分钟，麻油就逐渐渗出来。这时挂好铁葫芦进行深揣，经过约两小时震荡，百分之八十的麻油从渣、水中分离出来。舀出大部分麻油，将铁葫芦进行浅揣若干小时，麻油基本都分离出来。麻油色清明净、香味浓郁、油色棕红、天然原汁、营养丰富。

《中药400味》载：芝麻油味甘性微寒、善解毒，具有清凉降火、消炎解毒、润肠通便、乌发催乳、滋补肝肾和降低胆固醇，麻油中富含的ＶＥ和抗氧化保护染色体元素，具有润脏抗癌和延缓衰老等功效。铜陵大通现有多家麻油生产厂家，其中以大士阁牌和白鳍豚牌二家麻油厂最具代表性，随着不断的发展，厂内研发人员对技术进行多次改良，使之完善，现有百余人掌握了这种生产技术。

太平臭干制作技艺（市级） 西联乡位于长江之滨，洲圩区并存，该乡气候属亚热带季风过渡区，四季分明，雨热同季，适合动植物的生长、繁衍。作为农业大乡的西联乡，境内动植物资源丰富多样，主要农产品有棉花、水稻、油菜、大豆、芝麻、花生、玉米等。在漫长的历史岁月中，勤劳淳朴的西联乡人民用自己的睿智创造了别具一格、风味独特的民间饮食文化，其豆制品加工手工技艺代代相传，清代手工制作技术较为娴熟。新中国成立后随着生活的稳定，使太平臭干生产日趋完善。太平臭干采用本地汀洲村所产的粒大饱满优质黄豆，精挑细选，配有多种调料手工精制而成。其营养丰富，风味独特，口感细腻，香气四溢，回味无穷。可配置各种凉拌、炒菜，是老少皆宜的休闲食品，是旅游、佐茶、烹饪的理想方便美食。太平臭干是沿江一带风味独具的民间小吃，深受广大群众喜爱。它以古老的家庭制作方式传承至今，其本身就是一个奇迹。在老一辈师傅的传承下，又有新的太平臭干手工制作人员出现。如汪金龙是西联乡汀洲钟墩自然村村民，从事家庭作坊，该作坊只生产臭干子，不生产豆腐、生腐。其臭干子原料配方均属祖传，迄今为止，历经十代嫡传。

太平烧饼制作技艺（市级） 太平烧饼，原名"横埂头"小酥饼，是铜陵地区的一种传统风味小吃，已有200多年的历史。它与一般的烧饼不大相同，仅有茶杯口大小，黄澄澄色似煮熟的蟹壳，里外18层，层层酥透。在西联乡太平街上，就有烧饼作坊10多家，其中最出名的属该乡汀洲村村民查贵辉和史兰仙夫妻俩的"查记烧饼"，他们之所以出名，是因为他们所做的烧饼秉承了"太平烧饼"的传统制作方法，色香味俱佳。道光年间，铜陵县汀家洲、横埂头一带的老百姓，家家都有烧饼炉，人人都会做这种小酥饼。一条长度不过百十来米的"横埂头小街"就有酥饼作坊10多家，从早到晚香气扑鼻，一年四季炉火红红。过往的行人和商家都要买一些"横埂头小酥饼"带回去，或给家人品尝或馈赠亲友。"横埂头小酥饼"后来为何叫"太平街烧饼"呢？这里面还有一段非常有趣的历史故事。咸丰三年（1853），太平天国的军队沿长江顺水而下，直取南京。当太平军的船头经过汀家洲横埂头江段时，听说远近闻名的"横埂头小酥饼"就产于此地，洪秀全便下令停船，将士们纷纷登岸购买。这一带老百姓听说太平天国的将士购买小酥饼，家家户户都开足马力日夜赶制，供将士们品尝购买。洪秀全品尝了一块，确实香酥可口，于是下令将小街改名为"太平街"，"小酥饼"改为"太平街烧饼"。这个名字好听又好记，还带着浓郁的纪念意义和喜庆色彩，所以一直延续至今。

板龙（市级） 相传唐朝太宗在位之时，有一年天下大旱，玉皇大帝命泾河龙王布雨救灾。这泾河老龙摆老资格，同一个看相的人斗气，结果误了大事造成布雨不均，使长安城内外大雨倾盆，洪水滔天，百姓被淹死无数。玉帝大怒，下令唐太宗的丞相魏徵于某日的午时三刻监斩老龙。老龙向唐太宗求情，唐太宗答应帮忙。于是到了那天的午时，他命令魏徵陪他下棋，想拖住魏徵不让他去监斩。快到午时三刻时魏徵趴在桌子上呼呼大睡起来，唐太宗自以为得计，任他睡去。谁知魏徵在梦里已经把老龙砍成了几截。老龙的魂魄找到唐太宗要向他索命，后经神人指点，唐太宗命人将老龙的身子一段一段收拾起来，放在长凳上，一节一节连起来，烧香放炮送他上天，并承诺每年正月十五祭祀他。所以每年元宵节百姓们都要将板凳扎成一段一段龙身的样子拼接起来舞动。这当然是一个神话传说，它说明舞板龙的活动有悠久的历史，同时又解释了板龙为什么是一板一板的。板龙平时龙头龙尾是放置在公堂屋或祠堂里，而龙身则分别保存在各家各户，到起龙（铜陵人称为"兴龙灯"）时才拿出来拼合。农村的自然村基本上是一个姓氏聚居在一起，所以玩龙灯也以自然村为单位，外姓的人虽然居住在这个自然村内，却不一定有参加玩灯的权利。人们很重视这个权利，参加了舞龙，便会家庭兴旺，事业发达，小伙子出门也引人注目，所以"拿起龙灯棍，遍身都有劲"。如果村里兴龙灯没让他家参加，是会拼着命去争取的。金榔是山区，如果龙灯没有开阔地方可以玩，就会跑到大田里起舞。兴龙灯有一套规矩，每一具龙灯都有一个灯会会长，由村中德望比较高的人家轮流担任。每年领头制作、组织购买材料、安排表演线路、管理香火钱物等大小诸事都由会长操持。因为龙头是全身的首领，所以其表演者应当由技术好、身体好、行事稳健的人担任。龙尾担任者要求更高，"龙头摆一步，龙尾甩到一里路。龙头转个身，龙尾跑断腿肚筋"，所以龙尾的表演者更应当灵活、耐力好，是村里数一数二的棒小伙。龙头以后的各板成为二拱、三拱、四拱等，二拱由出钱多的大户或村里的干部执行，当然此人还必须身强力壮，能同龙头有很好的配合。后面的各拱由抓阄决定。板龙在铜陵乡间比较多，是用一块一块五尺长的条板，上面用竹篾扎起龙的身躯，板与板之间用木榫链接起来，舞动时只能平行，不能上下腾挪。沙开成是钟鸣镇泉栏村枣树湾自然村村民组长、灯会会长，有一定的组织能力和号召力。1956年在先辈的传承下继承该灯，并传承至今。

滚龙（市级）　该灯会历史久远，上可追溯到北宋年间。世代相传，长盛不衰。每逢国事昌盛、政通人和、风调雨顺之年，就自行组织，祈福新年。1980年在钟鸣镇率先组织了第一个灯会。据了解可能是当地第一个民间灯会组织。相传很久以前，邻村有一位五十多岁的麻子大娘，怀孕数月，一天腹痛难忍，生产一条一尺多长的"小蛇"。生怕别人看见笑话，便悄悄地把它放到门前面的小池塘里，小蛇落水后，向麻子大娘连点三头，向水中游去。一日麻子大娘到池塘边洗衣，突然一条几尺长的大蛇游了过来，高喊妈妈，并要吃奶水，麻子大娘大吃一惊，将手中棒槌随手一挥，把大蛇尾巴打断了一截，大蛇疼痛难忍，一声呼啸，腾空而起，驾云而去。大娘吓晕过去，等她醒来只见前面池塘已被大蛇哮了一个面积很大水深几丈的大潭（后来这个村改为龙潭村，现在叫龙潭萧自然村，坐落在钟鸣镇金山村），一截尾巴还在地下鲜血直淋，大娘知道此乃真龙现身，便抓起尾巴紧随小龙的去向追去。且说小龙腾云而去一直飞过几山几涝，落在现在的牡阳山村地上，痛得直打滚，全村人都围了上来观看，有老人急忙安排人员包扎小龙，经过几天调养小龙伤口好转，又腾云驾雾而去，等大娘抓着龙尾追来，小龙已飞远去。后来该村年年风调雨顺，五谷丰登，人财两旺。一天夜里，村里一位老先生梦中得知，此乃小龙知恩图报，暗中保佑的结果。因此经村里长辈及老先生商议筹划，请来扎匠师傅用蔑扎成小龙形状，用十几根棍子顶着，并用咒语，杀鸡开光。根据小龙打滚样子形成的一种表演形式，到周边乡村表演，接受香火，以示纪念。并请一个人化装成麻子大娘手持龙尾，紧随其后，想接上龙尾，但始终未接上。所以，现在该村玩滚龙，龙尾和龙身不相连，因此叫"颓尾滚龙"。滚龙比较短，一般是13节，龙头和龙尾用竹篾扎制，龙头上还有龙角，眼睛大，可以活动，口中含一颗圆珠。全身每节都用木板为托，用竹篾扎一个灯笼，然后用长幅的布连起来作为龙身，龙身上要画上鳞片。每一节灯笼都点上蜡烛，舞动时由一位手持长柄红球的人引导上下腾跃，像一条火龙在飞腾，白天夜晚都很好看，所以滚龙又叫火龙。闻圣贤是钟鸣镇牡东村牡山村民组组长，多年组织该村灯会，并担任会长，有一定的组织能力，热心于民间民俗文化活动，成为滚龙的传承人。

顺安三月三庙会（市级）　唐朝末年，天下大乱，顺安一带百姓惨遭战火洗劫，惨死无数，所剩寥寥。幸存者便在顺安集镇盖一座神庙，定期祭祀，求神灵保护，祭祀日期就是农历三月初三。此后每年农历三月初三，方圆百里的百姓都来烧香祭神，祈求世道安宁、风调雨顺，日久便形成了这一传统。据史料记载，农历三月初三前后，包括汉民族在内的很多民族都有相关祭祀、纪念活动：上祀、被禊、挑荠、踏青等。宋代以后，圩田大兴，顺安附近的圩乡成了稻米产地，这样圩区的稻米和山区的竹木与东西湖的鱼蟹水产都自然汇集到顺安来互相交换集散，一些商人小贩也来摆摊设点，庙会便逐渐成为一种生产商贸习俗。远有江浙、西湖、两广的行商，近有本地的乡民集聚顺安，顺安大街小巷热闹非凡，人们披蓑衣、戴斗笠，顺着熙熙攘攘的人流逛庙会，宛然一幅《清明上河图》描绘的繁华景象。北宋著名政治家、诗人王安石在镇东风光秀丽的叶山脚下建有书堂即王荆公书堂，与弟子胡舜元、汪瀚等游学于此，多次得见庙会盛况，写下《临津》诗，并数次往来顺安。"三月三"庙会历史悠久，成为铜陵及周边群众互相学习、互相交流的舞台。现代的庙会已成为物资交流、文化交流和民俗活动的盛会。物资交流：交流品种有竹木制品、轻工纺织产品、农用生产资料等。文化交流：庙会折射出浓郁的市井文化，每年有来自河南、四川、河北、山东及省内文化团体组织的大型歌舞杂技表演。市、县文化团体也组织演员为群众演出精彩节目。同时，来自各地的风味小吃也让赶集的人民一饱口福。服务窗口：当地政府部门和各单位把庙会当作是为群众服务的窗口，将农村实用技术、惠农政策、优良品种送到农民手上。新中国成立后，人们仍沿袭庙会这传统习俗。1953年正式更名为顺安"三月三"物资交流会，并由县政府商贸部门领办。从20世纪50年代初到60年代中期，交易的商品仍以农副产品和农业生产资料为主，成交额万元以上，60年代末庙会被当作封建迷信活动取缔。1979年恢复，仍由政府部门领办，当年共搭棚设摊113处，成交额25万元。80年代后期，交流会上除农副产品外，家用电器、五金百货、服饰布匹已成为商品交易的主要品种，交易品种近万种。1983年"三月三"期间，全国有60多个个人商业户到顺安设点交易，大小摊点达两千多个，参加交易会的达21万人次，成交额达170万余元。此后，每年"三月三"期间，县、镇政府部门精心组织，参会人数和成交金额都不断增长。

鹊江龙舟赛（市级）　大通鹊江龙舟赛由来已久，从最早抛粽入江悼念屈原，变为水上运动项目。唐张建村作《竞渡歌》，明嘉靖年间铜陵县知县李士元作《观竞渡》，这两首诗均赞颂龙舟赛。大通龙舟分青、赤、乌、白、黄等颜色，均制龙头、龙尾，青者为青龙、乌者为乌龙，各龙的中轮或船艄均竖有龙旗。个别的不加装饰，简称"赤膜龙"。随龙舟赛的发展，后又发展有彩船、赛船，有舵公、锣鼓和众挠手（随船身长短设人数）。比赛时，均有节奏地鸣锣击鼓，激励助兴竞渡。岸上还有观众喝彩助威。彩船主要舞伴助赛船而设，相当风趣，亦很吸引观众。解放前，每年端午节，大通龙舟赛均系民众自发组织竞渡，主要是渔民、农民，属自发性。由于竞渡有趣，能招揽几十里内的上万观众，活跃商业市场，于是商界乐于捐助，挂红助兴，后又发展扎制彩船添趣。大通鹊江龙舟赛，同大通经济一样，有过几起几落。1927年因欢庆北伐军胜利，本镇龙舟赛被推向高潮，其时有跨地区参赛龙舟十七条之多。1955年端午节，安庆地区在大通举办龙舟赛。20世纪60年代后期，龙舟活动被斥为"复古幽灵"，停顿十余年。1984年，安徽省首届龙舟赛在大通举行，第一次组织女子参赛，其声势浩大，规模空前，观众达几万人。1985年至1988年，大通又连续四年举办跨地市或跨市县龙舟赛。1985年、1987年、1988年省体委曾委托铜陵市、县，以大通女子组成女子龙舟赛代表队，代表安徽参加全国比赛。2000年、2002年大通龙舟赛又举办了两次，轰动一时。

熔旧铸新

虎踞龙盘今胜昔，天翻地覆慨而慷。中华人民共和国成立后，铜陵地区正发生翻天覆地的变化。改革开放的新时代，中国古铜都铜陵凸显光辉的形象，屹立于长江之滨。本篇着重从铜矿山开发、铜产业创新、铜文化传承和铜工业之最诸方面描绘「熔旧铸新」盛况。

一、铜矿山开发

铜陵是中国古铜都，铜陵矿冶数千年。1950年初，中央有色金属会议正式决定恢复铜官山铜矿建设，当年6月着手组织建设。1952年6月，铜官山铜矿正式出矿。1953年5月1日，年产量2000吨粗铜的第一冶炼厂正式投产。20世纪50年代末，井边铜矿、铜山铜矿相继投产。1966年7月，狮子山铜矿投产。1971年1月，凤凰山铜矿投产。1975年5月，金口岭铜矿投产。1980年1月，第二冶炼厂正式投产，设计生产规模为年产粗铜3万吨。1991年8月18日，安庆铜矿生产铜精砂外运。冬瓜山铜矿是铜陵有色金属集团股份有限公司下属的一座采选联合骨干矿山，前身是狮子山铜矿。

（一）铜官山铜矿

新中国第一代有色金属采选联合矿山——铜陵有色金属公司铜官山铜矿，坐落在铜官山下，位于安徽省铜陵市东南1.8公里，北倚长江，南连黄山、九华山。矿区以铜官山为中心，东至桦山，西至白家山，北至笔架山，东北至天鹅抱蛋山、马山，面积约7平方公里。这里矿藏丰富，除铜铁、硫金、石灰石三个主要矿床外，还伴生银、砷、黏土、石英石等。

铜官山唐代称"利国山"。《元和郡县图志·江南道四·宣州》：南陵县利国山，在县西一百一十里。出铜，供梅根监。《新唐书·地理志·宣州宣城郡》：南陵县析置义安县，又废义安为铜官冶。利国山有铜，有铁。《太平寰宇记·池州》：铜陵县自齐、梁之代为梅根冶以烹铜铁。铜（官）山，在县南十里，其山出铜，以供梅根监。《（元丰）九域志》：上，铜陵。有利国山。《寰宇通志》："铜官山：在铜陵县南十里，又名利国山，有泉源冬夏不竭，可以浸铁烹铜。旧尝于此置铜官场。"清光绪二十七年（1901），清外务部与英国驻华领事霍必兰、英商凯约翰签订《开办铜官山矿务合同二十三条》，成立"安裕公司"，圈地三十华里见方，限期一百年。1938年，日寇侵占铜官山，在此设立"铜官山矿业所"，进行长达六年的掠夺性开采。民国三十四年（1945）十二月，中华民国政府经济部战时生产局苏浙皖区特派员办公处派彭霞起、朱君哲等抵达铜官山，接收原日本人经营的华中矿业公司铜官山矿所。国民党统治时期，这里不仅没有恢复生产，连仅有的一点矿山设备也被官员盗卖肥私。

1949年7月，中国人民解放军南京军区军事管制委员会马鞍山军管组，派代表陈智祥等来铜官山，接管原国民党华中矿务局所属马鞍山矿务局铜官山分矿保管所。1950年1月，中央有色金属会议决定，恢复铜官山矿建设。1950年5月，设立铜官山办事处，同时成立矿区政府。1950年6月1日，铜官山铜矿工程处成立。铜官山铜矿恢复建设的战斗打响，主攻凿掘坑道，修配机械，早日生产。没有运输工具，人挑肩扛；没有栖身住房，搭起草棚。矿工穿草鞋，吃粗粮，顽强地拼搏着。1952年6月，老庙基山坑下采矿正式投产。

铜官山铜矿一面引进先进技术，一面发动职工献计献策。井下，他们采用了顶机采矿、气腿子支架凿岩、电耙出矿、卷扬提升等先进技术；掘进工作面推广直线爆破，使掘进台班率日益提高。采矿由充填法改为留矿法，又逐渐改进为深孔崩落法，使采掘工艺向前迈进一大步。露采采用电铲、推土机、穿孔机和汽车等机械交叉作业，建成了我国有色矿山第一个机械化程度较高的露天采矿场。选厂，采纳了原苏联专家库里琴的建议，推行中矿再磨和单独处理氧化矿新工艺，使金属回收率不断提高。钳工吴起义，自制一台冲剪床，改手工冲剪钢材为机械化，据当时测算，效率比手工提高千倍，轰动全国。生产规模的增大，科学技术的引进，使矿山生产能力大为提高，提前2个月全面完成第一个五年计划。1958年，铜矿进入了黄金时期，铜品位高，产量月月破纪录。

1984年，铜矿资源枯竭，品位下降，成本上升，铜官山矿出现亏损。1985年作出决策：有矿办矿，无矿办厂，一业为主，多种经营，综合发展。于是，一个十几年以前排放的890万吨选矿尾砂库，重新再选；一条年产6万吨的水泥生产线，破土动工；一座丢弃多年的废石场，深挖再采……转瞬间，铜官山矿由一矿变成三矿一厂，即年产千吨铜、30万吨硫精砂、10万吨铁矿石和6万吨水泥。综合治理，多种经营，不仅使老矿化解了铜资源的亏损，还年平均上交百万元的利润。

1988年天马山矿金矿的开采，首次公开在全矿招聘区长，采取承包制，使天马山工区仅用一年时间就收回了全部投资。同时扩建水泥厂，一条10万吨水泥生产线一次点火成功，使水泥厂年产量达 16 万吨。

1994 年 3 月 25 日，铜官山铜矿开采年限最长的松树山矿段实施闭坑工作。1998 年 3 月 8 日，最后一个老庙基山矿段实施闭坑，标志着铜官山铜矿铜系统闭坑。

铜官山的铜矿藏资源到 2000 年 11 月已开采完毕，铜官山铜矿亦全线停产、闭坑。从新中国成立后至闭坑时，铜官山铜矿整整开采 48 年，提供了 50 万吨铜料。从西汉元狩二年（前 121）置丹阳郡（有铜官）算起，则开采了 1500 余年（扣除明清两代 600 年停采时间）。铜官山已经成为"中国古铜都铜陵"的象征。

（二）铜山矿业有限公司

铜山镇位于安徽省池州市贵池区境内，1971 年 3 月划归铜陵市郊区管辖。距铜陵市区 91 公里，东与池州贵池区殷汇镇接壤，南与池州贵池区牛头山镇为邻，西与池州贵池区唐田镇交界，北临长江。铜山铜矿坐落于铜山镇，三面环山，因境内有铜山（如乌石山）而得名。矿区总面积 34.6 平方公里。已探明的主要矿种有铜、硫、铁、金、银、煤、锰、石灰石等。

《新唐书》：秋浦县，有乌石山，广德初盗陈庄、方清所据。有银、有铜。《太平寰宇记》：贵池县，城山，在县西七十五里。其山周回如城。又有桂柏森耸。《（元丰）九域志》：望，贵池。池口、青溪、灵芝、秀山四镇。有乌石山。

铜山铜矿于 1956 年 2 月开始筹建。1956 年 5 月，《铜山铜矿设计任务书》下达后，有色冶金设计总院根据地质条件，对矿床开拓方案反复比较，最终定为井下开采。1957 年 12 月 10 日，采选规模为 2000 吨/日的一期工程动工。1959 年 11 月 7 日，矿山仓促投产。自 1961 年起，进行连续三年的技术改造和调整工作。在此期间，在采矿方法、采掘比例、开采顺序、工艺系统、安全生产和设备维修等方面做了大量的工作。

1983 年，公司开展以经济责任制为突破口的全面整顿工作，并提出在 1985 年实现"生产由露天转入坑下，经营由亏损变盈利"的两个转变的生产经营目标。

1984 年，企业整顿验收合格，提前甩掉亏损帽子，实现了"两个转变"的目标。1985 年盈利 166.4 万元，并首次评为中国有色金属工业总公司环保先进单位。1986年以来，随着改革开放的不断扩大和深入，矿山生产经营稳步发展，对各生产系统进行了进一步的调整；进一步完善了各种形式的经济承包责任制；生产渠道进一步拓宽，建成了硫酸厂，向产品的深加工迈进了一步；内引外联，建成了铜陵市第一家胶丸厂，做到了速度与效益同步发展。1991年，铜山矿获铜陵有色公司银牌单位。

铜山铜矿于1959年11月建成投产。2002年，由于矿山资源枯竭，按照国家的政策实施关闭停产。

（三）冬瓜山铜矿

狮子山位于铜陵市东南部，地跨铜陵、繁昌。铜井冲是天然的低山丘陵冲谷，它头枕老鸦岭，脚踏青山，东西狮子山峰宛如一对"雄狮"相峙。地理环境优越，交通方便。铜陵有色公司狮子山铜矿就坐落在这里，矿区占地面积221万平方米。自北向南，依然分布着冬瓜山、东狮子山、西狮子山、大团山和老鸦岭五座铜矿矿床，已探明铜金属保有储量占全省的40%，并伴生有金、银、硫等。

《元和郡县图志》：南陵县，铜井山在县西南八十五里。出铜。

1949年秋天，华东工业部矿产勘探处张兆瑾同志来到狮子山地区进行为期两周的地质调查，发现了铜矿带，绘地质图一幅，估计铜储量9万多吨。1952年7月至翌年7月，321地质队进行过勘探详查。1956年6月，华东地质局扬子江普查队经过稀疏普查钻探，正式肯定狮子山地区的铜工业意义。321地质队再次复探，于1958年8月提交西狮子山矿段中间地质报告，被国家列入"二五"计划建设项目。1958年4月22日，狮子山铜矿正式成立，同年5月27日西狮山矿区52米平坑破土动工，仓促上了采矿工程。1959年3月小选厂动工，开始简易生产。1962年国民经济调整，被迫停产下马。1964年11月成立狮子山铜矿筹备处，经过周密设计和基建施工，铜矿于1966年7月1日正式投产。

20世纪70年代初期，西狮子山矿段改用高效的合采崩落采矿方法和使用深孔凿岩机，提高了出矿效率，选矿规模进行扩建。与此同时，开始启动历时9年，耗资4400多万元的老鸦岭矿段的扩建工程，使狮子山矿终于形成日采选2000吨的生产规模。总工程师温世惹三十多年一直坚持在矿山生产第一线，他创造的"多排同段爆破"新技术，在1991年国际工程爆破技术学术会议上，受到与会专家称赞，被列为国家"七五"科技攻关成果。选矿技术人员从1979年开始，选用新型浮选药剂，提高了选铜回收率和精矿品位。他们组织施工的含铜泥水回收工程于1985年投产运转，每年回收40吨铜金属，净化废水14万吨，仅排污费每年免缴13.5万元。"七五"期间，狮矿有30个科技项目获奖，其中获部省级一等奖3项、二等奖5项、三等奖4项、四等奖4项。累计创经济效益达1860万元。1991年，狮子山铜矿被铜陵市授予"科技进步先进企业"。投产25年来（1966年至1990年），狮子山铜矿累计生产铜料10.33万吨，为国家作出了贡献。

冬瓜山铜矿是接替东、西狮子山生产能力的一座采选联合骨干矿山。2004年5月，狮子山铜矿更名为冬瓜山铜矿。至2002年底，狮子山铜矿冬瓜山铜矿床建设工程累计完成投资64024万元，矿山建设的5条竖井均动工，井巷掘进工程量完成53.1万立方米，完成总掘进量的47.78%。2004年，冬瓜山工程到年底累计完成76.8万立方米，地表其他公用设施年内完成投入使用，矿山系统工程除充填系统外其他全部完成。副井投入使用，地表选矿系统建成投产。

2007年，冬瓜山铜矿完成冬瓜山矿段采场空区的探测，建立探测空区的可视化三维模型，为空区充填和矿柱二步骤回采设计提供了基础性资料。提交大团山矿段23#矿柱回采方法综合技术研究项目的采准工程施工设计，为老区稳定生产奠定基础。建立大团山等矿段深部矿体盘区开采地压监测网，为安全高效开采提供了技术手段。"阶段空场嗣后充填采矿方法及采准系统优化研究"获2007年度安徽省科学技术进步二等奖，"深井岩爆与地压监测及控制技术研究"和"深井开采通风降温与节能控制技术研究"分获2007年度中国有色金属工业科技进步一、二等奖。

（四）凤凰山矿业有限公司

铜陵有色金属公司凤凰山铜矿是有色金属采选联合的中型矿山，坐落在铜陵市东南35公里处凤凰山下，占地面积214万平方米，是我国第一座用引进技术设备建设的矿山。

《新唐书》：南陵县"凤凰山有银"。

凤凰山铜矿于1958年筹建，1962年4月因国民经济调整而缓停下马。1964年，冶金部决定采用国外先进技术设备，在凤凰山建成全国第一座具有现代化水平的有色矿山。1965年6月10日，由中国技术进口公司和瑞典阿特拉斯公司在北京签订了CS6536竖井设备合同。1966年8月，根据冶金部批准，正式成立凤凰山矿基建指挥部，全面恢复矿山建设。1969年10月，主体工程建成并试生产。1971年1月，全矿正式投入生产。

投产初期，选矿系统通过中央控制室的模拟盘和控制台进行生产监视和指令开停车。1978年，经国家计委批准，决定从芬兰引进一套自动化装置。1980年至1981年10月，芬兰奥托昆普公司以及铜陵有色设计研究院、凤凰山铜矿等单位的有关技术人员在凤凰山矿进行了现场改造、设备安装、调试、试运行和全面验收工作。这套系统经过三年多的应用和实践，改善了磨浮工艺条件，降低了药剂消耗，提高了技术经济指标。特别要指出的是为我国选矿自动化填补一项空白，并培养出一批专业人才。但是引进的设备却很快暴露了部分结构不合理，备品配件缺乏等通病。在投产初期这些问题都一一出现，严重困扰着铜矿的生产发展。

凤凰山铜矿为使这套引进设备在中国土地上生根开花，发挥出应有的先进技术性能，便很快组织技术力量，开展了消化、吸收外国技术设备的工作。走出一条"仿制—优化—技改"的路子。铜矿积极调动具有丰富的实践经验和扎实的理论知识的技术人员力量，在国内有关院校的专家和工程技术人员的配合下，他们以严谨的科学态度，从翻译吃透技术资料、测绘主要设备入手，开始解剖洋设备的技术改造工作。铜矿和有色公司机动处组成稳罐器攻关小组，制造出安装在笼正面借助平台升降的连杆稳罐装置，在1987年北京全国劳动安全保护用品展览会上展出时引起许多矿山来宾的兴趣。仅在投产后的10年里，凤凰山矿对引进设备的技术改造并获得成功的就有40多项。1988年3月，瑞典ASEA公司矿山部机械研究所开发经理艾顿先生到凤凰山矿考察该公司生产卷扬设备运转情况，他看到20年前由他们设计制造的卷扬系统仍在运行，感到非常高兴。

1980年8月，国际岩石力学专家布朗斯到凤凰山铜矿考察。他对2号矿体的大2号采矿场没有支护措施的2000平方米顶板提出了意见，顺便简要地介绍了长锚索支护采矿场顶板的方法。事后技术人员从一本英文杂志上发现有关长锚索护顶的介绍，便翻译出来作为研制时的参考资料。1982年10月，凤凰山铜矿与长沙矿山研究院合作研制前进式长锚索注浆工艺，经反复试验，终于有效地阻止了岩块的下滑和转动。1984年2月，该研究成果通过了中国有色金属工业总公司组织的技术鉴定。凤凰山铜矿将其纳入生产工序，从根本上扭转了大面积顶板暴露的采矿场的不安全因素。1984年年底，鉴于局部支护顶、帮岩石的螺纹钢锚杆的锚固力低，不能起到可靠的支护作用。凤凰山铜矿和铜陵有色设计研究院合作研制一种具有机械点锚固与摩擦锚固双重功能的综合性预应力锚杆。通过两年多的试验，每40毫米直径的锚固点达到10多吨抗拉力。1986年5月在北京通过中国有色金属工业总公司组织的技术鉴定。

1987年9月18日，国家专利局把该项成果定名为"胀管式锚杆"，并颁发专利证书（第5162号）。成为铜陵有色公司第一个获得专利的实用新型技术。1985年凤凰山铜矿组织有关技术力量进行具有20世纪80年代国际先进水平的VCR（大直径深孔采矿法）采矿方法试验工作，同时被国家列为重点技术开发项目。经过五年的艰苦努力，于1990年获得成功。同年12月，通过了中国有色金属工业总公司组织的技术鉴定。1989年凤凰山铜矿购进四套LBM-PC微机，并成立微机管理站。开始进行矿山日常生产管理中的有关数据的贮存、计算、查询和输出工作。广泛应用到设备、能源管理、选矿产品产量和技术经济指标的计算和输出、会计科目核算、成本预测和会计财务报表输出、生产统计和劳动工资管理等方面。进入90年代，许多难题又摆到了铜矿人的面前。从瑞典引进的采掘、运输、提升、选矿等主要生产设备均超期服役，效能下降。井下原矿品位下降，回采难度大。凤凰山铜矿于1990年12月制订《1991—1995年科技进步工作规划》，编制规划了10大项技术改造、技术革新和技术攻关项目。

至2000年，凤凰山铜矿累计生产铜量16.4万吨，硫精砂55.2万吨，铁精砂135.6万吨，铜精砂含金3502公斤、含银8.41万公斤。累计完成工业总产值12.47亿元，上缴利税4.03亿元。

2007年凤凰山铜矿重组进入铜陵有色金属集团股份有限公司，企业名称变更为凤凰山矿业有限公司。凤凰山矿业公司一手抓生产经营，一手抓资源控制，发展循环经济，取得了一些进展。

（五）金口岭矿业有限公司

铜陵有色金属公司金口岭铜矿位于铜陵市西南部，淮河大道东侧。矿区占地面积76万平方米。金口岭铜矿床位于铜陵官山背斜中段北西翼，铜矿床有大小矿体49个，其中主矿体4个，由南至北展布。矿床含铜品位丰富，一二两类铜金属储量为4.37万吨，表外铜金属储量242吨，主要伴生金8.36吨、银48吨。

1970年1月，华东冶金地质勘探公司812队提交了一份《金口岭铜矿床地质勘探报告》；同年2月，铜陵特区"革委会"批准投资建设。冶金部作出"三个一"指示，即投资一千万、日产一千吨、一年建成。同年4月7日主井动工下掘，地表工程全面展开。1975年5月1日正式成立金口岭铜矿，开始投产。

改革开放以后，金口岭铜矿党政领导及工程技术人员，探索出一条挖掘资源贫瘠矿山之路，运用科学技术、采用新工艺，开采地下宝藏；引进新项目、开发新产品、大搞多种经营，弥补矿山资源不足的新路，使资源严重枯竭的矿山充满勃勃生机。为稳定矿山铜量，避免经济效益迅速滑坡，金口岭人以主人翁的胆略和气魄，运用现代技术，开展了找新矿、挖残矿、稳产量、保效益的工作。首先，加强了探矿，进行了空白区找矿、深部矿体普查等工作。工程技术人员努力使探采相结合，以钻代坑、减少支出、降低成本，取得了显著成效。其次，在矿床开采过程中，技术人员参阅大量材料，结合本矿实际，制定出科学的开采方案，先后采用覆盖岩下放阶段矿柱回采、胶结充填法回采矿柱等方案。围绕力求节约、降低成本，提高采出率这个原则，挖掘自身潜力。该矿还组织专门人员，加强资源综合利用的研究工作，依靠科学进步，进行了提高选金回收率和选钼指标试验，选金回收率由过去的50%左右提高到75%以上。1984年，该矿开展了有色冶金炉渣和废镁砖的综合回收选别试验，获得有色总公司优秀QC成果奖。

至1991年1月，金口岭铜矿累计生产铜料17724吨，铜精砂含硫10763公斤，铁精砂（60%）61328吨，钼精砂（45%）158吨，漆包线1095吨，化工产品188吨。还生产了一定数量的金，出口钼酸铵52吨，创汇25.64万元。

金口岭铜矿于2007年6月改制为铜陵有色股份金口岭矿业有限公司。该公司选矿工艺和加工流程均处于国内领先地位，矿山各项技术经济指标均处于同行业前列。

（六）安庆铜矿

安庆铜矿矿区位于安庆市怀宁县月山镇境内，系铜陵市一块"飞地"，划归铜陵市郊区人民政府。安庆铜矿区距铜陵市110公里，周边与怀宁县大龙山镇、五横乡、凉亭乡、茶岭镇、月山镇毗连，四面环山，环境幽美。矿区面积为13.7平方公里，矿山面对黄金水道长江。安庆铜矿属铜铁共生矿床，矿体肥厚，储量丰富，除有大量铜、铁矿石外，还伴有金、银、钼、钴等多种金属。

《太平寰宇记·舒州》：怀宁县，玉镜山在县北二十里。唐贞元二年，从皖山东南忽然爆裂，皎然如玉，行路远见，如金悬焉。其年，刺史吕渭闻奏，因山改万岁乡为玉镜乡。月山镇，在安徽省怀宁县中部偏东。面积70.1平方公里。镇人民政府驻月山，因处月形山南麓得名。为铜矿重要矿区，有铜、金、煤矿等。

安庆铜矿是铜陵有色金属公司下属的一座大型坑下开采铜矿。矿山自1977年底开始筹建，已完成大面积土地征收及设计准备工作。1979年因国民经济调整，被列为缓建项目。1981年，中国政府与日本政府签订了中日合作安庆铜矿精密探矿工程协议，双方友好合作。1987年9月，国家计委正式批准安庆铜矿恢复基本建设，是年12月15日选厂工程破土动工。到1988年底，坑下生产八大系统，外部运输、供电、供水等项工程全面投入施工。1991年3月7日，日本金属矿业代表团、中国有色总公司等中外来宾欢聚一堂，共庆安庆铜矿投料试车成功。

坚持以新模式办矿为龙头，走新矿新办之路，这是安庆铜矿办矿目标。到"八五"期末，新模式办矿的总体框架是：基本完成办矿的深层次改革，初步完成"四新""三高"的任务。四新"即探索出新的结构模式，做到主体生产与辅助生产、生产与生活设施分别组建，发展多种经营，达到矿山服务社会化、辅助生产专业化协作。建立起新的运行机制，以适应高强度、高效率、高效益的需要，在规定的范围内能够自主经营、自负盈亏、自我还贷、自我发展。有一套新的管理方式，做到机构管理高效化、管理手段现代化、管理制度规范化、管理技术标准化，以尽可能少的投入获取尽可能多的产出，各项技术经济指标超过国内同类矿山先进水平。展示新的矿山面貌，通过两个文明一起抓，争取达到市级精神文明标兵，省级思想政治工作优秀企业，有色总公司环优矿山及国家一级企业标准。"三高"即采矿高强度，创造千吨采场，提高采场综合采矿能力；作业高效率，全员劳动生产率均创全国有色矿山新纪录；经济高效益，加快还贷速度。新模式办矿的基调是，定员由老模式的4000至5000人减为950人，全员实物劳动生产率由原设计的1.75吨/人日提高到3.68吨/人日，达到人少效率高效益好。依据这一基本思路，安庆铜矿全体工作者，大胆创新、不断探索，在有色总公司、铜陵有色公司的领导和省市各有关方面的大力支持下，前进中的安庆铜矿，正在展示自己独特的新姿。

（1）改革传统的采矿工艺，利用新的技术实行强化开采。采用120米高中段大直径深孔采矿办法，嗣后一次性充填，并配以振动连续出矿的新工艺，实行强掘、强采、强出、强充。从国外引进先进、高效的Simba261潜孔钻机2台，选用进口ST-5C铲运机及国产铲运机作为出矿的主要工具，从而提高了出矿效率。

（2）改革旧的结构模式。安庆铜矿只进行采、选等主体工业生产，而辅助生产和生活服务，则以公司为后盾，以安庆市、铜陵市为依托，实行专业化协作和有竞争的社会化服务。地质探矿、炸药加工、机械加工都已通过招标竞争，外委承包给铜陵有色公司地质队、安庆向阳化工厂等单位。职工食堂已招标承包给个人，社会化服务领域正在不断拓宽。

（3）改革劳动人事制度，实行灵活多样的用工制度，建立以高效为标志的激励机制。按"精简、效能"的原则，新模式的"五部一委一工会"的新机制开始运行（矿长工作部、政治工作部、生产部、机动部、经营部，纪委，工会）。实行了全员合同化管理，推行以正岗、试岗、待岗"三岗制"的岗位弹性聘任，推行一专兼职兼岗制。大量采用合同工、农民轮换工、退休返聘工、临时工、劳务工等多种用工形式。通过竞争，优胜劣汰，打破了传统的管理模式，强化了激励机制的作用。

（4）紧紧依靠科技进步，大力进行强化开采科技攻关。安庆铜矿强化开采五年规划已获总公司批准，强化开采被列为总公司"八五"重点科技攻关项目。确立了六个重点攻关课题，有六个大专院所、科研单位驻矿进行服务，为1993年形成一个千吨采场、实行强化开采创造条件。

安庆铜矿于1991年3月投产。至2000年年底，累计生产铜料6.23万吨，硫精砂6862吨，铁精砂274.39万吨。自1991年试生产后，矿山有18项科技成果获省部级以上奖励，在全国铜矿中率先通过ISO9002质量保证体系的认证。

（七）铜陵有色第一冶炼厂

铜陵有色金属公司第一冶炼厂坐落于铜官山下扫把沟地区，是中国自行设计建造的第一座粗铜冶炼厂。筹建于1951年4月，设计能力年产粗铜2000吨。1953年5月1日7时30分，一冶第一代炼铜工人，为新中国炼出了第一炉铜。

随着国民经济的飞速发展，工业生产对铜的需求量不断上升。一冶职工，想国家之所急，于国家之所需，以少投资多办事，量力而行，分步实施的办法，将本厂粗铜规模由1953年的2000吨提高到1973年的3万吨。20世纪70年代，科技人员对粗铜冶炼工艺的二氧化硫污染问题进行攻关，采用75%酸洗涤净化流程的接触法制酸工艺，率先以转炉烟气为原料生产硫酸。20世纪80年代，又把注意力集中到鼓风炉产生的二氧化硫烟气上。1986年，经中国有色总公司批准，对粗铜冶炼系统进行技术改造，采用了富氧密闭鼓风炉熔炼工艺流程。至此，粗铜冶炼工艺中的二氧化硫烟气较好地得到了利用，使冶炼原料硫的利用率由20%提高到60%左右，不仅获得了经济效益，而且获得了良好的社会效益。

几十年来，第一冶炼厂在艰苦创业中不断得到发展，为振兴有色，发展铜陵，为国家作出了贡献：

（1）1951年至1991年累计完成投资7000多万元，形成固定资产原值7388万元，净值5578万元；拥有年产粗铜3万吨、接触法制酸9万多吨、塔式法制酸8万吨等4套主要生产工艺；共生产粗铜67万多吨，硫酸177万吨，实现工业总产值35亿元，利税1.7亿元。

（2）铜冠牌一号粗铜为部优产品，98%工业硫酸、雪丹牌硫酸镁为省优产品，其中雪丹牌硫酸镁畅销全国，远销东南亚、大洋洲、北美洲等11个国家和地区。磷肥、复合肥等在用户中享有良好的信誉。

（3）1970年自行设计的一套利用转炉烟气，采用75%酸洗涤净化流程的接触法制酸工艺获安徽省科技奖；1973年研制成功的卧式转炉自动化通风眼机填补了我国一项空白，获冶金部科技成果奖；1980年总结出的铜精矿化学分析方

一、铜矿山开发

293

法"燃烧一容量测定硫量",被国家标准局发布为国家标准;1990年自行制作的粗铜冶炼工艺中的鼓风炉打块机被批准享有专利权。1990年初,铜陵有色集团公司引进闪速熔炼工艺,对一冶进行全面技术改造,部分解决一冶的工艺落后、生产设备老化及制酸尾气和污酸污水超标排放造成的环境污染问题。

2007年,因企业实施政策性关破,11月12日第一冶炼厂4#转炉产出最后一炉粗铜。至此,一冶累计生产粗铜27835.28吨,硫酸5.8万吨,粗铜含金、银分别为297.25公斤、15.31吨,完成工业产值6590.5万元,销售收入9993.64万元。

(八)金昌冶炼厂

原第二冶炼厂是铜陵有色金属公司下属的以铜冶炼、制酸为主的中型企业,是我国第一个使用富氧强化熔铜工艺的生产单位。位于铜陵鹊江之畔梅塘地区,占地面积133万平方米。

二冶于1970年7月筹建。1978年5月开始试生产,经过三次试验,于1980年正式投入生产。改革开放以来,狠抓生产工艺设备的填平补齐和技术改造:1980年6月建成投产20吨转炉一台,提高二氧化硫含量,改善烟气成分,为硫酸生产创造了良好条件;同年8月,新上了一套年产5000吨电解铜的小电解系统和与之配套的15吨阳极炉工程。1983年4月,新建投产1#鼓风炉和4#转炉,初步实现铜、硫两大系统的配套生产。1985年新建产氧规模为3200立方米/小时的制氧站,并于同年12月7日顺利地向鼓风炉供氧,从而成为我国第一家使用密闭鼓风炉富氧熔炼新技术的铜工业生产单位。冶炼工艺主要采用"精砂碾压制团—密闭鼓风炉富氧熔炼—转炉吹炼—阳极炉火法精炼—电解湿"法精炼,同时利用冶炼烟气,采用热能酸洗涤接触法工艺制酸,并处理阳极泥生产黄金、白银。与此同时,该厂始终注重产品的延伸开发。1983年3月,投资65万元建成与电解配套的阳极泥处理工程。1986年、1988年分两期建成年产3万吨的铜电解工程。1991年又新建与之配套的大金银工程,为铜陵铜工业产品深加工,变资源优势为产品优势创造了条件。同时黄金、白银产量在原有基础上翻了一番,经济效益十分显著。

（九）金隆铜业有限公司

金隆铜业有限公司位于安徽省铜陵市金山西路1号，由铜陵有色金属集团股份有限公司、住友金属矿山株式会社、住友商事株式会社、平果铝业公司共同组建，占地面积50.2423万平方米。公司筹建于1992年，1993年7月1日开工建设，设计能力10万吨电解铜，37.5万吨硫酸。1995年11月，国务院将金隆工程列为国家"八五"重点建设项目。1996年12月28日，闪速炉点火烘炉。1997年4月8日投料试生产，同年11月8日投产，当年达产达标。经过技改扩建，2000年生产能力电解铜达21万吨，硫酸达63.8万吨。

1998年4月"金豚"牌高纯阴极铜在上海金属交易所注册成功。2000年10月"金豚"牌高纯阴极铜在英国伦敦金属交易所注册成功。至2000年，该公司生产电解铜100.8万吨，出口创汇5.35亿美元，上缴税金16.33亿元。2002年完成15万吨产能扩建改造。2005年完成21万吨产能扩建改造，35万吨挖潜改造工程开始实施。2007年完成35万吨挖潜改造，"工艺对接"工程顺利投料。2008年初，基本完成工程主要工艺对接项目建设，阴极铜生产能力达到40万吨，硫酸达到100万吨。

主要装备具有国际先进水平，采用单个中央喷嘴、富氧闪速炉熔炼，动力波洗涤、两转两吸硫酸制造工艺，硫的总回收率达98%以上。立足国内设计、国内施工，是中国第一座主要依靠自身力量自行设计施工的铜闪速冶炼厂。生产管理技术方面，从铜精矿的配料、熔炼、吹炼、精炼到主要的辅助系统，全部采用DCS、PLC控制系统，实现自动化操作管理。工作效率和劳动生产率在国内处于领先地位。从原料进厂、加工、产品销售及售后服务等全过程，实行包括ISO9001质量管理体系，ISO14001环境管理体系、ISO18001职业健康安全管理等一体化体系。公司引进国外先进的管理模式，并实行制度创新。生产组织运行上取消传统的生产调度体系，采用横向联合为主的"工序服从法"。设备管理上，推行全员预防维修保全（TPM）。现场管理上，保持设备完好、物流有序、环境整洁。强化全员安全生产意识。

一、铜矿山开发

二、铜产业创新

年，中共铜陵市委、市政府大力实施开发铜资源，做大铜文章，延长铜产业链，以铜兴市战略。经过30年的发展，铜陵市铜产业不断壮大，至2010年，形成完备的铜加工产业链，产品有铜线杆、电磁线、电线电缆、铜板带、集成电路引线框架、铜箔、覆铜板、印制电路板、铜管、铜棒、铜基合金材料、铜水表、铜五金件、铜工艺品等14类，年总加工能力约80万吨。2010年，铜产业在铜陵市经济总量中的占比约为40%，其中铜加工业务在产业中的占比约为1/3。

（一）铜陵有色股份铜冠电工有限公司

2008年12月24日，铜陵有色股份铜材有限公司吸收电线电缆厂资产合并重组。合并重组后企业名称变更为铜陵有色股份铜冠电工有限公司。将控股公司与股份公司持有的芜湖铜冠电工、芜湖金奥公司、铜陵有色股份线材公司股权转让给新的铜冠电工。经营范围：漆包线、电缆、磷铜球、各种规格铜线材等铜材加工。原铜材公司、电线电缆厂所管理（含托管）单位由铜冠电工按照现代企业制度对管理机构和管理模式进行调整。铜冠电工为股份公司全资子公司，独立核算、统一财务、分级管理，按照控股公司机构编制设置有关要求，下设七个部门和铜陵有色股份线材公司、芜湖铜冠电工有限公司、芜湖金奥微细线有限公司等三个独立子公司和电缆分厂、普通漆包线分厂、特种漆包线分厂等三个分厂。

铜陵有色股份铜冠电工有限公司于2010年，完成乙丙绝缘橡皮配方研制，产品通过国家电线电缆质量技术监督检验中心的检测；完成变频电机用耐电晕漆包线产品开发项目，已为奇瑞公司试制的φ0.85毫米样线；磷铜球产品φ55毫米大球开发成功，并被列入省级国家科技创新工程试点项目；"电子级磷铜材料"被当时的国家经贸委列为科技创新项目；漆包线产品分别被清江电机和华意压缩评为优秀供应商和战略供应商；漆包线、磷铜球两大主产品荣获上海世博会安徽周主题博览会金奖。2010年，公司被安徽省确立为省级高新技术企业。2010年，累计生产漆包线1.97万吨、普通漆包线4222吨；芜湖电工漆包线6700吨、芜湖金奥微细线46吨；磷铜球（角）1.30万吨；橡塑缆产量3047.9公里。实现销售收入28亿元。

原电线电缆厂　2001年，成功运用双色挤出工艺技术，攻克行业内一直未能得到有效解决的铜导电线芯在二次蒸气硫化过程中易氧化、发黑的技术难题，其中采用氯化聚乙烯代替氯丁胶生产电缆护套大大降低了产品成本，并在行业内取得了领先水平。同年还开发出自润滑尼龙漆包线、聚酯亚胺漆包线等新产品，实现批量生产，成为漆包线产品系列中新的主导产品。特别是防电晕漆包线的开发，具有同行业的领先水平。此外空调线和10千伏交联电缆、架空电缆、弹簧电缆等新产品的成功开发，增强了该厂电线、电缆产品参与市场竞争的能力。当年，仅空调线产品就实现销售200公里，成为该厂新的经济增长点。

2002年，成功开发彩色聚氨酯漆包线，万伏级架空绝缘电力电缆、千伏级彩色护套矿缆、自润滑尼龙漆包线和聚酯亚胺耐高温漆包线等适销对路的新产品。先后完成阻燃矿缆新配方的试制开发和工艺调整等工作，攻克了橡皮电缆护套表面质量的难题。

2005年，先后完成彩色护套煤矿电缆、塑料控制电缆等新产品开发，特别是"高再软化温度自粘性漆包圆铜线"被认定为省级高新技术产品。此外，千伏级以上系列煤矿用高阻燃橡套软电缆获"省科学技术研究成果奖"。

2006年，先后完成铝漆包线等新产品开发，"高再软化温度自黏性漆包圆铜线"被当时的国家科技部认定为国家级高新技术产品，填补国内空白，并荣获中国有色金属工业协会科技进步三等奖。

（二）铜陵金威铜业有限公司

2003年11月27日，铜陵金威铜业有限公司经当时的国家商务部批准成立，同年12月10日在当时的国家工商总局登记。2004年1月15日至16日，铜陵金威铜业有限公司在铜陵五松山宾馆召开一届一次董事会议，通过合营公司机构设置，并对公司高精度铜板带项目前期工作给予积极评价。根据国际铜加工业发

二、铜产业创新

297

展趋势，为使项目达产后具有一定的市场竞争能力，考虑到项目进口设备投资增加等因素，董事会同意项目总投资增加10%，项目总占地450亩。

项目筹建　至2004年10月底，公司高精度铜板带项目完成绝大部分生产线主设备及子项设备招标采购。土地平整工作于2004年5月中旬完成，累计完成挖填土方工程量36万立方米。项目主厂房占地约6万平方米，主厂房基础工程经国内公开招标，于2004年5月17日施工建设，8月底全部完成。主厂房钢结构工程于2004年11月8日开工。其中熔铸车间钢结构及整个主厂房围护安装由中国第十七冶金建设公司进行施工；压延车间钢结构工程由上海五冶冶金建设公司进行施工。2004年12月中旬，经过国内公开招标，公司分别与中国第二十冶金建设公司、中国第十七冶金建设公司和上海五冶冶金建设公司签署生产线设备安装调试合同。年底，工程累计完成投资额1.62亿元。其中，土建及钢构完成投资2781.57万元；设备采购完成投资额1.15亿元（含外汇部分1010万美元）；固定资产54.4万元；土地出让金、设计费、技术服务费及管理费用等其他投资1806.44万元。

生产经营　2006年，步进炉、热轧机、铣面机、粗轧机、钟罩式退火炉、1250气垫退火炉、1250横剪、1250纵剪、包装线等设备相继完成热负荷调试，进入黄铜产品试生产阶段。10月底，累计完成金属加工量1555吨，成功铸造了符合调试规格要求的紫铜和黄铜铸锭110块。2007年，完成部分生产设备调试。11月底，项目累计完成工程投资额11.31亿元。板带生产成品板带材2334吨，其中黄铜板带材2081吨，紫铜板带材253吨。成功研制了引线框架材C192产品，厚度为1.46毫米和1.97毫米高精度黄铜板带产品和变压器铜带产品的加工精度和质量达到国内先进水平。

（三）铜陵有色股份铜冠黄铜棒材有限公司

2005年4月20日，安徽铜都铜业公司与中国香港TEMI公司共同投资组建铜陵铜都黄铜棒材有限公司，铜都铜业持有75%股份，TEMI公司持有25%股份。5月18日，在合肥召开的安徽省第一届徽商大会上，铜陵有色金属（集团）公司与中国香港泰米集团签订合资建设年产7.5万吨高精度黄铜棒项目合同，组建合营公司——铜陵铜都黄铜棒材有限公司。合营公司注册资本为1490万美元，其中安徽铜都铜业股份公司出资 1117.5 万美元，占合营公司注册资本的 75%，泰米集团（香港）有限公司出资 372.5 万美元，占合营公司注册资本的 25%。项目总投资 38635.55 万元，估算项目投资财务内部收益率 17.89%、投资利税率 26.39%、项目盈亏平衡点 41.01%。7 月 12 日，安徽省商务厅批准注册成立"铜陵铜都黄铜棒材有限公司"。

2005 年 12 月 26 日，年产 7.5 万吨高精度黄铜棒项目在铜陵经济技术开发区开工建设。2006 年 1 月 13 日，地基处理工程开工，工程由池州岩土工程有限公司施工。2 月 28 日，主厂房钢构工程开工，工程由有色建安公司承建。3 月 24 日，主厂房基础工程完工，累计完成挖填土方 1 万立方米，沉管灌注桩 591.01 立方米，基础梁 75.64 立方米，独立基础 2023.97 立方米，变更的独立基础 127.97 立方米，条形基础 7.987 立方米。4 月 21 日，地基处理工程完工，累计完成水泥土搅拌桩 1.0354 万立方米，钻孔数 5400 个，钻孔深达 36619.5 米。7 月 2 日，主厂房屋面瓦开始安装。9 月 25 日，芬兰科尼公司生产的电动双梁桥式起重机、电动单梁起重机开始安装。11 月 21 日，主厂房、附跨钢结构工程结束，累计完成钢柱 130 根 271 吨，钢屋架 448.8 吨，钢吊车梁 240 吨，钢墙檩条 484.4 吨。12 月 4 日，由德国 OTTO-JUNRER 生产的熔化炉开箱并开始安装。德国 SCHUMGA 公司生产的联合拉拔机主体设备到货，交由机械总厂进行前期组装。12 月 7 日，由哈尔滨松江有色金属公司生产的燃气加热炉开始安装。

2007 年 12 月底，项目建设基本结束。熔铸系统、挤压系统热负荷试车实现预期目标。该公司总资产 3.758 亿元，净资产 1.152 亿元。工程自开工至 2007 年 12 月底。累计完成投资 2.97 亿元，累计财务支出 2.601 亿元，其中 2007 年度财务支出 1.72 亿元。

2009 年，为保障生产经营工作无缝对接，公司成立生产经营计划工作小组以及订单评审小组，坚持每月一次的安全隐患排查治理与整治工作，创造良好生产条件。

（四）铜陵精达铜材（集团）有限责任公司

铜陵精达集团前身是铜陵市家用电器铜材厂，1987 年被轻工业部确定为安徽省唯一定点生产冰箱压缩机用复合层漆包线专业厂。主要产品耐氟漆包线、

180／200级聚酯亚胺复合聚酰胺酰亚胺耐冷媒漆包线等。

1993年3月，该厂引进超微细线和空调压缩机漆包线项目获国务院经贸办批准实施。1996年，根据冰箱、空调器的更新换代，该厂引进国外先进悬浮拉拔技术，生产高精度的毛细铜管和内螺纹铜管。第一个在国内同行业通过ISO9002质量体系认证。同年5月18日，铜陵市家用电器钢材厂整体改制成立铜陵精达铜材（集团）有限责任公司，集团辖家电铜材厂、华陵铜材公司、西瓦绝缘材料公司。1997年，"蒙得利尔条约"有关保护大气臭氧层的国际条约生效期临近，各国纷纷上无氟冰箱项目，以减少使用氟利昂作制冷源对大气层的破坏。铜陵精达集团通过自己研制，成功在国内第一家开发HFC134 a压缩机用漆包线。当年，主导产品通过美国UL安全认证。"精达"牌特种铜包漆线被授予"全国免检产品"称号。1998年，该集团自主开发200级聚酯亚胺复合聚酰亚胺耐冷媒漆包线和HFC134A压缩机用漆包线多层复合项目通过当时的国家经济贸易委员会组织的新技术（新产品）鉴定，成为安徽省名牌产品、高新技术产品和国家级重点新产品，完全替代进口，填补国内空白。产品荣获2000年度省科技进步二等奖，铜陵市科技进步一等奖，"九五"期间国家优秀新产品奖。1999年后，结合国内高效节能冰箱、空调的问世，又研制出自滑润漆包线，抗电晕漆包线等产品。

2000年3月，精达集团被科技部批准为重点高新技术企业，年产1000吨无氟漆包线被列入国家火炬计划。7月引进北京中关村创投公司、合肥高科投资风险公司、安徽科技产业投资公司、铜陵皖江实业公司共同投资组建铜陵精达股份公司。8月，精达股份公司线缆分公司作为国家重点技改项目在铜陵经济技术开发区开工建设。

精达公司与世界第二大电磁线生产商——美国里亚公司合作，2002年6月由双方共同投资在广东佛山市南海区大沥长虹岭工业园兴建广东精达里亚特种漆包线有限公司，年产3.5万吨特种漆包圆铜线和裸铜线。2004年5月，在天津东丽开发区合资兴建天津精达里亚特种漆包线有限公司，年产2.5万吨特种漆包圆铜线和裸铜线。上述两工厂均当年投产，当年盈利。2007年双方继续合作，在江苏常熟合资成立江苏精达里亚阿尔岗琴工程线有限公司，把产品领域进一步拓展到异型线。"精达牌漆包线"于2007年9月被当时的国家质检总局评为"中国名牌产品"称号。2008年，精达公司借助整体搬迁之机，将美国里亚公司引入铜陵，于2008年双方合资在铜陵经济技术开发区，成立铜陵精达里亚特种漆包线有限公司和精工里亚特种线材有限公司，分别年产3.5万吨高温漆包圆铜线和2.5万吨低温漆包圆铜线，均于2009年1月建成投产。至2010年，精达公司形成安徽、广东、天津、江苏四大生产基地，公司客户遍布全国各地，产品覆盖长三角、珠三角和环渤海地区，并有部分产品出口。为解决无氧铜杆原材料供应问题，由铜陵精达特种电磁线股份有限公司、江苏精达里亚阿尔岗琴工程线有限公司、铜陵精工里亚特种线材有限公司共同投资兴建精选线材有限责任公司。该公司于2008年11月在铜陵经济技术开发区组建，2009年5月竣工投产，设计年生产能力为5万吨铜杆。

（五）铜陵有色循环经济园

铜陵有色走在循环经济发展的前列，步入"主业内循环""资源节约、环境友好、增长持续"的发展轨道。

冬瓜山铜矿的铜矿石中含有丰富的硫、铁元素，为了综合利用，公司兴建铜陵有色循环经济园项目。园区设置以循环经济理念为原则，发展下游的精细化工产业，使上游生产的废弃物成为下游生产的原材料，利用产业间的代谢和共生关系，使资源循环利用，能量梯级利用。通过产业链的衔接，上下游项目紧密联系，构建了一条完整的循环经济产业链。园区回收利用的伴生硫铁资源，相当于开发一座年产150万吨的大型硫铁矿山，利用余热每年可发电2.4亿度，折合3万吨标准煤。园区固定资产投资达到16亿元，建设并投产年产80万吨硫酸、120万吨铁球团、20万吨碳酸二甲酯及延伸产品项目。园区统一提供工业用水和进行污水综合处理，物流配送有公路、铁路和水路等多种方式。园区先后承担5个国家和省级科技攻关项目，有4个节能科研项目入选国家和省级科技计划。至2010年，公司矿产资源综合回收率达60.5%，万元增加值综合能耗降至0.71吨标煤，冶炼硫捕集率提高到98.5%，主要工艺技术和经济指标国际领先，金属回收率和资源利用水平国内一流。

铜陵有色以生态环境建设为重点，对多年开采形成的采空区、陷落区、露天采坑、废石堆场等受损地貌进行生态恢复，对老尾矿库土地进行复垦绿化，实现了尘土不飞扬和"还库为原貌""还库为田林"的目标。公司按照生态修复与景观设计相结合的原则，致力于发展铜矿采冶科普旅游和"铜文化"旅游，与地方政府合作建设"中国铜矿开采历史"科普教育基地。从2003年率先提出发展循环经济，到2004年生态矿山——冬瓜山铜矿建成投产，2005年10月入选国家首批循环经济试点企业，12月完成冶炼厂工艺升级改造。2007年，循环经济工业园建成。铜陵有色累计投入60多亿元，在较短时间内构建了以矿山、冶炼、化工、加工为子循环体，以循环经济工业园为载体的大循环经济圈，初步形成具有循环经济特征的产业集群，做到资源、能源高效利用、梯级利用和循环利用。同时，按照循环经济原理和原则，结合公司产业实际，研究制定了一套完整的评价指标体系。

人民日报、中央电视台、新华社等国内重要媒体相继报道了铜陵有色循环经济的典型经验。

（六）铜陵有色金属集团控股有限公司

铜陵有色集团坐落在我国青铜文化发祥地之一、素有"中国古铜都"之誉的安徽省铜陵市，交通便捷，区位优势明显。

1949年12月，中央决定恢复建设铜官山铜矿，1952年6月正式投产。铜陵有色是新中国最早建设起来的铜工业基地，新中国铜工业的摇篮。建成新中国第一座铜矿，自行设计建造了新中国的第一座铜冶炼厂。经过建设，现已发展成为以有色金属为核心主业，集金融贸易、精细化工、装备制造、科研设计、物流、房地产开发、建筑安装、井巷施工等相关产业多元化发展的大型企业集团。

铜陵有色集团现为全国300家重点扶持和安徽省重点培育的大型企业集团之一。2015年实现销售收入1453亿元，连续5年位居安徽省首位；进出口贸易总额连续15年保持全国铜行业首位；主产品阴极铜产量国内第一、世界第二。公司位列2015中国企业500强第110位，先后获得国家、安徽省创新型试点企业、国家首批循环经济试点企业、全国实施卓越绩效模式先进企业、全国质量奖、中国工业大奖表彰奖、中国有色金属工业科技先进集体、全国企业文化建设优秀单位、新中国60年企业精神培育十大摇篮组织、全国"五一"劳动奖状、全国先进基层党组织等荣誉称号。

铜陵有色集团是国家创新型企业、全国技术创新示范企业，拥有国家级技术中心和国家认可的实验室。主产品"铜冠"牌高纯阴极铜在伦敦金属交易所注册，"铜冠"牌银锭在伦敦金银协会注册，为国际知名品牌。公司矿山开采和铜冶炼技术代表了国内最高、国际先进水平，其中"地下矿山连续开采工艺及装备""常温变量喷射—动力波洗涤闪速炼铜技术"分别获得国家科技进步一等奖。

铜陵有色集团与世界30多个国家和地区建立经济技术和贸易合作关系，数十种产品分别出口到日本、德国、美国、新加坡等国家和地区。公司现为全国有外贸经营权100强企业，进出口贸易总额名列中国企业500强。公司先后在厄瓜多尔、智利、秘鲁、加拿大等国参与资源勘探与开发，是全球第一家参与海底矿产资源合作开发的企业，建立并形成了国际化经营的新格局。

三、铜文化传承

弘扬优秀传统文化，建设繁荣富强国家。坚持古为今用、推陈出新，有扬弃地予以继承，用中华民族创造的精神财富来以文化人、以文育人。文化因交流而多彩，文明因互鉴而丰富，对待各国人民创造的优秀文明成果，应该学习借鉴，吸纳其中的有益成分。坚持取长补短，择善而从，讲求兼收并蓄。对传统文化进行创造性转化、创新性发展。

（一）弘扬五松文化

盛唐以来，铜官五松，名高天下；骚人墨客，纷至沓来。铜陵地区逐步形成"五松文化"，其核心"李白倡导，青铜发端。披荆斩棘，水滴石穿。陶公夔铄，荀媪供餐。五松风貌，薪火相传"。今天，铜陵人民结合新的时代条件传承和弘扬好中华优秀传统文化，对传统文化进行创造性转化、创新性发展。现简述铜陵市诗词学会倡办诗刊和铜陵市第三中学创建碑廊的情况如下。

1.《五松山诗词》刊

铜陵市诗词学会倡办的《五松山诗词》于1988年12月创刊。贯彻"二为"（为人民服务、为社会主义服务）方向和"双百"（百花齐放、百鸟争鸣）方针，执行"切入生活、效法李白、创新求美、雅俗共赏"的办刊宗旨。1988年至2016年，《五松山诗词》计编印33期，发表诗词作品17354首（含新诗32首、学生诗歌263首）、楹联作品477副、诗论（评）几十篇和书画摄影等作品近百件。2016年9月，铜陵市诗词学会编印《铜陵风光》诗画集，谨以此书献给铜陵市建市六十周年。全书采用诗词配图片的形式，共录用铜陵地区（含枞阳县）诗词作品309首，其作者达156人；风光景点彩色照片264幅，其作者30多人。

2.《五松山诗词》的显著特色

诗词"三颂"　（1）诗颂铜都。1992年，铜陵市举办首届中国铜陵青铜文化博览会，编印《中国青铜文化博览会诗词专集》；编印《铜陵牡丹》（内收牡丹诗词76首）和《葛仙洞诗词》。1996年，皖江第一桥——铜陵长江大桥建成通车，编印《铜陵长江公路大桥专集》。2006年，《五松山诗词》开设"庆祝铜陵建市五十周年"专栏。2013年第30期《五松山诗词》设"庆祝铜陵市诗词学会成立廿五周年"专栏。2016年，第33期《五松山诗词》设"庆祝铜陵市建市六十周年"专栏。（2）诗颂伟人。1993年，编印《纪念毛泽东同志诞辰一百周年专集》。1998年，编印《纪念周恩来、刘少奇诞辰一百周年专辑》。2004年，《五松山诗词》设"纪念邓小平诞辰一百周年"专栏。（3）诗颂盛事与佳节。1991年，《五松山诗词》设"纪念中国共产党诞生七十周年"专栏。1995年，编印《纪念抗日战争胜利五十周年诗词专集》。

诗词"五进"　（1）诗词进校园。1998年，中华诗词学会提出"让中华诗词大步走进校园"的号召。2000年，铜陵市诗词学会负责人走访铜陵财专、铜陵师范和铜陵第一职业高中等学校领导，就如何开展诗教进行商讨。2002年5月，铜陵市九中、人民小学和铜陵有色建安小学等在第二届诗词研讨会上介绍了开展诗教的经验，2003年12月，中华诗词学会批准建安小学为"全国诗教先进学校"。这是安徽省第一所学校获此殊荣。金口岭小学是铜陵市诗教先进单位。坚持每周五第一节课后，全校师生集体开展千人诵读经典文化早餐活动。并组织师生开展以"唱响新童谣，传递正能量，诵读古诗词，做有根的人"为主题的童谣创作比赛和古诗词考级活动。（2）诗词进老年大学。2001年，铜陵学院开办老年诗词研修班，学员有十余人。2002年9月，市教育局老年大学开办诗词研修班，学员有二十八人。2008年，铜陵市老年大学开办三个诗词班，学员有一百多人。2009年，铜陵市老年大学诗词班编印《岁月如歌》诗词专集；2010年，阳光社区诗词班编印学员作品集《铜陵炳烛》。2011年，铜陵学院老年大学出了《银龄心声》诗文专集。（3）诗词进社区。2005年，铜官山区中市社区、天桥社区分别成立诗词小组，举办了纪念抗日战争胜利六十周年吟诗会。2011年9月，人民社区、天井湖社区分别举办"诗歌献祖国，赏月在社区"的诗词朗诵会，共有一百多人参加。2012年9月28日，人民社区举办了"颂国庆，喜迎十八大"赛诗会，吟诗三十余首。天井湖社区是铜陵市第一个建立诗词小组的社区。坚持古诗词教育、节假日开展诗词朗诵、建设诗词长廊文化墙，与文明城市创建结合起来。2012年，天井湖社区编印了《天井湖社区诗集》。（4）

诗词进乡镇。1992年，铜陵县安平乡成立诗词小组，编印《西江夕照》诗刊。2000年4月，铜陵县老龄委在县城关镇举办"新千年诗词吟唱会"。2005年，铜陵县老龄委在五松镇举办"纪念抗日战争胜利六十周年诗词吟唱会"。2007年4月，铜陵县老龄委在顺安镇召开"首届铜陵县凤丹文化旅游节诗词吟诵会"。2010年6月，铜陵市诗词学会胥坝乡分会宣告成立。2010年12月19日，在胥坝乡政府会议室举行"胥坝乡诗词分会揭牌仪式暨《胥坝诗词》首发式"。2011年10月，铜陵市诗词学会授牌胥坝乡"诗词之乡"。2014年12月，安徽省诗词学会授牌胥坝乡"安徽省诗词之乡"。2015年11月9日，中华诗词学会授牌胥坝乡"中华诗词之乡"。胥坝乡的诗词创作日趋活跃，胥坝乡是诗词进乡镇的一面旗帜。2007年11月，中国文联出版社出版了胥坝乡诗词选《涛声集》。(5)诗词进企业。2009年，铜陵市诗词学会在企业中发展首批会员，并为诗词进企业做宣传发动工作。2010年在企业举办两次诗词讲座，讲授诗词知识，培训企业中的诗词爱好者。2012年6月，联合举办以欢度端午节为主题的诗词竞赛，五十多人创作了一百余首诗词参赛。对企业的诗教工作常抓不懈，在巩固现有成果的基础上稳步推进。

3. 五松诗人

2014年至2016年编印的《五松山诗词》设"五松诗人"专栏。现将部分诗人作品摘录如下：

章天赠　《沁园春·贺新春赞铜陵》：节日风光，火树银花，分外妖娆。看观湖广场，凤凰展翅；曲桥柳岸，游客如潮。街心花园，沿湖别墅，栉比层楼竞比高。争十强，创文明城市，何惧辛劳！中华特色旗飘。引当代愚公尽折腰。看嫦娥奔月，卫星绕地；南水北调，跨海大桥。一辈英豪，科技强国，大业中兴百世骄。迎奥运，正全球瞩目，东亚狮嚣。

江化中　《忆秦娥·吊皖南事变战场遗址》：喇叭咽，秋虫泣泣茂林夜。茂林夜，梦中白骨，国家英烈。红枫尽染杜鹃血，绿树掩映霜晨月。霜晨月，雄鸡唱晓，忠魂不灭。《沁园春·香港回归》：滚滚香江，剑影刀光，血洗南疆。望万山群岛，狼烟漫漫；城乡内外，水天苍苍。夺我明珠，肥其帝国，纵火烧杀胜虎狼。须明日，应负荆请罪，阶下跪降。嫦娥初试新装。昨夜里歌厅起舞忙。正造车修路，张灯结彩；万民额首，喜气洋洋。迎接回归，普天同庆，只笑挡车小螳螂。天涯处，赞群山红透，紫树飘香。

王仲廉　《鹧鸪天·南水北调通水喜赋》：中国人民志气雄，开流引水夺天工。移山共筑愚公梦，调水仍需大禹风。情义厚，德功崇。京津冀汴水乳融。神州大地腾蛟凤，敢遣银河下九重。《新春远望》：云淡风轻万象新，目穷千里壮豪情。河清海晏金瓯固，地绿天蓝玉宇清。万马奔腾追凤梦，三阳开泰步宏程。长青基业同心筑，丝路花香鸟共鸣。《中秋感赋》：人生何事最风流，赏桂吟诗笑满楼。兄弟激情牵两岸，嫦娥笃爱驾神舟。老怀壮志倾余热，家有藏书无别求。美梦成真春永驻，时光灿烂数中秋。

盛诗泉　《纪念周恩来总理诞辰一百周年》：鞠躬尽瘁为人民，磊落光明环宇钦。两度转机贤哲举，万隆出访国威臻。运筹帷幄元戎辅，施展宏图总理承。一掬骨灰河海撒，高风亮节启鹏鲲。《临江仙·初下矿井感赋》：井下初临方向失，眼前一片迷茫。矿车满载运输忙。迎头腾热气，矿石闪金光。风钻轰鸣交响乐，地宫奉献珍藏。工人竞赛志气扬。今朝刚起步，明日更辉煌。

王书谟　《共和国成立六十五周年》：欢声笑语闹神州，建国辉煌六五秋。北国燕齐开玉宇，南疆桂粤滚金球。运筹李总情犹切，改革习公兴更稠。八届四中明法治，中华大地尽风流。《沁园春·纪念铜陵建市六十周年》：面水依山，三角长廊，八皖苏杭。看五松耸翠，名驰千古；八珍绚丽，利惠三江。网接环球，衢通九域，四海五洲商贸昌。招来客，喜铜陵优越，百业呈祥。

人文历史山乡。引无数诗人雅兴狂。忆铜官舞袖，白公遗韵；五松集句，黄谷诗章。书韵悠悠，灵泉汩汩，更有荆公讲学堂。齐开发，融古今一体，更创辉煌。

史玉梅（女）　《看中国航空演习电视》：面对荧屏逸兴浓，中华战术展奇功。匹夫敢敌千军马，一箭能驰万里空。弹雨烟笼天脚浪，机梭声遏月宫风。腾飞科技惊寰宇，保卫和平护亚东。《重九登高》：秋山红雨淡笼烟，忙插茱萸上顶巅。樽酒且倾黄菊畔，笔花应向晚霞边。孟嘉落帽湮陈迹，王粲登楼感大千。我若浮生能有翼，敢钻云雾问蓝天。

王　琦　《浣溪沙·铜陵长江大桥颂》：八皖江流第一桥。四年拼搏耸云霄。铜都今日领风骚。铁臂挥迎千里客，玉龙吞吐八方潮。功成"铜九"更妖娆。《念奴娇·贺市一中建校七十六周年》：苍黄翻覆，七六载，经历艰难曲折。抗战永川初建校，胜利东迁和悦。七易校名，六更校址，迁建呕心血。校园风貌，陌生而又亲切。忆自屹立山城，名扬重点，示范辉星月。育杏培桃谈硕果，高考省排前列。众望所归，一流迈进，展翅鹏程越。熊熊炉火，铸成多少英杰。

吴朝晴 《纪念渡江战役胜利六十周年》：百万雄师号令传，凭江一战勇争先。舳舻千里快如艇，壁垒长堤溃若烟。强渡中流歌壮士，兵临城府换新天。正谋一统言归日，化解前愆月早圆。《村景》：绿遍郊原杜宇回，溪光云影石桥隈。蛙声一片秧分蘖，麦浪千田谷满堆。荷长平湖鱼戏藻，货流超市客登台。乡村四月多农事，忙却蚕桑又插栽。

邓秀山 《桔颂》：夭夭玉树秀青姿，皎皎银花绽碧枝。南国风骚传雅颂，洞庭景色赞秋时。光华硕果迎霜灿，馥郁奇香入袖宜。不媚宫廷妃子笑，冰心一片沁诗脾。《咏菊》：几丛红紫几丛黄，独沾秋光品自昂。别具清姿含晓露，天生铁骨傲严霜。谁怜老圃西风冷，我爱寒英晚节香。莫道一年花事了，芳菲正喜过重阳。

周竹友 《临江仙·长征颂》：八十年前征战恶，甚嚣尘上妖氛。顶天立地是红军。雪山如虎跃，草地若龙腾。民族危亡人有责，倭奴狼食鲸吞。狂澜力挽系千钧。高呼同抗日，北上扫胡尘。《北京行》：泱泱大国展雄风，奋翮翱翔御太空。四海景从同拱北，五洲云集乐朝东。百年衰败成陈迹，世纪宏图庆伟功。改革浪潮掀万丈，中华大地向阳红。

刘俊夫 《行香子·螺蛳山》：灵秀螺峰，崛踞城东。奢俏媚，滴翠流红。穿林拾级，步步情钟。赏山花艳，鸟声脆，露华浓。玉阁凌空，纵览城容。楼林立，闹市车龙。芳园琼馆，嬉戏群童。更管弦鸣，华灯起，笑声隆。

4.五松山文化碑廊

安徽省示范高级中学——铜陵市三中坐落于李白命名的五松山西麓。校园文化浓厚，环境幽雅宜人。三中把弘扬和培育民族精神纳入国民教育全过程，继承民族文化优秀传统，不断提高学生的思想道德素质和科学文化素质。早在20世纪90年代就成立"五松山文学社"，组织文学爱好者参加交流实践活动，促进学生语文水平的提高。

2006年伊始，铜陵市第三中学期以"赓续传统，光大铜邑"之意，欣然谋划构建"五松山文化碑廊"（简称"碑廊"）。"碑廊"是一个兼具功能与审美情趣的景体建筑，是专为中华传统文化而立起的文化建筑。以碑廊记诗词，以诗词引吟咏，以吟咏养文化，以文化传精神。2006年5月27日，三中"五松山文化碑廊"揭幕。旋即"五松山亭"竣工。廊寓园内，亭廊相望；莅园观赏，逗廊吟诵。缅怀诗仙李太白名满天下，永垂不朽。

碑文精彩纷呈　首碑引文为1993年元旦江泽民题词"弘扬中华民族优秀文化艺术。"沈鹏先生题名的"五松山文化碑廊"，有李白、王安石、苏东坡、黄庭坚画像及其简历，有骚人墨客作品（诗、词、赋、对联、画像等计40件，由诸专家书刻）。碑刻68块，错落有致，琳琅满目。

名人羡慕铜官（五松）　李白诗云："我爱铜官乐，千年未拟还。要须回舞袖，拂尽五松山。"苏轼《题陈公园》"落帆重到古铜官，长是江风阻往还。要使谪仙回舞袖，千年翠拂五松山。"包拯《题陈公学堂》"奉敕江东历五松，义安高节仰陈公。赤心特为开贤路，丹诏难回不仕风。乐守鹾盐忘鬓白，笑谈金帛近尘红。无拘无束清闲客，赢得芳声处处同。"汤显祖《铜陵》："向夕燕支峡，遥分白马耆。沧浪荷叶点，春色凤心知。邑小无城郭，人欢有岁时。谁怜江月影，悬弄五松枝。"

黄庭坚，北宋诗人、书法家。出于苏轼门下，为"苏门四学士"之一，又与苏轼齐名，世称"苏黄"。北宋崇宁四年（1105），黄庭坚之子黄氏相公去桑梓而隐居铜之陈公园隅，啸傲山水，置产肇业。迄今（2015年）已有910年历史，繁衍子孙31代，成为名门望族。黄庭坚二十六世孙铜陵籍黄百新对"碑廊"的创建，诚心正意，劳身焦思。"五松山文化碑廊"中，黄庭坚作品碑刻居多，诗词对联皆有。《黄文节公法书石刻》：宋刘明仲《墨竹赋》系黄庭坚手书。唐·韩伯浦《幽兰赋》为黄庭坚书。

2008年，铜陵市三中编印《五松山文化碑廊诗文注释》，释疑解惑，广泛宣传，以文化人，更好地弘扬铜陵优秀传统文化。

（二）青铜文化交流活动

1992年1月25日至26日，国务院原副总理邹家华等到铜陵视察时为铜陵市题词"中国古铜都铜陵"。1990年11月，皖南古文化研究会第四届年会在铜陵召开，来自北京、上海、江苏、浙江、湖北及安徽等地代表60余人参加会议。会议就皖南地区青铜文化内涵及铜陵古铜矿的考古意义进行专题研究与探讨，收到代表论文70余篇。

1992年10月，首届"亚洲文明暨中国青铜文化国际学术研讨会"在铜陵召开，来自日本、新加坡、韩国、美国、加拿大、德国、中国等国家和地区的100多名中外专家学者出席会议，共收到学术论文100多篇。通过讨论和交流，与会专家充分肯定铜陵作为中国古铜都的学术地位，并联名倡议在铜陵创办"中国青铜文化研究会"。10月，由铜陵市政协文史委、铜陵市文物管理所联合编印《古铜都铜陵矿冶专辑》。该书共收集文章36篇，第一次较全面地介绍古铜都铜陵铜文化历史和部分学术研究成果。这次会议坚持立足中国、面向亚洲和世界的原则，围绕着亚洲文明和相邻地区的关系及相互影响等7项内容进行交流研讨。通过与会专家、学者们的深入充分论证，确认铜陵地区古代采、冶铜历史悠久，规模巨大，延续时间长，采冶技术先进，是名副其实的中国古铜都。对此，中央电视台、中央人民广播电台、《人民日报》、《光明日报》等国家级新闻媒体，分别在节目播出黄金时间和报纸醒目版面进行报道，在国内外引起了较大反响，铜陵也由此进一步确立了中国古铜都的重要地位。

1993年10月，中国青铜文化研究会筹备会议在铜陵召开，来自北京、内蒙古、河南、湖北、广东、江西、江苏、安徽等地的专家学者20多人出席会议。与会专家学者一致通过"成立中国青铜文化研究会倡议书"、学会章程，推选产生学会筹委会名单，讨论研究学会下一步申报工作计划和《青铜文化研究》学刊创办事宜，同时建议由铜陵市文化局准备学会申报材料，办理各项审批手续。会后，铜陵市人民政府正式批准成立《青铜文化研究》编辑部和学会秘书处。1995年5月25日，由市文物管理所、市书画院承办的"中国古铜都铜陵国际文化交流展"在日本桐生市隆重展出，展出文物图片26幅、仿古铜工艺品80件套。此次展览受到日本桐生市社会各界的好评，日本《产经新闻》《朝日新闻》等媒体均作报道。

1996年10月，由铜陵市文化局、文管所、市政协文史委联合主编的《铜都文物》一书编印。该书收录文物精品150余件以及古文化遗址简介，图文并茂、资料翔实，全面展示铜陵市建市40年来文物发掘、保护、研究、修复工作的成果。1999年10月，由中国青铜文化研究会（筹委会）、《青铜文化研究》学刊编辑部共同编辑的《青铜文化研究》创刊号正式向国内外发行，发表全国各地有代表性的最新青铜文化研究成果21篇论文。该刊特聘上海博物馆馆长、著名青铜器研究专家马承源先生担任主编，著名历史学家、青铜器研究专家李学勤先生担任学刊学术顾问，特聘著名矿冶考古专家李伯谦、华觉明等16位专家学者担任编委。该刊物的发行，填补了我国青铜文化专题学术刊物的空白，对弘扬中华优秀传统文化，扩大和宣传铜陵知名度，巩固古铜都学术地位，促进和推动青铜文化研究，起到重要作用。

2004年9月26日至28日，作为第八届青铜文化博览会的一项重要活动，中国古代青铜文明暨《青铜文化研究》学术研讨会成功举办。来自11个省市的37位从事青铜文化方面研究的专家学者出席了会议。会议收到学术论文21篇，有25人在大会上作交流发言。会议期间，还举办了出土青铜器陈列展，铜工艺开拓与发展座谈会等活动。2005年，编辑完成《青铜文化研究》第四辑。通过信函、电子邮件等多种形式广泛向国内外青铜文化研究方面的专家征稿，收到高质量稿件40余篇，从中精选稿件29篇、图片150余幅编辑成册，全书约28万字。2006年，完成皖南青铜精品图录的编辑及铜陵地区出土青铜器图片的拍摄、拓片工作。

1.2006年青铜工业与早期文化国际学术研讨会

2006年9月24日至26日，在庆祝铜陵市建市50周年和第九届中国铜陵青铜文化博览会开幕之际，由北京大学古代文明研究中心、铜陵市人民政府、安徽省文化厅、安徽大学共同举办的"青铜工业与早期文明国际学术研讨会"在中国古铜都安徽铜陵隆重召开。来自美国、日本、韩国等外国相关单位，以及中国社会科学院考古研究所、中国科学院研究生院、中国钱币博物馆、文物出版社、北京大学、山东大学、中国科学技术大学、南京大学、中国防卫科技学院、安徽大学、安徽师范大学和上海、江苏、山东、陕西、山西、河南、江西、湖北、广东等地博物馆、考古所的代表近百人出席会议。本次会议的主题是从田野考古、科技考古、铜矿开发、冶铸技术、青铜艺术等方面，探索和研究早期青铜工业与人类文明的关系和意义。会议收到学术论文30余篇，共有18人在大会上作交流发言。著名专家学者李伯谦、刘庆柱、殷玮璋先生等出席会议。开幕式由铜陵市人民政府秘书长主持，铜陵市人民政府副市长胡安美、北京大学古代文明研究中心主任李伯谦、安徽省文化厅副厅长李修松、安徽大学党委书记陆勤毅等分别致辞。会上还举行《皖南商周青铜器》一书首发式，大会收到论文30余篇。会议以大会发言为主，并辅以分组讨论。中国社会科学院考古研究所研究员刘庆柱论述了汉代铜官的设置、丹阳铜以及西汉唯一的"有铜官"所在地丹阳郡在国家经济、社会生活等诸多方面发挥着极为重要的作用；中国社会科学院考古研究所研究员殷玮璋从青铜文化研究国内外最新研究课题探索人类文明的关系与意义；北京大学文博学院教授徐天进介绍了陕西周公庙铸铜遗址发掘研究成果；湖北省文物考古研究所后德俊研究员介绍了湖北阳新古铜矿研究情况；黄石市博物馆蔡维研究员介绍了鄂东南古铜矿、铜绿山古铜矿目前研究有关采冶技术水平、文化面貌、族属、生态环境等相关问题；山东大学考古系教授任相宏介绍了山东出土双色剑及双山铜矿冶遗址等有关学术价值；安徽省文物考古研究所研究员杨立新介绍了皖江地区先秦铸范的发现与研究；陕西省考古研究所研究员张天恩论述了二里头文化的冶铜业取得的成就主要有三个方面的支撑；广东省文物考古研究所研究员魏俊介绍了粤东闽南地区的青铜文化。代表们还就中国先秦失蜡法铸造工艺、青铜器研究、夏商时期各地青铜器铸造技术、先秦铜料来源和输出路线、先秦铜器铭文研究、南方青铜文化研究、皖南铜矿的采冶与输出、韩国和土耳其青铜器等问题作了发言，并展开热烈的讨论。北京大学古代文明研究中心主任李伯谦作会议总结。

会议期间，与会代表还考察铜陵市金牛洞春秋—汉代古铜矿遗址、罗家村汉唐时期大炼渣，参观铜陵市博物馆和现代铜工艺品市场，观摩大型音舞诗画《青铜神圣》演出，对中国古铜都铜陵悠久的采冶历史和传统铜工艺技术留下深刻的印象，对铜陵市领导高度重视青铜文化历史以及铜陵对青铜文化所做的一系列工作和铜陵因铜立市而逐渐繁荣兴盛的现代工业文明表示由衷的钦佩。

2.2008年青铜文明与科技考古国际学术研讨会

2008年9月23日至27日，"青铜文明与科技考古国际学术研讨会"作为第十届中国（铜陵）青铜文化博览会的重要活动内容之一，在中国古铜都铜陵隆重召开，会议主题是人类古代青铜文明及科技考古的最新发展。这次研讨会由中国科学技术大学、北京大学、安徽大学、安徽省文化厅、安徽省文物考古研究所主办，铜陵市人民政府承办。来自中国、美国、德国、澳大利亚、日本、韩国等国家和地区的73名代表出席会议，提交59篇会议论文。著名专家学者柯俊、李学勤、刘庆柱、华觉明等分别发来贺电。本次大会主席、北京大学考古文博学院教授李伯谦，中国艺术铸造委员会主任委员、上海博物馆研究员谭德睿，安徽大学党委书记陆勤毅，日本文物科技学会前理事长马渊久夫等国内外著名专家学者作了大会报告。

我国夏商周断代工程首席科学家、著名考古学家李伯谦教授在大会发言中说，本次会议从层次、水平和影响上都达到了一定的高度，真正是群英荟萃、硕果累累。我来铜陵多次，深深感到铜陵人民对青铜文化的感情和热情，深深感受到铜陵市领导高瞻远瞩，将青铜文化作为铜陵市城市名片精心呵护、精心打造，多年来为青铜文化的挖掘保护、宣传研究所作出的贡献。我衷心希望与会专家学者要积极支持和参与铜陵所建立起来的青铜文化研究平台，积极支持《青铜文化研究》学术刊物，支持铜陵在青铜文化建设方面所做的各项工作。中国科学技术大学教授金正耀先生在大会总结报告中说，本次会议可以概括为九个字"高层次、高水平、高效率"。两天会议以大会发言与分组讨论形式进行研讨，近60篇论文都进行充分交流，展示出国内外青铜文化研究的最新进展、最新收获，体现着人文科学和自然科学的结合，田野考古和实验室研究相结合，人文社会与自然科学多学科的交叉。

中国传统工艺研究会常务副会长、中国铸造协会顾问、上海博物馆研究员谭德睿先生多次来铜陵，就铜陵市铜工艺生产发展有着独特的见解：随着国内生活与文化水平的迅速提高以及国外铜艺术加工业向中国转移，中国艺术铜加工业十分兴旺。铜陵市将青铜文化作为城市名片，经过多年不懈努力，青铜文明与科技考古国际学术讨论会以及《青铜文化研究》杂志已在国内外造成影响，成绩斐然。为与青铜文化作为城市名片相适应，铜陵的铜艺术加工业还应加大努力，做大做强。韩国忠南大学教授卢泰天先生对铜陵印象很深。他说：铜陵是青铜文明的故乡。我这次是第二次来铜陵参加会议，感到很亲切，很高兴。作为一个研究青铜文化的学者，铜陵就是我的故乡。同时我这次来感到与两年前相比，铜陵的变化很大，城市更漂亮了。铜陵产铜，始于商周，盛于唐宋，在中国青铜文化史中占有很重要的位置。参观了博物馆和金牛洞古采矿遗址，听说正在筹建一个新博物馆，应该说铜陵在铜文化保护、发掘、研究方面做了不少工作，希望在遗址保护和新馆建设中可借鉴国外一些做法，在表现形式上更形象更贴近观众。

此次青铜文明与科技考古国际学术研讨会成果丰硕，的确是一次高层次、高水平、高效率的会议。与会者既有在学术上蜚声世界的专家，也有近年来的领军人物、研究骨干，还有崭露头角的学术新秀；与会的7个国家和地区、30个学术机构的代表们向大会递交了59篇论文，几乎涵盖青铜文明与科技考古各个领域，也反映相关研究最前沿的进展和重要收获。

3.2010中国（铜陵）"青铜文化论坛"会议

作为第十一届中国铜陵青铜文化博览会的一项重要活动之一的2010中国（铜陵）"青铜文化论坛"会议于2010年9月22日至25日在铜陵市江南文化园隆重召开。来自中国、德国、日本、韩国等国家和地区的代表出席了会议。这次研讨会由中国科学技术大学、北京大学、安徽大学、安徽省文化厅、安徽省文物考古研究所、铜陵市人民政府共同主办。会议的议题围绕中国和世界青铜文明研究新进展以及青铜文化方面的最新考古发现、科研成果、研究现状和方向，"丹阳铜"与汉魏铜镜研究等进行学术交流和研讨。

本次论坛大会主席、北京大学考古文博学院教授、我国著名考古学家、夏商周断代工程首席科学家李伯谦，中国历史博物馆原常务副馆长、我国著名青铜器研究专家孔祥星，中国社科院考古所副所长白云翔，省委宣传部副部长、省社科院院长陆勤毅，省文化厅副厅长李修松，日本考古学会会长马渊久夫等国内外著名专家学者出席研讨会。

与会的国内外从事青铜文化研究的专家学者参加了论坛，会议收到论文41篇，其中30多位参会代表在大会上发言。发言课题主要为青铜时代考古的新发现和研究新进展、通过青铜器的类型器的研究探讨考古学有关问题、青铜铸造技术及青铜器表面装饰研究、金属合金和铅同位素研究、对铜镜的研究、国外青铜文化研究等六大类。北京大学考古文博学院教授李伯谦先生在大会发言，盛赞铜陵从商代开始至今绵延3500多年的采铜铸造历史让铜陵积淀了厚重的青铜文化，通过古代灿烂辉煌的青铜文化研究不仅对现代铜生产铜工艺技术有借鉴意义，而且对揭示中国历史中很重要的青铜器生产方面作用巨大。这次会议进一步扩大中外专家学者的学术交流和人文与自然科学的合作，对古代铜矿采冶技术和青铜铸造工艺进行了积极探索和研究，对"丹阳铜"与汉魏铜镜研究展开新的课题。北京科技大学教授梅建军先生说：这次会议很成功，尤其值得提出的是考古学家和科技考古工作的学者坐在一起，共同研讨，对青铜文化研

314

究有着深层次推动意义。铜陵青铜文化源远流长，铜陵绵延几千年的铜采冶历史，对它的研究很重要。铜陵发现了很多铜采冶遗址，也出土了不少青铜器物，那么古人是用怎样的技术铸造铜器，大家的研究就是要解开这些谜团。用现代科技手段去破解古文明、研究古遗存、探究其中的科学原理。中国传统工艺研究会常务副会长谭德睿先生多次来铜陵，就铜陵市铜工艺生产发展有关独特的见解：改革开放以来，仅艺术铸造一类的产量和规模已跃居世界首位。随着国内生活与文化水平的迅速提高以及国外铜艺术加工业向中国转移，中国艺术铜加工业十分兴旺。铜陵的铜艺术加工业还应加大努力，做大做强。安徽省考古研究所吴卫红所作的《铜陵师姑墩考古新发现》，引起了专家们广泛兴趣。师姑墩遗址从遗址高度、堆积形态、模式、主体文化来看，与安徽同类遗址相比，基本属中等偏大规模，证明铜陵在商代就已有人居住；由发现的铜矿料、燃料、铜渣等表明，该遗址涉及铜器冶铸的各个环节。在遗址下方意外发现一批商代遗存，至少证明铜陵早在商代已有居民。

4.2012年中国（铜陵）"青铜文化论坛"综述

2012年中国（铜陵）"青铜文化论坛"于9月17日至20日在安徽省铜陵市铜雀台开元国际大酒店举行。来自中国、韩国、日本、巴基斯坦、美国、波兰等国家和地区的代表出席会议。这次国际学术会议由北京大学、中国科学技术大学、安徽大学、中国文物学会青铜器专业委员会、安徽省文物考古研究所、铜陵市人民政府共同主办。会议的议题围绕中国和世界青铜文化研究新进展以及青铜文化方面的最新考古发现、科研成果、研究现状和方向，汉唐铜镜文化与科学研究等进行学术交流和研讨。中国国家博物馆原常务副馆长、中国文物学会青铜器专业委员会副会长孔祥星，上海博物馆研究员、国家艺术铸造学会会长谭德睿，中国科学院博士生导师、中国科技考古学会常务理事兼秘书长王昌燧，著名古文字学家、北京大学教授、博士生导师李零，中国科学技术大学科学史与科技考古教授、博士生导师金正耀等专家学者出席研讨会；省委宣传部副部长、省社科院院长陆勤毅主持开幕式；铜陵市委、市政府、市人大、市政协领导同志参加开幕式。

2012年中国（铜陵）"青铜文化论坛"是第十二届中国（铜陵）青铜文化博览会的重要活动之一，论坛的举办将有力地推动世界青铜文化研究事业的繁荣和发展，进一步提升铜陵在国内外的知名度，展示铜陵独特的青铜文化历史和浓郁的青铜文化氛围，扩大研究范围和考古新方法的采用，扩大人文与自然科学的合作。与会的国内外从事青铜文化研究的专家学者参加了论坛，会议收到论文40余篇。学术交流期间，中外专家学者作了《资料集成与学术创新——隋唐铜镜研究的几点思考》《铜陵师姑墩遗址出土铸铜遗物的初步研究》《"失蜡失织法"商榷》《噩国铜器与噩国》《皖南商周青铜冶炼工艺考察与初步研究》等约30篇学术论文交流发言。

会议讨论分3个专题和大会研讨，研讨气氛热烈，畅所欲言。上海博物馆马今洪研究员提出关于"五岳"题材铜镜的探讨。中国古代铜镜中以"五岳"为图案题材的铜镜比较少见，最早出现于唐代，明清时期还存在于铜镜上。这种题材与道教有密切的关系。结合出土以及各地公私机构收藏的铜镜资料，讨论其缘起、含义、用途以及各个时期的装饰风格。中山大学人文高等研究院谢肃关于"噩国铜器与噩国"，结合近年的考古发现，认为西周早期噩国在随州一带，到夷王或厉王时期，噩国迁到了南阳，大约在楚武王时噩迁到了鄂州。中国社会科学院考古研究所岳洪彬：苏富比所藏"秭冄方彝"考苏富比收藏一件方彝，从整体造型判断应属殷墟二期偏晚阶段。但其器盖造型非常特殊，不同于商周方彝器盖花纹倒装的特点，为两只对称巨喙鸟，且鸟首正向立。器盖的花纹风格与器体风格迥异。徐州工程学院艺术学院教授杨金平再论日本三角缘神兽镜的起源，从徐州、日本出土的方格规矩四神镜着手，分析了东汉宫、私工坊铸造的铜镜之间的相似和差异。同时比较日本出土的同类镜，诠释古代日本对中国古铜镜的输入和演变乃是民族文化的认同，在此基础上产生日本三角缘神兽镜。北京大学考古文博学院安徽省文物考古研究所朔知，对铜陵师姑墩遗址出土铸铜遗物的初步研究指出：皖南地区是长江中下游金属资源最为丰富的地区之一，沿江两岸发现多处先秦时期冶铸遗址，出土了大量风格各异的青铜器，当地的铜矿资源与中原及其他地区关系、青铜器是否为本地铸造等问题悬而未决。师姑墩遗址位于长江南岸钟鸣镇，此次发掘出土大量二里头至东周时期冶铸遗物，年代序列完整，共存关系清晰，冶铸遗物类型丰富，周围与之面积、性质相似的遗址还有多处。对该遗址出土冶铸遗物的成分、制作工艺和铅同位素比值的系统分析和讨论，将为深入研究皖南地区青铜冶铸技术、矿料的输入输出等问题提供线索。中国文物学会青铜器专业委员会理事张宏林从铜镜铭文反映的几处汉代冶铜基地，根据汉代铜镜中"铜出丹阳""铜出堂浪""铜出桂阳""铜出南乡"铭文，论述这类铜镜的铸制年代以及镜铭中所指地名在汉代的地域位置和历史沿革；阐述汉代我国这几处重要的铜矿所在地和冶铜基地对当时铸镜业的影响。

论坛举办期间，为弘扬我国古代优秀传统文化，铜陵市博物馆与中国文物学会青铜器专业委员会、安徽省文物考古研究所合作，精选了100余面出土的战国—唐时期风格各异的铜镜展出，从点到线，从线到面，具有联系性、规模性、丰富性的特点，集成特定地区、特定时期考古出土的铜镜资料，不仅有助于了解这个地区出土铜镜的类型、纹饰、铭文及铜镜表层状态等，还可以与其周边地区及全国其他地区铜镜加以比较，推进铜镜深层次的研究。此外，为了结合本次会议的主题之一，还特别展出浙江杭州、绍兴、江苏宜兴民间收藏的铜镜，从而扩大了研究的范围和思考的空间。

（三）铜陵城市雕塑建设

铜陵市具有悠久的采冶铜历史，深厚的青铜文化内涵赋予了铜陵人民无限的艺术灵感和创作激情。20世纪80年代末，铜陵市在全国较早兴建起较高档次的城市雕塑群。1994年，在全国第二届城市雕塑优秀作品展上，铜陵市选送的5件参展作品有3件获奖，获奖数量仅次于北京市。近年来，随着铜陵国际铜雕园的建成和铜陵国际铜雕塑艺术大赛的连续举办，铜陵的城市雕塑无论数量和档次都进一步处在全国前列。截至2014年，铜陵市共建有各种城市雕塑200余座，无论数量和档次均居全国前列。其中，160余座城市雕塑，都是用铜金属材料加工而成。

2013年12月31日，铜陵市铜雕艺术研究院（又称海峡两岸铜雕艺术研究院）在铜陵职业技术学院挂牌成立，是全国第一个铜雕艺术研究院。该研究院以教育培训、创意研发、成果推广、市场拓展、文化交流为建设方向，为海峡两岸铜工艺顶级专家学者和铜陵本地铜艺企业搭建研发交流平台，将对铜陵铜产业和铜文化的提升产生重要积极影响。

1. 主要雕塑作品

起　舞　位于天桥北路与义安北路交会处，占地300平方米，铜雕塑主体高为13米，1992年建造。雕塑以古代酒爵为基形，采用变形、夸张等手法，塑造了双人翩翩起舞的形象，雕塑线条流畅，栩栩如生，象征铜陵人民立志腾飞，憧憬未来。

商周青铜壁　位于义安北路中段与石城路交汇处，占地1800平方米，由上海园林设计室设计，1992年8月完工。商周青铜壁由雕塑、喷泉、绿化3部分组成，立意反映了古铜都采冶历史，由在铜陵出土的商爵、春秋鉴、西周鼎组成照壁涌泉，青铜壁纹饰图案为铜官山采炼图，国务院原副总理邹家华手书"中国古铜都铜陵"镶嵌在中央。

铜陵之音　位于长江路中段与淮河中路交叉口，与铜都广场相邻。1992年8月建造。雕塑高4米，以"铜"字的甲骨文、金文和篆书的结构为基形创作的，由3个铜铃和铜管、铜壁组成，以"铃"字与"陵"谐音，故名"铜陵之音"，以表现铜陵的历史、现在和未来，象征着铜陵的进步和发展。

春　晓　该雕塑位于改造后的人民西村游园，建于1992年。雕塑长约2.5米、高1米多。雕塑描绘江南水乡牧童骑着水牛吹着牧笛的美景，具有浓郁的乡村气息。

四嬉铜娃　该雕塑于1992年制作，设置于义安南路与杨家山路交叉口皖江游园入口草坪之上。系根据在铜陵地区发现的文物放大设计而成，形象逼真，生动有趣。

丰收门　该雕塑位于淮河路、铜官路交叉处，占地面积1962.5平方米，1995年9月建造。铜雕塑主体高8.8米，由3个"丰"字造型和一个直径2.4米的球体组成。"丰"字柱上三横采形于古"刀"币，柱上纹饰取样于青铜器上的饕餮纹、龙纹和风纹，三横笔画呈上斜动态，犹如大鹏展翅，经立柱的托举，形成起飞升腾的趋势。雕塑体现了古铜都特有的历史文化特色，寓意着铜陵市改革开放以来硕果累累。

2. 铜都大道浮雕

铜都大道南起古圣路、北至长江路，全长约14公里。该工程于2004年9月1日开工兴建，2005年9月30日建成开放。铜都大道综合整治工程由山水之门景点，浮雕、道路、灯饰和绿化等工程组成。铜都大道两侧共设置6块浮雕，按历史时间顺序名称定名为蜚廉折金、汉置铜官、盛唐炉火、碧矿延绵、铜都永驻和光照未来，展示古铜都悠久的铜文化历史和光辉的未来。

山水之门　位于合铜路和铜青路的交叉口，占地面积9.8万平方米。交叉口环岛内是山水之门主题铜雕，雕塑以商周"鼎"为主体造型，寓意古铜都的铜文化源远流长；加上"牌坊"的视觉感受体现了皖南旅游区北大门以及铜都南大门的地域感。交叉口四周堆造3座山体，以山石、瀑布、绿林构成的壮观画面，映射出山水铜都"山无尽，水复来"的自然风貌特色。石峰上镌刻的"中国古铜都"5个大字系1992年国务院原副总理邹家华在铜陵视察工作时挥毫所题。

浮雕"蜚廉折金"　"蜚廉折金"画面以古代传说人物蜚廉采矿的故事为蓝本进行创作。蜚廉是中国采矿冶炼业的开山鼻祖。画面上，蜚廉着远古装束，一手执工具、一手托矿石，展翅翱翔于山川之间。蜚廉周围镌刻着引自《墨子·耕柱第四十六》中的"夏后开使蜚廉折金于山川"，周边镶嵌着铜陵地区出土的九鼎、爵与编钟等铜制器皿，组成了顺山顺水（长江水）连绵有序的画面，展现出铜陵铜文化博大久远的发展历程。"九鼎"寓意九州，代表中华；"编钟"奏响音乐；爵及其他一些生活用具表示饮酒和品尝美食，意为铜陵自古至今盛情迎客的民风。

浮雕"汉置铜官"　据《汉书·地理志》记载：汉武帝元狩二年（前121）置丹阳郡，有铜官。铜官主管丹阳郡的铜矿采冶事宜。"汉置铜官"雕塑的上部镶嵌着铜陵地区出土的铜钱币形象，体现了铜陵在古代经济生活中的重要地位。钱币上端是铜官山的造型，山体上镌刻有"铜官"二字，两只朱雀在周边飞舞。画面采用秦汉风格的飞云纹饰进行形象之间的联系。诸多人物形象再现了古人创造文明的同时尽情享受成果的宏大场面，他们或载歌载舞，或欢呼跳跃，或进行搏击，或弹琴吹箫。

浮雕"盛唐炉火"　铜的广泛使用是盛唐文明的重要载体之一。浮雕基于此突出展现了盛唐时期的恢宏大度、华贵雍容。画面中有两组矿工手持工具开采铜矿，不辞劳苦铸造出一件件传承文明的铜器，延伸着瑰丽无比的青铜文化。炼炉中燃起的熊熊烈焰充满画面，再现出李白游秋浦观看冶炼青铜时所作诗篇"炉火照天地，红星乱紫烟。赧郎明月夜，歌曲动寒川"的壮观场面。

浮雕"碧矿延绵"　画面表现的是铜的采矿、冶炼、生产、运输的生产过程，造型抽象，体现了在铜陵现代化发展中的重要地位。画面中部的两组健硕的古代矿工正在开采铜矿，展现了一幅连绵不绝的壮观场景。他们的辛勤劳动，创造了瑰丽无比的铜文化。宋代诗人梅尧臣在铜陵看到宏大的开矿场面时曾作《铜官山》："碧矿不出土，青山凿不休。青山凿不休。坐令鬼神愁"，是当时一派繁荣景象的写照。

浮雕"铜都永驻"　20世纪50年代初，铜陵浇铸出了新中国第一炉铜水。经过几代人的共同努力，铜陵从单一的资源型矿山城市发展成为多业并举的新型城市，是全国重要的铜产业基地。画面中的当代铜陵人生机勃勃、昂扬向上，体现了"古朴厚重、熔旧铸新、自强不息、敢为人先"的铜都精神。第一炉铜水四溅的火花，渐渐变成一只只飞翔鸟（长江特有的水鸟），带着铜都人民的憧憬、希望，奔向幸福和谐的未来。

浮雕"光照未来"　画面上端的中心将铜陵出土的汉代铜镜与未来的铜陵城市形象合而为一，光芒四射、璀璨夺目。画面下端的正中是一座金色的未来之门。画面边缘镶嵌着铜陵地区特有的牡丹花、广玉兰、桂花、泡桐等植物造型，辅之以水纹、凤纹组成光芒。水纹象征着长江，凤纹寓意吉祥美满。两组白鳍豚游向未来，栩栩如生，将生态山水铜都的建设理念演绎得自然生动。

（四）中国（铜陵）青铜文化博览会

中国（铜陵）青铜文化博览会是由安徽省人民政府主办，铜陵市人民政府及省直有关部门承办，集文化、经贸、科技、旅游于一体的大型节庆活动。自1992至2012年已成功举办了12届，在全国引起了较大反响，得到省委、省政府的充分肯定和社会各界的广泛认同。

青铜文化是我们民族传统文化的瑰宝。铜陵是中国青铜文明的发祥地之一，3500年前，古人就开始在此采冶铜。新中国第一炉铜水、第一块铜锭出于铜陵，第一家大型有色金属企业建于铜陵。铜陵在青铜的采、冶、炼及以青铜为本的青铜文化方面，为人类的古代文明留下了光辉的一页，也为人类的现代文明作出了巨大的贡献。

青铜文化博览会历史沿革　铜陵地方办会，始于1989年金秋，最初以铜陵花卉博览会的形式出现。当时正值国庆40周年，为表达铜陵人民对祖国的热爱之情，铜陵市委、市政府作出决定：在国庆花展的基础上，举办首届花卉博览会。一时间，山城铜陵成了花的海洋，造型别致的景点引人驻足，声光、电动等高科技产品运用，使花展更具艺术魅力。同时，以花卉展览为依托，辅以体育赛事、文艺演出，引起强烈反响。1989年、1990年、1991年，连续三届花卉博览会的最大收获是转变了人们的思想观念，拓宽了工作思路，越来越多的铜陵人开始用理性的眼光看待花展，思考作为内陆城市的铜陵应该如何走出一条适合自身情况的加快经济发展之路。随着改革开放的深入，国内许多地市立足本地，面向全国，放眼世界，充分利用各自的文化资源优势办节，并把突出经济、促进本地区经济发展作为办节的出发点和落脚点，为适应市场经济闯出了一条新路子。

1992年10月前后，铜陵市政府和铜陵有色公司联合举办了第一届中国铜陵青铜文化博览会，在社会上引起了极大反响.吸引着国内外众多来宾参会。从当年起到1996年，铜陵市连续举办了五届青铜文化节。特别是1994年，首次以省政府名义主办，极大地提高了青铜文化节的规格，扩大了规模。2004年，为适应会展经济的需要，铜陵市委、市政府决定将"文化节"改为"博览会"，为保持办节的连续性，时间上依然沿袭以前的届次，即第八届中国（铜陵）青铜文化博览会。2006年，在中国国际贸易促进委员会和中华民族促进委员会的共同支持下，举办了第九届中国（铜陵）青铜文化博览会。

1.第一届中国铜陵青铜文化博览会

第一届中国铜陵青铜文化博览会于1992年9月26日至10月25日在铜陵市举行，由铜陵市人民政府主办，铜陵有色金属公司协办。主要活动由四大部分组成。一是青铜文化部分，主要有文化节开幕式，首届亚洲文明暨中国青铜文化国际学术研讨会，首届"铜都杯"中国当代铜工艺品大奖赛，中国古铜都青铜文化展；二是科技经贸部分，主要有对外经济贸易洽谈会，国内经济技术协作洽谈会，铜陵工业品展销会，铜陵市纺织展销订货会，铜陵市大型科技市场，铜陵市第四届人才市场，中国铜商品市场，商业一条街；三是文化体育部分，主要有铜陵市第四届花展，铜陵市首届铜都灯会，铜都书法、美术、摄影展，昆明民族歌舞团、铜陵市京剧团黄梅剧团文艺专场，中国古文化集邮展，七城市老年书画展；四是旅游观光活动。

本届主要活动：（1）开幕式暨专场文艺演出。（2）首届亚洲文明暨中国青铜文化国际学术研讨会。（3）首届"铜都杯"中国当代铜工艺品大奖赛。（4）中国古铜都青铜文化暨铜陵市工业产品展销会。（5）大型科技市场。（6）商品一条街。（7）国内经济技术协作洽谈会。（8）对外经济贸易洽谈会。（9）铜陵市纺织品产销订货会。（10）文艺专场。（11）铜陵市第四届花展。

2.第二届中国铜陵青铜文化节

1993年9月20日至10月20日，铜陵市政府举办1993中国铜陵青铜文化节，主题"以文促经，广交朋友，抓住机遇，扩大开放"。活动重点有三部分内容：一是青铜文化系列活动，主要有国内外20多位知名专家、学者参加的中国青铜文化研究筹备会，展出铜陵古老的采冶铜历史、铜陵出土的青铜文物、现代铜工艺品和中国古铜都青铜文化展等。二是经贸活动，主要有国内20多所科研院校30多名专家学者参加的科技成果交易会及对外经贸洽谈会、国内经济技术合作洽谈会、铜陵市工商企业产品展销会、铜商品交易会等。三是举办铜陵市第五届花展和铜陵首届时装大奖赛等多种群众性文化活动。各类文化活动观众达40万人次。

3.第三届中国铜陵青铜文化节

1994年9月24日至10月24日，历时一个月，铜陵市政府承办了1994中国铜陵青铜文化节。本届文化节由于首次以省政府名义主办，规格之高，来宾之多、影响之广泛、气氛之热烈，均超过往届。本届青铜文化节主题：让世界了解铜陵，让铜陵走向世界。内容十分丰富，有安徽省第四届文化艺术节、铜陵市第三届文化艺术节、青铜文物及工艺品展、铜陵市书画展、中国人民解放军"八一"摩托车队表演和全国女篮联赛等，海政歌舞团应邀来铜参加在市体育馆内举办的文化节开幕式，并作了精彩演出。

4.第四届中国铜陵青铜文化节

1995年12月23日至28日，结合铜陵长江公路大桥通车庆典，铜陵市举办1995中国铜陵青铜文化节。主题是：让世界了解铜陵，让铜陵走向世界。此次活动以大桥通车庆典为重点，内容十分丰富，气氛浓烈，在铜陵市群众庆典活动历史上可称为规模空前，水平空前，影响空前的一次活动。全国政协原副主席洪学智，交通部原副部长李居昌，毛泽东的女儿李讷，世界著名桥梁专家、美籍华人邵文中教授等3000多名中外嘉宾参加了大桥通车庆典及文化节活动。著名歌唱家董文华、阎维文、拉姆措、邬小云，著名笑星郭达、蔡明，著名主持人程前、周涛来铜参加了文化节开幕式的文艺演出。

5. 第五届中国铜陵青铜文化节

1996年10月12日是铜陵市建市四十周年纪念日，为提高活动效果，减少重复投入，经请示省政府同意，将市庆活动与青铜文化节合并同时举行，实行统一调度，总体安排。本届主题是：弘扬青铜文化，振兴安徽经济。活动项目内容丰富，指导思想明确，参与人员广泛，气氛热烈祥和，规格高，来宾广，经贸实，意义大。

本届中国铜陵青铜文化节的主要特点有：一是规模宏大，内容丰富。由四大部分二十项组成，重点有建市四十周年庆祝大会，1996中国铜陵青铜文化节开幕式，建设成就展、焰火晚会、千人大秧歌舞表演等。二是来宾众多，代表广泛。国家和省直有关部委负责同志、国内外友好城市和兄弟地市代表、国际友人，在铜工作过的老领导等共300多人参加了市庆和青铜节活动。三是主题突出，思想鲜明。本次活动突出思想教育主题，回顾铜陵艰苦创业历程，宣传建市四十年来，特别是改革开放以来所取得的辉煌业绩，进一步号召动员全市人民继续发扬"自强不息，敢于争先"的铜都精神，夺取两个文明建设的更大胜利。四是科技经贸，务实求效。据统计，成交技术开发项目44项，签订投资合同3项，总投资250万美元，合同利用外资108万美元；签订对外贸易合同5项，总金额745万美元；签订各类经济技术协作合同40项，各厂矿企业签订产品物资购销合同128个，合同金额406334万元。

6. 第六届中国铜陵青铜文化节

第六届中国铜陵青铜文化节于1999年10月12日至10月25日举行。本届文化节的主题为"以铜为媒，以铜会友"。此次活动，国庆与文化节并举，市国庆领导小组和青铜文化节组委会按照"隆重热烈、规模适度、讲求实效、注意节俭、安全有序"的原则，精心组织、精心实施，经过各活动承办单位卓有成效的工作，活动达到了预期目标。

青铜文化节期间，市外经、经贸、科技、协会、工交、厂矿企业、商贸旅游等部门主动利用政府搭建的文化台，通过多种形式与来铜的国内外客商进行广泛经贸洽谈和合作交流，取得了实效。文化节还吸引国内外政治界、经贸界、科技界、文化界和新闻界3000多名人士参加，其中国外宾客近百名，主要来自墨西哥、德国、巴西、芬兰、澳大利亚、日本、韩国等十几个国家和地区。《人民日报》、新华社、《光明日报》、《安徽日报》等10多家新闻媒体40多名记者来铜现场采访。

本次节庆活动主要特点：第一，主题突出，内容鲜明。以庆祝中华人民共和国成立50周年为契机，突出爱国主义主题，重点安排了国庆座谈会、招待会、升国旗仪式、"祖国颂"大型文艺晚会等重大活动。全市各单位也相应开展活动，以各种形式讴歌赞美伟大的祖国，广大市民从中受到爱国主义教育。第二，隆重热烈，规模适度。本次庆祝中华人民共和国成立50周年活动和青铜文化节活动气氛隆重热烈，内容丰富众多，由5大块组成：一是大型国庆活动；二是青铜文化节开幕式文艺演出《铜都颂》、大型音乐歌舞诗剧《青铜魂》公演、青铜文物展和编辑发行《青铜文化研究》等活动；三是科技经贸活动，主要有科技成果（信息）交易会、对外经贸洽谈会、国内经贸技术洽谈会、工贸联手、开拓市场恳谈会、铜商品市场开业及铜制品展销会等活动；四是文艺体育活动，主要有"铜都之光"文艺调演、大型灯花艺术展、民间艺术大汇演、铜陵书画展、铜陵市摄影艺术展、国家级体育赛事等活动；五是国庆重点工程竣工仪式，主要有铜南公路通车、五松山剧场改造、长江中路改造等。第三，突出重点，讲求实效。青铜文化节期间，通过多种形式与来铜的国内外客商进行广泛的经贸洽谈和合作交流，取得了实效。第四，来宾众多，影响广泛。本次文化节吸引国内外政治界、经贸界、科技界、文化界和新闻界3000多名人士参加。

7.第七届中国铜陵青铜文化节

第七届中国铜陵青铜文化节于2001年9月4日至10月12日举行。青铜文化节以铜为媒，以铜会友，以文促经，它是一场展示铜陵人民精神风貌，广交四海宾朋，进行经贸合作和促进铜陵经济社会发展的盛会。举办青铜文化节，既是铜陵作为青铜文明的发祥地对传统青铜文化的继承和弘扬，也是促进铜陵经济社会发展的有力手段。此次青铜文化节的主题是"弘扬青铜文化，振兴铜陵经济"，对于促进铜陵和安徽的经济社会发展、加强铜陵与国内外的交流合作、提高铜陵的知名度都将发挥十分重要的作用。

本届青铜文化节的内容包括：科技经贸活动、南京区域经济协调会市长联席会议暨南京区域民营企业投资项目洽谈会、对外投资与贸易洽谈会、非公有制经济发展战略论坛暨项目发布会、博士后铜都行、铜制品展销会、铜陵工业品展览会、展销活动、旅游观光活动。

举办第七届中国铜陵青铜文化节，通过"文化搭台、经贸唱戏"，进一步弘扬"古朴厚重、熔旧铸新、自强不息、敢为人先"的铜都精神，进一步扩大对内外开放，谱写青铜文化的新篇章。一方面，进一步展示青铜文化经久不衰的巨大魅力，进而使青铜文化在铜陵的两个文明建设中进一步发扬光大并发挥独特的作用；另一方面，也能够充分展示半个世纪来特别是改革开放以来，铜陵人民在党的领导下团结拼搏、开拓进取，在经济和社会发展等方面所取得的巨大成就，充分展示铜陵人民凝心聚力、奋发进取的精神风貌，激发全市人民建设铜陵、发展铜陵的历史责任感和使命感，振奋精神，再接再厉，进一步推动经济和社会各项事业的全面发展。

8.第八届中国（铜陵）青铜文化博览会

本届博览会2004年9月4日至10月12日举办，开幕式于9月28日举行。

本届博览会在充分吸取以往七届青铜文化节举办经验的基础上，依托铜陵源远流长的青铜文化底蕴和显现勃勃生机的铜经济基础，实现节庆活动向会展经济的过渡和转型。在本届青铜文化博览会中，"注重实效，市场运作"的办会原则得到较好的体现和验证。

本届博览会明确提出"突出主题，群众参与，政府引导，市场运作"总体办会原则，围绕铜文化和铜经济做文章，积极探索，大胆创新，较好地将展览贸易、科技论坛、青铜文化、旅游观光和群众娱乐等活动有机地结合起来，坚持"专业化、特色化、品牌化"方向，走出一条具有铜陵地方特色的会展经济之路。

博览会活动规模规格得以提升，创历史之最。一是博览会争取到中国国际贸易促进委员会的支持。得益于铜陵独特的青铜文化历史背景和现有的蓬勃发展的铜经济基础，以及过去七届文化节的成功经验，经过组委会及办公室的不懈努力，第八届中国（铜陵）青铜文化博览会得到了中国贸会的重视和支持。

二是博览会活动项目之多、涉及范围之广创历届博览会（文化节）之最。本届博览会共由开幕式暨大型文艺晚会、投资贸易洽谈会、中国古代青铜文化暨"青铜文化研究"学术研讨会等26项活动组成，涉及文化、科技、经济、群体等方方面面，不仅促进了铜陵经济发展，也极大地丰富了全市人民的节庆文化生活，满足广大群众精神追求需要。三是成功举办博览会开幕式暨大型文艺晚会。这是铜陵市第一次在室外举办博览会开幕式，第一次在室外并且是在晚间举办大型文艺演出，第一次组织近2万人的集会活动。通过举办青铜文化博览会，在向外界展示铜陵独特的历史人文风貌的同时，更注重通过博览会这一有效载体，成功搭建一个招商引资、以商会友的平台，使"弘扬铜文化"与"发展铜经济"二者之间实现了相互促进、相得益彰，这也更加坚定了我们"弘扬铜文化，发展铜经济"的办会思路，尽管这一思路还有待进一步充实和完善。

9.第九届中国（铜陵）青铜文化博览会

本届博览会2006年9月中旬至11月底举办，开幕式于10月12日举行。此次青铜文化博览会的举办，恰逢铜陵市建市50周年，节庆活动的主题是"青铜的故里，发展的都市，创业的乐园"，旨在"扬山水铜都之名，显青铜文化之蕴"。节庆期间，共有来自国内外的2000多名嘉宾参加了相关活动。

此次活动取得了比较明显的成效。一是博览会争取到中国国际贸易促进委员会和中华民族文化促进会的共同支持、联合参与举办。二是活动项目多、范围广、层次高。该届博览会各级各类活动近30项，涉及文化、科技、经贸、旅游等方方面面。9项重点活动中，有多项属全国性的，甚至是国际性的。三是活动邀请了众多的来宾。各类专家、学者和国内外新闻界的记者有近500人，国际友城的外宾有35名，国内一些兄弟市县及部分知名企业代表1000多人。四是成功举办博览会开幕式。约1.5万名观众和中外嘉宾参加了开幕式。五是经贸洽谈活动成果丰硕。这次活动，充分利用盛会的平台，加大招商引资力度，促成一批牵动性强、发展后劲大的重大项目。项目的实施，对扩大铜陵市经济总量，提升产品档次，提高自主创新能力发挥了重要作用。举办节庆活动还进一步激活第三产业，促进餐饮服务、交通运输、旅游商品开发等相关产业的发展。六是铜陵的知名度、美誉度得到扩大和提高。节庆期间，新华社、中央电视台、安徽电视台、安徽广播电台、新华网、人民网、搜狐网等都以不同形式报道开

幕式盛况，进一步提升了铜陵作为中国生态山水铜都在海内外的形象

10.第十届中国（铜陵）青铜文化博览会

本届博览会2008年10月12日至10月15日举办。开幕式于10月12日举行。这是一届以铜为媒，以文会友，促进对外交流和合作，提升铜陵城市知名度和美誉度的盛会，同时也是一次满足广大市民的精神文化需求，让青铜文化更好地融入城市经济，融入百姓生活，融入城市建设，充分展示生态山水铜都新形象的盛会。

本届博览会以"铜文化、铜产业，新铜都、新发展"为主题，按照"隆重、祥和、求俭、务实"的原则和"突出时代特征、突出铜陵特色、突出招商引资、突出群众参与"的要求，高起点策划、高标准组织、大力度推进、高质量完成博览会，起到了宣传铜陵、加快发展、凝聚人心的良好效果。博览会重点安排11项活动，主要有青铜文明与科技考古国际学术研讨会、日全食与天文航天知识报告会、"青铜之韵"主题灯展、青铜文化主题书展以及"古铜都"民间收藏鉴宝活动等。

本届博览会在总结前九届办会经验的基础上，整个节会组织严密、主题突出、气氛热烈，层次高、声势大、影响大，节会品牌效应、开放平台效应更加突出地显现出来，有效地提高了铜陵的对外开放度、知名度和影响力，充分展示了铜陵人民的精神风采和青铜文化的独特魅力，受到社会各界的广泛好评和广大媒体的充分关注。本届青铜文化博览会有四个特点：（1）彰显青铜文化风采。本届青铜文化博览会策划的一系列活动，紧扣主题，"铜"味很浓，文化味也很浓，展现了青铜文化故里、生态山水铜都的整体形象。（2）强化招商平台功能。本届青铜文化博览会将招商作为重要内容。（3）营造浓厚节庆氛围。本届青铜文化博览会提出文化的盛会、人民的盛会的办会理念，按照"群众演，演给群众看"的原则，组织丰富多彩的群众性文化活动。（4）运用市场机制办会。本届青铜文化博览会确定了政府主导、社会参与、市场运作的办会原则，探索运用市场手段经营博览会，开发博览会，除开幕式等少数活动市财政安排少量经费外，其他活动资金筹措一律实行市场化运作，通过冠名协办、广告招商、指定用品等方式筹集办会资金，推动铜陵市会展业向市场化方向发展。

11. 第十一届中国（铜陵）青铜文化博览会

本届博览会2010年9月中旬至10月中旬举办，开幕式于10月12日举行。这是一届在皖江城市带承接产业转移示范区建设的机遇下举办的青铜文化博览会，以铜为媒、依会造势，是一次提升城市形象、凝聚民心民力、承接产业转移、促进对外开放、丰富市民生活的综合盛会，也是进一步唱响"中国铜都、幸福铜陵"的盛会。

本届博览会由省政府主办，中国国际贸易促进委员会、中华文化促进会支持，省文化厅、省旅游局、省贸促分会、市政府共同承办，主题是"弘扬铜文化，发展铜经济"。本届博览会的主要内容有：第十一届中国（铜陵）青铜文化博览会开幕式暨专场文艺演出；首届中国（铜陵）国际铜雕艺术展；国际铜业企业家铜都行；中国（铜陵）投资贸易洽谈会；青铜文化学术国际研讨会等5大项活动。同时，铜陵市有关部门还开展包括购物、饮食、车展等项目在内的"欢乐金秋展销节"活动，并安排奇石展、铜工艺品展、集邮展等一系列丰富多彩的展览展示活动。

本届青铜文化博览会在总结前十届博览会经验的基础上，按照"挖掘青铜文化，促进经济发展"的要求，本着"隆重、热烈、高效、节俭"的原则，采取了一系列新的举措，彰显青铜文化风采，体现"山水铜都、幸福铜陵"的整体形象；强化招商平台功能，既是文化的盛会，也是承接产业转移、推介项目、招商引资、以商会友的平台；营造浓厚节庆氛围，提出了"文化的盛会、市民的节日"的办会理念；继续探索运用市场机制办会，确定了"政府主导、社会参与、市场运作"的办会原则，积极推动铜陵市会展业向市场化方向发展。

12. 第十二届中国（铜陵）青铜文化博览会

处处张灯结彩，彩旗飘扬。2012年10月31日，铜陵被浓浓的过节气氛围绕，全市上下欢欣鼓舞，笑容在每个人的脸上绽放，因为在全市人民的翘首企盼中，每两年一届的中国（铜陵）青铜文化博览会今天终于开幕了，全市乃至全省的人们都关注着这一盛典。铜文化是铜陵的城市名片，中国（铜陵）青铜文化博览会自举办以来，通过以铜会友，以文促经，有效地宣传了铜陵古铜都的地位，让世界了解铜陵，让铜陵走向世界。本届博览会活动内容精彩纷呈，开幕式活动中，还特别在铜文化广场举办精彩的文艺演出，邀请多名"中国好声音"实力唱将登台演出，今晚"中国好声音"唱响铜都，为博览会开幕式增光添彩，也为广大市民献上了一份节日里丰厚的礼物。

作为本届博览会一项重要活动内容，中国（铜陵）投资贸易洽谈会暨台商投资说明会于2012年11月1日举行，活动将历时两天，持续到11月2日结束。

据悉，此次洽谈会由中共铜陵市委员会、铜陵市人民政府主办，市招商局、市发展改革委、市经信委、市商务局、市文广新局、市台办、市物流办、铜陵县政府、铜官山区政府、狮子山区政府、郊区政府、经济技术开发区管委会、西湖新区管委会、承接示范园区管委会等单位承办。为加强对本次投洽会筹备工作领导，还专门成立第十二届青博会投资贸易洽谈会工作领导小组，分设会务组、客商邀请和项目对接组、宣传组、安全保卫组4个工作组，各工作组各司其职，做好自身工作，保证洽谈会顺利开展。此次洽谈会影响力广泛，吸引了国内外不少名人志士参加。洽谈会共邀请客商约150人，其中台商50人，央企、国内外知名企业客商100人。活动内容也丰富多彩，主要内容包括铜陵投资环境说明、项目签约仪式、铜陵承接台资产业转移示范基地建设情况说明、发布铜陵战略性新兴产业招商项目等，并且会在活动的最后一天组织有投资意向的双方继续洽谈。

历届博览会期间，投资贸易洽谈会都是一项重要的活动内容。不少人士都认为，在青铜文化博览会期间举办这样的投资贸易洽谈会，对进一步营造铜陵市浓厚的招商引资氛围，以及对铜陵市重点发展的六大战略性新兴产业开展的招商引资工作，都将起到积极作用。

（五）中国（铜陵）国际铜雕艺术展

1.首届中国（铜陵）国际铜雕艺术展

铜陵位于美丽的长江南岸。长江是中国第一大河，亚洲第一大河，世界第三大河。铜陵人杰地灵，山川秀美，被誉为"中国古铜都"。悠久灿烂的青铜文明，已成为铜陵市最为显著的文化特征。作为新中国第一个大型铜工业基地，这里诞生了第一炉铜水、第一块铜锭。

铜陵正在加速经济结构调整，多业并举，循环经济走在全国前列，成为国

三、铜文化传承

329

家首批发展循环经济的试点城市。现正在打造"千亿铜陵",构筑"世界铜都",建设"幸福铜陵"。

铜陵因铜立市,依铜兴市。八宝之地,秀出江南。魅力铜都,雕塑如歌。2010年10月,全国城市雕塑建设指导委员会和铜陵市人民政府共同主办首届中国(铜陵)国际铜雕艺术展,旨在以"铸造青铜文明"为主题,展示璀璨夺目的铜雕艺术,传承和创新铜雕文化。

本届国际铜雕艺术展在全球范围内共征得雕塑作品600多件,经艺术家的认真评审,遴选出16个国家的35件优秀作品,其中国内雕塑家作品18件,国外雕塑家作品17件,所有作品均用铜材展现着其艺术个性(作品图略)。这是一次艺术性、国际性、创新性的铜雕艺术创作交流活动,是一次国际铜雕艺术盛会,它必将促进国际铜雕艺术事业的发展。热情好客的铜陵人民愿与国内外艺术家一起,携手共创,把国际铜雕艺术展办成中国一流、国际先进、永不落幕的盛会。

《梦幻曲》(作者:聂承兴)雕塑以浪漫主义的手法,生动刻画出音乐家沉醉于音乐中的状态。柏拉图说:"雕塑和史诗是梦幻的音乐,音乐是醉、狂的艺术。"

《第十扇开启的门》(作者:比亚特·克瑞穆勤/国籍:瑞士)作品由两扇相似的弧形作为主结构,一个立于地,一个飘逸在空中,两个弧形结构由若干管子弯曲组合,以动态的造型,交叠的极富层次感的结构,展现节奏之美,体现和谐与平静。

《月亮》(作者:爱茹·茵茄沃尔夫冈/国籍:爱沙尼亚)雕塑造型如同上升的月亮俯视人们,用自身的光亮照亮黑暗,指明方向。如同一个守护者,赋予她的保护与安全。她笔直的身体安静优雅地伫立着,远视美好的方向。雕塑的头部造型看似只见半面,但细观却犹如弯弯月亮般美丽。

《青铜时代》(作者:巴图·史哈如里迪/国籍:美国)表现了一位坐在溪流边的女子,凝视着她的倒影和溪水的波纹,用她的想象与溪水嬉戏。美丽的自然与人合为一体,提示人类保护地球水资源。

《三美神》(作者:莉莉娅·坡波妮科娃/国籍:保加利亚)作品创意来源于古希腊神话。三个互相拥抱的身体,形成美丽的构图,表达人与人的相互吸引、相互包容、相互支持、相互帮助,表现无限的创造力,表达人与人之间的和谐与美好。

《沉睡大地》（作者：邓柯）这件雕塑作品是采用具象的手法完成的，不经意留下的泥痕记录了塑造过程中的情绪，一对母女安静、坚强地躺在磐石之上，母亲如一只黑猩猩保护幼崽般怀着原始的本能的情感，顽强执着，磐石此刻就如同大地之床，博大、安详，因为母爱重新诠释了生命的意义。她们凝固在那里，像化石一样，凝固为永恒的静谧。

《关注家园》（作者：陈松涛）呼吁人们关注自然，关注社会，关注民生。作品表达人与自然、人与社会和谐相处的重要性。作品采用了在一倾斜基础上一个即将失去平衡的时尚女性和失去生命的生物之间的强烈对比来表现当前在我们身边日益恶化的生态环境，呼吁人类来保护自然，来保护即将失去平衡的家园，来寻找回我们将要失去但原本属于我们人类自己和谐的家园。

《享受生活》（作者：爱娃·莉莲·库尔格伦／国籍：瑞典）作品来源于生活，再现了女孩与小狗安静地坐着，从生活中捕捉凝固的瞬间，用雕塑的艺术语言，用夸张的艺术造型，表现人与动物是朋友，享受美好的生活，期待美好的明天。

《力挽狂澜》（作者：邓善琪）创意来源于磁场引动粒子间的动力，承载扩张的速率和速能，呈现无限的张力，动能产生空间的能量及活力引发人类向前的原动力。

《来自高原的祝福》（作者：陈虎）表达祖国的最西北—塔什库尔干的一位塔吉克少女祝福铜陵的明天更加美好，社会和谐是所有人的愿望，雕塑用质朴的表现手法表现这一主题。

《风之舞》（作者：菲林·吉欧归/国籍：意大利）整个作品由两片绸带组成，以动态雕塑的手法表现一个舞动的体态，相互构成螺旋上升的造型，旋转形成下大上小。优雅的造型给人以动态的视觉效果，给人以美的享受。

《御夫星座—来追我》（作者：弗罗林·斯特杰克/国籍：罗马尼亚）表现一种奔跑，犹如孩子在追逐，如果你能追到我，你就来追我吧……展现的是远古时代与摩登时代的结合，而二者又是那么相通。仿佛是游戏，仿佛是杂技，仿佛告诉人们平衡的重要。

《夸父逐日》（作者：李学斌）是一个神话，更是一种精神的追求。让我们以铜的光滑接近风的速度，以铜的坚硬支撑梦想的高度，在风感流动的造型中坚守。

《和弦》（作者：景育民）运用写实手法描写两位乐者于城市间演奏和谐之音的美妙场景。

《交流的空间》（作者：金俸秀/国籍：韩国）想表达一个关于时间和空间的概念，这是由外部和内部两部分组成，外部空间是所有关于周围的环境因素，内部空间是把我的人为意图进行可视化表达。因此，它是表达关于不同的交换空间之间的关系。

《火车》（作者：艾拉·图兰/国籍：土耳其）灵感来自于艾拉的玩具或游戏，小朋友看到它，就会抛开烦恼，非常快乐。把有形具象的火车，用抽象、概括、凝练的几何造型，给人们无限的想象空间。不规则的几何体仿佛在前行。

《老鹰捉小鸡》（作者：章华）是中国古代流传下来的一种儿童游戏，小鸡由数个小孩组成，摆开一字长蛇，鸡妈妈展开羽翼保护后面的小鸡，只有动作一致，整齐划一，小鸡才能有效地躲闪老鹰捕捉。它曾伴随许多人度过美好的童年.反映了一种团队精神，为了共同的目标而拼搏努力。

《祥云》（作者：沈允庆）寓意着吉祥和幸福，包含着追求吉祥和幸福，包含着追求吉祥如意的美好愿望。体现当代中国的发展理念，和谐共融。

《公牛》（作者：乔·克雷/国籍：德国）作品来源于作者对原始符号和对自然的理解，这也是人类艺术创作的来源。灵感来源于远古石器时代的艺术作品及壁画作品，融合现代创作，融合力量与想象，体现艺术之魅力。

《小虎妞之摇啊摇》（作者：钱亮）捕捉儿童天真活泼的生活场面，作品整体造型浑圆，形成团团圆圆的美感，塑造了儿童天真可爱，憨态可掬，给人以轻松休闲的舒适感。

《高山上的世界杯》（作者：刘洋）体现迎风张扬的一种精神，奋力奔跑往往是一次冲锋。三位足球队员争抢于山顶，是力量的竞逐和荣誉的比赛。激烈与激情，在倒三角的造型中展示巅峰的高耸，动态扣人心弦。

《花季年代》（作者：杨学军·李礼轩）刻画的是一阵清风，一缕阳光，身披绿裙的少女在阳光下酣然。翘起的双脚，飞起的辫梢，还有和煦的暖风、花儿的呼喊，是谁把花季少女带入甜蜜的梦乡？

《铜官山》（作者：孟庆祝）将铸造的青铜铜官山形象嵌入天然大理石中与之融为一体。铜官山是自然赐予铜陵的宝藏，在不断开发的同时不应该忘记：

铜官山仍然是自然的组成部分——请善待铜官山。

《风之桥》（作者：楠朵·阿尔瓦雷茨/国籍：西班牙）雕塑展示一种感受的转换，人与材料的转换；展示一种动态造型，静与动的瞬间；展示一种轻舞的风，看不见却又感觉得到。长长的结构反映出体量和形式的动感.表现的是一种互相构成。

《月影—2》（作者：赵磊）以月亮之形式，山川之起伏，雕刻出明月、山河之入画意境。一轮弯弯的明月，一条条深陷的沟壑，勾画出沧桑的历史年轮。作品用不锈钢镜面工艺。又折射出当代的环境景观。

《文化纽带》（作者：郑傅安/国籍：英国）表现多元文化的交流、融合，当不同文化交织在一起，又会激起惊涛骇浪，这种巨浪又充分表现出艺术给文明带来的贡献。

《青境》（作者：张永见）以铸铜后的"绿锈"，证明人类对"绿色"的喜爱。进而印证今日对自然环境的自觉保护意识。天然石块象征大自然的魂魄。既和光鲜无情的城市视觉形成强烈对比，同时又教化今天"热爱城市的人"，要多读多摸"自然山水"，才能"和谐共建"今日之家园。

《风神艾洛斯》（作者：理查德·布里克塞尔/国籍：瑞典）艾洛斯是风之神，月之牙，象征着自由和古老，雕塑具体化的形象，婀娜的造型，平衡的感觉，给人以鼓励。风无处不在围绕着我们，鼓励也无处不在。如月牙，象征时间、新生，但很快会满月和成熟。

《初升的太阳》（作者：朱尚熹）表现母子迎着晨风，迎着朝阳，美丽的母亲托起健康的孩子脸庞，而母爱托起的不仅仅是孩童，而是未来，是一轮初升的太阳。

《水滴》（作者：苏素/国籍：西班牙）作品展示水滴之美，水是生命之源.小小一滴水能够汇成小溪，川流江河，孕育生命，滋润沃土。通过一点水的抽象的对称的不同机理的雕塑表现手法，体现和谐与宁静，体现对称与平衡。

《生活在一起》（作者：乔吉·卡帕雅/国籍：塞尔维亚）创意很概括，生命需要雨露，天地之间是有机的整体，世间万物"生活在一起"。体现世界的和谐。它是这个星球上具有里程碑意义的象征。我们生活在一起，而且很好地成长起来。

《亲铜时代》（作者：郑东平）表现铜这种材质在古代和今天的人类生活中

所表现出的形态变化.反映出一种由物质到精神的转化过程。数千年人类文明活动历史，铜是最好的鉴证，也是生活和艺术不可或缺的金属。

《力量》（作者：伯纳德·荷西/国籍：美国·加拿大）作品很直观，一个飞速推进的铜球.一个无法阻挡的力量，击穿了一个厚厚的钢板。展现的是一种高速推动而形成的力量，而最终用雕塑的语言体现一种静态，告诉了我们一个哲理：动和静是相对。

《眺望》（作者：司徒兆光）塑造了一位站立的少女，不是挺拔就是一种婀娜。健硕的身体在古铜色中，泛着阳光的色泽。双手环绕，似水流响，而向上仰望不只是一种表情，更是一种向往或者方向。

《打伞的女人》（作者：朝野浩行/国籍：日本）表达女性的温柔纤细，伫立在雨中，而又流露出羞羞答答的形象。雕塑艺术的语言很简练，线条不多，女性的美体现得很到位。作品表达她在遐思，期待幸福的到来。

2.第二届中国（铜陵）国际铜雕艺术展

2010年中国（铜陵）第十届青铜文化博览会期间，首届中国（铜陵）国际铜雕艺术展无疑是其中一项很出彩的活动。众望所归，2012年博览会期间，第二届中国（铜陵）国际铜雕艺术展，成了万众瞩目的一大焦点。

本届铜雕艺术展活动的主题为"铜韵·梦想"，活动在11月1日盛大展开。据悉，截至2012年4月20日，第二届中国（铜陵）国际铜雕艺术展共征集到来自40个国家和地区的748件作品，较首届有大幅度增加。经过活动评委会委员们客观、公正、公平评选，其中35件作品入选，已经按足尺比例加工制作出来，在第二届中国（铜陵）国际铜雕艺术展示区展览出来，供广大市民和国内外游客观赏。

与首届中国（铜陵）国际铜雕艺术展相比，除了征集更加精彩纷呈，充分体现出本届铜雕艺术展的创新性、国际性。活动期间，组织国际雕塑艺术营联盟成立大会，邀请22个以上国际著名雕塑营在铜陵举办联盟成立大会，选定联盟主席，确定联盟章程、合作、交流等事宜。由国际雕塑营艺术联盟设立国际雕塑营艺术创作奖。开展艺术互动，艺术家与市民及大中小学生等进行文化交流活动，一起体验铜雕艺术品的创作过程。此外，还进行架上雕塑展，展览架上雕塑作品60件，形成初具规模的艺术家架上雕塑的交易平台。

铜陵市规划局相关负责人认为，通过开展铜雕艺术展活动，将强化中国（铜陵）国际铜雕园品牌效应，推进艺术、城市与市民和谐相生的文化模式；通过这样的活动，聚集铜雕塑、铜艺术品、铜日用品、铜建筑装饰品和铜文化创意等相关产业的专家学者，将形成铜文化圈。同时，建立国际雕塑营联盟，也加强了国际铜雕艺术交流，促进铜陵国际地位的提升。

（六）安徽省（铜陵）民俗文化节

1.首届安徽省（铜陵）民俗文化节

铜陵市人民政府、安徽省文化厅共同主办的首届安徽省（铜陵）民俗文化节于2010年5月7日至9日在铜陵举行。本届民俗文化节旨在荟萃中华民俗精华，弘扬优秀民族文化传统，打造新的地方文化品牌，营造传承记忆、全民同乐、共享成果的文化氛围。本届民俗文化节以"守望民俗，相约铜都"为主题，以"喜歌喜舞喜庆、民风民情民乐、绝活绝技绝伦、传统传承传神"为理念，保护民俗，展示非遗，传播文化，服务民众。本届民俗文化节将调集省内外精彩民间文化资源，全面展现民俗文化的无穷魅力。本届民俗文化节是一次异彩纷呈的民俗大聚会，是一次非物质文化遗产的大展示，是一次优秀节日文化的大保护，是一次民族传统精神的大宣传。

特色亮点　（1）民俗再现。在悠久的历史中形成的各种传统节日具有深厚的文化底蕴、浓郁的民族特色和多彩的风俗习惯，是中华民族共同的文化记忆。本届民俗文化节选择代表性的传统节日及节气，复原其中富有特色的民俗活动，艺术生动地再现。（2）绝技荟萃。本届民俗文化节将汇聚省内外民间音乐、地方戏曲、手工技艺的绝技绝活，充分展示传统艺术的精彩、精湛与神奇。（3）欢乐共享。本届民俗文化节将充分体现共享文化发展成果，共度欢乐美好时光的办节精神，让广大群众尽情感受节日的祥和气氛。

活动内容　本届民俗文化节共有开幕式十大民俗表演、百戏百乐百工百品展演展示、民俗文化论坛等多项活动。（1）开幕式十大民俗表演。以中华民族传统节气和节日为时序，巧妙串联流传广泛的十大民俗活动，展示民俗文化旺盛的生命活力和斑斓色彩。呈现上，还原为主，表演为辅；古风为主，时尚为辅。艺术地再现月圆观灯、踏青插柳、采茶赛歌、龙舟竞渡、花前月下、收获金秋、举杯邀月、登高赏菊、祈福丰年、迎春团圆的情景。(2)百戏百乐、百工百品展演展示。百戏30项,汇聚全省地方戏曲,呈现唱念做打风采;百乐30项,汇聚全省民间器乐,享受吹拉弹奏神韵;百工30项,汇聚省内外绝活绝技,展示民俗文化生命活力;百品50项,汇聚全省民间特产,呈现特色民间文化大餐。(3)民俗文化论坛。邀请国内民俗学、非物质文化遗产保护、社会学、人类学等方面专家学者出席,就民俗文化的传承保护路径与社会文化发展进行专题研讨。

2.第二届安徽省(铜陵)民俗文化节

由中国文联和安徽省人民政府主办,安徽省文化厅、铜陵市人民政府承办,安徽省文化馆、铜陵市文广新局、安徽铜陵天井小镇文化旅游区协办的第二届安徽省民俗文化节于2011年11月1日至3日在铜陵举行。民俗是广大民众所创造、享用和传承的生活文化,是中国传统文化在现实生活中的生动体现。随着人们物质文化生活的不断提高,世代相传的民俗文化正在发生潜移默化的变迁。因此,弘扬优秀传统文化、维护文化多样性、培育民族认同感觉是文化工作者的重要使命。民俗节正是在这一背景下顺应形势之需而举办的。首届安徽省民俗文化节于2010年5月7日至9日在铜陵市成功举办。国家和省内近60家新闻媒体对民俗节给予极高评价和浓墨重彩的报道,评价民俗文化节是弘扬传统的文化盛宴,回归民众的欢乐节日,"大餐"丰盛,精彩纷呈,一览"百工百品",遍赏"百戏百乐",真正是为老百姓办的节日。为进一步扩大安徽省民俗文化节的影响力,将其打造成有全国影响、受百姓欢迎的知名文化品牌,第二届安徽省民俗文化节将由安徽省人民政府举办,进一步提升办节规格,力求比第一届特色更鲜明、内容更丰富、影响更广泛。

第二届民俗文化节旨在荟萃民俗精华,弘扬优秀传统,以"拥抱民俗,快乐民众"为主题,以"尊重传统、亲近自然、弘扬文明、构建和谐"为理念,保护民俗,展示非遗,营造全民同乐、共享成果的文化氛围,打造安徽民俗展示基地,是一次异彩纷呈的民俗大聚会,是一次非物质文化遗产的大展示,是一次民族传统精神的大合唱。开幕式板块于11月2日上午9点在安徽铜陵天井小镇文化旅游区举行,该板块主要包括文化节开幕式大型民俗表演《江淮民俗画》

和江南民间艺术论坛。其中，大型民俗表演《江淮民俗画》以"衣的歌唱""食的交响""住的画卷""行的风景"四个篇章，还原民俗情景，贴近民间生活，呈现民众快乐。江南民间艺术论坛，将荟萃国内著名的专家学者，共同研讨我国民俗文化和民间艺术的保护与发展。民俗村板块主要为安徽民俗文化村开园仪式、民俗游艺，其中包含了安徽民俗风情摄影展、江南首届国际茶艺展、安徽各地名小吃评选大赛等活动。广场表演板块主要为绝技绝活表演、曲艺会演、民俗进社区、婚庆文化展演、金秋祈福放生灯会、民俗电影周、民俗风情长廊汇展等活动。通过观赏、游艺、消费等方式，让广大市民参与其中，共传民俗，同享欢乐。

此次民俗文化节主要特色有三点：一是"让民俗活起来"。系列活动紧紧围绕"民俗与生活"这一主线，如衣食住行、民间游艺、名品小吃等，以浓郁的生活气息，唤醒我们共同的生活记忆。二是"让民俗留长久"。本届民俗文化节以举办地"安徽民俗文化村——天井小镇"为载体，将民俗节期间表演、展示的民俗项目保留下来，成为可供旅客游历体验的常驻活动。三是"让民俗乐万家"。充分体现"文化共传、文化共享"的办节精神，致力于为百姓办节，让民俗回归民众，让民众共享欢乐。

2011年11月2日，铜陵天井小镇文化旅游区正式获准成为中国生物多样性保护与绿色发展示范基地。当天上午，中国生物多样性保护与绿色发展示范基地揭牌仪式在天井小镇文化旅游区举行。

全国政协常委、经济委员会副主任、中国生物多样性保护与绿色发展基金会理事长胡德平，省委常委、省政协副主席、省委统战部部长沈素琍，住房和城乡建设部副部长齐骥，市委副书记、市长侯淅珉，市政协主席陈良平，市委常委、副市长黄然，市委常委、宣传部部长李敬明，市委常委、统战部部长王炜，中国生物多样性保护与绿色发展基金会相关负责人等出席揭牌仪式。胡德平、沈素琍、齐骥、陈良平共同为示范基地揭牌。

中国生物多样性保护与绿色发展基金会，是经中国科学技术协会批准，在当时的国家民政部登记注册的全国性公募基金会，独立社会团体法人，是专门从事生物多样性保护与绿色发展事业的民间非营利性公益组织。其宗旨是：广泛动员全社会关心和支持生物多样性保护与绿色发展事业，保护国家战略资源，推动绿色发展事业，保障社会经济可持续发展，促进生态文明建设和人与自然和谐，构建人类美好家园。

天井小镇文化旅游区自然生态丰富，景区周边的环湖整治、旧城改造、生态修复等多项工程的实施效果明显，是自然生态和民俗文化相融合、人与自然和谐相处的典范。

（七）铜文化园

铜文化园又称市政府广场，位于铜陵市行政中心与天井湖之间，南北长520米，东西宽220米，占地总面积为13.5万平方米。铜文化园是以"铜文化"为核心，充分表达铜陵市形象和历史文化内涵的广场。工程于2004年6月28日动工兴建，2005年9月28日基本完工，同时对外开放。铜文化园的整体布局概括为"一心、二场、四轴、五区"。

一心　即铜文化园的中心广场。东端大型表演舞台上为双面浮雕墙：一面是象征铜都精神的16个锻铜大字"古朴厚重、熔旧铸新、自强不息、敢为人先"；另一面是展示铜陵悠久铜文化历史的大型青铜浮雕。西侧拱形喷泉的两边，各设有四根高8米的"八宝图腾柱"，寓意铜陵的"八宝"（金、银、铜、铁、硫、生姜、蒜子、麻）。

二场　即南北广场。南广场为下沉式娱乐活动广场，广场中心为"铜韵"铜雕塑；广场外圆台上的"凤鸣"雕塑由凤凰、五线谱、钢琴等组成，象征着铜陵人民谱写着悦耳的21世纪乐章。北广场是依山而建的文化休闲广场，北端依山建有茶舍，茶舍二层正中安装了大型LED电子显示屏，可供游人休息时观看影视节目。

四轴　可分为"一主、二次、两辅"。主轴线即自政府大楼至天井湖水面的水轴线，由东向西依次布置了浮雕墙、跌泉、旱泉、拱泉、水幕电影等水景区；次轴线指连接LED电子显示屏主题雕塑"铜韵"的南北向轴线；两条辅轴线指连接政府大楼辅楼至南北广场的两条景观道路。

五区　指广场主次轴线交会而成的四块较为完整的绿地和湖滨亲水绿带，利用植物的季节变化和园中景点小品设施的布置，营造出不同的风格和富于变化的景观效果。

铜文化园广场的构图与市政府大楼三组建筑遥相呼应，空间极富秩序感；

各主次广场之间以缓坡绿地连接，过渡自然，与天井湖周边景观互为借景，通过建筑物、植物和水面的配置，塑造出富有诗情画意的优美景观。铜文化园既能满足集会、庆典、表演等文化活动的需要，又能满足市内外游客游憩活动的需要，成为集中体现铜陵悠久历史和灿烂文化的风格独特的多功能"城市展示厅"。

四、铜工业之最

铜官五松，名高天下；革新创造，誉满寰球。铜工业是铜陵传统产业，亦是主导产业。改革开放时期，铜陵市铜工业跻身于国际市场。铜陵有色金属集团公司率先与日本三井金属矿业株式会社和波兰鲁宾铜业公司结成友好企业，同美国、瑞士、日本等20多个国家和地区的专家和客商洽谈，进出口贸易额日益上升。如今，千年铜都——铜陵市铜工业在中国乃至世界都占有很高的地位。

世界生产最高等级电解铜企业 1980年，铜陵有色金属（集团）公司金昌冶炼厂正式投产，生产的"铜冠"牌高纯阴极铜，是迄今为止世界上最高等级的电解铜。1986年，该厂新的制氧系统建成投入生产，经过近一年的工业性试验，探索出了富氧条件下密闭鼓风炉熔炼的操作规律，找出了在富氧条件下最佳工艺参数，使各项熔炼指标大幅度提高。这项工艺的开发和成功应用，填补了国内有色冶炼生产上的一项空白，开创了国内大型有色冶金炉富氧炼铜的先例，推动了中国铜火法冶炼技术的发展。"八五"以来，该厂阴极铜实物质量一直处于国内先进水平，产品出厂合格率一直保持100%，成为安徽省冶金行业唯一一家计量工作与国际接轨的企业。迄今为止，该厂高纯阴极铜产出率达90%以上，产品远销到美国、日本、韩国等国家和地区。

世界"双闪"铜冶炼产能最大企业 2010年3月18日，铜陵有色金冠铜业分公司开工建设铜冶炼工艺技术升级改造项目，固定资产投资45亿元，总投资80亿元。2012年7月，该项目110个子项全面系统联动试车，当年12月20日闪速熔炼炉顺利出铜；2013年1月18日，闪速吹炼炉投料，并于当年1月21日成功浇注第一块阳极板。至2013年7月，金冠铜业分公司顺利达产，成为世界最大产能"双闪"铜冶炼企业。铜冶炼工艺技术升级改造项目采用当今世界最先进的闪速溶炼、闪速吹炼工艺技术（简称"双闪"）处理铜精矿。项圈达产后，可年产阴极铜40万吨，硫酸155万吨，以及金、银等资源综合回收利用产品，年销售收入可达300亿元左右，年利润总额约12亿元。同时，项目实施后，铜精矿至阴极铜全过程的单位加工成本将下降26.6%，硫酸单位加工成本下降

40.5％，生产过程中资源将得到有效利用，生产中硫的总捕集率达99％以上，水的循环利用率达97％以上，真正实现了清洁环保绿色冶炼。

世界电容器用聚丙烯膜产能第一企业 2015年，安徽铜峰电子集团有限公司电容器用双向拉伸聚丙烯膜年生产能力达到1.8万吨，市场占有率居全国第一，产能居世界第一。安徽铜峰电子集团有限公司属国家重点高新技术企业，也是全国同类产品首家上市公司。2005年，其电容器双向拉伸聚丙烯薄膜制造技术跻身世界一流水平，多功能膜生产线创造了世界上厚度3微米、生产速度每分钟280米的两项极限值。近年来，公司积极研发超薄和耐高温型薄膜，实施新能源用薄膜材料技改项目和智能电网用新型薄膜材料技改项目，进军高端电容器用聚丙烯薄膜市场。目前已形成两大产品发展链：电容器用薄膜—金属化薄膜—薄膜电容器产品发展链；石英晶体材料及延伸产品发展链。主导产品：（1）电容薄膜，主要为国内外主要电容器和镀膜厂商配套，其中电容器用聚丙烯薄膜年产达1.8万吨、电容器用聚酯膜年产达5600吨；（2）金属化膜；年产达4000吨；（3）交流电容器，除为国内主流家电厂商配套外，已成为世界空调之父——美国开利公司的最大供应商；（4）电力电子电容器，年产达50余万台（只），除为中国中车、电科院等主流企业配套外，已成为世界牵引之王——庞巴迪公司的最大供应商，并进入阿尔斯通、东芝等全球采购供应链；（5）石英晶体频率片、石英晶体谐振器，年产分别达到33亿片和1.2亿只；（6）锂离子电池隔膜，年产达2000万平方米，技术性能居国内领先水平。

世界先进水平定向钻探新技术 1988年，由321地质队承担完成的"冬瓜山铜矿床运用定向钻探技术进行深部矿体勘探的方法研究"，通过部级鉴定，并获得"以安徽冬瓜山的多孔底分支的成功为代表，标志着我国定向钻探技术已达到世界先进水平"的高度评价。"冬瓜山铜矿床运用定向钻探技术进行深部矿体勘探的方法研究"，是地矿部重大科技攻关项目。该项目的成功完成，使地矿钻探勘探实现了一个主孔内6个分支孔的施工。1988年，有关项目试验通过地矿部评审，认为试验成果"为冬瓜山选用定向钻探勘探深部矿体提供了可行性论证，项目所取得的成果在国内固体矿产勘探中居领先地位"。此后，在地矿部召开的探矿技术工作会议上；该项目又进一步获得了更高的评价。

国际首创矿井人工微气候控制新技术 2012年3月，铜陵有色金属（集团）公司冬瓜山铜矿完成高温矿床通风技术与降温技术研究，在国际首创矿井人工微气候控制技术。铜陵有色金属（集团）公司冬瓜山铜矿完成的高温矿床通风技术与降温技术研究，系国家重点科技攻关计划专题"深井环境控制技术研究"的子专题。其获得的研究结论是：在类似冬瓜山条件下，当掘进工作面供风温度低于25℃时，掘进工作面可通过加大风量解决排热问题。当供风温度大于25℃时，不论供给工作面多大风量都不能使作业面的空气温度降到规程要求的温度，应采取局部降温措施使供风温度低于或等于25℃。不管供风温度如何，掘进工作面排热通风的最优风量都是保证排尘排烟的最小风量。因此在设计矿井总风量的过程中计算掘进作业面需风量时，可不考虑排热要求。同时，该矿还在个体防护技术研究领域取得重要进展，完成冷却服结构设计和制作、冷却服加工工艺及材质力学性能测定、冷却服对人体生理影响等研究成果。由此，极为有效地解决了高温矿井通风技术控制问题。即：在井下作业时间较长、人员设备流动性相对较小的高温作业面设置热幛，辅以人工制冷，为作业工人建立人工微气候，达到既改善作业环境、提高劳动生产率，又大大节约环境控制费用的目的。

中国第一炉铜水 1953年5月1日，新中国自行设计、自制设备、完全依靠自己力量建设的第一家铜冶炼厂——铜陵有色金属（集团）公司第一冶炼厂（原名铜官山冶炼厂）正式投产，冶炼出新中国第一炉铜水，浇铸出当代中国第一块铜锭。

中国最早铜工业基地 1949年12月29日，党中央决定恢复铜官山铜矿建设。1952年10月1日，铜官山铜矿正式投产。由此，逐步兴建起以铜陵有色金属集团控股有限公司为龙头的新中国最早的铜工业基地，堪称中国铜工业的摇篮。

全国质量兴市先进市 2006年9月6日，在当时的国家质检总局召开的全国质量兴市先进和中国名牌产品表彰大会上，铜陵市捧回了安徽省唯一"质量兴市先进市"奖牌。2014年，全国质量强市示范市顺利通过国家验收。

国家科学技术进步特等奖 1987年，主要由321地质队承担完成的"长江中下游铜硫金银资源的重大发现与个旧大厂锡矿成矿条件、找矿方法及远景"地质科研成果，荣获国家科学技术进步特等奖。这是铜陵市科技界首次获得的国家科技最高奖。

在全国率先组建铜产业产学研合作联盟 2008年10月9日，安徽省铜陵铜产业产学研合作联盟成立大会在铜陵市举行。来自中国科学院、清华大学等全国19家在铜产业领域具有学科特色的知名高等院校、科研单位的专家学者以及铜陵市有关部门和部分企业负责人参加了这次成立大会。安徽省科技厅副厅长任鸣应邀出席成立大会并致辞。她说，近年来，铜陵市科技工作取得显著进展，特别是产学研合作工作很有特色，成效明显。去年铜陵组建了全国首个循环经济产学研合作联盟，今天铜产业产学研合作联盟的成立，无疑给铜陵的发展带来了新的动力，这是探索产学研合作新机制和新模式又一重要起点，是深入学习实践科学发展观活动的一项重要举措，对于提升地方重点产业技术创新能力，创新产学研结合机制模式，建设有区域特色创新体系具有十分重要的意义。

中国铜业第一家上市公司　1996年11月20日，安徽铜都铜业股份有限公司A股股票在深圳交易所上市（股票代码000630），成为中国第一家铜业板块上市公司。"铜都铜业"3500万股A股上市，共募集资金1.56亿元。2005年，"铜都铜业"入选沪深300首批样板股。2007年9月更名为"铜陵有色"。至2015年12月末，"铜陵有色"总股本增至95.61亿股。

电解铜产量全国第一　2001年，铜陵有色金属（集团）公司全年生产电解铜24.26万吨，实现销售收入66.91亿元，进出口贸易总额达3.84亿美元，连续4年位居全国同行业第一位。2014年，铜陵有色金属（集团）公司电解铜产量130.99万吨，实现销售收入1363.62亿元，继续位居全国同行业第一位；进出口贸易总额674287万美元，连续多年位居全国同行业前列。

第一座国内自行设计建设大型铜矿　1949年12月29日，国家决定大规模建设铜官山铜矿。经过几年建设，到1956年，铜官山铜矿形成坑下与露天联合开采、日采选能力3600吨、年产粗铜1万吨的生产规模，成为新中国第一座自行设计建设的大型铜矿。铜官山铜矿在建成投产至2000年闭坑的48年里，创造了多项全国第一。其中最为突出的是：（1）首创高硫矿床火区采矿法。1963—1965年，该矿同有关单位协作，针对部分高硫矿体温度高、粉尘大、难以开采的情况，探索出开采高硫矿床的基本规律，总结出强掘、强采、强出的生产经验和组织措施，在全国首次解决了高温硫化矿床开采难题。（2）首创细菌采矿法。20世纪60年代，该矿与中国科学院微生物研究所等单位联合，利用氧化硫铁杆菌，将残留矿石中的铜渗解，并建成日处理500吨浸出液细菌—硫酸高铁溶液浸出铜—铁屑置换回收海绵铜系统，在全国首次成功研制出利用微生物从残留矿石中回收铜的新工艺。（3）首创二氧化碳代替硫酸选矿工艺。1970年，该矿针对选矿时耗用大量硫酸降低选铜矿浆PH值的情况，在国内首次实现利用石灰窑CO_2废气代替硫酸选矿的工艺。（4）研制出国产第一台陶瓷过滤机。1999年，该矿与有关单位合作，研制出"铜冠"牌TT系列特种陶瓷过滤机，并获得国家专利。该设备是一种应用新技术研制的新型细颗粒物料脱水环保设备产品，集10项核心专利技术、多项专有技术于一体，荣获中国专利技术产品金奖，并成为国家重点新产品和国家重大装备国产化项目。

一项井下采矿科技新成果居全国先进水平　1992年，由铜陵有色金属（集团）公司狮子山铜矿承担完成的"地下矿连续开采工艺技术和装备研究"，荣获国家科技进步一等奖。1991年9月2日，该科技成果荣获国家科技成果二等奖，并被国家计委、科委和财政部选入参加新中国成立以来规模最大的"七五"科技攻关成果展。

中国第一座新模式铜矿　1991年3月，铜陵有色金属（集团）公司安庆铜矿建成投料试车，成为中国第一座新模式铜矿。安庆铜矿自1987年9月建矿之始，就坚持走改革之路，引进国际先进设备，采用国际先进的主工艺，实行多种用工制度。建成投产后，该矿的辅助生产实现了专业化协作，后勤服务实现了社会化协作，探索并形成了一整套不同以往建矿模式的新路和构架。特别是该矿提出并实施了高阶段大直径深孔采矿强化开采新工艺，创造出多项全省和全国纪录。（1）单个采场综合生产能力达到每天1000吨，是传统采矿法的5至6倍；（2）回采阶段高达120米，实现安全、高效回采，国内无先例；（3）铜矿地表通往井下各作业中段的无轨运输斜坡道长超过4700米，省内坑下矿山尚无先例；（4）矿山全员实物劳动生产率达到人均每年1894吨，是国内矿山同类指标的5倍。1999年，该矿实现人均产铜9.54吨，居全国铜矿第一位。2000年1月，该矿通过ISO9002国际质量体系认证，成为全国首家取得该项认证的有色矿山。2005年12月，该矿创造的现代化管理成果"矿山企业效率、成本和质量的优化管理"获第12届国家级企业管理创新成果二等奖，是铜陵有色金属（集团）公司首次获得国家级企业管理创新成果奖。

全国最深特大型铜矿床　2004年10月，铜陵有色金属（集团）公司冬瓜山铜矿成功进行重负荷联动试车，其矿床深达千米，是当时国内最深的特大型铜矿床。冬瓜山铜矿初步探明铜金属储量近百万吨，占安徽省铜金属总储量的

40%，占铜陵有色金属（集团）公司铜金属总储量的60%，并有金、银、硫、铁等多种伴生元素。冬瓜山铜矿开发总投资为17亿元人民币。该矿主井深达1125米，1990年3月下掘工程正式开工。2000年6月26日，国内最深、涌水量最大的冬瓜山主井成功掘砌到底。2014年生产铜料34016.06吨，实现营业收入13.34亿元。

全国最大富氧炼铜厂　1983年，铜陵有色金属（集团）公司第一冶炼厂通过进行富氧熔炼技术改造，生产能力增长一倍，成为全国最大的富氧炼铜厂。

国家特大型企业　1992年7月30日，国务院经济贸易办公室、国家计划委员会、国家统计局、财政部、劳动部等联合发文公布全国大型工业企业名单，在全国有色系统14家特大企业中铜陵有色金属（集团）公司排在第一位。至2015年，该公司已连续4年成为安徽省最大工业企业。经过60多年的建设，铜陵金属集团控股有限公司已发展为以有色金属（地质、采矿、选矿、铜铅铸冶炼、铜金银及合金深加工）、化工、装备制造三大产业为主业，集建筑安装、井巷施工、科研设计、物流运输、房地产开发为相关产业多元化发展的国有大型企业集团。如今，该控股有限公司已成为全国300家重点扶持和安徽省重点培育的大型企业集团之一，所在地区已建设成为我国重要的铜冶炼基地。尤其是近年来，在发展循环经济和促进节能减排方面，铜陵市被国家列为首批循环经济试点城市，铜陵有色金属集团控股有限公司亦先后被国家列为首批循环经济试点企业、首批矿产资源综合利用示范基地、全国资源综合利用"双百工程"骨干企业。

全国第一家大型闪速熔炼炉生产企业　1996年10月，铜陵有色金属（集团）公司机械总厂自行设计、独立制造出中国第一台大型炼铜闪速炉，该厂也成为国内第一家炼铜闪速炉生产企业。闪速熔炼炉是世界上最先进的熔炼工艺设备，作为闪速熔炼系统中的主体和关键设备，过去只有日本、芬兰等少数几个国家能够生产制造，国内冶炼厂只能用高价引进。铜陵有色金属（集团）公司机械总厂为铜陵金隆铜业公司专门设计制造的这台闪速熔炼炉，长25.7米、宽12米、高15.8米，重720吨，工作温度在1350℃—1400℃之间。1996年12月28日，金隆公司闪速炉点火烘炉一次成功。该产品的成功设计与制造，有利于国内一大批环境污染严重的老冶金企业进行技术改造和实现无公害冶炼，为中国整体冶炼技术达到世界先进水平起到了积极推动作用。1996年11月6日，该公司还设计制造一台具有世界先进水平的炼铜闪速炉出口伊朗，成为我国出口的第一台炼铜闪速炉。

国内第一个全套引进国外技术设备建设铜矿　1971年1月1日，铜陵有色金属（集团）公司凤凰山铜矿建成投产，其竖井设备、采选成套设备都是从瑞典引进，是中国第一个引进国外技术和设备进行建设的铜矿。1977年，国家冶金部为把国外选矿自动化设备引进到国内来。选定在凤凰山铜矿建立一个具有国际先进水平的选矿自动化模式。1980年，经国家计委批准，凤凰山铜矿从芬兰引进一套完整的具有世界先进水平的自动化装置，并于当年10月全部安装到位投入运转。这是国内引进的第一套选矿自动化装置。

镀黄铜电解铜箔项目填补国内空白　1998年6月，铜陵化学工业集团铜箔有限公司镀黄铜电解铜箔项目建成投产。年产镀黄铜电解铜箔1200吨，其中18微米镀黄铜箔720吨、35微米镀黄铜箔480吨。该项目填补了国内镀黄铜铜箔产品的空白。铜陵化学工业集团铜箔有限公司镀黄铜电解铜箔项目，全套生产技术软件均从美国公司引进，主要生产设备由国内制造。

全国首家铜材异地交割库　1998年3月26日，位于铜陵市的安徽铜商品市场成为国内第一家铜材易地交割注册仓库，随后逐渐实行现货、期货联动，形成面向华东、辐射全国的集铜系列产品的信息、交易、仓储、配送于一体的铜商品中心批发市场。安徽省铜商品市场是经当时的国家经贸委批准、国内贸易部确认的国家级铜商品市场，也是安徽省最大的铜商品交易市场。该市场由铜陵有色金属（集团）公司控股，占地1.62万平方米，建筑面积2.8万平方米。

中国第一座转炉渣浮选实验厂　1970年4月，铜陵有色金属（集团）公司第一冶炼厂建成中国第一座工业性转炉渣浮选试验厂，日产50吨。

全国冶金矿山第一条竖井掘进机械化作业线　1974年，冶金部、煤炭部、第一机械工业部组成联合攻关组，确定在铜陵有色金属（集团）公司铜山铜矿新副井开掘过程中进行机械化作业线试点。随后，铜陵有色金属（集团）公司井巷公司与有关单位合作，在该矿研制出中国冶金系统矿山第一条竖井机械化作业线。铜陵有色金属（集团）公司铜山铜矿竖井机械化作业线，采用环形吊架、激光指向、高威力炸药、深孔毫秒雷管光面爆破、0.4立方米液压抓岩机、链球式自动翻研装置、金属喷锚网支护等新设备，形成凿岩、抓排运矿、喷锚支护流水机械化作业新工艺。1975年10月，铜山铜矿新副井通过这条作业线在掘进月中掘进，113米，创全国冶金系统最高纪录。这条机械化作业线的全套设备，完全由中国自行设计、制造和安装。它的研制成功，标志着中国竖井掘进技术提高到一个新的水平。

国内首创盘区回采振动出矿连续开采新方法　1991年，铜陵有色金属（集团）公司在国内首创盘区回采振动出矿连续开采法，创造了大量落矿采矿方法及工艺，丰富了大量崩矿技术，研制了由原矿振动条筛、振动出矿机、振动运输列车组成的采场连续出矿运矿作业线。该科技研制成果，涉及采矿全过程，改善了安全劳动条件，有重大推广价值，1991年荣获中国有色系统科技进步一等奖。

国内第一台0.6立方米液压靠壁式抓岩机新产品　1977年，铜陵有色金属（集团）公司井巷公司在凤凰山铜矿新副井掘进工程中，利用该矿现有条件，对竖井掘进机械化作业线进行改进和完善，研制出国内第一台0.6立方米液压靠壁式抓岩机。同年6至7月完成月进井115.25米，刷新全国冶金系统月进井的最高纪录。

全国最大地下爆破　1975年7月28日，铜陵有色金属（集团）公司狮子山铜矿对西狮子山负40米三条矿柱进行百吨级大爆破，采矿量23.6万吨，是全国最大的一次地下爆破。当时，全国16个相关单位在铜陵市召开爆破现场会议，我国著名爆破专家边克信教授参加了大会。边克信，辽宁省辽阳市人，1929年11月出生，1954年毕业于东北工学院。曾任中国工程爆破协会副理事长和中国力学学会工程爆破专业委员会副主任。

国内首创多排同段爆破基础和挤压崩矿理论及新技术　1992年，铜陵有色金属（集团）公司狮子山铜矿与有关单位合作成功完成的多排同段爆破基础和挤压崩矿理论及工艺技术研究，属国内首创，并获得安徽省科技进步一等奖。多排同段爆破基础和挤压崩矿理论及工艺技术研究，是国家"七五"科技攻关项目"盘区回采振动出矿连续开采法研究"的关键子项目。铜陵有色金属（集团）公司狮子山铜矿与有关单位的研究人员，通过现场工业试验、模拟试验和实验室模拟试验，取得了可靠的资料和数据，结合理论分析并参考挤压爆破、球状药爆破的一些特点，最终探索出"多排同段爆破基础和挤压崩矿"这一适合连续开采的下向深孔大量崩矿的理论和工艺技术。

国内首创"氧化—萃取"新工艺　1995年11月，由铜陵有色金属（集团）

公司金口岭铜矿历时 10 年，经过多次实验改进，在国内首创的氧化一萃取新工艺，通过安徽省冶金局等单位组织的专家鉴定。该工艺使金银浸出率达到 97%，金直收率达到 95070，银直收率达到 94%，金银成品纯度达到 99.9%，主要经济指标处于国内领先水平，为国内金湿法处理阳极泥工艺开创了新技术。

特大空区下矿柱回采科研新成果填补国内空白 2000 年 4 月 20 日，由铜陵有色金属（集团）公司狮子山铜矿承担完成的特大空区下矿柱回采科研成果，经省冶金工业局专家鉴定，达到国际领先水平，年创效益 1230.56 万元，填补了国内同类矿山下部矿体开采的一项空白。

中国第一台转炉机械通风眼机新产品 1970 年 8 月，铜陵有色金属（集团）公司机械总厂技师邹文祥研制出中国第一台转炉机械通风眼机。

浮选机耐油磨橡胶盖板叶轮新产品填补国内空白 1991 年 10 月 24 日，由铜陵有色金属（集团）公司橡胶制品厂开发的浮选机耐油磨橡胶盖板叶轮新产品，通过省、市有关部门和专家的联合鉴定，填补了国内一项技术空白。

两用钻机新产品填补国内空白 1992 年 6 月，由长沙矿山研究院和铜陵有色金属（集团）公司凤凰山铜矿科研人员共同承担的地下牙轮钻机改造成牙轮、潜孔两用钻机的重点科研课题，在凤凰山铜矿成功完成，填补了国内地下开采设备的一项技术空白。

国产第一台 ZF-1 型矿浆截流 X 荧光分析系统 1987 年 8 月，我国第一台国产化 ZF-1 型矿浆截流 X 荧光分析系统在铜陵有色金属（集团）公司狮子山铜矿试验成功。该系统投入使用后，大大提高了矿山的选矿自动化水平。

全国第一个矿井无线通信覆盖系统 2005 年 11 月 16 日，中国联通铜陵分公司投资建设的冬瓜山铜矿井下移动电话覆盖系统正式开通，是当时国内唯一的矿井无线通信覆盖系统。此系统的开通，彻底改变了井下作业人员无法实现手机通信的局面，为井下与地面随时取得联系、进行生产调度和加强安全生产等提供了通信保障，同时还为作业机器的无线定位提供了实用平台。

华东地区最大硫铁矿 20 世纪 70 年代，铜陵市新桥矿是我国两大重点硫铁矿生产基地之一，到目前累计查明地质储量为 1.7 亿吨、工业储量 1.12 亿吨，其中铜硫矿 8371 万吨，居华东地区之最。1993 年以来该企业分别荣获"全国五一劳动奖状"、"全国模范职工之家"和"全国厂务公开先进单位"等多项国家级荣誉称号。现为铜陵化学工业集团有限公司核心层企业之一。

出土铜器登上"国家名片"　1973年，我国正式发行了一套12枚文化大革命期间出土文物精品邮票，其中一枚选中的是铜陵市1971年出土的鸟形纽盉。当时，新华社曾播发消息说："邮电部决定于11月20日发行'文化大革命'期间《出土文物》邮票一套，共12枚。这套邮票选用了12种文物的图案，是我国近几年来发现的数万件精华历史文物的缩影。它充分体现了我国古代劳动人民高度的智慧和精湛工艺。"铜陵市入选的这件鸟形纽盖盉铜器（当时定名鸭纽盖铜鼎），盉盖上鸟纽造型极其生动，整座鼎器精巧玲珑，一改殷商西周鼎沉重、威严、神秘、雄奇的风格。来自全国其他地区的另外11件入选出土文物分别是：青花凤首扁壶、鎏金舞马衔杯银壶、黑彩马、泥俑、石雕柱础、铜奔马、鎏金镶嵌铜砚盒、长信宫灯、曾中父方壶、青铜提梁卣和彩绘红陶鼎。

全国现存最早硫化铜采冶遗址　1974年至1988年，经省市文物部门考证，在铜陵市铜陵县天门镇木鱼山发现了国内最早的硫化铜冶炼遗物——冰铜锭，进而表明木鱼山是我国最早的硫化铜冶炼遗址。由于该遗址对研究中国古代冶金史具有重要学术价值，后被纳入凤凰山古铜矿范围，被国务院批准为国家级重点文物保护单位。自20世纪70年代中后期开始，在皖南的铜陵、贵池、繁昌、南陵等地相继发现了一批西周至春秋时期的菱形铜锭，这对探索和研究中国硫化铜采冶历史和工艺水平具有重要的意义，引起了海内外有关学术部门的极大兴趣和关注。其中年代最早、数量最多的就是木鱼山冶炼遗址出土的冰铜锭。其状为菱形，大小不一，表面粗糙，呈铁锈色，约长50厘米、宽12厘米、厚0.6厘米，重1550克左右。当时，有关专家即认为，这是国内矿冶考古的一个重大发现，对探索中国硫化铜矿采冶历史具有重要意义。特别是近年来，通过文物科研部门对山西运城东汉时期采矿物、内蒙古林西县大井遗址和湖北大冶铜绿山遗址的调查分析，更进一步认定铜陵木鱼山遗址是我国最早的硫化铜冶炼遗址，我国硫化铜矿采冶历史与北欧、西亚一些国家的硫化铜矿采冶历史在时间上基本一致。

全国现存最大古代冶铜炼渣　20世纪70年代发现的罗家村古代冶铜大炼渣，位于铜陵市郊区铜官山北侧的罗家村。这些炼渣呈巨石状，为褐色，近方形，直径约在1.4至1.8米不等，厚度为0.8米以上，为唐宋时期炼渣。1987年11月，中国科学院自然科技史研究所副所长、著名矿冶考古专家华觉明教授来铜考察时，惊叹罗家村大炼渣为"中国之最，世界奇观！"炼渣是古代炼铜的主要遗物之一，也是反映当时冶炼水平的主要标志。从考古材料看，早期炼铜采用地面竖炉，燃料主要是木炭，炉的容量有限，炼渣多为蘑菇状。汉到唐宋时期，由于燃料更替和鼓风设备改进，炼炉则由地面竖炉改为地炉，炉体增大，在炉前开沟放渣，炼渣一般为条块状，罗家村大炼渣的形成正是这种地炉多次放渣烧结所致。唐代诗人李白曾以"铜井炎炉歊九天，赫如铸鼎荆山前"的诗句，描绘铜官山当时宏伟壮观的矿冶场面。20世纪90年代以来，文物部门在铜官山及其周围一带不仅发现许多采掘遗迹和大量堆积废石，而且勘测出炼渣分布范围达5平方公里，总量在20万吨以上。历经了千年风雨剥蚀却如巨石般依然屹立于在铜官山麓的罗家村大炼渣，既是铜陵古代规模宏大的矿冶活动的最好物证，也堪称中国乃至世界冶金史上的一大奇观。1998年，罗家村遗址被安徽省人民政府确定为"省级重点文物保护单位"。

全省冶金行业最大中外合资企业　1997年11月正式投产的金隆铜业有限公司，总投资21亿元人民币，设计规模为年产电解铜10万吨、硫酸37.5万吨。是采用中外合资形式对传统冶炼工艺进行大规模技术改造的国家"八五"重点项目，也是安徽省冶金行业最大的中外合资企业。该公司由铜陵有色金属（集团）公司、日本住友金属矿山株式会社、住友商事株式会社、伊藤忠商事株式会社等共同组建，铜陵有色金属（集团）控股，合营期40年，地处铜陵市。公司注册资本6.54亿元人民币，其中铜陵有色金属（集团）公司占52%。公司按照国际规范运营，所有铜精矿全部从国外购进，电解铜产品销往国内外。由南昌有色冶金设计研究院和铜陵有色金属（集团）公司共同研发并成功应用于金隆铜业公司的"常温变量喷射—动力波洗涤闪速炼铜"技术，取得11项综合性创新成果，在5个方面将世界和中国闪速炼铜技术提高到一个新水平。

全省最大中外合资铜加工企业　2003年经商务部批准，铜陵有色金属（集团）公司安徽铜都铜业股份公司与加拿大一家公司合作设立铜陵金威铜业有限公司。这是当时安徽省最大的新批外商投资企业，主要生产"高精度铜板带"。该合资公司投资总额1.1亿美元，注册资本5500万美元，其中铜都铜业出资4125万美元，占注册资本的75%；加拿大公司出资1375万美元，占注册资本的25%。建设规模为年产铜及铜合金板带材60000吨。其中：变压器铜带16000吨，电缆铜带6000吨，水箱铜带3000吨，电子接插件带5000吨，黄铜板10000吨，黄铜带6000吨，紫铜板7000吨，紫铜带4000吨，锡青铜带3000吨。

全省第一条黄铜线水平连铸生产线　1990年1月20日，被列为省1989年重点技术开发项目的有色机械总厂黄铜线水平连铸生产线通过省冶金厅主持的省级鉴定。这是安徽省第一条水平连铸生产线，其产品12毫米H65黄铜线坯也填补了安徽省一项空白。

硫精矿发火科技成果填补省内空白　1994年1月11日，铜陵有色金属（集团）公司铜官山铜矿解决硫精矿发火科技成果通过省级鉴定，填补了安徽省一项空白。

粗铋精炼技术填补省内空白　1989年9月27日，铜陵有色金属（集团）公司设计研究院粗铋精炼获得成功，填补了安徽省一项空白。

在全省首次提炼出铟金属　1989年1月，铜陵有色金属（集团）公司设计院从冶炼厂烟灰中成功提炼出稀有金属铟，填补了安徽省及华东地区一项空白。

附　录

诗仙情寄五松山
——李白与五松山文化发掘路径探微

张文林

　　五松山，在铜陵人心目中是与铜官山"双峰并峙"的"诗山"和"文峰"。如果说铜官山是铜陵作为有着3500多年青铜文化历史和发达铜工业的"铜都标志"，五松山则是铜陵作为行政区划几经变迁而留下的"乡愁"，更是诗仙李白亲自命名的"诗城坐标"。加上枞阳县名人辈出的"桐城派文化"，基于铜陵在地域历史文化中所具有的广度、深度与丰厚内涵，我们可以用"铜都""诗城""文乡"加以形象概括。五松山作为一个准确的地理性概念众说纷纭，已经较难确定。但作为铜陵这座城市的文化记忆和重要文脉发源地，当下仍然具有整理发掘传承的重大意义。

　　习近平总书记指出："讲清楚中华优秀传统文化是中华民族的突出优势，是我们最深厚的文化软实力；讲清楚中国特色社会主义植根于中华文化沃土。"今天，我们繁荣发展中国特色社会主义文化，既包括弘扬革命文化、发展社会主义先进文化，又包括传承和弘扬中华优秀传统文化。从这个意义上说，我们对李白与五松山文化进行发掘，无疑是一项顺应人民对美好精神文化生活向往的民心工程。

　　1200多年前，盛唐诗歌最杰出的代表、中国文学史上继屈原之后最伟大的浪漫主义诗人李白，从天宝元年（742）开始，到上元二年（761），先后4次来到铜陵，时间跨度长达20年，留下至少13首诗篇，其中脍炙人口的有《南陵别儿童入京》《与南陵常赞府游五松山》《铜官山醉后绝句》《答杜秀才五松见赠》《秋浦歌十七首》《宿五松山荀媪家》等。"仰天大笑出门去，我辈岂是蓬蒿人。"

"我爱铜官乐，千年未拟还。要须回舞袖、拂尽五松山。""征古绝遗老，因名五松山。五松何清幽，胜境美沃洲。""千峰夹水向秋浦，五松名山当夏寒。铜井炎炉歊九天，赫如铸鼎荆山前。陶公矍铄呵赤电，回禄睢盱扬紫烟。"这些精彩诗句，不仅成为中国文学宝库中的经典，更是铜陵人引以为自豪的文化自信"源头"之一。

如何深入整理发掘、传承弘扬"李白与五松山文化"，笔者认为可从以下三个方面着手发力。

一是植根于沃土，深入挖掘、整理、提炼李白与五松山文化的"根"。

五松山，据多方史料记载和专家考证，有人认为"在铜陵县城南四里，北临天井湖，南仰铜官山，西隔玉带河与长江相望"。亦有人认为，五松山即铜官山附近支脉五松山脉，东南高，西北低，山脉顺势从仪凤岭脚下向西北展布，绵延十里。惠溪河经此流进矾港入江。现有天鹅抱蛋山（海拔156米）、螺蛳山（海拔113.6米）和青石山为五松山高峰。20世纪80年代初，铜陵市曾组织过多次实地调查，"大致认定五松山在市区天井湖宾馆至五松山宾馆一带。其山势已不显，景已不存"。2003年《铜陵日报》组织过"寻找五松山"的征文组稿活动，也未形成定论。但令人感到欣慰的是，李白与五松山文化给铜陵打下了深深的烙印。义安区（原铜陵县）有五松镇建制，观湖广场靠天井湖公园一侧有"李白邀明月"铜雕像；天井湖公园和原天井湖宾馆内则有大量的遗迹和遗存，如该园儿童乐园对面的"爱乐轩""拂袖亭"，赏园中的"太白讲堂""芙蓉榭"等；市三中校园中的"五松亭""五松文化碑廊"等；义安路两侧的五松山剧场、五松山宾馆。早在20世纪80年代，铜陵市就成立了五松山诗词研究学会，创办了市文联文学艺术刊物《五松山》。2012年，著名作家、中国作家协会名誉副主席、文化部原部长王蒙应邀来铜作专场报告，并欣然为《五松山》题写刊名。仰慕李白诗仙盛名的历代诗人墨客，千载不休，佳作云集。如宋代的苏东坡、黄庭坚、李纲、杨万里、王安石、王十朋、包拯等，元代的房芝兰，明代的佘翘、汤显祖、王守仁、佘敬中、王世贞，清代的王世禛、姚鼐、喻成龙等几十位文豪大家都留下追随李白足迹、游览五松山的诗词歌赋，使五松山名闻天下。今天，我们挖掘、整理、提炼李白与五松山文化，就必须尊重历史事实和文化传承的科学规律，把握李白与五松山文化传承的时间性、空间性和主体性。在时间上，以李白命名五松山为源头，激活铜陵作为千年铜都的文化记忆，

附
录

打通城市的文化脉络，让铜陵人和外地人真正感受到铜陵作为一座"诗城"的深厚文化底蕴，见证铜陵作为"移民城市"的开放和包容特质。改革开放初期，铜陵市就在天井湖公园里一处草坪上竖立了德国大诗人席勒的青铜雕像，原来他出生在铜陵友好城市——德国马尔巴赫市；中国作家协会原副主席、著名诗人黄亚洲曾于2014年来铜采风创作，为铜陵留下了"吟铜诗"若干首。活跃在国内诗坛上的就有多位铜陵诗人或者是铜陵籍诗人。在空间上，我们不应拘泥于五松山作为有形山峰的确切位置，可立足现有的三大板块做足文章，即在天井湖公园及老天井湖宾馆周边的实体呈现，市三中及周边的历史文化传承与普及形态，拟命名螺蛳山为五松山主峰的活态化传承。在主体上，李白与五松山文化为全体市民所拥有，广大铜陵人均是传承挖掘五松山文化的主体，大家既是参与者、建设者，更是见证者和共享者。因为，这种城市文化记忆是属于所有铜陵人的美好文化记忆。同时可依托市图书馆、新华书店、天井书院、滨江阅读点等公共文化设施资源，设立"李白与五松山文化"专区、展柜，陈列李白与五松山文化系列书刊和研究成果；在各旅游景点和旅游宾馆饭店融入李白与五松山文化外宣品和旅游文创产品；修缮一批与李白与五松山文化密切相关的实体景观或遗址，如爱乐轩、五松亭、李太白书堂等并对外开放；在天井湖公园中，可利用现有的太白讲堂、芙蓉榭、徽派长廊、乐云亭等，集中打造呈现李白对五松山文化活性化传承的展示展览区，园内还有山谷碑林与其遥相呼应，相得益彰。

二是固本培元，持续保护、开发和推广李白与五松山文化的"本"。要系统搜集、整理、普查、登记有关李白与五松山文化的历史资料，如不同历史时期的县志、地方志、口述史、文献档案、诗词文集、家谱族谱、家风家训、文艺期刊、文学作品、研究成果等，在抢救性保护的基础上，进行创造性转化、创新性发展。深度开发和推广李白与五松山文化的时代价值和丰富内涵。如李白的《铜官山醉后绝句》："我爱铜官乐，千年未拟还。要须回舞袖，拂尽五松山。"一首诗描写了自己对铜官山和五松山的深厚情感，这在诗仙李白的诗歌中是不多见的，其中的表达深意和历史渊源值得认真探究；李白在《秋浦歌之十四》中写道："炉火照天地，红星乱紫烟。赧郎明月夜，歌曲动寒川。"这是被当代著名诗人、历史学家郭沫若称赞为"中国第一首工业题材诗歌"。我们可以结合农耕文明、青铜文明、工业文明和铜陵悠久灿烂的铜文化进行深入系统研究。

而李白在《宿五松山下荀媪家》这首诗中所表达的情感和创作风格更是与我们所熟悉的豪放、浪漫、飘逸相距甚远。"我宿五松下，寂寥无所欢。田家秋作苦，邻女夜春寒。"四句诗整体都是一种冷色调，淡淡的同情与忧愁跃然纸上。"跪进雕胡饭，月光明素盘。令人渐（惭）漂母，三谢不能餐"更是将诗人李白的悲悯情怀、平民意识和人本思想表达得淋漓尽致。全诗传神般地写出了诗人在侧耳倾听之际内心的孤寂，以及对邻女夜春辛勤劳作的悲悯。李白与荀媪等邻家女近距离接触、交往，被他们勤劳贫困而又不失尊严的生活态度和热情好客的真诚朴素所感动。在这首朴素得像水一样莹澈透明的诗里，李白一贯的豪纵不羁之气、傲视权贵之概，都让位给了对五松山老媪和农村生活的真挚感动和关切。这无疑是一首经典中的经典之作。

保护也好，开发和推广也好，都离不开李白诗歌与五松山文化之间的这个"本"。我们可以借鉴外地好的做法，创作一批以李白与五松山文化为主题的优秀文艺作品，如黄梅戏、传记文学、电视剧、广播剧、微电影、动漫、情景再现式演出等；定期举办李白与五松山诗歌朗诵会、经典诵读和原创诗歌并重，面向青少年和广大游客推出一批音视频作品；与中国李白学会合作举行李白与五松山文化学术研讨会，推出一批学术研究成果。

三是铸魂育人，强化传承、研究、传播李白与五松山文化的"核"。要立足于贯通城市文脉、赓续城市记忆、增强文化自信。要进行立体化、全媒体阐释与传播，用现代话语体系讲好李白与五松山的故事，用互联网思维进行创新表达。具体要做到"六个纳入"，即一是纳入铜陵市"十四五"文化改革发展规划纲要和年度目标任务之中，认真做好规划和年度实施重点任务的计划，市和县区财政予以适当财政投入保障；二是纳入市和县区地域特色文化传承重点工程项目之中，分年度实施一批重点项目；三是纳入市政景观建设和城市雕塑设计规划当中，由市行政管理执法部门和住建部门牵头，分年度在市民广场、街心公园、游园、湿地等公共场所，差异化制作设立李白雕像和五松山文化城雕小品等；四是纳入全市青少年学生优秀传统文化传播工程，使李白与五松山文化在全市城乡各级各类学校进校园、进课堂，可编印《千载诗城五松山》《诗仙李白与五松山》等乡土教材和动漫系列作品；五是纳入内宣外宣网宣传播体系。在市直主流媒体和新媒体开设专栏专题专页，持续加大宣传报道力度，生动讲好李白与五松山文化的故事，进一步提升铜陵的美誉度和知名度；六是纳入文化和旅游融合发展规划纲要，精心设计一批李白与五松山文化的精品旅游线路和研学游线路，把散落在市县区的李白与五松山的"文化遗产"和人文景点"珍珠"串点成线，点石为金，持续放大融合效应。

五松山，因李白而誉满天下，李白，因五松山而让铜陵人格外景仰。让我们踏着大诗人的足迹，去发掘那从古至今的"美好"，去感受那一份独特的"诗和远方"。

古铜都地名考证

我们要认真学习领会习近平总书记关于文化建设的新思想新观点新论断，坚持马克思主义的方法，采取马克思主义的态度，坚持"古为今用、推陈出新，有鉴别地加以对待、有扬弃地予以继承，取其精华、去其糟粕，用中华民族创造的一切精神财富来以文化人、以文育人"。

1.辞书史志记载

鹊岸　古地名。指今安徽铜陵、无为、繁昌间长江江岸。因江中鹊洲得名。《左传》昭公五年言"吴人败诸鹊岸"，即此。自鹊头至鹊尾沿江鹊岸长约70公里，其中铜陵段约35公里。

鹊洲　在今安徽省铜陵市至芜湖市繁昌区长江中。鹊头为铜陵北鹊头山，鹊尾为繁昌东北三山。西对无为，为江流险要之处。《资治通鉴》:南朝宋泰始二年（466）陶亮屯兵鹊洲，刘胡屯军鹊尾,即此。

鹊江　《大清一统志》对"鹊洲"的诠释："盖自铜陵鹊头山为鹊头，至三山为鹊尾，故江曰鹊江，岸曰鹊岸。"鹊洲在鹊江之中。《宋书·邓琬传》载："刘胡率轻舸四百，由鹊头内路,欲攻钱溪。"即从鹊江水路欲攻钱溪。

鹊头山　明《铜陵县志》："鹊头山在县北十里，山高耸临江，宛如鹊头。"鹊头山坐落于原安徽省铜陵县五松镇马冲村（新沟）水浒，海拔41.1米。《宋书·武二王传》："义宣二月二十一日率众十万发自江津，舳舻数百里。"沈庆之《与南郡王义宣书》："义宣至浔阳，与臧质西下，至鹊头，闻所遣徐遗宝败。"1976年，铜陵市考古工作者在鹊头山遗址发掘出一些遗迹和遗物，鹊头山顶烽火台遗址尚存江浒。因长期挖山采沙，山体逐渐崩塌。2003年秋季，鹊头山被挖平。2010年3月，鹊头山遗址开始兴建"双闪"工程。

鹊头戍　南朝时在原安徽省铜陵县北鹊头山置"鹊头戍"，驻守戍兵。梁承圣元年（552）王僧辩讨侯景，遣侯瑱袭克鹊头戍，即此。

鹊头镇　唐初有部队驻扎于鹊头镇（今为义安区北鹊头山）。唐武德七年（624）赵郡王孝恭攻辅公祏鹊头镇，拔之。李白诗云："树绕芦洲月，山鸣鹊镇钟。"

《汉书》载：丹扬郡，故鄣郡。属江都。武帝元狩二年（前121）更名丹扬。属扬州。有铜官。县十七。

"铜官"官署名。西汉在丹阳郡宛陵县（治今安徽宣城市）设置，掌开采铜矿。主管有长及丞，辖县铜矿采冶由其监督。

定陵县　2005年7月，上海辞书出版社出版发行的《中国古今地名大辞典》词目：定陵县，古县名。（1）西汉置，治今河南省郾城县西北。两汉属颍川郡，西晋属襄城郡。北魏皇兴元年（467）改名北舞阳县。新末刘玄更始元年（23）刘秀军破王莽军，攻下此地（《后汉书·光武帝纪》）。（2）东晋置。治今安徽省铜陵市义安区东。属淮南郡。南朝梁改属南陵郡。隋平陈废入南陵县。考证：东晋元帝时（317—322）侨立襄城郡，治繁昌县（今芜湖市繁昌区北）。侨置繁昌县，治今县城西北。同时，置定陵县，治今安徽省铜陵县东。

《新唐书》："南陵：望。武德四年（621），隶池州。州废（627年州废）来属后析置义安县，又废安为铜官冶……利国山有铜，有铁。凤凰山有银。有大农陂，溉田千顷，元和四年，宁国令范某因废陂置，为石堰三百步，水所及者六十里。有永丰陂，在青弋江中，咸通五年置。有鹊头镇兵。有梅根、宛陵二监钱官。"

义安县　古县名。唐贞观年间（约632）析南陵置义安县，治原安徽省铜陵县东顺安镇，又废义安为铜官冶。

铜官冶　唐代冶铜基地名。铜官冶中心即今铜陵市罗家村、露采新村地带。李白所指的"铜井""铜坑""铜坑村"就在这里。该遗址发现汉唐炼铜特大型炼渣和冶炼土坯炉等遗物。考古专家赞叹："中国之最，世界奇观！""太珍贵，太难得了！"唐贞观年间（约633），废义安县而置铜官冶，显示唐朝对于宣州冶金业的重视，体现冶金业的历史发展水平。

利国山　唐《元和郡县图志·江南道·宣州》：利国山，在（南陵）县南一百一十里。出铜,供梅根监。2005年7月，上海辞书出版社出版发行的《中国古今地名大词典》词目："利国山，古山名。又称铜官山。在今安徽省铜陵市南。旧产铜供梅根监，南唐置利国场，后改铜官场。"铜官冶中心坐落于铜山（即今铜官山）北麓，盛产铜，供梅根监。唐开元（713—741）中，天下铸钱七十余炉，岁盈百万。开元二十六年（738），宣、润等州初置钱监，两京用钱稍善，米粟价益下。故冶铜铸钱有利于国家，开元年间，乃命名此铜山为"利国山"。

铜官渚　在今安徽省铜陵市义安区南。唐文德元年（888），杨行密将攻赵锽于宣州，袁袭建议"自铜官渡江，会之取锽必矣"，"铜官"即此。

铜官镇　明《铜陵县志》：南唐保大九年（951）置铜陵县，移治于今之江浒即古之铜官镇。古称一方的主山为镇。"当时，铜陵县治于天王山之阳（今五松镇人民医院至血吸虫病防治站地带）。此地属铜官山区域。

铜官山　南宋陆游《入蜀记》：陆游差通判夔州（今重庆奉节），乾道六年（1170）七月二十一日乘舟过繁昌县，晚泊荻港，游龙王庙，又至一庵。僧言隔港即铜陵界，远山崭然临大江者即铜官山。明《寰宇通志》："铜官山：在铜陵县南十里，又名利国山，有泉源冬夏不竭，可以浸铁烹铜，旧尝于此置铜官场。"清《铜陵县志》："铜官山在县南十里，即利国山。"其麓有灵祐王庙，庙后有惠泉，绕山十余里，为惠溪，从矶港入江。

凤凰山　位于安徽铜陵东南方，坐落于铜陵市义安区顺安镇陶凤、牡丹、凤凰三村辖区的中间地带。山势蜿蜒起伏，最高峰海拔390米。"凤凰山在叶山东南，有泉一泓，相传凤凰翔饮于上，故名。"山上有滴水岩、相思树、牡丹园等风景名胜，山中茂林修竹，古舍民居，环境幽雅，是铜陵市风光游览区。昔有银坑，今采铜矿。

五松山　《寰宇通志》：五松山在铜陵县南五里。清光绪二十二年（1896）印行的《铜陵县图》标明：铜官山附近支脉五松山脉，东南高，西北低，山脉从仪凤岭侧顺势向西北展布，至天井湖畔。蜿蜒延伸，连绵十里。其高峰有现在的螺蛳山（海拔113.6米）毗连青石山（海拔156.8米）和天鹅抱蛋山（海拔156米）。螺蛳山峰体突兀，状如螺蛳；青石山怪石嶙峋，悬崖峭壁。两峰对峙，显得格外壮观。传说天鹅曾飞落在天鹅抱蛋山生蛋。

北宋《（元丰）九域志》载：上，铜陵。州东北一百四十里。五乡。大通、顺安二镇。有利国山、天门水。

大通镇　大通镇之名始见于北宋熙宁间《务课表》《商税表》和《（元丰）九域志》。由此推断：大通镇约于熙宁年间兴起。清《铜陵县志》：大通镇在县南四十里。去镇五里许有旧镇，名澜溪。澜溪源自贵池、南陵、青阳来者为河水，自本邑大栏、合二为耆为溪水，左右交汇于竹墩山下。经考证：大通老镇澜溪在今铜陵市郊区大通镇光荣社区境内，澜溪河东岸。

顺安镇　顺安镇之名始见于北宋熙宁间《务课表》《商税表》和《（元丰）

九域志》。由此推断：顺安镇约于熙宁年间兴起。清《铜陵县志》：顺安镇在县东三十里，即义安旧县，古临津驿。古迹顺安楼，即旧临津驿。原建于顺安回龙山上（今顺安镇金港村境内）。后圮，改建五显庙。王安石咏诗《临津》："临津艳艳花千树，夹径斜斜柳数行。却忆金明池上路,红裙争看绿衣郎。"元朝进士房芝兰题诗《题顺安楼》："窗含野草入平吞，极目渔樵江上村。流出异乡花堰水，放开老翠叶山云。竹边僧寺鸥沙绕，柳外人家驿路分。挂月参天蟠地脉，门前双树几斜阳。"

2. 相关文献资料存疑

（1）2006年版《铜陵县志·大事记》：西汉元封二年（前109），在铜官山（今铜陵市）设铜官，负责采冶铜矿。东汉（25—220），置铜官镇（今城关镇）。东晋义熙年间（405—418），山西流民南迁，侨置定陵县，县治设于顺安（今顺安镇）。唐咸通六年（865），在鹊头山设鹊头镇。唐僖宗文德元年（888），析南陵县工山、安定、凤台、归化、丰资等五乡置义安县，县治设于顺安（今顺安镇），旋即告废，置铜官冶。五代十国南唐保大九年（951），始置铜陵县，县治置于江浒（即古铜官镇）。北宋至道二年（996），朝廷在铜陵县设永丰监，铸造铜钱。

（2）1994年版《铜陵市志·大事记》：西汉元封二年（前109）在今铜官山设置"铜官",负责开采冶炼这一地区的铜矿。东汉（25—220）在今义安区城关镇，设置铜官镇。三国时期（220—265）吴国在铜官山设置炼铜场——梅根冶。东晋义熙年间（405—418）合春谷、临城二县一部分，侨置定陵县，县治在今顺安镇（今铜陵地区的辖境，大体上就是这期间确定下来的）。唐代末期（889—907）分南陵县工山、安定、凤台、丰资、归化五乡置义安县，县治在今顺安镇（义安县的行政区域相当于今义安区行政区域）。南唐保大九年（951）改义安县为铜陵县，县治由顺安移于古铜官镇，即今区治所在地城关镇。北宋开宝七年（974）朝廷在铜官山下设置管理采铜机构——利国监。

评断：西汉元狩二年（前121）改鄣郡置丹阳郡，治宛陵县（今安徽省宣城市）。"铜官"官署名，西汉在丹阳郡宛陵县置。"东汉在今义安区城关镇设置铜官镇"为无稽之谈。"吴国在铜官山设置炼铜场——梅根冶"为张冠李戴。梅根冶在今安徽省池州市贵池区东北，因临梅根河得名。东晋元帝时（317—322年）

置定陵县，治今义安区东。绝非"侨置定陵县"。唐初"有鹊头镇兵"。有永丰陂，在青弋江中，咸通五年（864）置。唐贞观年间，析南陵工山、安定、凤台、归化、丰资五乡置义安县，治今顺安镇，属宣城郡；又废义安为铜官冶。南唐保大九年（951）置铜陵县，县署在天王山之阳（今五松镇人民医院至血吸虫病防治站地带）。利国监,北宋兴国四年（979）升徐州彭城县所属狄丘冶置，即今江苏省铜山县北侧利国镇。境内盘马山产铁，神宗时有三十六冶，规模甚大。

（3）2008年版《安徽旅游大辞典·铜陵市·自然旅游资源》："铜官山位于铜陵市五松山之南，海拔493.1米，古名"即山"。商周时代在此采铜、冶炼。汉武帝为控制即山的铜产，于元封二年（前109）委派全国唯一的铜官主管这里的冶铜事宜。铜官死后葬于即山，后人皆呼即山为铜官山"；"笠帽山位于铜陵县西北隅，海拔81.7米，古称铜鼓山，俗名'箬帽顶'。春秋时，笠帽山沿江十里统称鹊岸，建有控制江岸的六朝重镇—鹊头镇"；"夹江位于铜陵市，又名'鹊江'。流域面积150.4平方公里，全长51.9公里，流经大通、老洲、城关、和平等乡镇。春秋至清初，共发生有史可证的大规模战争多达25次，最著名的昭公五年（公元前537年）的吴楚'鹊之战'"。

评断：铜官山，唐谓利国山。旧产铜供梅根监，南唐置利国场，后改铜官场。《汉书·食货志》"是时，吴以诸侯即山铸钱，富埒天子"。"即山铸钱"就在铜山附近铸钱。所谓铜官山古名"即山"，"铜官死后葬于即山，后人皆呼即山为铜官山"，为胡言乱语。清《铜陵县志·山川》载："夹江，铜陵夹，在县西十里，曹韩、白沙二洲间之，因名。"所谓"夹江位于铜陵市，又名'鹊江'。全长51.9公里，流经大通、老洲、城关、和平等乡镇"，"春秋时，笠帽山沿江十里统称鹊岸"，是东拉西扯的。今大通镇境内的"鹊江"何时命名待考。"鹊岸""鹊洲""鹊江"和"鹊头山""鹊头戍""鹊头镇"等铜陵古地名千万不能"走样"。

（4）2018年4月公开发表的《大通记》："唐孟浩然'火炽梅根冶，烟迷杨叶洲'诗句中的杨叶洲，就是现在的（大通）和悦洲……明代以后,杨叶洲改称荷叶洲，大约是沙洲的形状变得像荷叶了。""据考证，西汉时期大通被称为'梅根冶'。"

评断："杨叶洲即荷叶洲"为张冠李戴。《太平寰宇记》：杨叶洲，在县西北二十里大江中。长五里，阔三里，状如杨叶。《舆地纪胜·卷二十二·池州·古迹》：杨叶洲在贵池，形如杨叶。《大清一统志》标明"杨叶洲"在贵池县西北二十里大江中。据明《铜陵县志》载："荷叶洲"在县西南四十里大江中，近淤涨洲"；清《铜陵县志》记载，"荷叶洲在大通夹江西，近淤涨洲。"所谓"西汉时期大通被称为梅根治"乃为无稽之谈。梅根冶，在今安徽省池州市贵池县东北。因临梅根河得名。六朝以后在此设冶鼓铸。唐置监，称梅根监。"火炽梅根冶,烟迷杨叶洲"就是唐代诗人孟浩然对"梅根冶""杨叶洲"的写照。

后　记

2017年11月，我们编订的铜陵优秀传统文化荟萃《千古铜都》应运而生。2019年5月，我们作了必要的修订。2021年岁末，我们将书名改为《千年铜都》，内容也作了一些变动，旨在"书写和记录人民的伟大实践、时代的进步要求"，"唱响主旋律、传递正能量"。

我们坚持创造性转化、创新性发展，恪守"古为今用，推陈出新。去伪存真，去粗取精。澄清谬误，明辨是非。集思广益，以文化人"准则，精心编订《千年铜都》，努力从以下几个方面下功夫：

学以致用　习近平总书记关于"传承和弘扬中华优秀传统文化"的重要讲话，是我们的思想武器和行动指南。学习讲话精神重在实践，贵在创新。研读史志文献，凡《尚书·禹贡》《史记》《汉书》《晋书》《隋书》《新唐书》《新五代史》《宋史》和新版《安徽通史》等所载的与铜陵有关的史实，都一丝不苟地摘录，汲其精华。参考郭沫若著《李白与杜甫》，对李白有所研究。李白天宝元年（742）孟夏登泰山，旋南下。他先把儿女寄放在南陵（在唐属宣州宣城郡），自己游越，与道士吴筠共居剡中。秋，李白被征召进京。他先回到南陵与儿女相别，有《南陵别儿童入京》一诗。我们可以自信地说：742年夏，诗仙李白把女儿寄放在今之铜陵市义安区天门镇龙云村龙潭北"家"（寨山北麓）；秋应诏入京前夕，李白莅临龙潭北"家"与儿女告别赴京。这个"家"也是李白南下游越的第一"站"。李白热爱铜官冶五松山，歌颂炼铜工人，尊重荀媪，是铜陵文化教育的先贤和倡导者。盛唐以来，铜官五松，名高天下；骚人墨客，纷至沓来。铜陵地区逐步形成"五松文化"。充分利用工具书，查阅2005年7月上海辞书出版社出版的《中国古今地名大词典》和2012年12月出版的《大辞海·中国地理卷》，对铜陵历史相关的地名有鉴别地加以对待。

寻根究底　我们寻山觅水，调查访问；研究史册，搜集资料。"鹊岸""鹊头山遗址""定陵县""义安县""铜官冶""寨山""五松山""澜溪老镇遗址""古临津驿遗址"等进行一一考证，明确其设置年代和地理方位。我们把握两个关键问题对"五松山"考证：①李白命名"五松山"的真谛。中国古代地理总志丛刊《舆地纪胜》载：五松山在铜陵。李白名曰五松山，因作诗以美。明胡震亨《唐音癸签·诂笺一》：五松山在南陵铜井西，初不知何名。李白以其山有松，一本五干，苍翠异恒，题今名。明《铜陵县志》：五松山在县南四里。《舆地纪胜》云："旧有松，一本五枝，苍鳞老干，青翠苍天，因名。"唐李白来游，乐其山水之胜，建书堂于此。考求真谛，一言蔽之：《说文解字》"五，阴阳在天地间交午也。""五"通"午"，交午；纵横相交。"五松"形容山间松树茂密，纵横交错，松萝共倚，引人入胜。关于"一本五枝（干）论"是作者臆测的；"《舆地纪胜》云"是作者臆造的。②确认五松山地理位置。李白《与南陵常赞府游五松山》诗题原注"山在南陵铜井西五里，有古精舍"；《纪南陵题五松山》诗题注"山在铜坑村五里"；《答杜秀才五松见赠》诗题旧注"五松山，南陵铜坑西五六里"。查看清光绪丙申岁（1896）印行的《铜陵县图》得知：李白命名的"五松山"，其高峰即现在铜陵市长江东路北侧螺蛳山（海拔113.6米）毗连青石山（海拔156.8米）及天鹅抱蛋山（海拔156米）。山脉蜿蜒，连绵十里。

补偏救弊 我们对《铜陵市（县）志》历史部分专心考证，指出谬误之处，同时撰写补偏救弊论文。现将相关史实举例如下：丹阳郡，故鄣郡。汉武帝元狩二年（前121）更名丹扬。属扬州。有铜官。"铜官"，官署名。西汉在丹扬郡宛陵县（治今安徽省宣城市）设置，掌握开采铜矿。主管有长、丞，辖县铜矿采冶由其监管。利国山，古山名。又称铜官山。在今安徽省铜陵市南。旧产铜供梅根监。南唐置利国场，后改铜官场。梅根监在今安徽省池州市贵池区东北，因临梅根河得名。六朝以后在此冶鼓铸。唐置监，称梅根监。永丰，集镇名。在安徽省东至县南部、龙泉河西岸。属昭潭镇。因北宋在此设监铸钱，称永丰监，镇由此得名。利国监，北宋太平兴国四年（979），升徐州彭城县所属狄秋冶置，即今江苏铜山利国镇，境内盘马山产铁，神宗时三十六冶，冶工三四千人。定陵县，古县名。东晋元帝时置，治今安徽省铜陵市义安区东。属淮南郡。所谓"西汉元封二年（前109），在铜官山（今铜陵市）设铜官，负责采冶铜矿；东汉置铜官镇（今城关镇）；东晋义熙年间（405—418），山西流民南迁，侨置定陵县，县治设于顺安（今顺安镇）"是错误的。

《新唐书》："南陵：望。武德四年隶池州。州废来属（627年池州废，属宣州宣城郡）后析置义安县，又废义安为铜官冶……利国山有铜，有铁。凤凰山有银……有鹊头镇兵。有梅根、宛陵二监钱官。"经考证：义安县成立于唐贞观前期（约632年），治今铜陵市义安区顺安镇。旋即改为铜官冶。唐朝总结历史经验，在宣州建置"铜官冶"，意义重大。所谓"唐文德元年（888）析南陵5个乡置义安县，唐建铜官场，宋置利国监，至道二年（996）朝廷在本县设永丰监"是极其错误的。

旁征博引 铜陵矿冶三千年，千年铜都，灿烂文化。我们自古迄今（2015年）广泛搜集引用资料作依据或例证；博采众长，集思广益。陆游《入蜀记》：乾道六年（1170）七月二十二日，过铜陵县不入，晚泊水洪口。二十三日过阳山矶始见九华山。铜陵方志确认古诗《夜宿阳山矶》作者为杨万里，是谬误的，应当是陆游。《李太白全集·卷之二十二·宿五松山下荀媪家》诗句："令人渐漂母，三谢不能餐。"至今铜陵史志和铜陵报刊上把"渐"当作"惭"，谬种流传。"渐""惭"迥异，以讹传讹。"渐"（qián）通"潜"，为"沉潜刚克"之意。"惭"（cán），羞愧。如：自惭形秽。

《大辞海·中国地理卷》："镇"①古称一方的主山为镇。②古代在边要形胜之地设置，驻兵戍守。③指市镇。宋代以后县以下的小商业都市。铜陵方志所谓"东汉置铜官镇（今城关镇）"为乌有此事。《大辞海·历史地理》："吴头楚尾"，今江西北部，春秋时为吴、楚两国接界之地，因称"吴头楚尾"。黄庭坚《谒金门》词："山又水，行尽吴头楚尾。"新编铜陵方志所出现的"铜陵处吴头楚尾"是张冠李戴的。

最后需要补充说明的事是，本书记事时期和区域上溯夏商周，下限为2015年，仅涵盖铜陵市铜官区、义安区和郊区。

本书资料主要来源：辞书史志、姓氏宗谱、陆游《入蜀记》、陈翥《桐谱》、佘翘《量江记》、王琦注《李太白全集》（中华书局2013年版）、《安徽通史·隋唐五代十国卷》、《江南铜研究——中国古代青铜铜源探索》（裘士京著）、《中国民俗概论》（高丙中著）、《安徽省铜陵市地名集》（1986年版）、《安徽省铜陵县地名录》（1986年版）、《铜陵地名》（2007年编印）、《铜都历代诗词集注》（余嫦英辑注）、《铜陵市志（1986—2010）》、《铜陵日报·铜都晨刊》编辑部特刊汇编《青铜魂》《走过20年》、铜陵市政协文史委员会编《铜陵市非物质文化遗产名录图典》《铜陵中医药史话》、铜陵市史志办公室编《铜陵之最》、《铜陵有色金属集团控股有限公司年鉴》（2015年）、潘法连编著《铜陵历代人物》、陈让廉主编《铜陵牡丹》、李兆王主编《铜陵白姜》《铜陵牡丹生产与加工》、骆群英主编《安徽省民俗文化节》，等等。对此，我们衷心向有关部门及个人致谢，祈求行家指导。有一件事是：2014年冬，原铜陵县档案馆安排谷金琳同志收集铜陵优秀传统文化资料。嗣后，编委会精心修订铜陵优秀传统文化荟萃《千年铜都》，善始善终，善作善成。

编　者

二〇二二年一月